司法解释理解与适用丛书

最高人民法院
新建设工程施工合同司法解释(一)
理解与适用

最高人民法院民事审判第一庭 编著

人民法院出版社
PEOPLE'S COURT PRESS

图书在版编目（CIP）数据

最高人民法院新建设工程施工合同司法解释（一）理解与适用／最高人民法院民事审判第一庭编著．--北京：人民法院出版社，2021.4

ISBN 978-7-5109-3154-3

Ⅰ.①最… Ⅱ.①最… Ⅲ.①建筑工程—经济合同—法律解释—中国②建筑工程—经济合同—法律适用—中国 Ⅳ.①D923.65

中国版本图书馆 CIP 数据核字（2021）第 071932 号

最高人民法院新建设工程施工合同司法解释（一）理解与适用

最高人民法院民事审判第一庭 编著

责任编辑 王 婷 陈 思 尹立霞
执行编辑 高 晖 田 夏 罗羽净
出版发行 人民法院出版社
地 址 北京市东城区东交民巷 27 号（100745）
电 话 （010）67550617（责任编辑） 67550558（发行部查询）
65223677（读者服务部）
客服 QQ 2092078039
网 址 http://www.courtbook.com.cn
E-mail courtpress@sohu.com
印 刷 三河市国英印务有限公司
经 销 新华书店

开 本 787 毫米×1092 毫米 1/16
字 数 440 千字
印 张 31.5
版 次 2021 年 4 月第 1 版 2024 年 3 月第 8 次印刷
书 号 ISBN 978-7-5109-3154-3
定 价 128.00 元

前 言

2020年5月28日，第十三届全国人民代表大会第三次会议表决通过了《中华人民共和国民法典》（以下简称《民法典》），标志着我国从民事单行法时代迈入民法典时代。《民法典》是中华人民共和国成立以来第一部以“法典”命名的法律，是推进依法治国、完善中国特色社会主义法律体系的重要的标志性立法，对推动国家治理体系和治理能力现代化，推动新时代改革开放和社会主义现代化建设，具有重大而深远的意义。

《民法典》是我国法律体系中条文最多、编章结构最为复杂的一部法律。《民法典》系统整合了中华人民共和国成立以来长期实践形成的民事法律规范，吸取了中华民族五千多年的优秀法律文化，借鉴了人类法治文明建设的有益经验，是中国特色社会主义市场经济的“基本法”，是“社会生活的百科全书”，是民事权利的宣言书和保障书。同时，《民法典》作为完整的规范体系，既是行为规范，更是裁判规范，为各级人民法院公平公正地审理民事案件提供了更加明确的指引和依据。

2021年1月1日《民法典》施行之日起，《婚姻法》《继承法》《民法通则》《收养法》《担保法》《合同法》《物权法》《侵权责任法》和《民法总则》九部法律即被替代。以这九部法律为依据制定的民事司法解释及其他规范性司法文件的效力必然受到影响。《民法典》公布之后，最高人民法院即开始了对中华人民共和国成立以来所有现行有效的与上述九部法律相关的司法解释及其他规范性司法文件的清理，并在2020年年底前完成了清理任务。为确保《民法典》统一正确实施，凡是违反社会主义核心价值观，或者与《民法典》精神、原则、条文相冲突的司法解释或者其他规范性司法文件，都予以废止。在开展清理工作的同时，最高人民法院坚持问题导向，按照“统一规划、分批制定、急用先行、重点推进、先易后难、确保质量”的原则，在《民法典》施行前制定并发布相关司法解释，解决新旧法律衔接适用、现有司法解释效力等问题。

通过司法解释的清理与起草相结合的工作方式，通过编纂、修改、新立等方式，确保适用《民法典》相关司法解释的质量和实效。

清理涉及审理建设工程施工合同纠纷案件适用法律问题的解释并编纂出新的解释被列为全力做好《民法典》的贯彻实施工作的重要组成部分。由于人民法院妥善审理建设工程施工合同纠纷案件对于保障建设工程质量、维持建筑市场正常秩序、促进建筑行业健康发展、维护建筑工人利益具有积极意义，最高人民法院在具体指导地方各级人民法院审理案件的同时，针对建筑市场和审判实践中带有普遍性的问题发布了一系列的司法解释和司法政策。首先，《合同法》施行后，最高人民法院于2002年6月20日公布了《关于建设工程价款优先受偿权问题的批复》（法释〔2002〕16号，以下简称《工程价款优先受偿批复》）。该批复根据《合同法》第二百八十六条的规定，明确了承包人依法享有的建设工程价款债权优先于抵押权及其他债权受偿。这一批复具有标志性意义，进一步明确了建设工程价款债权优先受偿的法律地位，能够使建筑工人的权益落到实处。近二十年来，社会各界逐步理解并认同该批复对建设工程价款优先受偿权的定位。表面上看，建设工程价款请求权是基于建设工程施工合同产生的债权，在建工程抵押权属于担保物权，依物权优先于债权的原理，在建工程抵押权应优于工程价款请求权。然而，建设工程价款优先受偿权之优先权属性决定了其优先于在建工程抵押权。《合同法》第二百八十六条（《民法典》第八百零七条）规定的建设工程价款优先受偿权实为法定优先权，而在建工程抵押权应为约定抵押权。基于法定优先于约定的原理，建设工程价款债权优先受偿。这不仅体现了立法对承包人权益的特殊保护政策，而且从社会学角度考虑，建设工程价款中包含劳动者利益（建筑工人的工资），对承包人利益予以优先保护，将抵押权及一般债权退居在后，有利于保护劳动者的生存权利这一最基本权利，符合当前中国国情。其次，2004年10月25日最高人民法院发布了《关于审理建设工程施工合同纠纷案件适用法律问题的解释》（法释〔2004〕14号，以下简称《2004年解释》）。这是最高人民法院为了统一审理建设工程施工合同纠纷案件的裁判标准，根据《民法通则》《合同法》《建筑法》和《招标投标法》等法律规定，第一次对审理建设工程施工合同纠纷案件适用法律问题作出的系统性解释。《2004年解释》

主要解决当时民事审判中遇到的与建设工程施工合同各方当事人利益以及广大人民群众生命财产安全和生活密切相关的重要问题，其中多数是审判实践中长期的突出问题，有些还是社会关注的热点、难点、疑点和焦点问题，如建设工程施工合同无效的处理原则、合同解除条件、工程价款的结算、实际施工人权益的保护等。《2004 年解释》的出台，对于保障建设工程质量、维护建筑市场秩序、保护农民工等弱势群体的权益具有积极作用。十六年的司法实践证明了《2004 年解释》基本内容符合法律规定。再次，自《2004 年解释》施行以来，国内建筑市场蓬勃发展，管理政策更加务实，司法审判面临新的挑战，涉及建设工程施工合同各方民事主体，对民事权利保护提出了更高的期待。于是最高人民法院于 2012 年启动了新的建设工程司法解释立项。经过充分调查研究、广泛听取意见、多次讨论修改，于 2018 年 12 月 29 日公布了《最高人民法院关于审理建设工程施工合同纠纷案件适用法律问题的解释（二）》（法释〔2018〕20 号，以下简称《2018 年解释》）。《2018 年解释》在《2004 年解释》的基础上进一步就建设工程施工合同效力及相关问题、建设工程的鉴定、建设工程价款的结算，以及建设工程价款优先受偿权、实际施工人权益的保护等问题作出了符合时代发展的规定。除上述三项司法解释外，最高人民法院还通过会议纪要等形式发布了审理建设工程施工合同纠纷案件适用法律问题的司法政策。

我们清理涉及建设工程施工合同纠纷案件审理的司法解释并编纂新的司法解释的基本思路是：以《民法典》为依据，对《工程价款优先受偿批复》《2004 年解释》《2018 年解释》的内容进行分析比较，凡是与《民法典》不一致的，予以废止或者修改；被《民法典》吸收的内容，新的司法解释不再重复；符合实际需要且与《民法典》规定或者原则保持一致的，予以保留。形成新的解释稿后，经广泛征求意见，由最高人民法院审判委员会审议后于 2020 年 12 月 29 日公布了《关于审理建设工程施工合同纠纷案件适用法律问题的解释（一）》（法释〔2020〕25 号，以下简称本解释）。本解释与原有司法解释的关系如下：《工程价款优先受偿批复》共五条，其中两条已由《2018 年解释》修改，一条纳入执行异议之诉司法解释，一条为生效时间规定，故保留了一条。《2004 年解释》共二十八条，保留了十八条，并对其中的九条进行了文字表述的修改；

被《2018 年解释》修改两条；删除了八条，因该八条的内容或者被《民法典》吸收或者与相关规定不一致，如《2004 年解释》第四条中的“人民法院可以根据民法通则第一百三十四条规定，收缴当事人已经取得的非法所得”的内容因与《民法典》不一致而被废止。《2018 年解释》二十六条的基本内容均予以保留，其中两条有较大的修改，即：本解释第三十七条，明确装饰装修工程具备折价或者拍卖条件的，人民法院才能依法支持承包人的优先受偿权；第四十一条对承包人行使优先受偿权的期限做了修改，要求承包人在合理期限内行使，但最长不得超过 18 个月。

准确理解和把握本解释应当结合建设工程施工合同的特征。建设工程施工合同作为承揽合同的特殊类型，除具有承揽合同的一般属性外，还具有以下明显的特征：一是主体的特殊性。建设工程施工合同主体的特殊性主要体现在建筑市场实行主体准入制度。虽然《民法典》合同编建设工程合同一章并未明示承包人必须具备某种资质要求，但《建筑法》明确规定，从事建筑活动的建筑施工企业等在取得相应等级的资质证书后，方可在其资质等级许可的范围内从事工程建设活动，不具备相应资质的承包人签订的施工合同极有可能被认定无效。二是标的物的特殊性。顾名思义，建设工程施工合同的标的物就是建设工程，常见的工程形式包括房屋、铁路、公路、桥梁、机场、港口、水库与电站等。按照《建筑法》的规定，不包括抢险救灾及其他临时性房屋建筑和农民自建低层住宅的建筑。标的物特殊性的具体表现如下：第一，对质量的高度重视。建设工程的质量关系公共安全和人民群众的生命财产安全，因而建设工程质量比合同效力更影响当事人的权利义务。同时，除当事人就质量进行约定外，法律、行政法规、部门规章等规范性文件涉及建设工程的规范多且杂。第二，合同中包含大量的技术性规范。涉及工程质量、工程量与造价、工期、材料与技术应用、环境保护、竣工验收、保险等皆需通过客观的技术标准予以规范，否则就容易产生争议。标的物的特殊性决定了此类案件中事实的复杂性，进而导致此类案件中当事人提出鉴定申请的现象极为普遍。三是程序的严管性。建设工程的立项、建设工程施工合同的订立与履行、建设工程的竣工验收等环节都受到国家的管制，具有计划性、程序性的特色。例如，按照《城乡规划法》的规定，在规划区内进行建筑物、构筑物、道路、管线和其他工程建设的，应当申请办理建设工程规划许可证。发包人未依法取得建设工程规划许可证的，建设工程施工合同的效力受到影响。按照《招标投标法》的规定，建设工程应当依法招标投标但未遵守《招标投标法》的规定而签订的建设工程施工合同应当依法被确认为无效。四是合同的要式性。通常情况下，建设工程施工量大、投入人力财力物力多、建设工期长，涉及的法律关系广泛，需要通过严格的书面形式规范当事人的权利义务。《民法典》第七百九十五条规定，施工合同的内容一般包括工程范围、建设工期、工程质量、工程造价等十二项内容。因而《民法典》第七百八十九条明确规定："建设工程合同应当采用书面形式。"《招标投标法》第四十六条规定："招标人和中标人应当自中标通知书发出之日起三十日内，按照招标文件和中标人的投标文件订立书面合同。"另外，建筑主管部门和市场监督管理部门以"为规范建筑市场秩序，维护建设工程施工合同当事人的合法权益"为目的，以部门文件形式发布建设工程施工合同（示范文本)，要求有关部门和企业执行。建设工程施工合同的上述特点必然带来事实的复杂性以及法律适用的争议性。

本解释是在2002年至2018年发布的三个解释的基础上编纂而成，许多条文具有极强的针对性，是对建设工程施工合同纠纷的特殊规定，有特定的时代背景和价值取向。为了让读者全面把握本解释每个条文的主旨、本意，作为负责起草司法解释工作的部门，我们希望通过本书的撰写和出版，对于广大读者准确理解和适用本解释有所裨益。但由于司法解释涉及一些长期争论的法学理论问题，本书作为解释的再解释，一些观点与分析可能还有待进一步探讨，加之时间仓促，不足之处在所难免，衷心希望大家批评指正。

最高人民法院民事审判第一庭

二〇二一年四月十三日

目 录

最高人民法院司法解释

最高人民法院
关于审理建设工程施工合同纠纷案件适用法律问题的解释（一）

法释〔2020〕25号

（2020年12月25日最高人民法院审判委员会第1825次会议通过
2020年12月29日最高人民法院公告公布
自2021年1月1日起施行）

为正确审理建设工程施工合同纠纷案件，依法保护当事人合法权益，维护建筑市场秩序，促进建筑市场健康发展，根据《中华人民共和国民法典》《中华人民共和国建筑法》《中华人民共和国招标投标法》《中华人民共和国民事诉讼法》等相关法律规定，结合审判实践，制定本解释。

第一条 建设工程施工合同具有下列情形之一的，应当依据民法典第一百五十三条第一款的规定，认定无效：

（一）承包人未取得建筑业企业资质或者超越资质等级的；

（二）没有资质的实际施工人借用有资质的建筑施工企业名义的；

（三）建设工程必须进行招标而未招标或者中标无效的。

承包人因转包、违法分包建设工程与他人签订的建设工程施工合同，应当依据民法典第一百五十三条第一款及第七百九十一条第二款、第三款的规定，认定无效。

第二条 招标人和中标人另行签订的建设工程施工合同约定的工程范围、建设工期、工程质量、工程价款等实质性内容，与中标合同不一致，一方当事人请求按照中标合同确定权利义务的，人民法院应予支持。

招标人和中标人在中标合同之外就明显高于市场价格购买承建房产、无偿建设住房配套设施、让利、向建设单位捐赠财物等另行签订合同，变相降低工程价款，一方当事人以该合同背离中标合同实质性内容为由请求确认无效的，人民法院应予支持。

第三条 当事人以发包人未取得建设工程规划许可证等规划审批手续为由，请求确认建设工程施工合同无效的，人民法院应予支持，但发包人在起诉前取得建设工程规划许可证等规划审批手续的除外。

发包人能够办理审批手续而未办理，并以未办理审批手续为由请求确认建设工程施工合同无效的，人民法院不予支持。

第四条 承包人超越资质等级许可的业务范围签订建设工程施工合同，在建设工程竣工前取得相应资质等级，当事人请求按照无效合同处理的，人民法院不予支持。

第五条 具有劳务作业法定资质的承包人与总承包人、分包人签订的劳务分包合同，当事人请求确认无效的，人民法院依法不予支持。

第六条 建设工程施工合同无效，一方当事人请求对方赔偿损失的，应当就对方过错、损失大小、过错与损失之间的因果关系承担举证责任。

损失大小无法确定，一方当事人请求参照合同约定的质量标准、建设工期、工程价款支付时间等内容确定损失大小的，人民法院可以结合双方过错程度、过错与损失之间的因果关系等因素作出裁判。

第七条 缺乏资质的单位或者个人借用有资质的建筑施工企业名义签订建设工程施工合同，发包人请求出借方与借用方对建设工程质量不合格等因出借资质造成的损失承担连带赔偿责任的，人民法院应予支持。

第八条 当事人对建设工程开工日期有争议的，人民法院应当分别按照以下情形予以认定：

（一）开工日期为发包人或者监理人发出的开工通知载明的开工日期；开工通知发出后，尚不具备开工条件的，以开工条件具备的时间为开工日期；因承包人原因导致开工时间推迟的，以开工通知载明的时间为开工日期。

（二）承包人经发包人同意已经实际进场施工的，以实际进场施工时间为开工日期。

（三）发包人或者监理人未发出开工通知，亦无相关证据证明实际开工日期的，应当综合考虑开工报告、合同、施工许可证、竣工验收报告或者竣工验收备案表等载明的时间，并结合是否具备开工条件的事实，认定开工日期。

第九条 当事人对建设工程实际竣工日期有争议的，人民法院应当分别按照以下情形予以认定：

（一）建设工程经竣工验收合格的，以竣工验收合格之日为竣工日期；

（二）承包人已经提交竣工验收报告，发包人拖延验收的，以承包人提交验收报告之日为竣工日期；

（三）建设工程未经竣工验收，发包人擅自使用的，以转移占有建设工程之日为竣工日期。

第十条 当事人约定顺延工期应当经发包人或者监理人签证等方式确认，承包人虽未取得工期顺延的确认，但能够证明在合同约定的期限内向发包人或者监理人申请过工期顺延且顺延事由符合合同约定，承包人以此为由主张工期顺延的，人民法院应予支持。

当事人约定承包人未在约定期限内提出工期顺延申请视为工期不顺延的，按照约定处理，但发包人在约定期限后同意工期顺延或者承包人提出合理抗辩的除外。

第十一条 建设工程竣工前，当事人对工程质量发生争议，工程质量经鉴定合格的，鉴定期间为顺延工期期间。

第十二条 因承包人的原因造成建设工程质量不符合约定，承包人拒绝修理、返工或者改建，发包人请求减少支付工程价款的，人民法院应予支持。

第十三条 发包人具有下列情形之一，造成建设工程质量缺陷，应当承担过错责任：

（一）提供的设计有缺陷；

（二）提供或者指定购买的建筑材料、建筑构配件、设备不符合强制性标准；

（三）直接指定分包人分包专业工程。

承包人有过错的，也应当承担相应的过错责任。

第十四条 建设工程未经竣工验收，发包人擅自使用后，又以使用部分质量不符合约定为由主张权利的，人民法院不予支持；但是承包人应当在建设工程的合理使用寿命内对地基基础工程和主体结构质量承担民事责任。

第十五条 因建设工程质量发生争议的，发包人可以以总承包人、分包人和实际施工人为共同被告提起诉讼。

第十六条 发包人在承包人提起的建设工程施工合同纠纷案件中，以建设工程质量不符合合同约定或者法律规定为由，就承包人支付违约金或者赔偿修理、返工、改建的合理费用等损失提出反诉的，人民法院可以合并审理。

第十七条 有下列情形之一，承包人请求发包人返还工程质量保证金的，人民法院应予支持：

（一）当事人约定的工程质量保证金返还期限届满；

（二）当事人未约定工程质量保证金返还期限的，自建设工程通过竣工验收之日起满二年；

（三）因发包人原因建设工程未按约定期限进行竣工验收的，自承包人提交工程竣工验收报告九十日后当事人约定的工程质量保证金返还期限届满；当事人未约定工程质量保证金返还期限的，自承包人提交工程竣工验收报告九十日后起满二年。

发包人返还工程质量保证金后，不影响承包人根据合同约定或者法律规定履行工程保修义务。

第十八条 因保修人未及时履行保修义务，导致建筑物毁损或者造成人身损害、财产损失的，保修人应当承担赔偿责任。

保修人与建筑物所有人或者发包人对建筑物毁损均有过错的，各自承担相应的责任。

第十九条 当事人对建设工程的计价标准或者计价方法有约定的，按照约定结算工程价款。

因设计变更导致建设工程的工程量或者质量标准发生变化，当事人对该部分工程价款不能协商一致的，可以参照签订建设工程施工合同时当地建设行政主管部门发布的计价方法或者计价标准结算工程价款。

建设工程施工合同有效，但建设工程经竣工验收不合格的，依照民法典第五百七十七条规定处理。

第二十条 当事人对工程量有争议的，按照施工过程中形成的签证等书面文件确认。承包人能够证明发包人同意其施工，但未能提供签证文件证明工程量发生的，可以按照当事人提供的其他证据确认实际发生的工程量。

第二十一条 当事人约定，发包人收到竣工结算文件后，在约定期限内不予答复，视为认可竣工结算文件的，按照约定处理。承包人请求按照竣工结算文件结算工程价款的，人民法院应予支持。

第二十二条 当事人签订的建设工程施工合同与招标文件、投标文件、中标通知书载明的工程范围、建设工期、工程质量、工程价款不一致，一方当事人请求将招标文件、投标文件、中标通知书作为结算工程价款的依据的，人民法院应予支持。

第二十三条 发包人将依法不属于必须招标的建设工程进行招标后，与承包人另行订立的建设工程施工合同背离中标合同的实质性内容，当事人请求以中标合同作为结算建设工程价款依据的，人民法院应予支持，但发包人与承包人因客观情况发生了在招标投标时难以预见的变化而另行订立建设工程施工合同的除外。

第二十四条 当事人就同一建设工程订立的数份建设工程施工合同均无效，但建设工程质量合格，一方当事人请求参照实际履行的合同关于工程价款的约定折价补偿承包人的，人民法院应予支持。

实际履行的合同难以确定，当事人请求参照最后签订的合同关于工程价款的约定折价补偿承包人的，人民法院应予支持。

第二十五条 当事人对垫资和垫资利息有约定，承包人请求按照约定返还垫资及其利息的，人民法院应予支持，但是约定的利息计算标准高于垫资时的同类贷款利率或者同期贷款市场报价利率的部分除外。

当事人对垫资没有约定的，按照工程欠款处理。

当事人对垫资利息没有约定，承包人请求支付利息的，人民法院不予支持。

第二十六条 当事人对欠付工程价款利息计付标准有约定的，按照约定处理。没有约定的，按照同期同类贷款利率或者同期贷款市场报价利率计息。

第二十七条 利息从应付工程价款之日开始计付。当事人对付款时间没有约定或者约定不明的，下列时间视为应付款时间：

（一）建设工程已实际交付的，为交付之日；

（二）建设工程没有交付的，为提交竣工结算文件之日；

（三）建设工程未交付，工程价款也未结算的，为当事人起诉之日。

第二十八条 当事人约定按照固定价结算工程价款，一方当事人请求对建设工程造价进行鉴定的，人民法院不予支持。

第二十九条 当事人在诉讼前已经对建设工程价款结算达成协议，诉讼中一方当事人申请对工程造价进行鉴定的，人民法院不予准许。

第三十条 当事人在诉讼前共同委托有关机构、人员对建设工程造价出具咨询意见，诉讼中一方当事人不认可该咨询意见申请鉴定的，人民法院应予准许，但双方当事人明确表示受该咨询意见约束的除外。

第三十一条 当事人对部分案件事实有争议的，仅对有争议的事实进行鉴定，但争议事实范围不能确定，或者双方当事人请求对全部事实鉴定的除外。

第三十二条 当事人对工程造价、质量、修复费用等专门性问题有争议，人民法院认为需要鉴定的，应当向负有举证责任的当事人释明。当事人经释明未申请鉴定，虽申请鉴定但未支付鉴定费用或者拒不提供相关材料的，应当承担举证不能的法律后果。

一审诉讼中负有举证责任的当事人未申请鉴定，虽申请鉴定但未支付鉴定费用或者拒不提供相关材料，二审诉讼中申请鉴定，人民法院认为确有必要的，应当依照民事诉讼法第一百七十条第一款第三项的规定处理。

第三十三条 人民法院准许当事人的鉴定申请后，应当根据当事人申请及查明案件事实的需要，确定委托鉴定的事项、范围、鉴定期限等，并组织当事人对争议的鉴定材料进行质证。

第三十四条 人民法院应当组织当事人对鉴定意见进行质证。鉴定人将当事人有争议且未经质证的材料作为鉴定依据的，人民法院应当组织当事人就该部分材料进行质证。经质证认为不能作为鉴定依据的，根据该材料作出的鉴定意见不得作为认定案件事实的依据。

第三十五条 与发包人订立建设工程施工合同的承包人，依据民法典第八百零七条的规定请求其承建工程的价款就工程折价或者拍卖的价款优先受偿的，人民法院应予支持。

第三十六条 承包人根据民法典第八百零七条规定享有的建设工程价款优先受偿权优于抵押权和其他债权。

第三十七条 装饰装修工程具备折价或者拍卖条件，装饰装修工程的承包人请求工程价款就该装饰装修工程折价或者拍卖的价款优先受偿的，人民法院应予支持。

第三十八条 建设工程质量合格，承包人请求其承建工程的价款就工程折价或者拍卖的价款优先受偿的，人民法院应予支持。

第三十九条 未竣工的建设工程质量合格，承包人请求其承建工程的价款就其承建工程部分折价或者拍卖的价款优先受偿的，人民法院应予支持。

第四十条 承包人建设工程价款优先受偿的范围依照国务院有关行政主管部门关于建设工程价款范围的规定确定。

承包人就逾期支付建设工程价款的利息、违约金、损害赔偿金等主张优先受偿的，人民法院不予支持。

第四十一条 承包人应当在合理期限内行使建设工程价款优先受偿权，但最长不得超过十八个月，自发包人应当给付建设工程价款之日起算。

第四十二条 发包人与承包人约定放弃或者限制建设工程价款优先受偿权，损害建筑工人利益，发包人根据该约定主张承包人不享有建设工程价款优先受偿权的，人民法院不予支持。

第四十三条 实际施工人以转包人、违法分包人为被告起诉的，人民法院应当依法受理。

实际施工人以发包人为被告主张权利的，人民法院应当追加转包人或者违法分包人为本案第三人，在查明发包人欠付转包人或者违法分包人建设工程价款的数额后，判决发包人在欠付建设工程价款范围内对实际施工人承担责任。

第四十四条 实际施工人依据民法典第五百三十五条规定，以转包人或者违法分包人怠于向发包人行使到期债权或者与该债权有关的从权利，影响其到期债权实现，提起代位权诉讼的，人民法院应予支持。

第四十五条 本解释自 2021 年 1 月 1 日起施行。

司法解释理解与适用

第一条

建设工程施工合同具有下列情形之一的，应当依据民法典第一百五十三条第一款的规定，认定无效：

（一）承包人未取得建筑业企业资质或者超越资质等级的；

（二）没有资质的实际施工人借用有资质的建筑施工企业名义的；

（三）建设工程必须进行招标而未招标或者中标无效的。

承包人因转包、违法分包建设工程与他人签订的建设工程施工合同，应当依据民法典第一百五十三条第一款及第七百九十一条第二款、第三款的规定，认定无效。

【条文主旨】

本条是关于建设工程施工合同具有违反建筑市场主体准入、未依法招标、中标无效以及转包、违法分包情形应认定无效的规定。

【条文理解】

一、本条规定的制定背景

建设工程施工合同法律关系同时受到多部法律、行政法规和部门规章的调整。除普遍适用于民事合同关系的有关规定以外，《民法典》合同编第十八章还以典型合同的形式专章规定了建设工程合同，重点规范建设工程施工合同。同时，“百年大计，质量第一”，因工程建设中的施工安全和工程质量极大地关乎社会公共利益，建设工程施工合同亦受《建筑法》《招标投标法》等法律规制，受建设行政主管部门规章制度的严格监管。

合同的效力在合同法体系中具有基础性地位，从立法原理上看，合同的效力体现国家对契约自由的干预程度；从司法的目的看，体现人民法院对社会经济秩序的维护和对国家产业政策的落实；从合同本身来看，体现了合同主体责、权、利的具体范围。① 因此，在司法层面上，合同的效力问题是审判实务中的首要问题，在合同性质已经明确的情况下，人民法院在审理合同纠纷案件时，首先应对合同效力作出审查。人民法院如何认定建设工程施工合同的效力，既是划分合同主体权利义务的基础，也是平衡社会公共利益的保障。但是，经研究人民法院审结的建设工程施工合同纠纷案例发现，与一般民商事合同相比较，建设工程施工合同的效力认定具有较强的特殊性。由于建设工程施工中的复杂性以及建设工程施工合同本身的复合性，我国的建筑行业相关立法对当事人的意思自治施加了诸多限制，实践中的市场竞争无序、主体违法违规的现象多有存在。各地法院在认定建设工程施工合同效力的过程中，因为适用法律上的不同理解，而出现截然不同的裁判结果，一方面有损人民法院的司法公信力，另一方面不利于贯彻现代合同法关于效率的原则要求。另外，如果当事人根据意思自治成立的合同，仅因违反了法律法规的强制性规定就均被认定为无效，那么这类强制性法律法规便有可能成为当事人背信弃义的借口，在客观上助长了以故意违法逃避合同义务的恶意行为，不仅是对违法行为的纵容，更是从根本上违反了契约自由的精神。

我们认为，应从《民法典》《建筑法》《招标投标法》等法律的立法目的角度，将导致建设工程施工合同无效的强制性规定限定为以下两类：（1）保障建设工程质量和施工安全的规范；（2）维护建筑市场公平竞争秩序的规范。据此，最高人民法院曾于 2004 年 10 月 29 日公布《关于审理建设工程施工合同纠纷案件适用法律问题的解释》（法释〔2004〕14 号，以下简称《2004 年解释》），以《合同法》第

① 参见余卫：《民法分则合同编之合同无效事由的规则完善——以建设工程“黑白合同”为例》，载《江西社会科学》2017 年第 6 期。

五十二条第五项关于“违反法律、行政法规的强制性规定的”规定为依据，分别在第一条、第四条中明确规定了建设工程施工合同无效的五种具体情形。2021 年 1 月 1 日起施行的《民法典》第一百五十三条第一款，从规范民事法律行为的角度，在吸收了《合同法》第五十二条第五项规定的基础上，又对“不导致该民事法律行为无效”的强制性规定进行了排除。

本条在规定建设工程施工合同无效的具体情形方面，整体吸收了《2004 年解释》第一条、第四条规定的主要内容。但需要注意的是，相较而言，本条规定与《2004 年解释》第一条、第四条的规定，又在以下几个方面体现出区别：

1. 法律依据不同

本条规定第一、二款以《民法典》第一百五十三条第一款之规定为基础，但对转包和违法分包行为，又增加援引了《民法典》第七百九十一条第二款、第三款之规定，作为认定施工合同无效的依据。这主要是因为，《民法典》作为民商事领域的基本法，对于《建筑法》所禁止的违法分包、转包行为之规定，具有高于《建筑法》的效力等级，这是制定本解释的主要依据。

2. 概念表述不同

在征求有关部门意见的基础上，本条规定依据《建筑业企业资质管理规定》的内容规范了有关概念的表述，将“建筑施工企业资质”概念调整为“建筑业企业资质”，与《建筑业企业资质管理规定》保持一致；将《2004 年解释》第四条中的“非法转包”概念改为“转包”，与建筑市场实践保持一致，进一步表明转包在行为上的违法性。

3. 规范目的不同

《2004 年解释》第四条虽对承包人转包、违法分包建设工程或者没有资质的实际施工人借用有资质的建筑施工企业名义与他人签订建设工程施工合同的行为效力作出规范，但规范的重点在于对上述三类行为下的违法所得作出处理。本条规定在制定过程中，一是考虑到本解释概括规范建设工程施工合同因违法而无效的体系要求，二是考虑到《民法典》出台之后，《民法通则》第一百三十四条的规定已被《民法典》第一百七十九条修改，没收违法所得的民事责任承担方式已丧失法律依据，因而对《2004年解释》第四条的规范内容作了选择性吸收。

二、本条规定的法理依据

（一）合同具有违法性是导致无效的重要事由

从法的价值角度，法律对契约自由作出限制符合现代正义观的准则与要求。罗马法认为，自由是契约的生命，能给予个人最大限度自由的法律，就是合乎正义的，也是民事法律的最大追求。用传统的正义观来衡量，作为自然法思想产物的契约自由原则，无疑是符合正义价值的准则。在尊重契约自由、提倡契约精神的基础上，逐渐发展出“严格合同主义”为特征的合同法律体系。20世纪以来，为顺应对弱者进行特殊保护的呼声，契约正义的理论逐步发展。持契约正义论的学者认为，要用发展的正义观进一步概括社会契约理论，实现以公平的正义在社会成员中重新平等地分配基本权利和义务。作为对契约自由理论的修正，契约正义理论要求通过强化弱者、弱化强者的契约自由权，来弥补他们在经济地位上的强弱势差。这并非对契约自由的否定，而是在新的历史条件下对契约自由提供一种新的道德上的评价，在此观念下，契约正义与契约自由不再重合，自由不再是最大的正义。在合同法领域，契约正义被视为契约自由的补充和发展，并且，契约正义不仅体现在合同成立之后，还体现在合同订立之前和缔结之际，诚信原则就是其最明显的体现。正义的价值应与社会现实挂钩，体现某一特定社会的民族性格、文化传统、经济制度以及产业结构，不同的社会背景可能展现不同的正义观念。最高人民法院院长周强在第八次全国法院民事商事审判工作会议上的讲话中要求：“正确处理契约自由与契约正义的关系。契约自由是基础，通过尊重契约自由，充分发挥市场主体的能动性，促进提升市场经济活力、增加社会财富。契约正义是克服契约自由弊端的矫正器，应当通过法律和司法解释来实现其目的。”①

从民法理论的角度，法律是民事法律行为效力的重要来源。关于民事法律行为的效力来源，曾存在过“意思主义”“功利主义”和“信赖说”三种不同学说。“意思主义”认为，当事人的意思表示是行为产生拘束力的手段，在评价行为的效力时，应注重对当事人真实意思的探求。但在意思主义理论下，因当事人的真意难以探求，双方的交易安全难以得到有效维护。并且，因反映各方当事人的真意的合同并非必定有效，与实践现状亦不相符。“功利主义”学说在评价法律行为的效力方面，以能否在最大程度上体现对社会财富的追求为标准，但如果合同当事人通过经济判断，认为违约带来的收益大于守约带来的收益时，适用该学说会产生合同约束力的不稳定，与现代合同法关于安全、效率的原则不符。而“信赖说”的观点更倾向于行为拘束力的解释论观点，而非效力来源的阐述。

综上，我们认为，法律作为民事主体行为的准则，并不是立法者随意而为之，而是社会物质经济条件中各项成功规则的具体体现。法律行为的效力不仅来源于当事人的合意，或仅来源于法律的规定，而是二者的统一。因此，民事行为成立后，并非一定都能够产生预期的效果，民法基于合理性选择，只赋予那些至少在当事人资格、内容以及自主决定性方面符合一定标准的民事行为以积极的意义，能够确定地发生预期的法律效果，即法律行为生效。② 依据《民法典》第一百四十三条之规定，民事法律行为成立以后，还需满足主体具有行为能力，意思表示真实，不违反法律、行政法规的强制性规定和不违背公序良俗等一般生效要件。《民法典》第五百零二条规定亦特别明确，“依法”成立的合同，自成立时生效，但是法律另有规定或者当事人另有约定的除外。由此可见，在我国民法的语境下，违反法律、行政

① 周强：《深入贯彻五大发展理念 加强民事商事审判工作 为实施“十三五”规划提供有力司法服务和保障——在第八次全国法院民事商事审判工作会议上的讲话》（2015年12月23日），载杜万华主编：《〈第八次全国法院民事商事审判工作会议（民事部分）纪要〉理解与适用》，人民法院出版社2016年版，第15页。

② 参见龙卫球：《民法总论》，中国法制出版社2001年版，第460页。

法规的强制性规定，一方面是民事法律行为缺乏一般生效要件的体现，另一方面是合同无效的具体原因。

（二）违法性事由的理论解读

有效的民事法律行为必然同时具备《民法典》规定的生效要件，但不能据此作出不符合生效要件的民事法律行为当然无效的反面解读。依比较法的观点，世界主要国家或地区的民法均采取不同的立法模式，对“违法合同无效”作出规定。大陆法系国家或地区通常采取原则上规定违反强制性规定的合同无效，又通过“除外规定”的方式保全部分违法合同效力的立法模式，充分展现了法律的适应性与灵活性。在认定合同无效时，适用弹性的评价方式，一方面对强制性规范作出了区分；另一方面在判定法律行为的效力时，又不仅仅依赖于对强制性规范的区分。例如，在法国民法中，对合同进行合法性审查的目的在于确保当事人的意思自治不成为侵害“社会一般利益”或者“个体利益”的工具。法官通过对合同是否违反被认定为公共秩序的规则从而构成对“社会一般利益”或者“个体利益”的侵害，来判定合同是否违法，并根据被侵害利益的类型对违法合同效力作出绝对或者相对无效的评价。① 而德国民法对违反法律禁止性规定的法律行为的效力的限制性规定，则是先明确了违反法律禁止性规定的法律行为，是指对某一特定法律行为的禁止，然后又以例外规定，将基于法律发生的其他效果不认定为法律行为无效的情形予以排除。也就是说，德国民法中具有“绝对”强制性的规定，通常表现为法律规定制裁手段来禁止行为人实施某项法律行为的规范内容，② 而民法领域的私法规范基本不属于此类。③ 德国民法的这一立法模式广泛影响了包括日本在内的大陆法系国家或地区民法。即便是在强调以违反公序良俗或公共政策

① 参见李世刚：《合同合法性的审查机制——以法国经验为视角》，载《华东政法大学学报》2017 年第 4 期。

② 参见［德］卡尔·拉伦兹：《德国民法通论》（下），王晓晔等译，法律出版社 2003 年版，第 588 页以下。

③ 参见［德］迪特尔·梅迪库斯：《德国民法总论》，邵建东译，法律出版社 2013 年版，第 483 页以下。

作为合同无效认定标准的英美法系国家或地区，对于合同因违法而无效的事由仍然作出了规定，包含“普通法上的不法”以及“制定法上的不法”两种情形。[①]“普通法上的不法”以合同当事人是否存有订立合同的违法意图作为区分标准。通常情形下，除非对方知道或者应当知道该违法的意图，或者是双方共同或者一方故意实施违法行为的，基于公平原则的考量，这类违法不会导致合同无效，合同也不因违法失去强制执行力。[②] 而对于制定法所禁止的合同，虽普遍认为应由法院宣告为无效或无执行力，但也有案例认为，在为保护公共利益的情况下，此类合同亦不能认定为无效。

就我国而言，以规范目的为标准，法律规范分为任意性规范与强制性规范，凡是关系国家一般利益、社会秩序、市场秩序、市场交易安全及直接关系第三人利益的事项，法律设强制性规定，以排斥当事人意思自由。1986 年《民法通则》第五十八条第五项规定，违反法律或者社会公共利益的民事行为无效。随着我国市场经济体制逐步确立，无效合同的大量存在一定程度上影响着交易安全，不利于经济的发展，故 1999 年《合同法》第五十二条第五项将违反法律规定的合同无效限定为违反法律、行政法规的强制性规定的合同无效。此后，最高人民法院又先后出台两个合同法司法解释，将强制性规定进一步区分为“管理性规定”和“效力性规定”，无效合同的范围进一步缩小。《民法典》第一百五十三条第一款规定：“违反法律、行政法规的强制性规定的民事法律行为无效。但是，该强制性规定不导致该民事法律行为无效的除外。”该规定在实际上吸收了我国司法实务界的做法，标志着我国进一步扩大了当事人意思自治的范畴，对无效合同的范围作出严格限制。

① 参见董万程、王继君：《〈民法总则〉中的效力性强制性规定立法问题研究》，载《法律适用》2017 年第 11 期。

② 参见杨桢：《英美契约法论》，北京大学出版社 2003 年版，第 307 页。

三、本条规定无效施工合同的类型化解读

（一）违反有关建筑市场主体准入制度强制性规定

所谓建筑业企业资质，是指建筑施工企业人员素质、管理水平、资金数量、技术装备和建筑工程业绩的总和。由于建设工程质量是工程建设的生命，而建筑施工企业的建筑施工能力是保证建设工程质量的前提条件，我国《建筑法》对建筑施工企业实行强制性资质管理制度，对建筑施工企业作出资质等级的划分，并将法定资质等级作为建筑施工企业承揽建筑工程的前提条件，决定其可以承揽的工程范围。依据本条规定，建设工程施工合同具有以下违反建筑业企业资质管理规定的情形的，应当认定为无效：

1. 承包人未取得建筑业企业资质或者超越资质等级承揽工程的

关于本条规定的“承包人”问题，依据2019年修正的《建筑法》及现行《建筑施工企业安全生产许可证管理规定》的相关规定，是指具体从事土木工程、建筑工程、线路管道和设备安装工程及装修工程的新建、扩建、改建和拆除等有关活动的建筑施工企业。在2018年住房和城乡建设部颁布的《建筑业企业资质管理规定》中，上述建筑施工企业被称为建筑业企业。因《建筑业企业资质管理规定》是关于建筑业企业资质的专门性规定，本条在规定“建筑业企业资质”概念时，根据有关部门的意见，采取了《建筑业企业资质管理规定》的表述方式。

依据《建筑业企业资质管理规定》的相关规定，建筑业企业资质分为施工总承包资质、专业承包资质、施工劳务资质三个序列。施工总承包资质按照工程性质和技术特点分别划分为若干资质类别，各资质类别按照规定的条件划分为若干资质等级。建筑施工企业应当参照其行业从业标准，按照其拥有的资产、主要人员、已完成的工程业绩和技术装备等条件申请建筑业企业资质，经审查合格，取得建筑业企业资质证书后，方可在资质许可的范围内从事建筑施工活动。工程施工总承包和专业承包的资质实行分级审批制度，企业首次申请或增项

申请资质，应当申请最低等级资质。

值得注意的是，实践中一直有观点认为，对于承包人并非没有取得任何资质，而只是超越资质等级订立的建设工程施工合同不应认定为无效。其理由主要是，建筑施工企业为了争取提高资质等级，提升自己的建筑施工能力，经常要承揽超越其资质等级的工程，以充实其业绩，提升其提高资质等级申请获得审批的可能性。我们认为，因《建筑法》规定建筑业企业资质管理制度，目的在于严格建筑施工市场的准入条件，以保证建筑工程质量，任何对建筑施工企业承揽工程必须与其资质等级相一致要求的放宽，都会给建筑工程质量带来隐患，与《建筑法》的立法目的相抵触。况且，依据《建筑法》及《建筑业企业资质管理规定》的相关规定，在建筑施工企业的资质等级审批中，建筑施工企业是否承揽并完成超越资质等级的工程，并非提升其资质等级的条件，即便实践中超越资质承揽工程的做法普遍存在，也不能成为司法机关认定合同效力的依据。

2. 没有资质的实际施工人借用有资质的建筑施工企业名义承揽工程的

一方面，我国《建筑法》对建筑施工企业的从业资格作了严格限定，明确规定从事建筑活动的建筑施工企业取得相应等级的资质证书后，方可在其资质等级许可的范围内从事建筑活动。但部分建筑施工企业由于规模较小、资金不足，建设能力较弱，无法取得规定的建设工程资质等级。另一方面，依据《建筑业企业资质管理规定》的相关规定，取得建筑业企业资质证书的企业，还应当在保持资产、主要人员、技术装备等方面满足相应建筑业企业资质标准要求的条件，但维持一定的建筑业企业资质，仍需要花费大量的人力与物力，故借用有资质的建筑施工企业名义对外承揽工程成为建筑市场实践中的一种普遍现象。这类行为规避建筑业企业资质管理制度，扰乱建筑市场正常秩序，极大程度上影响了建设工程的质量，但由于欠缺明确的法律依据，各地人民法院对这类合同的效力认定莫衷一是。因此，本条规定没有资质的实际施工人借用有资质的建筑施工企业名义承揽工程的合同无效。

需要注意的是：首先，本条规定的实际施工人并非法律层面上的概念，而是由《2004年解释》首先提出的一个司法实务层面上的概念。对于实际施工人的界定，理论界和实务界一直存有争议。我们认为，综合本解释相关条文对实际施工人概念的使用情况，所谓的“实际”施工人，须以“名义”施工人的存在为前提。因此，将借用资质订立施工合同、转包以及违法分包合同中实际完成工程建设的三类主体认定为实际施工人，更加符合规范内部统一性的要求。① 其次，鉴于市场在建筑业企业资质等级制度实践中的诸多问题，以及我国资质等级管理制度的改革趋势，越来越多的观点认为，对于实际施工人借用资质订立建设工程施工合同的效力不能一概而论。例如，有观点认为，在挂靠施工情形下，挂靠人以被挂靠人名义对外签订建设工程施工合同的效力，应根据发包人是否善意，在签订建设工程施工合同时是否明知挂靠事实来作出认定。② 也有观点认为，借用资质行为在实践中的表现非常丰富，基于地方保护等理由，高资质等级企业借用低资质等级企业资质，或者同资质企业互相借用资质承揽工程的现象并不鲜见，在借用资质的实际施工人本身具有相应资质，足以确保工程质量和施工安全的情形下，不应仅以当事人实施了借用资质的行为来否定施工合同的效力。③

（二）违反建设工程招标投标制度强制性规定

本条从《招标投标法》的立法目的及宗旨出发，规定违反招投标程序，对建设工程必须进行招标而未招标或者中标无效后订立的建设工程施工合同，应当认定为无效。

---

① 参见唐倩：《实际施工人的建设工程价款优先受偿权实证研究》，载《中国政法大学学报》2019年第4期。

② 参见谢勇、张静思：《挂靠施工情况下应区分发包人是否善意来认定建设工程施工合同的效力》，载最高人民法院民事审判第一庭编：《民事审判指导与参考》2019年第4辑（总第80辑），人民法院出版社2020年版。

③ 参见唐倩：《挂靠施工合同的效力分析》，载《法律适用》2019年第5期。

1. 关于必须进行招标的工程范围问题

依据《招标投标法》第三条之规定，在中华人民共和国境内进行的大型基础设施、公用事业等关系社会公共利益、公共安全的项目，全部或者部分使用国有资金投资或者国家融资的项目，以及使用国际组织或者外国政府贷款、援助资金的项目，属于必须进行招标的工程范围。国家发展和改革委员会印发的《必须招标的工程项目规定》对上述必须进行招标的“全部或者部分使用国有资金投资或者国家融资的项目”和“使用国际组织或者外国政府贷款、援助资金的项目”进行了明确。同时，上述规定项目范围内的勘察、设计、施工、监理以及工程建设有关的重要设备、材料的采购达到一定标准的，也必须履行招标程序。据此，发包人未履行招标手续，直接与承包人订立施工合同的；或者是招标人隐瞒工程建设规模、建设条件、投资、建筑材料来源等真实情况，降低标准不进行招投标的，均属于本条规定中“必须进行招标而未招标”的情形，双方订立的建设工程施工合同应当认定为无效。

2. 关于招标无效的问题

招投标程序遵循“公开招标、择优选取”的原则，依据《招标投标法》第四十五条第二款的规定，中标通知书对招标人和投标人具有法律约束力，中标是发包人与承包人签订施工合同的前提条件，只有符合法律规定的中标，才能形成合法的建设工程施工合同，中标无效必然导致建设工程施工合同无效。实践中，招标主体实施以下违反《招标投标法》行为的，应当认定为中标无效：（1）发包人违法泄露招投标资料，或者与投标人就投标价格和投标方案等实质性内容进行谈判，影响中标结果，或者在所有投标被评标委员会否决后自行确定中标人，以及在评标委员会依法推荐的中标候选人以外确定中标的；（2）承包人与其他投标人或者与发包人串通进行投标，或者以向发包人或者评标委员会成员行贿的手段谋取中标，或者以他人名义投标，骗取中标的。此外，招标代理人或者评标委员会违反《招标投标法》，可能影响中标结果的，也应认定中标无效。

（三）违反工程分包管理制度强制性规定

在建筑业市场实践中，承包人为追求不正当利益，工程转包、违法分包的行为经常出现，一方面，导致建筑业市场承、发包行为不规范，竞争无序，扰乱建筑市场的正常运转；另一方面，直接导致建筑工程质量缺陷，建设工程发生安全事故，危及人民生命及财产安全。本条以《民法典》第七百九十一条规定为依据，以禁止转包、违法分包的行为为目的，规定承包人因转包、违法分包建设工程与他人签订的建设工程施工合同，应当认定为无效。

1. 关于违法分包的问题

就其本质而言，分包意味着承包人将其对合同的部分权利义务让与第三人，但与合同权利义务的概括转让所不同的是，承包人并不因此而免除其对分包部分的合同义务。①建设工程施工合同在性质上属于承揽合同，履行建设工程合同需要投入大量资金、具备众多专业技能，承包人往往并不具备独立完成施工的能力，工程分包行为难以避免。因此，合法分包行为受到法律保护，《民法典》和《建筑法》均规定，建筑工程总承包人在经发包人同意或认可，并且自行完成建筑工程主体结构施工的情况下，可以将自己承包的部分工作交由第三人完成。《民法典》虽未规定违法分包的具体内容，但从反面解释的角度，合法分包行为以外的分包行为，均属于《民法典》与《建筑法》所禁止的违法行为。根据住房和城乡建设部印发的《建筑工程施工发包与承包违法行为认定查处管理办法》第十一条、第十二条的规定，违法分包是指承包单位承包工程后违反法律法规规定，把单位工程或分部分项工程分包给其他单位或个人施工的行为。具体包括以下几种情形：（1）承包单位将其承包的工程分包给个人的；（2）施工总承包单位或专业承包单位将工程分包给不具备相应资质的单位的；（3）施工总承包单位将施工总承包合同范围内工程主体结构的施工分包给其

① 参见林文学：《建设工程合同纠纷司法实务研究》，法律出版社2014年版，第88页。

他单位的（钢结构工程除外）；（4）专业分包单位将其承包的专业工程中非劳务作业部分再分包的；（5）专业作业承包人将其承包的劳务再分包的；（6）专业作业承包人除计取劳务作业费用外，还计取主要建筑材料款和大中型施工机械设备、主要周转材料费用的。

2. 关于转包的问题

虽也是承包人将其承包的工程交由第三人施工的行为，但转包与分包存在显著的区别，从行为模式看，转包是将其承建的工程施工任务全部交由第三人施工，或者将工程进行肢解以后，各自分包给多家单位进行施工。分包尚有合法与违法的区分，而承包人的转包行为则完全不受法律保护，转包本身就属于完全违法的行为。这主要是因为，承包人将工程进行转包，是对合同信赖关系和稳定性的严重破坏，是缺乏诚信的表现；在实践中，承包人将工程进行转包以后，因其利润已经得到实现，往往放弃对工程进行任何管理，对工程质量和施工安全具有极大的危害性。

依据《建筑工程施工发包与承包违法行为认定查处管理办法》第七、八条的规定，转包是指承包单位承包工程后，不履行合同约定的责任和义务，将其承包的全部工程或者将其承包的全部工程肢解后以分包的名义分别转给其他单位或个人施工的行为。具体包括以下情形：（1）承包单位将其承包的全部工程转给其他单位（包括母公司承接建筑工程后将所承接工程交由具有独立法人资格的子公司施工的情形）或个人施工的；（2）承包单位将其承包的全部工程肢解以后，以分包的名义分别转给其他单位或个人施工的；（3）施工总承包单位或专业承包单位未派驻项目负责人等主要管理人员，或派驻的负责人中一人及以上与施工单位没有订立劳动合同且没有建立劳动工资和社会养老保险关系，或未对该工程的施工活动进行组织管理，又不能进行合理解释并提供相应证明的；（4）合同约定由承包单位负责采购的主要建筑材料、构配件及工程设备或租赁的施工机械设备，由其他单位或个人采购、租赁，或施工单位不能提供有关采购、租赁合同及发票等证明，又不能进行合理解释并提供相应证明的；（5）专业作业承包人承包的范围是承包单位承包的全部工程，专业作业承包人计取的是除上缴给承包单位“管理费”之外的全部工程价款的；（6）承包单位通过采取合作、联营、个人承包等形式或名义，直接或变相将其承包的全部工程转给其他单位或个人施工的；（7）专业工程的发包单位不是该工程的施工总承包或专业承包单位的（建设单位依约作为发包单位的除外）；（8）专业作业的发包单位不是该工程承包单位的；（9）施工合同主体之间没有工程款收付关系，或者承包单位收到款项后又将款项转拨给其他单位和个人，但不能进行合理解释并提供材料证明的。此外，两个以上的单位组成联合体承包工程，在联合体分工协议中约定或者在项目实际实施过程中，联合体一方不进行施工也未对施工活动进行组织管理，并且向联合体其他方收取管理费或者其他类似费用的，视为联合体一方将承包的工程转包给联合体其他方。

【审判实践中应注意的问题】

关于转包与挂靠行为的实践区分

依据《建筑工程施工发包与承包违法行为认定查处管理办法》第八条的规定，有证据证明属于挂靠或者其他违法行为的，不应认定为转包。因转包行为和挂靠施工行为存在交叉，二者在现实中不易区分，甚至有意见认为，因二者均属违法行为，在本质上没有区别，不用加以区分。我们认为，从逻辑上讲，挂靠施工和转包行为不仅可以区分，且因关涉民事责任的承担主体与承担方式，必须对二者加以区分。对比挂靠和转包的特征，二者在部分构成要件上存在重合，但也存在明显区别：（1）二者发生的时间不同。转包行为通常发生在转包人取得承包权之后，而挂靠一般是在被挂靠人订立合同之前或同时就形成借用资质的意思表示。从本质上讲，被挂靠人的“名”“实”分离才是形成挂靠的根本原因。（2）二者涉及的工程范围不同。转包既可能是将工程整体转包，也可能是肢解后另行分包，而挂靠是挂靠人以被挂靠人的名义承包整体的工程。(3)挂靠人以借用资质的行为承接到工程后，还可能发生转包等情形，而承包人将工程转包之后，却不具备再挂靠的基础。(4)在挂靠施工中，因存在借名行为，对外表现为发包人和被挂靠人之间的合同关系；而在转包行为中，转包人一般以自己的名义实施行为，对外表现为其自身与相对人的关系。(5)转包行为无效的，不影响发包人与承包人之间的合同效力，而挂靠施工的行为，通常会直接导致建设工程施工合同无效。

第二条

招标人和中标人另行签订的建设工程施工合同约定的工程范围、建设工期、工程质量、工程价款等实质性内容，与中标合同不一致，一方当事人请求按照中标合同确定权利义务的，人民法院应予支持。

招标人和中标人在中标合同之外就明显高于市场价格购买承建房产、无偿建设住房配套设施、让利、向建设单位捐赠财物等另行签订合同，变相降低工程价款，一方当事人以该合同背离中标合同实质性内容为由请求确认无效的，人民法院应予支持。

【条文主旨】

本条是关于建设工程施工合同实质性内容范围及按照中标合同确定建设工程施工合同当事人权利义务的规定。

【条文理解】

《民法典》第七百九十条规定，建设工程的招标投标活动，应当依照有关法律的规定公开、公平、公正进行。该条中的“有关法律”即《招标投标法》。《招标投标法》是民商事单行法，[①] 是合同法律制度的特别法。《招标投标法》涉及合同制度较多，但最为重要的条款是《招标投标法》第四十六条第一款：“招标人和中标人应当自中标通知书发出之日起三十日内，按照招标文件和中标人的投标文件订立书面合同。招标人和中标人不得再行订立背离合同实质性内容的其他

① 2021 年全国人大常委会法工委公布的《现行有效法律目录》（274 件）就将《招标投标法》列入民法商法范围。

协议。”该条款中的“合同实质性内容”具体含义，未见立法解释，亦未见其他有效权威解释。为保障当事人订立合同自由的权利，落实招标投标法律制度，公正处理建设工程施工合同权利义务争议，本条对《招标投标法》第四十六条第一款中的“合同实质性内容”作出了明确界定。

一、理解“合同实质性内容”应当注意的问题

合同实质性内容，依字面理解，应当是指对合同双方当事人权利、义务有实质影响的内容。是否存在实质影响，可从以下两方面考虑：

（一）是否影响其他中标人中标

《招标投标法》规定的招标投标程序，既是为了保证招标人能够通过招标投标程序确定理想的中标人，也是为了保证竞标人之间存在一个公开、公正、公平的竞争环境。如果允许招标人和中标人可以再行订立背离合同实质性内容的其他协议，则违背了招标投标制度的初衷，整个招标过程也就失去了意义，对参与招标投标的其他竞标人有失公平。所以法律不得不禁止这类行为的存在。基于这一点考虑，招标人和中标人另行签订的协议中改变双方根据招标文件和投标文件所订立的书面合同的内容是否属于背离合同实质性内容，取决于这些改变是否足以影响其他竞标人能够中标或者以何种条件中标。凡是排除其他投标人中标的可能或者提高其他投标人中标条件的内容，都构成《招标投标法》第四十六条第一款中的“实质性内容”。

（二）是否较大影响招标人与中标人的权利义务

招标人与中标人另行订立其他协议时，如果较大地改变了双方的权利义务关系，则构成背离合同的“实质性内容”。招标人与中标人就建设工程施工所享有的权利义务体现在招标文件、中标文件、中标通知书及以合同书形式出现的《建设工程施工合同》之中，虽然依据合同法律制度规定，当事人享有变更合同之权利，但这种变更受制于招标投标文件及《建设工程施工合同》。实务中，在招标投标程序之后，双方订立背离合同实质性内容的其他协议通常有利于发包人而不

利于承包人。有利于承包人而不利于发包人的情形则较为罕见。

在理解“合同实质性内容”时，还应当注意以下三点：

1. 合同实质性内容不是指合同的主要条款

合同的主要条款是指合同必须具备的条款。欠缺主要条款任何一项，合同就不能成立。《民法典》第四百七十条规定，合同的内容由当事人约定，一般包括当事人的姓名或者名称和住所、标的、数量、质量等。合同的主要条款，有的是由法律直接规定的，如借款合同中有关借款币种的条款；有的是由合同的性质决定的，如买卖合同标的物价款的条款；有的则由当事人的约定而产生，如演出合同中的演员条款。法律规定或者合同性质决定的主要条款决定着合同的类型，并确定了当事人各方权利义务。由当事人约定而形成的主要条款，一般不能决定合同的类型。除法律另有规定或者当事人另有约定外，合同的主要条款包括合同主体即当事人名称或者姓名、标的和数量三方面的条款。通常情况下，当事人达成的任何协议只要包括这三方面的内容，即可认定合同成立。合同具备主要条款而欠缺其他内容的，当事人可以协商补充，也可以依照合同法律制度规定或者解释规则予以补充。

2. 合同实质性内容不等同于构成新要约的内容

《民法典》第四百八十八条规定：“承诺的内容应当与要约的内容一致。受要约人对要约的内容作出实质性变更的，为新要约。有关合同标的、数量、质量、价款或者报酬、履行期限、履行地点和方式、违约责任和解决争议方法等的变更，是对要约内容的实质性变更。”承诺的内容必须与要约的内容完全一致，不得做任何更改，是英美法系与大陆法系两大法系一致的原则；否则视为新的要约。但在解释上也并非铁板一块，因为现实中的承诺往往不是简单地回答“是”或者“同意”，承诺是否与要约完全一致，也是需要进行判断的。承诺在形式上虽然对要约内容有变更，但实质上并没有变更的，仍然可以认为与要约一致，承诺仍为有效。比如，与要约的主要内容意思一致，仅就要约的附随事项附以条件或者作出其他变更，承诺仍为有效。要求承诺与要约的内容绝对一致，不利于合同的成立，不利于鼓励交易。现在英美法系也突破了所谓的镜像原则。例如，《国际货物销售合同公约》第十九条第三款规定："有关货物的价格、付款、货物的质量和数量、交付地点和时间、一方当事人对另一方当事人的赔偿责任范围或解决争端等的添加或不同条件，均视为在实质上变更发盘的条件。"但是，除了列举的这些内容，其他内容如合同的标的、合同所适用的法律等是不是实质内容？就列出的项目而言，是否任何一点改变就是实质性改变呢？《国际商事合同通则》第二百一十一条也规定了实质性改变合同构成反要约，但没有具体规定什么条款是实质性条款。通常认为，什么能构成实质性变更，对此无法抽象确定，必须视每一笔交易的具体情况而定。如果添加条款或者改变条款的内容涉及价格或支付方式、非金钱债务的履行地点和时间、一方当事人对其他人承担责任的限度或争议的解决等问题，则通常（但不是必然）构成对要约的实质性变更。对此应予考虑的一个重要因素是，变更条款或差异条款在有关的贸易领域中必须是常用的，而不能出乎要约人的意料之外。《民法典》第四百八十八条对合同的实质性条款作了列举，但实质性条款不限于所列各项。如对法律适用的选择也应是实质性的条款。《民法典》第四百八十八条所列实质性条款在实际交易中还需要就个案进行具体分析。不同的合同类型，实质性条款并不完全相同。

3. "实质性内容"不是指《民法典》第七百九十五条规定的建设工程施工合同的主要内容

《民法典》第七百九十五条规定："施工合同的内容包括工程范围、建设工期、中间交工工程的开工和竣工时间、工程质量、工程造价、技术资料交付时间、材料和设备供应责任、拨款和结算、竣工验收、质量保修范围和质量保证期、双方相互协作等条款。"该条列明了建设工程施工合同应具备的主要内容，这些内容显然不能都认定为《招标投标法》第四十六条第一款所规定的"实质性内容"。合同法律规范多数为任意性规范而非强制性规范，《民法典》第七百九十五条就是典型的任意性规范。该条中有关技术资料交付时间、材料和设备供应责任、拨款和结算、竣工验收、质量保修范围和质量保证期、双方相互协作等内容，均可以由招标人与中标人根据实际情况协商确定，并非所有的建设工程施工合同都必须约定清楚。

二、建设工程施工合同实质性内容的范围

根据本条第一款，建设工程施工合同实质性内容的范围如下：

（一）工程范围

城乡规划区内各类建设项目（包括住宅、工业、仓储、办公楼、学校、医院、市政交通基础设施等）新建、改建、扩建、翻建，都存在建设范围。承包人具体施工的工程范围由招标文件、投标文件与合同等文件确定，该范围决定了承包人施工的边界。工程范围，并不仅仅指建筑物或者构筑物的结构与面积等，更主要是指是否包括土建、设备安装、装饰装修等。不同的工程范围，对施工人的技术水平和管理水平要求不同，而且施工人投入的设备、人力等也不相同。工程范围直接决定施工人获得利润的多寡，譬如，通常而言，总包利润高于单项工程利润。增加或者减少工程范围直接影响施工人的利益。通常情形下，招标人即发包人对工程范围的确定与变更影响更大。另行签订的协议，增加或者减少工程范围的可能性都存在。应当注意的是，施工过程中，因发包人的设计变更、建设工程规划指标调整等客观原因，发包人与承包人以补充协议、会谈纪要甚至签证等变更工程范围的，不应当认定为背离中标合同的实质性内容的协议。

（二）建设工期

建设工期是施工人完成施工工程的时间或者期限。工期通常与工程范围直接相关。建设工期是建设工程施工合同的必备条款。在低造价、高质量的前提下，短工期是建设方的理想要求。短工期不仅可以保证建设方尽早使用工程，提高经济效益，而且可以有效避免对第三方承担逾期责任。实务中，建设方通常对施工人缩短工期予以奖励。然而，更多的实际情况是施工人逾期竣工。一些案件中，施工人因逾期而承担的违约金占整个工程价款比例较高。故竞标人以不合理的短

工期投标实属不正当竞争的表现。建设工程的工期，除了加强管理、广泛应用新技术、新工艺、新材料和新设备进行科学施工外，真正起决定因素的是现有的生产技术条件和自然条件。例如，寒冷季节客观上影响工期。建设工期依据建设工程的不同情况，以天数或者月数确定。通常情况下，竞标人在投标文件中确定的总竣工日期才是决定是否中标的关键因素。另行签订的协议中，缩短或者延长建设工期的可能性都会发生。

（三）工程价款

支付工程价款是发包人最主要的义务，收取工程价款是承包人最主要的权利。在工程范围与工程质量、工期不变的情况下，决定工程中标人的因素往往就是工程价款，即投标文件中工程价款最低者中标。司法实践中，绝大多数案件就是因工程价款产生纠纷。在目前的市场环境下，发包人占主导地位，因而承包人为了能够中标，往往会在投标时或者在另行签订的协议中承诺工程价款在决算价的基础上，下浮较高的比例。工程价款，是对施工人而言，对建设人而言，称工程造价。通过招标投标程序发包的建设工程，计价方式无非固定价与可调价两种。当然即使是固定价，无论是单价固定合同还是总价固定合同，当事人仍然会在合同中明确约定可能产生的市场风险如何在两方当事人之间分配。在确定可调价作为计价方式时，竞标人为了获得工程建设的机会，必然会在总决算价的基础上给予发包人一定程度的所谓“让利”。否则，该竞标人至少在工程价款方面没有竞争的优势。实务中，承包人通过低价竞标，获得工程建设机会后，再以人工费、材料费等存在重大市场变化为由，要求据实结算的案件并不罕见。这种情形下，可能是承包人不诚信的表现，也可能是发包人盲目选择承包人的结果。毕竟除不可抗力外，对于正常的市场风险，双方当事人都应当有相应的能力预见到。

实务中，当事人变更价款存在多种形式。直接降低中标人的投标文件提出的工程价款即直接让利是最明显、最直接的形式。除此之外，实践中经常发现当事人采取的方式有：中标人同意以明显高于市场价格购买其承建的房产、中标人无偿建设住房配套设施、向建设单位捐赠财物。本条第二款特别就当事人变相降低工程价款的四种典型形式作出了规定。

当然，无论何种形式，最终的结果是使工程价款有一定程度的下降。这种下降程度，即使并不一定占全部工程价款的较高比例，但肯定让其他的竞标人难以接受。也就是说，无论以何种形式存在，其他竞标人都可能放弃竞标。

理论上，当事人另行签订的协议中变更工程价款可能与中标合同相比有所增加。然而，在实务中，在工程范围、工期与工程质量不变且市场风险无显著变化的情形下，增加工程价款的情形极为罕见。工程价款的增加，只在发包人与承包人的市场地位存在反向变化，即承包人的市场地位因出现某种情形而大大优于发包人时可能出现。例如，开发商资金暂时短缺而施工人提供资金时，施工人就会要求开发商将房屋以明显低于市场价格充抵工程价款。在此种情形下，如果发包人请求按照中标合同确定双方权利义务的，人民法院同样应当支持。

特别应当注意的是，改变工程价款的支付方式是否对当事人权利义务产生实质影响。所谓结算方式是指发包人与承包人之间就工程价款进行收付的程序与方法。通常情况下，无论现金结算还是转账结算都不会对双方权利义务产生实质性的影响。但如果发包人未按照约定的方式履行支付工程价款的义务，而是通过转移债权（包括以将来收益抵顶）、以房屋或者项目抵顶、债权转股权等形式支付工程价款或者大幅度延长工程价款支付期限，则对承包人的权利义务产生实质性影响。

（四）工程质量

建设工程质量是指依照国家现行有效的法律、法规、技术标准、设计文件和合同约定，对工程的安全、适用、经济、环保、美观等特性的综合要求。建设工程是人们日常生活和生产、经营、工作的主要场所，是人类生存和发展的物质基础。建设工程的质量，不仅关系生产经营活动的正常运行，也关系人民生命财产安全。建设工程一旦出现质量问题，特别是发生重大垮塌事故，危及人民生命财产安全，损失巨大，影响恶劣。因此，百年大计，质量第一，必须确保建设工程的安全可靠。从总体上看，我国基础设施建设和重大工程的质量是好的。但是，建设工程质量方面存在的问题也相当突出，工程垮塌事故时有发生，一些民用建筑工程特别是住宅工程，存在影响使用功能质量的通病比较普遍，有的还存在影响结构安全的重大隐患。保证建设工程质量和安全，是《建筑法》的主要立法目的之一。依据《建筑法》的规定，国务院颁布了《建设工程质量管理条例》这一专门管理建设工程质量的行政法规。在招标投标中，竞标人不会以降低工程质量赢得中标机会。相反，竞标人在投标文件中肯定声称保证工程质量符合法律及建设方的要求。招标人与中标人签订施工合同后，即使另行签订协议，也通常要求施工人保证工程质量。但是，另行签订的协议中仍然存在降低工程质量的情形。这表现在以下两方面：（1）建设方对自己利益特别是对社会公众利益的漠视。例如，桥梁、房屋垮塌事件就是建设方降低工程质量的结果。（2）一些招标人故意提高工程质量要求，如多层建筑按照高层建筑质量提出招标要求，在特定人中标后，再根据工程的实际情况，在另行签订的协议中，降低工程质量。这种情形的发生，通常是为了排除其他竞标人能够中标，招标人与中标人多是存在关联关系或者其他不正当关系。

（五）其他内容

除了建设工程范围、建设工期、工程质量与工程价款外，特定情形下，也可能存在背离按照招标文件和中标文件签订的合同的实质性内容的协议。这只能根据建设工程及当事人的具体情况确定。凡是可能限制或者排除其他竞标人的条件都可能构成《招标投标法》第四十六条第一款中的“合同实质性内容”。所以本条只是列举工程范围、建设工期、工程质量与工程价款，而未排除其他可能的因素。

【审判实践中应注意的问题】

背离中标合同实质性内容另行签订协议会产生“黑白合同”现象。背离中标合同实质性内容另签协议，既损害正常的招标投标程序，也可能损害中标人的合法权益。中标合同可被称为白合同，另行订立的与中标合同实质性内容不一致的合同可被称为黑合同。

理解与适用本条时要注意以下四方面问题：

一、注意“黑白合同”的效力关系

白合同有效是认定黑合同无效的前提。如果白合同无效，就不能简单地以白合同作为计算工程价款的依据，而必须根据当事人的真实意思、实际履行情况等因素判断适用哪一份合同，或者通过鉴定据实结算工程价款。白合同有效是指招标投标程序合法且中标有效。

根据《招标投标法》的规定，存在六种中标无效的情形：（1）招标代理机构违反法律规定，泄露应当保密的与招标投标活动有关的情况和资料的，或者与招标人、投标人串通损害国家利益、社会公共利益或者他人合法权益的；（2）依法必须进行招标的项目的招标人向他人透露已获取招标文件的潜在投标人的名称、数量或者可能影响公平竞争的有关招标投标的其他情况的，或者泄露标底的；（3）投标人相互串通投标或者与招标人串通投标的，投标人以向招标人或者评标委员会成员行贿的手段谋取中标的；（4）投标人以他人名义投标或者以其他方式弄虚作假，骗取中标的；（5）依法必须进行招标的项目，与投标人就投标价格、投标方案等实质性内容进行谈判的；（6）招标人在评标委员会依法推荐的中标候选人以外确定中标人的，依法必须进行招标的项目在所有投标被评标委员会否决后自行确定中标人的等。

二、注意与合同备案的关系

本条只明确确定当事人权利义务关系与中标合同相关，与是否备案无关。《建筑法》《招标投标法》等法律未规定建设工程施工合同的备案制度。2001 年 6 月 1 日原建设部发布的《房屋建筑和市政基础设施工程招标投标管理办法》第四十七条第一款规定："订立书面合同 7 日内，中标人应当将合同送工程所在地的县级以上地方人民政府建设行政主管部门备案。"这一行政规章应当是建设工程施工合同备案制度的依据。或许在当时的情况下，备案制度有其意义，但随着市场机制的发展与行政管理措施的完善，建设工程合同备案制已失去了存在的基础。2018 年 9 月 28 日公布的《住房和城乡建设部关于修改〈房屋建筑和市政基础设施工程招标投标管理办法〉的决定》第五条规定："删除第四十七条第一款中的'订立书面合同 7 日内，中标人应当将合同送工程所在地的县级以上地方人民政府建设行政主管部门备案'。"也就是说，建设工程施工合同强制备案制度正式取消。从今以后，无论是依法必须进行招标投标的工程项目还是非强制招标投标的工程项目，当事人通过招标投标的方式进行发包与承包，并根据招标投标结果签订建设工程施工合同即可。

三、注意与合同变更的关系

黑合同必须是对中标合同的实质性背离，这就要求正确把握"实质性背离"与合同变更之间的关系。建筑工程是一项复杂的系统工程，白合同签订之后，由于履行期限长、变化大，随着施工进度的深入，发包方与承包方因客观情况发生了在招标投标时难以预见的变化，对中标合同进行补充、变更是正常和普遍的。不过，值得注意的是，这种补充或者变更协议不应与中标合同同时签订，或者在未发生招标投标时难以预见的变化之时签订；同时这种补充或者变更协议不构成对白合同实质性内容的违反或者背离。

当事人另行签订的建设工程施工协议无论是在中标合同之前还是在中标合同之后订立，均不得背离中标合同的实质性内容。不过，应当特别注意的是，不能简单地以当事人在招标投标之前签订过具备施工合同实质要件的意向书、补充协议、承诺书、会议纪要、备忘录等即否定中标合同的效力。中标合同是否无效，取决于双方当事人在招标投标过程中是否存在导致招标投标无效的情形。

四、注意中标合同是指包括一系列法律文件在内的合同书

《招标投标法》第四十六条第一款的“书面合同”包括一系列法律文件。2017 年 9 月 22 日住房和城乡建设部等发布的《建设工程施工合同（示范文本）》（GF－2017－0201）是最新的合同示范文本。《示范文本》由合同协议书、通用合同条款和专用合同条款三部分组成。“合同协议书”明确：“本协议书与下列文件一起构成合同文件：（1）中标通知书（如果有）；（2）投标函及其附录（如果有）；（3）专用合同条款及其附件；（4）通用合同条款；（5）技术标准和要求；（6）图纸；（7）已标价工程量清单或预算书；（8）其他合同文件。在合同订立及履行过程中形成的与合同有关的文件均构成合同文件组成部分。上述各项合同文件包括合同当事人就该项合同文件所作出的补充和修改，属于同一类内容的文件，应以最新签署的为准。专用合同条款及其附件须经合同当事人签字或盖章。”“通用合同条款”重申“合同文件构成”：“合同：是指根据法律规定和合同当事人约定具有约束力的文件，构成合同的文件包括合同协议书、中标通知书（如果有）、投标函及其附录（如果有）、专用合同条款及其附件、通用合同条款、技术标准和要求、图纸、已标价工程量清单或预算书以及其他合同文件。”同时“通用合同条款”“1.5 合同文件的优先顺序”规定：“组成合同的各项文件应互相解释，互为说明。除专用合同条款另有约定外，解释合同文件的优先顺序如下：（1）合同协议书；（2）中标通知书（如果有）；（3）投标函及其附录（如果有）；（4）专用合同条款及其附件；（5）通用合同条款；（6）技术标准和要求；（7）图纸；（8）已标价工程量清单或预算书；（9）其他合同文件。上述各项合同文件包括合同当事人就该项合同文件所作出的补充和修改，属于同一类内容的文件，应以最新签署的为准。在合同订立及履行过程中形成的与合同有关的文件均构成合同文件组成部分，并根据其性质确定优先解释顺序。”

第三条

当事人以发包人未取得建设工程规划许可证等规划审批手续为由，请求确认建设工程施工合同无效的，人民法院应予支持，但发包人在起诉前取得建设工程规划许可证等规划审批手续的除外。

发包人能够办理审批手续而未办理，并以未办理审批手续为由请求确认建设工程施工合同无效的，人民法院不予支持。

【条文主旨】

本条是关于建设工程规划许可证等规划审批手续对合同效力影响的规定。

【条文理解】

一、城乡规划中的建设规划许可制度

城乡规划是对一定时期内城乡的经济和社会发展、土地利用、空间布局以及各项建设的综合部署、具体安排和管理。城乡规划的任务是要在城乡的发展中维持公共生活的空间秩序，对未来的空间利用作出科学合理的安排。[①] 城市规划分为总体规划和详细规划。总体规划是城市在一定时期内的发展计划和各项建设的总体部署。详细规划分为控制性详细规划和修建性详细规划，前者以总体规划和分区规划为依据，用以控制建设用地性质、使用强度和空间环境，作为城市规划

① 本书编写组：《〈中华人民共和国城乡规划法〉释义及实用指南》，中国民主法制出版社2013年版，第30页。

管理的依据，并指导修建性详细规划的编制；后者以城市总体规划、分区规划或控制性详细规划为依据，用以指导各项建筑和工程设施的设计和施工。

城市规划许可制度作为对“图纸上”城市规划的实施和管理手段，贯穿于整个建设项目过程中。根据《城乡规划法》第三十七、三十八条的规定，建设用地规划许可证是通过对建设用地的事先控制，对建设项目的选址、性质、开发强度是否符合城市规划，从方向上作出评估，即建设用地需符合控制性详细规划。根据《城乡规划法》第四十条的规定，在城市、镇规划区内进行建筑物、构筑物、道路、管线和其他工程建设的，建设单位或者个人应向行政主管机关申请办理建设工程规划许可证。建设用地规划许可主要是为了保证建设项目整体上符合城市规划；建设工程规划许可则是对建设项目的具体方案进行审查。建设用地规划许可是工程规划许可的前提，没有得到建设用地规划许可的建设项目，不可能取得建设工程规划许可。同时，建设工程规划许可也不能突破建设用地规划许可的范围。①

此外，依照《土地管理法》《城乡规划法》《建筑法》的相关规定，在我国进行工程建设，除应取得建设用地规划许可证、建设工程规划许可证外，还应取得国有土地使用权证、建设工程施工许可证（俗称“四证”）。但实践中经常出现“四证”不全的建设工程项目，如一些边申请、边审批、边施工的“三边工程”，以及违反规划管理规定化整为零、越权审批等。②

二、建设工程规划许可证对施工合同效力的影响

（一）“建设工程规划许可证等规划审批手续”的理解

《城乡规划法》第四十条规定了办理建设工程规划许可证的工程

① 傅纳红：《建设规划许可证的法律效力初探》，载《法治论坛》2008 年第 3 期。

② 冯小光：《建设工程施工合同纠纷案件法律适用的有关问题》，载最高人民法院民事审判第一庭编：《民事审判指导与参考》2018 年第 3 辑（总第 75 辑），人民法院出版社 2019 年版。

项目范围、条件和应提交的材料。实践中，建设项目行政审批阶段包括：规划许可审批、土地批准审批、“大循环”审批（包括消防、卫生、人防、环保等部门的审批）、施工图审查、缴纳建设项目相关费用、施工许可审批（含中标通知书、工程质量监督、安全监督、施工合同备案、监理合同备案等项目的审批）。2017 年 7 月，最高人民法院公布《2018 年解释》（征求意见稿）第五条的规定是：“当事人以发包人未取得建设用地规划许可证、建设工程规划许可证为由，请求认定建设工程施工合同无效的，人民法院应予支持。但发包人在一审法庭辩论终结前取得建设用地规划许可证、建设工程规划许可证的，人民法院不予支持。”在征求社会各界意见中，有意见认为本条应表述为“建设规划审批手续”，理由是同为建设工程规划许可，但《城乡规划法》针对城市建筑、乡村建筑、临时建筑使用了不同名称。从统一角度考虑，建议改为“建设规划审批手续”。经最高人民法院审判委员会研究决定，最终条文用建设工程规划许可证等规划审批手续的表述。这并不意味着未取得建设用地规划许可证不影响建设工程施工合同的效力，而是从法律规定和办理相关规划许可的审批程序看，取得建设用地规划许可证是取得建设工程规划许可证的前提，故仅需规定建设工程规划许可证即可。

本条中规定的未取得建设工程规划许可证等规划审批手续主要是指未取得建设工程规划许可证，或者未按照建设工程规划许可证的规定进行建设。

（二）未取得建设工程规划许可证的施工合同无效

所谓无效合同就是不具有法律约束力和不发生履行效力的合同。无效合同由于违反法律、行政法规的强制性或者损害国家、社会公共利益，即使成立也不具有法律拘束力。① 司法实务中，建设工程施工合同纠纷案件首要的任务是正确认定合同的性质和效力。对于建筑业

① 胡康生主编、全国人大常委会法制工作委员会编：《中华人民共和国合同法释义》（第三版），法律出版社 2013 年版，第 127 页。

而言，建设工程施工合同的标的金额往往十分巨大，且具有履行期长、内容复杂、涉及多方利益的特点，如果合同频繁地因违反法律和行政法规的强制性规定而无效，将严重影响建筑行业的发展，压抑市场主体的交易愿望。

《最高人民法院关于适用〈中华人民共和国合同法〉若干问题的解释（二）》将强制性规定区分为效力性和管理性两类，只有违反效力性强制性规定的才无效。《民法典》第一百五十三条虽未做上述之区分，但规定了“该强制性规定不导致该民事法律行为无效的除外”。关于《合同法》所持效力性规定的识别标准问题，目前较为流行的“利益衡量说”，应是较为合理的选择。其主要内容是：（1）法律、行政法规明确规定，违反该规定将导致合同无效或不成立的，为当然的效力性规定；（2）法律、行政法规虽未明确规定，违反其规定将导致合同无效或不成立，但若使违反该规定的合同继续有效将损害国家或者社会公共利益的，也属于效力性规定；（3）法律、行政法规既没有规定违反其规定将导致合同无效或不成立，且使违反该规定的合同继续有效也并不损害国家或者社会公共利益，而只是损害当事人个人利益的，属于管理性规定。《最高人民法院关于当前形势下审理民商事合同纠纷案件若干问题的指导意见》给出类似指引，规定“人民法院应当综合法律法规的意旨，权衡相互冲突的利益，诸如权益的种类、交易安全以及其所规制的对象等”因素加以判定。如果强制性规范规制的是合同行为本身，即只要该合同行为发生就绝对地损害国家利益或者社会公共利益的，人民法院应当认定合同无效。如果强制性规定规制的是当事人的“市场准入”资格而非某种类型的合同行为，或者规制的是某种合同的履行行为而非某类合同行为，人民法院对于此类合同效力的认定，根据具体情况进行分析，一般应当认定为“管理性强制性规定”。

对于未办理建设用地规划许可证、建设工程规划许可证的建设单位与施工承包方签订的建设工程施工合同是否违反了可以导致该合同无效的法律、行政法规的强制性规定，涉及《土地管理法》第四十三条，《城乡规划法》第三十八、三十九、四十条的规定是否属于效力性强制性规定的问题，对此理论和实务界有不同观点，第一种观点认为，建设单位未取得建设用地规划许可证和建设工程规划许可证，意味着该工程建设完毕后即成为违法建筑，如果认定建设工程合同有效，合同履行完毕后该建设工程依法仍然需要予以拆除，将会造成巨大的社会成本和资源浪费。从保护社会公益的角度出发，建设项目的施工未能取得建设用地规划许可证，违反了《城乡规划法》关于建设用地规划许可、建设工程规划许可的强制性规定，该行为无疑损害了社会公众的利益，符合《合同法》第五十二条第五款之情形，理应归于无效。这一意见曾被最高人民法院有关判决予以确认。后各地法院承继了最高人民法院的意见。第二种观点认为，建设单位未取得建设用地规划许可证和建设工程规划许可证，其施工合同并不必然无效。建设用地规划许可证和建设工程规划许可证仅是针对发包人是否有权使用国有土地建筑房屋等工程项目颁发的权属证书或行政许可，这与建设工程施工合同的效力无关，承包人也没有对发包人是否取得建设用地规划许可证和建设工程规划许可证的审查义务。且《城乡规划法》第六十四条仅属于管理性规定，不会造成合同无效的法律后果。

我们认为，对于强制性规范性质的认定不是简单地以“禁止”“不得”等否定性表达作为判断标准的，而是应根据相关法律、行政法规的立法目的，以是否属于严重侵害国家、集体和社会公共利益，是否需要国家权力对当事人意思自治进行干预等标准进行判断。我国实行社会主义公有与集体所有土地制度，土地属于最基本、最稀缺的物质资源。建设用地规划与建设工程规划直接关系到土地合理使用、科学利用及城乡整体布局，这与不特定的大多数人的切身利益是紧密相关的。所以，关于土地使用（流转）、规划以及建设工程规划，都属于国民的基本利益所在，属于社会公共利益的范畴。从城乡规划的目的和作用来看，各级政府严格按照法律规定的程序和权限制定、修改辖区内的城乡规划，应当严格执行；而办理工程规划许可证是执行城乡规划的具体体现。《土地管理法》第四十三条与《城乡规划法》

第三十八、三十九、四十条的规定正是体现了国家对土地使用、建设工程规划的调控和监管，这对维护土地流转秩序、科学土地和建设工程规划等具有重大意义。建设单位取得建设工程规划许可证是进行合法建设的前提，未取得建设工程规划许可证即进行建设或者未按照建设工程规划许可证的规定进行建设是法律明确禁止的行为，该行为属于《民法典》第一百五十三条规定的违反法律、行政法规强制性规定的行为。由此签订的建设工程施工合同应属无效。对于未取得国有土地使用权证、建设工程施工许可证而签订的建设工程施工合同，则不认定为合同无效。

三、合同效力补正的时间点为“起诉前”

所谓合同效力补正理论，是指当事人所订立的合同因违反法律禁止性规定，导致合同不能满足有效条件，当事人可以通过事后补正或者实际履行来使合同满足有效的条件，促使合同有效。[①] 合同效力补正的直接法律后果是使原本无效的合同发生效力上的转化，成为有效合同。合同效力补正理论是由最高人民法院通过对实践的总结在司法解释中确立的。1995 年，最高人民法院发布的《关于审理房地产管理法施行前房地产开发经营案件若干问题的解答》（已失效）中规定了一些房地产相关合同在“一般应当认定为无效”的情形下，如果在“一审诉讼期间”补办了相关手续的，可以认定合同有效。此后，最

① 合同的法律效力只是强调合同对当事人产生拘束力。按照西方著名的意志理论，合同的本质在于合意，而合同法的目标则是赋予当事人的意志以法律效果，因此，“合同法赋予单个公民订立合同的权利，并规定了签约程序。通过订立合同，单个公民创立了法律义务并使其目标生效。对于自愿形成的私人关系来说，合同法就像一部宪法，而具体的合同则像宪法下新颁布的法律”。无效合同不是一个静态的概念，它深受一定的法律价值和政策的影响，因而在一定情况下无效合同完全可以通过一定的补救方式使其生效。这样就可以将一部分无效合同分离出来，准许当事人对其采取一定的补救措施，使合同产生法律效力。参见最高人民法院民事审判第一庭编著：《最高人民法院建设工程施工合同司法解释的理解与适用》（重印本），人民法院出版社 2015 年版，第 50 页；[美] 罗伯特·考特、托马斯·尤伦：《法和经济学》（第六版），上海人民出版社 2012 年版，第 318 页；杨佳、郑春玉：《论无效合同的效力补救》，载《前沿》2006 年第 9 期。

高人民法院先后制定的《关于审理商品房买卖合同纠纷案件适用法律若干问题的解释》《关于审理涉及国有土地使用权合同纠纷案件适用法律问题的解释》《关于审理城镇房屋租赁合同纠纷案件具体应用法律若干问题的解释》等涉及房地产合同纠纷案件的相关司法解释均继续沿用了合同效力的补正原则，并且进一步扩展了合同效力补正的范围，基本上涵盖了所有的房地产合同。确立这一原则主要是考虑到，在房地产领域中，由于各个环节存在诸多国家管控，法律对房地产交易环节设定了审批制度，一般来说，以未通过审批的房地产为标的而签订的合同是无效的，但为避免资源浪费，尊重当事人合同自由，根据《最高人民法院关于适用〈中华人民共和国合同法〉若干问题的解释（一）》规定的精神，在房地产相关司法解释中应确立房地产效力的补正规则。《2004 年解释》第五条继续采纳了合同效力的补正理论，明确规定了承包人超越资质等级许可的范围承揽建设工程所订立的建设工程施工合同，在建设工程竣工前承包人取得相应资质等级的，人民法院应当按照有效的建设工程施工合同处理。

就合同效力补正的时间节点而言，没有统一标准，不同司法解释的规定也不尽一致，实践中应注意区分。时间节点补正采用“一审法庭辩论终结前”的司法解释主要包括：《关于适用〈中华人民共和国合同法〉若干问题的解释（一）》第九条、《关于审理城镇房屋租赁合同纠纷案件具体应用法律若干问题的解释》第二条、第三条的规定；采用“起诉前”表述的司法解释主要包括：《关于审理涉及国有土地使用权合同纠纷案件适用法律问题的解释》第二条、第九条、第十一条、第十五条、第十六条，《关于审理商品房买卖合同纠纷案件适用法律若干问题的解释》第二条的规定。应当注意的是，《2004 年解释》第五条将补正时间限定在竣工验收前，这与诉讼程序节点是无关的。

起草过程中，对于效力补正时间节点问题争论较大。有观点认为，效力补正时间应确定为一审辩论终结前，因为这是司法实践惯例，也符合鼓励交易、维护交易安全的宗旨。本解释征求意见稿原来将效力补正时间节点就确定为“一审法庭辩论终结前”。也有观点认为，效力补正时间应确定为起诉前，否则容易产生消极结果。建设工程施工合同纠纷案件往往案情复杂，可能涉及质量、工期、价款等争议，审限较长，将效力补正时间节点确定为“一审法庭辩论终结前”，会导致涉案合同效力在法庭审理期限内存在不确定性，直接影响当事人合同权利义务和诉讼权利义务的行使，从公平、便于案件审理和法律价值判断角度，建议将效力补正时间确定为“起诉前”，以便当事人在启动诉讼时判断相应风险和确定如何主张负担相应义务。最终本解释采纳了后一种观点，将补正时间节点确定为“起诉前”。

四、发包人故意不办理规划审批手续的后果

根据相关法律规定，发包人作为建设单位应当在取得各种许可手续后才能开工建设工程项目，这是发包人的法定义务。实践中，还存在一种特殊情况，建设工程项目的各种规划审批手续已经具备办理条件，但发包人出于各种原因迟迟不予办理。显然，发包人故意不予办理相关手续，其主观恶意明显，违背了合同法严守合同约定、全面履行合同以及诚信等基本原则。本条起草中有意见建议应考虑实践中较为复杂的具体情况，区分当事人过错，应将发包人故意拖延不办理建设工程规划许可证等规划审批手续的情况排除在外。本条亦采纳了这一观点，增加了第二款规定。《2018 年解释》根据《合同法》第四十五条①的规定，对发包人恶意反悔获利的行为作出了否定性评价，规定了不予支持发包人恶意主张合同无效的请求，并对因发包人迟延办理相关审批手续而给承包人造成损失的，令其承担赔偿责任。

当然，对办理建设工程规划许可证等规划审批手续的条件成就，发包人故意不办理相关手续的，承包人应负举证责任。也就是说，承包人既要证明该工程项目已经具备办理建设工程规划许可证等规划审

---

① 《合同法》第四十五条规定：“当事人对合同的效力可以约定附条件。附生效条件的合同，自条件成就时生效。附解除条件的合同，自条件成就时失效。当事人为自己的利益不正当地阻止条件成就的，视为条件已成就；不正当地促成条件成就的，视为条件不成就。”

批手续的条件，又要证明发包人存在不办理相关手续的主观故意。对于前者而言，其属于客观事实，相对较容易举证，当事人可以到相关规划审批部门取证；但对于发包人主观上存在故意的，证明难度较大，这就需要审判人员根据当事人的举证对具体情况进行分析。

【审判实践中应注意的问题】

未取得建设工程规划许可证而无效的施工合同如何结算工程价款

就建设工程施工合同无效工程价款的结算问题，《2004 年解释》第二条、第三条规定，如果建设工程经竣工验收合格的，参照合同约定结算工程价款。如果建设工程经竣工验收不合格的，则修复后的建设工程经竣工验收合格，发包人可以请求承包人承担修复费用；修复后的建设工程经竣工验收不合格，承包人无权请求支付工程价款。后《民法典》第七百九十三条明确："建设工程施工合同无效，但是建设工程经验收合格的，可以参照合同关于工程价款的约定折价补偿承包人。"由此，参照合同关于工程价款的约定折价补偿是处理此种情形的一般规定。那对于未取得建设工程规划许可证等规划审批手续的工程项目，是否应依照上述一般规定进行结算工程价款？对此，审判实务中有不同的观点：第一种观点认为，因未取得建设规划审批手续而无效的施工合同结算，应当依照《民法典》第七百九十三条规定的无效施工合同关于折价补偿的规定处理，如果建设工程已经验收合格或经修复验收合格，则参照合同约定折价补偿，经修复仍不合格的，按照双方过错比例，由发包人、承包人承担实际损失。① 第二种意见则认为，无建设规划审批手续而签订的施工合同是无效合同，该合同的标的物是违法建筑物，无论质量是否合格，在法律层面上不具有可利用

① 李玉生主编：《建设工程施工合同案件审理指南》，人民法院出版社 2019 年版，第 108 页。

性，不能适用《2004年解释》第二条、第三条的折价补偿原则，应当适用缔约过失原则对施工人的利益进行赔偿。①

客观地讲，上述观点均具有一定道理与现实可行性。鉴于此类案件的特殊性和工程项目的实际情况，我们倾向于认为：首先，《民法典》第七百九十三条规定的无效施工合同参照合同关于工程价款的约定折价补偿的原则是处理此类案件的一般性原则，在无特殊情况下，如建筑物被行政主管机关依法拆除、工程质量不合格等，应当参照适用。实践中客观存在一些政府部门、国有企事业单位、军队等用房，虽未取得建设工程规划许可证，但已经实际投入使用的情形。此时如果不参照合同约定结算工程价款，易导致双方权利义务的失衡。其次，若建筑物在建造过程或者竣工后被行政机关依法拆除的，则该建筑物无法律上与事实上的可利用价值，此种情形下适用缔约过失原则对承包人进行赔偿更为妥当。因发包人有办理建设工程规划审批手续的义务，对施工合同的无效负主要责任，应承担全部或较大的责任。

另需要特别注意的是，根据《第八次全国法院民事商事审判工作会议（民事部分）纪要》关于“违法建筑相关纠纷的处理问题”第二十一条的规定，对于未取得建设工程规划许可证或者未按照建设工程规划许可证规定内容建设的违法建筑的认定和处理，属于国家有关行政机关的职权范围，应避免通过民事审判变相为违法建筑确权。当事人的诉讼请求如果要求确认违法建筑权利归属及内容的，人民法院不予受理；已经受理的，裁定驳回起诉。

① 最高人民法院民事审判第一庭编：《民事审判指导与参考》2017年第1辑（总第69辑），人民法院出版社2017年版，第242页。

第四条

承包人超越资质等级许可的业务范围签订建设工程施工合同，在建设工程竣工前取得相应资质等级，当事人请求按照无效合同处理的，人民法院不予支持。

【条文主旨】

本条是关于承包人在施工中取得相应资质后，对超越资质等级签订的施工合同按有效处理的规定。

【条文理解】

建筑活动所形成的建筑产品是涉及公共安全的特殊产品，建筑产品即建设工程的质量，是建设工程的生命，而建筑施工企业的建筑施工能力是保证建设工程质量的前提条件。因此，要求从事建筑工程的施工、勘察、设计和工程监理等活动的单位，必须在资金、技术、装备等方面具备相应的资质条件。为保证建筑产品质量，法律、法规对建筑市场主体规定了较为严格的准入条件，对建筑工程承包人的主体亦作出了严格限制。《建筑法》对建筑施工企业施行资质强制管理制度。《建筑法》第十三条规定："从事建筑活动的建筑施工企业、勘察单位、设计单位和工程监理单位，按照其拥有的注册资本、专业技术人员、技术装备和已完成的建筑工程业绩等资质条件，划分为不同的资质等级，经资质审查合格，取得相应等级的资质证书后，方可在其资质等级许可的范围内从事建筑活动。"第二十六条规定："承包建筑工程的单位应当持有依法取得的资质证书，并在其资质等级许可的业务范围内承揽工程。禁止建筑施工企业超越本企业资质等级许可的业务范围或者以任何形式用其他建筑施工企业的名义承揽工程。”

从上述规定可知，我国法律对从事建筑活动的单位实行资质审查制度。资质审查制度是根据建筑活动的特点确立的一项重要的从业资格许可制度。具体而言，是指勘察、设计单位、建筑施工企业、工程监理单位经建设行政主管部门进行资质审查、取得相应等级资质证书，并在资质等级许可的范围内从事建筑活动的制度。资质是指人员素质、管理水平、资金数量、技术装备和建筑工程业绩等。资质审查是建设行政主管部门对从事建筑活动的建筑施工企业、勘察单位、设计单位和工程监理单位所拥有的注册资本、专业技术人员、技术装备和已完成的建筑工程业绩、管理水平等进行审查，以确定其承担任务的范围，发给相应的资质证书，并须在其资质等级许可的范围内从事建筑活动。

《建筑法》及建设部颁布的《建筑施工企业资质等级标准》《建筑业企业资质管理规定》等相关部门规章对建筑施工企业取得相应资质的标准及一定资质范围内可以从事的建筑施工活动有明确的规定。《2004 年解释》第一条以列举的方式，明确承包人未取得建筑业企业资质或者超越资质等级的；没有资质的实际施工人借用有资质的建筑施工企业名义的施工合同无效。

《2004 年解释》起草过程中，有的观点认为，对于企业没有取得资质而承揽工程，使建设工程质量丧失保障的合同应认定无效，但是，对于超越资质等级承揽工程是否应当认定无效应慎重考虑。在建筑市场中，建筑施工企业为了争取提高资质等级，提升自己的建筑施工能力，经常要承揽超越其资质等级的工程，以充实其业绩，提升其提高资质等级申请获得审批的可能性。资质等级审批单位对建筑施工企业的这一行为表示认可，并在资质等级审批上鼓励这一行为。如果我们认定超越资质等级的建设施工合同无效，与建筑市场的实际情况不符。对于这一问题，在司法解释起草时，建设部持坚决的否定态度，理由是《建筑法》及建设部的规章规定，在建筑施工企业的资质等级审批中，建筑施工企业是否承揽并完成超越资质等级的工程并不是提升其资质等级的条件，且《建筑法》明确规定禁止建筑施工企业超越资质等级承揽工程。实践中超越资质等级承揽工程的行为，不论其目的如何，都属于违反法律禁止性规定的行为，应当坚决制止。对于超越资质等级承揽工程是否应当认定无效的问题，我们采纳了建设部的意见，理由是任何依据现实条件进行放宽标准的行为，都不应当与法律规定的目的相抵触。《建筑法》对建筑施工企业资质等级的强制性规定，在于严格建筑施工企业进入建筑施工市场的条件，以保证建筑工程质量。任何对“建筑施工企业承揽工程必须与其资质等级相一致”的放宽，都会给建筑工程质量带来隐患，与《建筑法》的立法目的相悖。故而，对此问题，应严格按照法律规定来予以理解和掌握。

在我国的建筑业市场，超越资质等级承揽建设工程是较为普遍存在的一种状况。这一现状的产生，一方面是由于我国建筑业市场没有形成规范的经营秩序，法律对建筑业市场的调整力度及相关建设行政管理机关对建筑业市场的管理和引导不到位。进入建筑业市场主体经营模式的多样化，发包人或者承包人为追求不正当的利益，对于承包人建筑资质等级的审查不严格，导致超越资质等级承揽工程情况的大量出现。另一方面，是由于我国建设行政主管部门对建筑施工企业资质等级实行动态管理，即建设行政主管部门根据建筑施工企业的建设施工能力达到的程度，按照建筑施工企业的申请，可能会提高建筑施工企业的资质等级；同时，可能因为建筑施工企业建设施工能力的下降或者建筑施工企业的违法经营行为，降低建筑施工企业的资质等级。这样，建筑施工企业的资质等级在承揽工程的过程中可能处于变化的状态。建设部关于资质等级管理的部门规章中曾规定，建筑施工企业承揽超越资质等级两个以上的工程的，作为建筑施工企业申请提升资质等级的一个条件。在资质等级的实际评定当中，有将建筑施工企业超越等级承揽工程的数量作为考虑提高建筑施工企业等级的因素的情况。建设主管部门的这种做法，一定程度上也鼓励了建筑施工企业超越资质等级承揽工程。这种状况下，若对于超越资质等级承揽工程签订的建设工程施工合同，不论建筑施工企业是否在工程的建设当中取得相应的资质等级，一律认定无效，会导致大量无效合同的产生，这一方面与尽量保护合同有效的立法原意不符，另一方面脱离建筑业市场的现状，不利于从公平合理的角度化解矛盾纠纷。故而，《2004年解释》第五条对承包人超越资质等级签订建设工程施工合同导致合同无效情形作出了例外规定，即承包人在签订建设工程施工合同时超越本企业资质等级许可的业务范围，但是在建设工程竣工前取得相应资质等级的，采取可以认定合同有效的规定。承包人在工程竣工前取得了相应资质等级，即超越资质等级签订合同这一违反《建筑法》禁止性规定的情形已经消失，已满足合同生效条件，则可以认定合同有效。

司法解释作出这样的规定，实际是吸收了学界合同效力补正的理论。按照我国学者的观点，合同效力补正是指当事人所签订的合同因违反了法律禁止性规定，导致合同不能满足有效条件，当事人可以通过事后补正或者实际履行来使合同满足有效的条件，促使合同有效。如前所述，我国对建筑施工企业实行资质审查制度，并要求建筑施工企业在资质等级许可的范围内从事建筑活动，不能超越有关部门核定的等级范围从事建筑活动。即建筑施工企业要依据其取得的资质等级承揽与其资质等级相适应的建设工程。我国建筑业市场起步较晚，超越资质等级签订的建设工程施工合同有一定的数量，甚至在一定的地区普遍存在。而且，建设行政主管部门对建筑企业的资质等级实行动态管理，按照行政法规范及部门规章的规定，建筑施工企业资质等级的取得需要一定的审批时间，对于承包人在签订建设工程施工合同时已经具备了与建设工程相适应的建设能力，并且已经申报与建设工程相适应的资质等级，但由于审批时间和程序的限制，不能立即取得，认定此种合同效力可以补正，通常不会影响建设工程质量，不会与《建筑法》的立法宗旨相违背，对于保证和促进建筑市场合同的稳定性有重要意义。

对于承包人在签订建设工程承包合同时超越资质等级许可的业务范围，但是后来取得了相应资质等级，合同效力如何认定，在建设施工企业资质等级取得时间上是否应放宽，放宽到什么程度，在《2004

年解释》起草过程中一直存在争议。第一种观点认为，国家公权对合同的干预主要体现在对合同效力认定的国家干预上，对合同效力的认定，是法律、行政法规规定的“杠杆”，不能再有突破，否则就是突破法律规定。无效合同的主要特征是自始无效性，不允许当事人通过事后补正或者实际履行来使合同有效，否则会鼓励当事人签订无效合同，与无效合同的立法目的相违背。因此，不应当对建筑施工企业取得与其承建工程相适应的资质等级的时间予以放宽，并据此对本应无效的合同认定为有效。第二种观点认为，中国的建筑业市场刚刚起步，应当允许司法审判中对当事人的民事行为给予适当的宽容，允许当事人采取补救措施，这有利于市场经济的发展，有利于维护合同，维护当事人的合法权益，具有良好的社会效果，这样做不违背法律规定，恰恰是为了实现法律的根本目的——为经济建设服务。第三种意见认为，应当允许当事人通过事后补办手续，来补正合同效力，但要严格掌握，必须严格限定补正时间，否则会引起当事人权利义务的失衡。在起草该解释时，社会各界普遍认为，承包人在签订建设工程施工合同时其他条件均符合法律规定，只是超越资质等级许可的业务范围，但在合同签订后取得了相应资质等级，以认定合同有效为益。建设部对此观点持支持态度。对于承包人事后取得与承揽工程相适应的资质等级的时间宽展到何时，有不同的意见：一种意见认为，应当宽展到一审诉讼期间。理由是这样才能与本条规定的目的相一致。第二种观点认为应当严格限制取得时间，将时间限定在建设工程竣工前，否则会鼓励超越资质等级承揽工程现象的出现，影响建筑工程质量，与《建筑法》的立法目的相违背。第三种观点认为，应当将补办时间限定在起诉前。理由是：《最高人民法院关于民事诉讼证据的若干规定》确定的原则是当事人就双方争议的法律关系诉讼到法院以后，形成的诉讼法律关系必须处于稳定的状态，倘若还允许其处于不确定的状态，并且在诉讼中法院对法律关系的定性还要受到当事人意志的影响，显然对司法的权威提出了挑战，构成威胁，且极不严肃。而且《民事诉讼法》有关诉讼关系的基本理论也要求人民法院受理民事诉讼以后，该诉讼就应当处于管辖恒定、当事人恒定、诉讼关系恒定、诉讼请求恒定的状态，禁止重复起诉、禁止随意变更诉讼请求等。因此，应当将当事人补办手续的时间限定在诉讼前。

《2004 年解释》采纳了合同效力可以补正的观点，主要理由是：（1）合同效力的补正有充分的理论基础。我国学者认为，无效合同包括两种情况：一种情况是合同因明显违反法律、行政法规的强制性规定和公序良俗，不需要经过裁判认定，合同当然无效。另一种情况是合同虽然违反了有关法律和行政法规的强制性规定，但法律、行政法规并没有明确指明违反该规定对当事人进行的民事行为效力的影响，也就是说违反了法律、法规强制性规定是否导致合同无效需要经过法院的裁判予以认定。许多法律、行政法规常常只是规定违反强制性规定应当承担的行政责任，但未规定合同无效。由于行政责任与合同效力不是同一概念，即使承担行政责任，也并非必然导致合同无效。这样，此类合同在签订后，人民法院作出认定之前虽然成立但不生效的，就并非不能通过事后补正或者实际履行来促使合同有效。①（2）合同的效力补正已经被最高人民法院制定出台的司法解释所吸收，并取得良好的社会效果。《最高人民法院关于审理商品房买卖合同纠纷案件适用法律若干问题的解释》第二条规定，出卖人未取得商品房预售许可证明，与买受人订立的商品房预售合同，应当认定无效，但是在起诉前取得商品房预售许可证明的，可以认定有效。上述司法解释当中关于合同效力补正的规定，在实践中起到了促进当事人积极履行合同、保证交易安全及促进经济发展的作用，被许多法官和当事人借鉴，该解释在 2020 年修正时，亦保留了该条款。《2004 年解释》根据建设工程施工合同的审判实践并考虑到法律规定的原则，借鉴《最高人民法院关于审理商品房买卖合同纠纷案件适用法律若干问题的解释》的规定，规定了承包人在签订建设工程施工合同时超越资质等级许可的业务范围，但是在建设工程竣工前取得相应资质等级的，发包人以承包

① 王利明：《合同法新问题研究》，中国社会科学出版社 2002 年版，第 289～291 页。

人超越资质等级为由主张建设工程施工合同无效的，不予支持。对于效力补正的时间，该司法解释在分析各种意见的基础上充分考虑建筑行业的特殊性，规定相应的资质等级的取得应在建设工程竣工前。作出这一规定的主要理由在于，从建设行政主管部门对建设施工企业资质实行动态管理的现状来看，建筑施工企业超越资质等级承揽工程，表明其在承揽工程当时尚未取得相应的资质，但是在工程竣工前取得与承揽工程相适应的资质等级，则表明其已经具备对承揽工程进行建设的施工能力。此种情况下认定合同有效，与《建筑法》通过对建筑施工企业资质的管理，来达到保证建设工程质量的目的并不矛盾。如果把补正时间确定在当事人提起诉讼之前，或者在一审诉讼期间，由于建设工程合同履行期限较长，可能在工程竣工后的很长一段时间内，当事人并未提起诉讼，实践中往往是在工程竣工几年之后，双方当事人因工程款结算、工程质量不合格等原因，才诉至法院。由于建设工程施工合同本身的复杂性，人民法院审理的时间相对较长，因此当事人起诉或一审诉讼期间距离工程竣工往往已经过去很长时间，有的甚至长达几年之久。在起诉或一审诉讼期间取得的资质等级，已不能客观反映建筑施工企业在竣工工程施工期间的技术水平和管理水平，与竣工工程的建设缺乏技术上的关联，对已竣工工程的质量没有任何保证，以此时取得的资质来认定合同效力，与《建筑法》的立法目的相违背。

如前所述，《2004 年解释》第五条在司法实践中起到了促进当事人积极履行合同、保证交易安全等积极作用，符合《民法典》有利溯及既往的精神。在本次司法解释清理过程中，仍保留该司法解释的规定，仅作了文字修改，在“不予支持”前增加了“人民法院”的表述，使条文表述更为准确。

【审判实践中应注意的问题】

审判实践中，应当严格掌握合同效力补正的范围及补正时间

本条只规定超越资质等级的建设工程施工合同可以进行效力补正，其他违反法律、行政法规禁止性规定的合同，没有允许进行效力补正。故而，对于可以进行效力补正的合同应当限定在这一规定的情形之下，不应再扩大合同效力补正的范围。

本条规定中已经明确补正时间放宽到建设工程竣工前，在审判实践当中，应当严格把握这一时间限制。建设工程竣工，一般指工程施工完毕，承包人将工程竣工的相关资料提交给发包人，监理公司对承包人工程竣工的事实予以认可，并将建设工程实际交付发包人。这里的建设工程竣工时间与建设工程竣工验收时间是不同的概念，建设工程竣工时间指工程施工完毕的时间，而工程竣工验收的时间是工程竣工之后，由建设、勘察、设计、监理、施工单位共同验收工程的时间。实践中还有一种情形，如工程已经施工完毕，但承包人因发包人没有全额支付工程款等因素，出于将工程作为发包人支付款项的抵押或者主张工程款的优先受偿权的考虑，没有将已经实际竣工的工程实际交付发包人，但承包人有证据证明工程已经实际竣工，可以认定工程竣工的事实，并依据竣工的事实对竣工时间作出认定。而对于因合同解除等原因导致工程未施工完毕，一般应以承包人停止建设，将工程实际交付发包人之时，承包人是否取得与承揽工程相适应的资质等级，作为认定合同效力的事实基础。

第五条

具有劳务作业法定资质的承包人与总承包人、分包人签订的劳务分包合同，当事人请求确认无效的，人民法院依法不予支持。

【条文主旨】

本条是关于具有劳务作业法定资质的承包人依法与建设工程总承包人、分包人签订的劳务分包合同效力的规定。

【条文理解】

一、条文的由来

本条关于劳务分包合同效力的认定规则，《2004年解释》第七条规定："具有劳务作业法定资质的承包人与总承包人、分包人签订的劳务分包合同，当事人以转包建设工程违反法律规定为由请求确认无效的，不予支持。"系本条规定的雏形。2020年下半年对涉及《民法典》的相关司法解释清理过程中，在征求立法机关意见时，立法机关认为，转包或者分包违法与否不以接受转包或者分包方有无资质为判断标准，该规定与《民法典》第七百九十一条不完全一致，建议再研究。我们经研究，决定删去该条中的"以转包建设工程违反法律规定为由"，同时在末尾一句加上"人民法院依法"的内容。这样修改的主要考虑为：依据现行法律规范，具有劳务作业法定资质的承包人依法签订的劳务分包合同原则上有效，同时"依法予以支持"的弹性表述，不仅表明人民法院认定劳务分包合同的效力应以《民法典》第七百九十一条等法律规范为依据，而且可以适应未来劳务企业资质标准变化等情形的多元需要。在实践中，常常会出现总承包人或者分包人将承包工程的劳务作业部分分包给具有相应资质的企业或者其他单位。在这种情况下，不能认为是总承包人或者分包人将建设工程转包或者肢解分包，当事人以此为由主张劳务作业分包合同无效的，明显与本解释第一条规定的合同无效情形不符，原则上不应支持。

二、关于劳务分包的基本问题

（一）劳务分包的概念

劳务分包，又称劳务作业分包，是指建设工程施工总承包企业或者专业承包企业将其承包工程的劳务作业发包给劳务承包企业完成的活动。住房和城乡建设部制定的《房屋建筑和市政基础设施工程施工分包管理办法》第五条规定，房屋建筑和市政基础设施工程施工分包分为专业工程分包和劳务作业分包。其中专业工程分包，是指施工总承包企业将其所承包工程中的专业工程发包给具有相应资质的其他建筑业企业完成的活动。依照住房和城乡建设部《建筑业企业资质等级标准》的规定，专业工程分包包括地基与基础工程、土石方工程、建筑装修装饰工程、消防设施工程、建筑防水工程、送变电工程等60种方式的专业承包。每种专业承包对承包人都有相应资质标准的要求。

劳务作业分包，是指施工总承包企业或者专业承包企业将其承包工程中的劳务作业发包给劳务分包企业完成的活动。劳务作业分包人既可以是建设工程的总承包人，也可以是专业工程分包的承包人。对于工程的劳务作业分包，由于是将简单劳动从复杂劳动剥离出来单独进行承包施工的劳动，并不属于《民法典》第七百九十一条第二款“总承包人或者勘察、设计、施工承包人经发包人同意，可以将自己承包的部分工作交由第三人完成”规定的专业工程分包范畴。总承包人、分包人与劳务作业承包人之间既不是劳务关系也不是劳动合同关系，而是建设工程施工合同关系。劳务作业承包人对其承担的劳务作业向作为劳务作业发包人的总承包人、分包人负责；总承包人、分包人向建设工程发包人就建设工程负责，但其中劳务作业部分由劳务作业承包人与总承包人、分包人共同向建设工程发包人负责。在此前提下，就劳务作业分包，区别于专业工程分包，《房屋建筑和市政基础设施工程施工分包管理办法》第九条第二款并没有规定劳务作业分包需要经工程建设单位认可。因此，除当事人另有特别约定外，劳务作业分包合同无须经过发包人的同意。

另外，就专业工程分包和劳务作业分包而言，两者的共同点是，承包人都必须自行完成承包的工程或者任务。同时，建设单位不得直接指定分包工程承包人及劳务作业承包人。

（二）劳务分包企业的资质要求

住房和城乡建设部制定的《建筑业企业资质管理规定》第五条规定，建筑企业资质分为施工总承包、专业承包和劳务分包三个序列。获得施工总承包资质的企业，可以对工程实行施工总承包或者对主体工程实行施工承包。承担施工总承包的企业可以对所承接的工程全部自行施工，也可以将非主体工程或者劳务作业分包给具有相应专业承包资质或者劳务分包资质的其他建筑企业。具有专业承包资质的企业，可以承接施工总承包企业分包的专业工程或者建设单位按照规定发包的专业工程。专业承包企业可以对所承接的工程全部自行施工，也可以将劳务作业分包给具有相应劳务作业资质的劳务分包企业。具有劳务分包资质的企业，可以承接施工总承包企业或者专业承包企业分包的劳务作业。

虽然劳务分包作业是相对简单的劳动，但仍然要求劳务分包企业具有相应的资质。住房和城乡建设部在《建筑业劳务分包企业资质标准》（2001 年 3 月 8 日）中，对劳务作业分包的种类及各种类企业的资质标准作出了明确的规定。其中劳务作业分包包括 13 种：（1）木工作业，（2）砌筑作业，（3）抹灰作业，（4）石制作，（5）油漆作业，（6）钢筋作业，（7）混凝土作业，（8）脚手架作业，（9）模板作业，（10）焊接作业，（11）水暖电安装作业，（12）钣金作业，（13）架线作业。每种作业的承包人都分别应当具备相应的资质等级标准及作业的具体范围。以木工作业为例，分包企业资质分为一级、二级。一级资质标准为：（1）企业注册资本金30万元以上。（2）企业具有相关专业技术员或本专业高级工以上的技术负责人。（3）企业具有初级以上木工不少于20人，其中，中、高级工不少于50%；企业作业人员持证上岗率100%。（4）企业近3年最高年完成劳务分包合同额100万元以上。（5）企业具有与作业分包范围相适应的机具。二级资质标准为：（1）企业注册资本金10万元以上。（2）企业具有本专业高级工以上的技术负责人。（3）企业具有初级以上木工不少于10人，其中，中、高级工不少于50%；企业作业人员持证上岗率100%。（4）企业近3年承担过2项以上木工作业分包，工程质量合格。（5）企业具有与作业分包范围相适应的机具。一级企业作业分包范围为：可承担各类工程的木工作业分包业务，但单项业务合同额不超过企业注册资本金的5倍。二级企业作业分包范围为：可承担各类工程的木工作业分包业务，但单项业务合同额不超过企业注册资本金的5倍。需要特别指出的是，在上述规定中，部分分包作业由于过于简单不分等级，如抹灰作业分包企业资质不分等级。

就上述规定，住房和城乡建设部颁行的《建筑业企业资质管理规定》第五条规定，施工劳务资质不分类别与等级。这表明行业主管部门对于建筑工程劳务分包的强制性约束在逐步放松。在此前提下，2016年4月，住房和城乡建设部批准浙江、安徽、陕西三省开展建筑劳务用工制度改革试点，取消劳务资质办理和资质准入。2017年3月，住房和城乡建设部市场司在2017年工作要点中提到：积极推进建筑用工制度改革，研究取消建筑施工劳务资质，大力扶持以作业为主的专业企业发展。因此，各地开始陆续取消相关资质审批。如2017年12月，山东省住建厅印发《山东省建筑业劳务用工制度改革试行方案的通知》，对于省内房屋建筑和市政工程，不再要求劳务企业具备资质和安全生产许可证，不再将劳务企业资质及其安全生产许可证列入建筑市场监管事项，正式取消劳务资质。2020年12月18日，住房和城乡建设部会同国家发展改革委等共12个部门颁布了《住房和城乡建设部等部门关于加快培育新时代建筑产业工人队伍的指导意见》，其中在第三部分“主要任务”中提到，要“改革建筑施工劳务资质，大幅降低准入门槛”。据此，随着“放管服”改革的不断深化，劳务分包企业自身的资质要求将逐步淡化。

（三）建设工程施工劳务分包合同的主要内容

劳务分包合同虽然较建设工程施工合同而言要简单，但有一些特殊性的规定也需要注意。从类型上看，根据发包人的不同，通常分为总承包人、施工承包人、专业分包工程承包人与劳务作业企业签订的劳务分包合同。依据建设行政主管部门于2003年8月发布的《建设工程施工劳务分包合同示范文本》，劳务分包合同的主要内容有：

（1）劳务分包人资质情况。（2）劳务分包工作对象及提供劳务内容，主要是指工程名称、工程地点、分包范围、提供分包劳务内容。（3）分包工作期限。（4）质量标准。其中，有些特殊的约定项目，如工程承包人应提供总（分）包合同（有关承包工程的价格细节除外），供劳务分包人查阅。（5）工程承包人主要义务是对工程的工期和质量向发包人负责。劳务分包人主要义务为：对本合同劳务分包范围内的工程质量向工程承包人负责；未经工程承包人授权或允许，不得擅自与发包人及有关部门建立工作联系；劳务分包人须服从工程承包人转发的发包人及工程师的指令。（6）劳务报酬计算主要有三种方式，即固定劳务报酬、约定不同工种劳务的计时单价，按确认的工时计算，及约定不同工作成果的计件单价，按确认的工程量计算。（7）禁止转包或再分包，即劳务分包人不得将本合同项下的劳务作业转包或再分包给他人。

除上述合同主要内容外，劳务分包合同一般还包括如下附件：工程承包人供应材料、设备、构配件计划，工程承包人提供施工机具、设备一览表，以及工程承包人提供周转、低值易耗材料一览表等。当然，如果合同当事人经协商约定了其他内容，自然也属于劳务分包合同的内容。

三、劳务分包合同与分包、转包的区别和联系

分包是指已经与发包人签订建设工程施工合同的总承包人将其承包的工程建设任务的一部分交给第三人（即分包人）完成。总承包人与发包人签订的建设工程施工合同称为总包合同，总承包人与分包人签订的合同为分包合同。虽然总包合同与分包合同是两个不同的合同，合同当事人也不一致，但合同的标的是有联系的，即分包合同的标的是总包合同的一部分。发包人、总承包人与分包人之间基于他们之间的合同关系，形成了比较复杂的法律关系。（1）对于全部工程建设任务，总承包人都应当对发包人负责，无论其中某一部分的工程是否由分包人完成；（2）在工程分包的情况下，总承包人仍然是与发包人签订的建设工程施工合同的当事人，对交由分包人完成的部分工程，总承包人应当与分包人共同对发包人承担连带责任；（3）分包人虽然不是总承包合同的当事人，但其与总承包人签订分包合同后，分包人就与总承包人共同成为总承包合同的当事人，是发包人的共同债务人，分包人与总承包人共同对发包人承担连带责任。

转包是指承包人在承包建设工程后，又将其承包的工程建设任务部分或者全部转让给第三人（即转承包人）。转包后，转让人即承包人退出承包关系，受让人即转承包人成为承包合同的另一方当事人，转让人对受让人的履行行为不承担责任。转包在理论上称为合同的转让，是合同权利义务的概括转移。合同一经转让，转让人即退出原合同关系，受让人取得原合同当事人的法律地位。转包是建设工程承包合同领域时常发生的违法现象，也是建设工程质量存在问题的重要原因。

《建筑法》第二十四条规定，提倡对建筑工程实行总承包，禁止将建筑工程肢解发包。建筑工程的发包单位可以将建筑工程的勘察、设计、施工、设备采购一并发包给一个总承包单位，也可以将建筑工程勘察、设计、施工、设备采购的一项或者多项发包给一个工程总承包单位；但是，不得将应当由一个承包单位完成的建筑工程肢解成若

干部分发包给几个承包单位。所谓肢解发包，就是将应当由一个承包单位完成的建筑工程肢解成若干部分发包给几个承包单位的行为。这种行为可导致工程管理上的混乱，不能保证建筑工程的质量与安全，容易造成建筑工程工期的延长，增加建设成本。为此，规定禁止肢解分包；但不等于禁止分包，主管部门发布的《关于禁止在工程建设中垄断市场和肢解发包工程的通知》中规定，在工程施工中，总包（包括施工总包）单位有能力并有相应资质承担上下水、暖气、电气、电讯、消防工程和清运渣土的，应当由其自行组织施工和清运；若总包单位须将上述某种工程分包的，在征得建设单位同意后，亦可分包给具有相应资质的企业，但必须由总包单位进行统一管理，切实承担总包责任。建设单位要加强监督检查，明确责任，保证工程质量和施工安全。除总包单位外，任何单位和个人均不得以任何方式指定分包单位。但是，若总承包单位出于某方面的考虑，需将上述某种工程分包的，根据合同约定在征得建设单位同意后，亦可分包给具有相应资质的企业，但必须由总包单位统一进行管理，切实承担总包责任。

根据上文对本条的解释，劳务分包既不是转包，又不是分包。转包是将全部建设工程转由第三人施工建设，分包是将建设工程的某一部分施工项目有限制地交由第三人施工建设。劳务分包则是将建设工程中的劳务部分转由第三人完成。转包和将工程肢解分包为法律所禁止，分包工程在不违反法律法规禁止性规定的情况下是允许的，劳务分包则不为法律禁止。分包人不能将建设工程二次分包，但可以将劳务部分交由第三人完成，劳务分包亦不能将其作业内容再次交由其他人完成。分包工程承包人应当按照分包合同的约定对其承包的工程向分包工程发包人负责。分包工程发包人和分包工程承包人就分包工程对建设单位承担连带责任。劳务分包承包人按照劳务分包合同的约定，对劳务分包作业向劳务分包的发包人负责，劳务分包的发包人和承包人对工程的劳务作业部分向总承包人及建设单位承担连带责任。

四、劳务分包合同与劳动合同、劳务关系之间的区别和联系

劳动合同是劳动者与用人单位确立劳动关系、明确双方权利义务

的协议，劳动合同的签订表示用人单位与劳动者之间劳动关系的建立。劳动合同关系主要由劳动法调整，劳动法从基本上说是调整企业和个体经济组织的劳动关系。这里的企业包括各种所有制（全民、集体、私营）、各种形式（股份有限公司、有限责任公司、合伙、独资、外资、个体经济组织）和与之形成劳动关系的劳动者，都由劳动法加以调整。

劳务关系是劳动法规定的用人单位以外的各种主体与劳动者之间形成的劳动关系。从历史的角度考察，劳动合同是从一般劳动关系的基础上发展而来的。在合同内容上，劳务关系与劳动合同指向的劳动关系没有本质的差别，其主要差别在于受国家的干预程度不同。劳动关系的具体内容是通过双方的约定确立的，劳动合同的自由协商度是受到一定限制的，合同必须以国家的法定劳动条件、劳动保护等为合同的基本条款。劳务关系与劳动合同关系的主要区别体现在：（1）主体不同。根据《劳动法》的规定，在我国境内的企业、个体经济组织和与之形成劳动关系的劳动者，适用劳动法的规定。国家机关、事业组织、社会团体和与之建立劳动关系的劳动者，依照劳动法执行。根据上述规定，劳动合同涉及的主体有：①国内的各类企业、个体工商户和与之建立劳动关系的劳动者；②国家机关、事业单位、社会团体和与之形成劳动关系的劳动者。而劳务关系中，有人主张是劳动法规定了上述主体以外的其他主体，劳动者一般为自然人，还有不属于劳动法调整范围的农村承包经营户及其所招用的劳工。（2）适用法律上的区别。从现行的立法状况看，我国民法与劳动法分属于不同的部门法，劳务关系一般属民法调整，劳动合同由劳动法调整。但在司法实践中，我国的民法和劳动法则被视为普通法与特殊法的关系。法院在审理劳务关系时一般适用民事法律的相关规定，在审理劳动争议案件时，则首先适用《劳动法》及相关法规的规定。

劳务分包合同从性质上说属于建设工程施工合同，其既不是劳动合同，也不是在发包人与承包人之间确立劳务关系的合同。劳务分包合同是基于建设工程施工合同派生出来的合同关系，在一个工程建设项目中，必然要有建设工程施工合同，但不一定还有建设工程分包合同、专业分包合同和劳务分包合同。然而只有产生了建设工程施工合同后，才会有建设工程分包合同、专业分包合同和劳务分包合同。因此，应当将劳务分包合同理解为建设工程施工合同的一部分，没有建设工程施工合同就没有劳务分包合同的存在。

五、劳务分包合同的效力认定

根据本条的规定，具有劳务作业法定资质的承包人与工程总承包人及其专业工程分包人签订的劳务分包合同，原则上应属于有效合同。但是，并非所有的劳务分包合同均属有效，依据《民法典》的相关规定，以劳务分包合同之名行支解工程或者专业工程分包之实所签订的劳务分包合同、劳务分包承包人再分包所签订的劳务分包合同，以及以个人名义进行劳务承包所签订的劳务分包合同，当属于无效合同，具体分述如下：

（一）以劳务分包合同之名行支解工程或者专业工程分包之实

在建筑工程领域，为了降低施工成本、加快施工进度，工程的承包人可能采取支解工程再分包的方式，以达到提高利润的目的。由于《民法典》第七百九十一条第二款中有承包人不得将其承包的全部建设工程支解以后以分包的名义分包转包给第三人的规定，而且规定承包人将自己承包的专业工程交由第三人完成需要“经发包人同意”，因此，承包人会采取“明修栈道、暗度陈仓”的方式达到目标。也就是说，工程的承包人会与实际施工人签订劳务分包合同，以符合形式上合法的分包合同形式，而实质上的合同内容却是由劳务分包企业完成专业工程。对于该“劳务分包合同”的效力，依据《民法典》第一百四十六条第一款“行为人与相对人以虚假的意思表示实施的民事法律行为无效”的规定，基于合同当事人明知劳务分包内容虚假，故该劳务分包合同当属无效。具体的处理结果，按照《民法典》第一百四十六条第二款“以虚假的意思表示隐藏的民事法律行为的效力，依照有关法律规定处理”的规定，由于是违法分包进行工程施工，具体应当依据《民法典》第七百九十三条的规定处理。

（二）劳务分包承包人再分包

建筑工程市场的劳务分包企业良莠不齐，出于各种目的，劳务分包企业可能将承包的劳务作业进行再分包，以期做“甩手掌柜”。针对这种情形，《民法典》第七百九十一条第三款中“禁止分包单位将其承包的工程再分包”的规定对此加以限制。同时，《房屋建筑和市政基础设施工程施工分包管理办法》第九条第二款对此进一步明确规定，劳务作业承包人必须自行完成所承包的任务。因此，如果劳务作业承包人再分包，在实质上损害了公共秩序。对此，依据《民法典》第一百五十三条的相关规定，劳务分包承包人再分包所签订的劳务分包合同当属无效。

（三）以个人名义进行劳务承包

《建筑法》第十二条规定：“从事建筑活动的建筑施工企业、勘察单位、设计单位和工程监理单位，应当具备下列条件：（一）有符合国家规定的注册资本；（二）有与其从事的建筑活动相适应的具有法定执业资格的专业技术人员；（三）有从事相关建筑活动所应有的技术装备；（四）法律、行政法规规定的其他条件。”第十三条进一步规定：“从事建筑活动的建筑施工企业、勘察单位、设计单位和工程监理单位，按照其拥有的注册资本、专业技术人员、技术装备和已完成的建筑工程业绩等资质条件，划分为不同的资质等级，经资质审查合格，取得相应等级的资质证书后，方可在其资质等级许可的范围内从事建筑活动。”据此，劳务作业承包人不得是自然人个人。在此前提下，《房屋建筑和市政基础设施工程施工分包管理办法》第八条第二款规定：“严禁个人承揽分包工程业务。”因此，为了确保工程质量，维护建筑市场秩序，保护建筑工人安全，以个人名义进行劳务承包所签订的劳务分包合同当属无效，这一点不应存有疑义。

【审判实践中应注意的问题】

未达资质的劳务分包企业所签订的劳务分包合同的效力

《建筑法》明确要求建筑施工企业须有相应资质；同时，《房屋建筑和市政基础设施工程施工分包管理办法》第八条第一款明确规定："分包工程承包人必须具有相应的资质，并在其资质等级许可的范围内承揽业务。"而且，该办法第十四条进一步规定，分包工程发包人将专业工程或者劳务作业分包给不具备相应资质条件的分包工程承包人的，属于违法分包。基于上述规定，在以往的司法实践中，确有不少将不具备相应资质的劳务分包企业所签订的劳务分包合同认定为无效的情况。然而，根据国务院的"放管服"改革，住房和城乡建设部2016年4月批准在浙江、安徽、陕西三省开展建筑劳务用工制度改革试点，取消劳务资质办理和资质准入；山东省也自2017年12月之后不再将劳务企业资质列入建筑市场监管事项。而且，住房和城乡建设部会同国家发展改革委等共12个部门在2020年12月18日颁布的《住房和城乡建设部等部门关于加快培育新时代建筑产业工人队伍的指导意见》中指出，要"改革建筑施工劳务资质，大幅降低准入门槛"。据此，在浙江、安徽、陕西、山东等地发生的劳务分包合同纠纷，若再依据《建筑法》和《民法典》第七百九十三条第三款"禁止承包人将工程发包给不具备相应资质条件的单位"的规定认定劳务分包合同无效，将有悖客观事实。因此，对于将来的劳务分包合同纠纷案件，如果劳务分包企业不具有相应资质，依据《民法典》第一百五十三条第一款的规定，"违反法律、行政法规的强制性规定的民事法律行为无效。但是，该强制性规定不导致该民事法律行为无效的除外"，劳务分包企业不具有相应资质原则上属于不导致合同无效的情形，不应当轻易认定劳务分包合同无效。

第六条

建设工程施工合同无效，一方当事人请求对方赔偿损失的，应当就对方过错、损失大小、过错与损失之间的因果关系承担举证责任。

损失大小无法确定，一方当事人请求参照合同约定的质量标准、建设工期、工程价款支付时间等内容确定损失大小的，人民法院可以结合双方过错程度、过错与损失之间的因果关系等因素作出裁判。

【条文主旨】

本条是关于建设工程施工合同无效时赔偿损失的举证责任，以及可以参照合同约定的质量标准、建设工期、工程价款支付时间等内容确定损失大小的规定。

【条文理解】

《民法典》第一百五十七条规定："民事法律行为无效、被撤销或者确定不发生效力后，行为人因该行为取得的财产，应当予以返还；不能返还或者没有必要返还的，应当折价补偿。有过错的一方应当赔偿对方由此所受到的损失；各方都有过错的，应当各自承担相应的责任。"通说认为，合同无效或者被撤销后，无过错的一方请求有过错的一方承担赔偿责任的基础是缔约过失责任，① 即因合同无效产生的赔偿损失法律责任，在法律性质上属于缔约过失责任，而非违约责任或者侵权责任。合同无效后承担赔偿责任的，应当满足以下构成要件：

---

① 王利明：《合同法研究（第一卷）》（第三版），中国人民大学出版社 2015 年版，第 662 页；李永军：《合同法》（第四版），中国人民大学出版社 2016 年版，第 64 页。

(1) 有损害事实存在或者有损失发生。按照通说，缔约过失造成的损失是信赖利益损失，即对方当事人因信赖合同有效而遭受的实际损失，一般不包括可得利益损失等。(2) 一方当事人具有过错。这是一方当事人因合同无效承担赔偿损失责任的实质构成要件，只有一方当事人具有过错，才能承担相应的民事法律责任。(3) 过错与损失之间具有因果关系。① 建设工程施工合同无效后因质量、工期延误、停工、窝工导致的损失如何赔偿问题，本条结合建筑业的特点，明确了当事人请求赔偿损失的标准及举证责任。

一、本条款起草过程及有关意见

2017 年 7 月，最高人民法院发布《2018 年解释》的征求意见稿，就此问题分三条予以规定，其中第六条规定："建设工程施工合同无效，发包人可以就以下损失请求承包人予以赔偿：(一) 承包人承建的工程不符合规定的质量标准造成的损失；(二) 承包人承建的工程超出规定的合理期限造成的损失；(三) 承包人过错导致的其他损失。上述造成的损失，发包人有过错的，应承担相应的责任。"第七条规定："建设工程施工合同无效，承包人可以就以下损失请求发包人予以赔偿：(一) 发包人拖欠工程价款造成的损失；(二) 发包人原因导致承包人停工、窝工造成的损失；(三) 发包人过错导致的其他损失。上述造成的损失，承包人有过错的，应承担相应的责任。"第八条规定："建设工程施工合同无效，当事人一方依照合同法第五十八条规定，请求对方赔偿其因无效合同所受到的损失，人民法院应当综合对方过错、一方受到的损害、损害与对方过错是否具有因果关系等因素，依照诚实信用原则和公平原则，作出认定并予以裁决。"在征求意见过程中，有观点认为，"征求意见稿第六条、第七条分别对合同无效情形下承包人、发包人承担赔偿责任的范围作出规定。该规定与《民法总则》第一百五十七条、《合同法》第五十八条的规定不尽一致，建

① 雷继平：《缔约过失责任制度及在审判实践中的适用》，载《人民司法》2006 年第 2 期。

议进一步研究。”

经征求、听取社会各界意见，2018年8月向最高人民法院审判委员会报批稿中，就此问题拟定了两个方案：方案一：“建设工程施工合同无效，当事人一方请求对方赔偿受到的实际损失的，应对损失大小、对方过错、损失与过错之间的因果关系承担举证证明责任。损失数额无法确定，当事人请求参照合同约定的质量标准、建设工期、工程价款支付时间等内容确定损失大小的，人民法院应予准许，并结合双方过错程度、损失与过错之间的因果关系等因素作出裁判。”方案二：“建设工程施工合同无效，发包人就工程质量不合格、建设工程逾期等造成的实际损失向承包人主张赔偿，或者承包人就停工、窝工等造成的实际损失向发包人主张赔偿的，人民法院应当结合双方的过错程度、损失与过错之间的因果关系等因素作出裁判。”方案一的主要理由是：（1）根据《2004年解释》第二条的规定，在建设工程施工合同无效造成的实际损失难以确定的情况下，可以参照合同关于工期、质量等约定计算损失。（2）建设工程施工合同关于工期、质量等约定是合同的重要内容，是合同所约定的工程价款的对价，如果允许承包人请求参照合同约定支付工程价款，而不允许发包人参照合同关于工期、质量等约定请求承包人承担损失赔偿责任，会导致双方当事人利益失衡。（3）建设工程施工合同纠纷有其特殊性，在合同无效的情况下，关于工期延误、质量达不到约定标准等造成的损失只能参照合同约定确定，否则将无法计算损失，最终导致当事人请求赔偿损失的权利落空。方案二的主要理由是：（1）建设工程施工合同无效的情况下，参照合同约定计算损失，缺乏法律依据，相关部门也不同意。（2）在价值取向上，这一做法导向不好，容易造成合同无效按有效处理的效果。（3）《2004年解释》第二条的规定是根据《合同法》第五十八条的规定形成的。但对建设工程进行折价补偿需要鉴定，而鉴定的时间成本和经济成本很高，从减少当事人诉讼成本、诉讼经济和诉讼效率的角度出发，规定可参照合同约定支付工程价款为宜。

最高人民法院审判委员会研究讨论时，绝大多数同意采纳方案一，故最终采纳了方案一，并对文字表述进行了调整，形成《2018 年解释》第三条规定，本解释第六条保留了该条规定。

二、施工合同无效损失赔偿的举证责任

（一）举证责任主体

举证责任，是指当事人对自己提出的主张有收集或提供证据的义务，并有运用该证据证明主张的案件事实成立或有利于自己主张的责任；[①] 否则，将承担其主张不能成立的风险。《民事诉讼法》第六十四条确立了民事诉讼采取“谁主张，谁举证”的诉讼规则，《最高人民法院关于适用〈中华人民共和国民事诉讼法〉的解释》和《最高人民法院关于民事诉讼证据的若干规定》进一步就举证责任的后果进行了规定，并明确了举证责任分配规则。对于建设工程施工合同被认定无效的，如发包人就工程质量不合格、建设工程逾期等造成的实际损失向承包人主张赔偿，则发包人应当负有举证责任，承包人如要减免赔偿责任，则承包人应当对相应事实承担举证责任。同理，如果承包人就停工、窝工等造成的实际损失向发包人主张赔偿的，承包人应当承担相应的举证责任，如果发包人抗辩要求减免或者不承担责任的，应当就其主张承担举证责任。也就是说，提出主张索赔的一方应当承担举证责任。

（二）举证责任内容

1. 损失应限于实际损失

通说认为，合同无效后的赔偿责任属于缔约过失责任。由于缔约过失行为所造成的损失一般都是信赖利益的损失，而不包括尚未实现的利益。对于无效的建设工程施工合同而言，因一方的过错导致合同无效的，过错方应赔偿因合同无效而给对方造成的实际损失；若双方都有过错的，依过错大小各自承担相应的赔偿责任。这里需要注意，

---

① 何家弘、张卫平：《简明证据法学》（第四版），中国人民大学出版社 2016 年版，第 231 页。

在合同被确认无效的情况下，无效合同赔偿范围不包括可得利益损失，这主要因为“无效合同的处理以恢复原状为原则，因此赔偿的范围以实际损失为限，不应当赔偿期待利益”。[①] 并且，可得利益损失较难确定，只能由法官自由心证行使自由裁量权，如一概纳入损失赔偿范围，容易导致利益失衡。

2. 对方当事人存在过错

合同无效后，应当根据当事人的过错大小，合理划分过错责任。信赖利益损害赔偿也适用过失相抵规则。一般情况，如果一方出于故意，另一方出于过失，则故意一方承担责任的比例应高于过失一方；如果一方的过错系造成合同无效的主要原因，其承担责任的比例也应高于另一方。但是，如果当事人一方或双方故意订立违法合同而给自己造成财产损失的，应由自己承担。实践中，合同当事人的过错一般根据造成建设工程施工合同无效的原因予以认定。如无资质或者超越资质承揽建设工程订立的无效合同，过错一方主要是承包人，发包方出于过失（如对资质疏于审查、对工程没有及时跟进监督）也存在一定过错；又如法律规定必须招标的建设工程未招标订立的无效合同，过错一方主要是发包人，承包方承担次要过错责任；再如未办理建设工程规划许可证的，发包人应承担责任（若承包人确有过错的，也应承担相应的责任），等等。

---

① 合同无效后，有过错一方赔偿对方损失是基于缔约过失责任，赔偿的范围限于“信赖利益”，不包括在合同有效情形下对方通过履行合同可以获得的利益。缔约过失责任的赔偿范围与违约责任的赔偿范围不同，前者限于信赖利益的损失，而后者为期待利益的损失。信赖利益的损失是指缔约人信赖合同有效成立，但因法定事由发生，致使合同不成立、无效或被撤销等而遭受的损失。在大陆法系，信赖利益对应的概念为履行利益（英美法上称为期待利益），两者适用于不同的情形。履行利益是指在合同有效的情形下，当事人因履行合同而产生的利益。履行利益以合同有效为前提，因而不适用于合同无效情形。而缔约过失责任的目的就是补偿一方当事人因合同不成立、无效或被撤销而遭受的损失，从而使得其利益恢复至合同签订之前的状态，故其损害赔偿的对象为信赖利益。参见胡康生主编：《中华人民共和国合同法释义》（第三版），法律出版社 2013 年版，第 89 页；王利明：《债法总则》，中国人民大学出版社 2016 年版，第 137 页；肖峋等：《中华人民共和国合同法释论》，中国法制出版社 1999 年版，第 72 页。

3. 损失与过错之间具有因果关系

民事主体只能为自己实施行为的损害后果承担责任，没有因果关系的损害赔偿责任是不成立的。[①] 就建设工程合同无效而言，对于合同无效造成的损失，必须是因导致合同无效的发包人或者承包人的违法行为造成，即损失与导致合同无效的过错二者之间具有因果关系。只有当二者间存在因果关系时，行为人才应承担相应的民事责任。依据过错责任原则，在确定赔偿责任时，应以过错作为确定责任的要件和确定责任范围的依据，即在确定行为人责任的前提下，在确定责任的大小时，要考虑行为人的主观过错程度。实践中，确定损失与无效合同之间的因果关系，既包括无效合同的订立，也包括在履行合同过程中当事人诚信原则的违反。即应根据各方当事人违背诚信原则的程度来分清各自责任大小，按照各自的过错，分担损失。

三、损失大小可参照合同约定的方式确定

“有损失有救济。”虽然建设工程施工合同无效，无过错方当事人有权就其实际损失要求过错方进行赔偿，但由于有些情况下对于实际损失难以举证，如果严格按照举证不能的规则处理，则对遭受损失一方当事人不公平，容易导致利益失衡。从平衡合同双方当事人利益的角度出发，在施工合同无效且当事人双方在合同中对损失赔偿标准有明确约定的前提下，基于无效施工合同参照合同约定支付工程款的现行处理规则，在司法实践中原则上也可以参照合同约定赔偿损失。因此，在当事人无法举证证明实际损失的情况下，应当允许当事人请求参照合同约定的质量标准、建设工期、工程价款支付时间等内容来确定损失大小。这样处理并非将无效合同当作有效处理，而是寻找一种符合建设工程施工合同特点的损失赔偿的计算方式。这主要考虑到建设工程施工合同很特殊，引起建设工程施工合同无效的事由很多，大多数是违反了国家对于建筑行业和建筑市场关于招投标、资质等行政

① 王利明等：《侵权责任法新制度理解与适用》，人民法院出版社2010年版，第355页。

管理的强制性规定。但双方当事人在签订施工合同时，关于工程计价、计量、工程款支付比例、支付时间、工程质量、工期、结算程序、质保金的扣留等约定内容，均是当事人的真实意思表示，是双方签约时对作为施工合同中最核心内容慎重考虑后作出的决定，不应因合同违反国家行政管理相关规定而无效，只选择性适用计价和计量条款，将其他支付条款全盘否定。因此，可以参照上述合同约定内容来确定实际损失大小，以避免发生当事人因合同无效而获得比合同有效额外的利益。实际上，《2004 年解释》第二条、《民法典》第七百九十三条规定，“参照合同约定”是确定折价标准的一种方式而已，“参照合同约定”不等同于“按照合同约定”，不是按有效合同处理。对“参照合同约定”应进行限制性地理解，仅限于合同中对计价标准的约定，①对于合同约定的付款条件、付款时间、付款方式以及工程款扣减事由以及质保金的扣留及返还等事项，不属于该条司法解释规定的参照范围。

四、承包人因合同无效向发包人主张损失赔偿的范围

（一）实际支出损失

根据《2004 年解释》第一条的规定，因发包人的原因造成建设工程施工合同被确认无效的，如发包人规避招标、虚假招标；发包人未取得建设规划审批手续等原因导致建设工程施工合同无效的，发包人应赔偿承包人因办理招标投标手续支出的费用、合同备案支出的费用、订立合同支出的费用、除工程价款之外的因履行合同支出的费用等实际损失和费用。

① 冯小光：《建设工程施工合同纠纷案件法律适用的有关问题》，载最高人民法院民事审判第一庭编：《民事审判指导与参考》2018 年第 3 辑（总第 75 辑），人民法院出版社 2018 年版，第 143 页。

（二）停工、窝工损失

1. 承包人有权主张停工、窝工损失的情形

《第八次全国法院民事商事审判工作会议（民事部分）纪要》第三十二条、第三十三条规定，因发包人原因导致承包人停工、窝工，承包人有权主张停工、窝工损失的情形主要包括：[①]（1）建设工程施工过程中涉及隐蔽工程的，隐蔽工程在隐蔽以前，承包人应当通知发包人检查，如发包人没有及时检查的，承包人可以要求顺延工程日期，并有权要求发包人赔偿窝工损失。（2）建设工程合同中约定由发包人提供原材料、设备、场地、资金、技术资料的，发包人未按照约定的时间和要求提供原材料、设备、场地、资金、技术资料，承包人可以要求顺延工期，并有权要求发包人赔偿窝工损失。（3）发包人不履行告知变更后的施工方案、施工技术交底、完善施工条件等协作义务，致使承包人窝工，以至难以完成工程项目建设，承包人催告在合理期限内履行，发包人逾期仍不履行的，承包人有权要求发包人赔偿窝工损失。

2. 注意采取适当措施，防止停工、窝工损失扩大

在工程施工合同履行过程中，如果发包人违反合同约定，未提供原材料、设备、场地、资金、技术资料，或隐蔽工程在隐蔽之前，未及时检查等原因，致使工程中途停、缓建，承包人有义务采取适当措施，防止窝工损失扩大。譬如，可以采取适当措施自行做好人员、机械的撤离等工作，以减少自身的损失。实践中还应注意，导致合同无效的原因与导致停工、窝工的原因并无必然联系。如果多种原因造成工程停工、窝工损失，难以证明双方当事人在造成停工、窝工方面责任大小的，可根据双方在合同履行中的过错程度以及各自所受损失的情况确定停工、窝工损失，既符合公平原则，也符合双方当事人履行合同的实际情况。

① 杜万华主编、最高人民法院民事审判第一庭编著：《〈第八次全国法院民事商事审判工作会议（民事部分）纪要〉理解与适用》，人民法院出版社2016年版，第500～501页。

五、发包人因合同无效向承包人主张损失赔偿的范围

（一）实际支出的费用

承包人无资质或者超越资质等级承揽建设工程、承包人转包、违法分包建设工程导致建设工程施工合同无效的，应赔偿发包人因办理招标投标手续支出的费用、合同备案支出的费用、订立合同支出的费用、准备或者实际履行合同支出的费用等实际支出损失。

（二）工期索赔

工期索赔，即针对工期延误所造成的损失的索赔。对于发包方而言，因工期延误不能及时接收并使用建设工程，不仅造成其工程管理费用、投资成本增加，而且导致其不能按计划实现投资目的，失去盈利机会，损失交易利润。对于承包方而言，工期延误会增加工程成本，企业信誉受到影响，还可能承担工期赔偿责任。我们认为，建设工程施工合同被认定为无效，合同约定的工期条款、违约条款等均为无效，但这并不意味着承包人不再承担工期延误责任。如果因合同无效而使得承包人免除了工期延误赔偿责任，将导致发包人和承包人之间的利益失衡。故承包人逾期竣工给发包人造成的损失，应当基于公平原则和诚信原则，对发包人主张的工期延误损失进行补偿，补偿的范围仅包括实际发生的损失，对于尚未确定或发生的损失，发包人可在损失确定或发生后再另行主张。

作为无效施工合同中出现的逾期竣工损失，原则上仍应遵循无效合同的一般处理原则，即按照发包方举证证明的实际损失，结合双方过错责任进行处理。但实践中发包方对损失的举证往往较为困难，尤其是在承建经营性用房或生产性厂房等无效施工合同中，因逾期竣工导致发包人延期使用经营或生产性用房，其实际损失已经发生，但对损失的数额却难以界定及举证。因此，在发包方损失确实存在又难以举证的情形下，参照无效合同中约定的逾期竣工违约责任条款来确定发包方损失，并结合双方过错责任确定损失责任分担，符合公平及诚信原则。

（三）工程质量导致的损失

建设工程施工合同无效，因施工人原因导致工程质量损失的，发包人有权向承包人主张损失赔偿责任。如果发包人对质量不合格也存在过错的，发包人也应承担一定责任。发包人与承包人对工程质量均有责任的，分别承担相应的责任。司法实践中，发包人承担质量责任主要情形有：(1) 发包人技术文件存在缺陷，且属于承包人不应发现的缺陷；(2) "甲供料"存在缺陷，且承包人检验亦不可能发现；(3) 发包人肢解发包；发包人直接指定分包，且承包人已依照合同约定履行了总包职责；(4) 发包人擅自变更设计方案等。发包人与承包人共同承担质量责任主要情形（混合过错）有：(1) 发包人技术文件存在缺陷，且承包人应发现而未发现；(2) "甲供料"存在缺陷，但承包人未检验；(3) 发包人直接指定分包，且承包人未履行总包职责；(4) 发包人要求降低质量标准，且承包人不拒绝等。

（四）其他人身的财产损失

根据《民法典》第八百零二条，如果因承包人的原因致使建设工程质量发生缺陷造成发包人受到人身和财产损害的，发包人有权要求承包人承担赔偿损失责任。

【审判实践中应注意的问题】

因承包人原因导致施工合同无效的情况下，发包人原因产生的停工窝工损失应否获赔

对此问题，司法实践中意见并不统一。① 我们认为，解决该问题

① 一种观点是合同因承包人原因无效，故其不能向发包人主张停窝工损失。另一种观点认为，虽然承包人对合同无效存在过错，但造成停工损失是由于发包人原因所致，发包人的过错与该损失的产生有直接因果关系，因此，损失应当由发包人承担。参见朱树英主编：《法院审理建设工程案件观点集成》（第二版），中国法制出版社 2015 年版，第 466 页。

的关键是要正确界定损失与过错之间是否存在因果关系。无因果关系不应判定过错方承担赔偿责任。实践中，因无效合同的履行而发生的财产损失后果，其原因可能是多方面的，哪些财产损失应当按照过错原则由过错方来承担，哪些又应当按照当事人各自在履行中的过错来直接确定民事责任承担，必须分析无效合同的订立和履行与财产损失后果之间是否存在因果关系。在合同被确认无效或者被撤销后，一般都会产生损害赔偿的责任。在合同被确认无效或者被撤销后，凡是因合同的无效或者被撤销而给对方当事人造成的损失，主观上有故意或者过失的当事人都应当赔偿对方的财产损失。由此可见，这里的过错特指造成合同无效的过错，这里的损失特指无效合同造成的损失。

鉴于此，对于停工损失费的承担，必须先分清哪些损失是无效合同造成的，哪些损失与合同效力无关。对于因无效合同造成的损失，应当由造成合同无效的过错方承担。对于不是因无效合同造成的损失，基于诚信原则，应当由造成实际损失的过错方承担。因此，即使是由于承包人的过错造成施工合同无效，但承包人停工是由于发包人的原因造成的，停工损失与合同效力无关，该责任就应当由造成实际损失的过错方发包人承担。综上，因发包人原因导致停工窝工的，发包人应对承包人的损失承担责任，但承包人也不应该盲目放任停工状态的持续，而应及时采取补救措施减少停工时间，避免损失扩大，否则对于扩大的损失承包人须自行承担责任。

第七条

缺乏资质的单位或者个人借用有资质的建筑施工企业名义签订建设工程施工合同，发包人请求出借方与借用方对建设工程质量不合格等因出借资质造成的损失承担连带赔偿责任的，人民法院应予支持。

【条文主旨】

本条是关于借用资质的建筑施工企业应对出借资质造成的损失向发包人承担连带责任的规定。

【条文理解】

一、条文的由来

本条源自《2018 年解释》第四条，实质上是关于挂靠的规定。《建筑法》第二十六条第一款规定："承包建筑工程的单位应当持有依法取得的资质证书，并在其资质等级许可的业务范围内承揽工程。"第二款规定："禁止建筑施工企业以任何形式用其他建筑施工企业的名义承揽工程。禁止建筑施工企业以任何形式允许其他单位或者个人使用本企业的资质证书、营业执照，以本企业的名义承揽工程。"挂靠实质上是自然人或企业利用企业法人的独立人格和资质获得自身难以取得的交易信用，以此规避国家法律、政策对其业务、税收等方面的限制和监管。这种行为构成对合法社会关系或者社会秩序的背离。挂靠行为是一种违法行为，挂靠人和被挂靠人之间的关系不应受到法律保护。对此，本解释第一条第一款第二项明确规定，挂靠双方当事人签订的挂靠协议，无论是以何种形式表现出来，均应当认定为无效合同。

《建筑法》第六十六条规定："建筑施工企业转让、出借资质证书或者以其他方式允许他人以本企业的名义承揽工程的……对因该项承揽工程不符合规定的质量标准造成的损失，建筑施工企业与使用本企业名义的单位或者个人承担连带赔偿责任。"由于法律明确否定了借用资质行为的合法性，在挂靠情形下，对建设工程质量不合格等造成的损失，被挂靠人（出借资质的单位）与挂靠人（借用资质的单位或者个人）依法应承担连带赔偿责任。

二、条文的背景

（一）建筑行业资质挂靠现状

建筑资质是建筑施工企业从事建筑施工活动的法定资格。目前法律框架中，对建筑企业资质进行规定的法律规范主要有《建筑法》《建筑业企业资质管理规定》《建筑业企业资质等级标准》。这三部法律规范共同构成了我国建筑企业资质管理的法律体系。按照上述规定，我国建筑企业资质管理体系分三个序列：（1）施工总承包企业资质分为12个资质标准；（2）专业承包企业资质则分为60个类别的资质标准；（3）劳务分包企业资质包含13个类别的资质标准。按照这个建筑资质体系序列，每个建筑企业在自己的资质范围内承包工程。取得施工总承包资质的企业，可以承接施工总承包工程。取得专业承包资质的企业，可以承接施工总承包企业分包的专业工程和建设单位依法发包的专业工程。取得劳务分包资质的企业，可以承接施工总承包企业或专业承包企业分包的劳务作业。

（二）借用资质挂靠的识别与认定

建筑行业中的挂靠经营行为，主要是指没有相应资质或建筑资质较低的企业、个体工商户、个人合伙、自然人以营利为目的，借用其他有相应建筑资质或者资质较高的建筑施工企业的名义承揽建设工程的行为。工程挂靠的准确法律术语叫作"借用资质"，而通过其基本表现形式可以概括其法律含义的内核为“借用行为”。根据《建筑法》第二十六条等规定，凡是转让、出借资质证书或者以其他方式允许他人使用本单位名义承揽建设工程的，均属借用资质或者资质挂靠行为。

根据法律和司法解释的相关规定以及工程行业的实践情况，工程挂靠的主要表现形式包括但不限于以下情形：(1) 没有资质的实际施工人借用有资质的建筑施工企业名义；(2) 建筑施工企业以任何形式允许其他单位或者个人使用本企业的资质证书、营业执照，以本企业的名义承揽工程；(3) 某一建筑施工企业以其他形式借用另一建筑施工企业的名义承揽工程；(4) 资质等级低的建筑施工企业借用资质等级高的建筑施工企业的名义承揽工程；(5) 资质等级相符的建筑施工企业借用对方的名义承揽工程。虽然借用资质或者资质挂靠的表现形式多种多样，但大都表现得隐蔽性强，形式合法，实为规避法律规定，给司法实践的识别带来一定困难。

由于借用资质挂靠的现象在我国建筑市场长期存在，表现形式各种各样，因此，要准确判定借用资质的挂靠行为并非易事。司法实践中主要是从司法层面和行政管理层面进行认定。从司法层面来看，最高人民法院并未规定借用资质的挂靠行为如何认定，但部分地方法院以指导意见的形式，根据《合同法》以及《建筑法》的立法精神和有关部门规章的规定，结合审判实践，探索出一些认定标准。尽管各地高院认定“挂靠”行为的规定不尽相同，但其主要特征可归纳总结为以下两个核心要素：(1) 挂靠人没有资质或者超越资质，且与被挂靠单位没有劳动或隶属关系；(2) 挂靠人为了规避资质许可限制而以具有相应资质的被挂靠单位的名义承揽工程。至于被挂靠单位是否收取“管理费”“挂靠费”等费用，不是认定为“挂靠”行为的要素之一。从建设行政管理角度来看，2019 年 1 月 3 日住房和城乡建设部颁布的《建筑工程施工发包与承包违法行为认定查处管理办法》第九、十条对如何具体认定“挂靠”行为作出了规定，具有一定的参考意义。

三、条文的内涵

在建设工程领域，一般将借用资质行为与“挂靠行为”作类似处理。下文为行文方便，统称借用资质的单位或个人为挂靠人，出借资质的单位为被挂靠人。

（一）借用资质挂靠情形的诉讼主体

借用资质挂靠承揽工程施工，往往会产生一系列的法律关系。挂靠人会与具有施工资质的被挂靠人签订资质借用协议（挂靠协议），并以被挂靠方的名义与发包方订立建设工程施工合同。由于挂靠人独立施工，为完成施工任务，挂靠人对外签订租赁合同租赁施工所需机具，还要与材料供货方等订立材料购销合同等。可见，在建设工程挂靠行为中，各主体之间实际上存在复杂的法律关系，通常存在发包人、挂靠人、被挂靠人以及租赁合同或者购销合同的当事人等法律主体，只有厘清挂靠情形下的基本法律关系，如果发生争议，才能正确列明诉讼主体。我们认为，应根据当事人的诉讼请求来决定诉讼当事人。司法实践中主要有以下五种情形：

1. 发包人就工程质量提起诉讼

根据《最高人民法院关于适用〈中华人民共和国民事诉讼法〉的解释》第五十四条、本解释第十五条的规定，发包人因建设工程质量单独起诉出借资质的建筑企业（被挂靠人）或者借用资质的实际施工人（挂靠人）的，人民法院应当追加借用资质的挂靠人或者被挂靠人作为诉讼当事人参加诉讼。也就是说，借用资质的实际施工人与发包人发生建设工程质量纠纷的，应以挂靠人和被挂靠人为共同诉讼当事人。

2. 挂靠人就工程款提起诉讼

借用资质的挂靠人对发包人和被挂靠方提起共同诉讼或者单独对发包人提起诉讼主张欠付工程价款的，根据本解释第四十三条的规定，为查明案件事实和分清责任，应当追加被挂靠人作为诉讼当事人参加诉讼。即此种情形下，发包人与被挂靠人应当是共同诉讼当事人。根据合同相对性原则，合同的权利义务只在合同当事人之间产生，只对合同当事人具有法律约束力，而不涉及其他人。由于发包人与实际施工人（挂靠人）之间不存在合同关系，不是合同当事人，两者似乎没有法律关系，但是，本解释第十五、四十三条的规定突破了合同相对性原则，允许挂靠人以实际施工人身份主张权利。且第四十三条规定追加转包人或违法分包人为案件当事人，既能够方便查清案件的事实，分清当事人的责任，也便于实际施工人实现自己的权利。所以，在审理涉及挂靠关系的案件时，也可以追加被挂靠人为案件当事人，作为共同被告，便于查清案件事实。

3. 第三人因挂靠人拖欠租金或材料款提起诉讼

因挂靠人对外拖欠租金或者材料款，第三人对挂靠人提起诉讼或者对挂靠人与被挂靠人提起共同诉讼的，应当区分挂靠人对外以谁的名义签订合同来确定当事人。如果挂靠人对外仅以自己名义签订合同，根据合同相对性，应当以挂靠人为被告，如果挂靠人抗辩是职务行为，则应追加被挂靠人为当事人，以便查清案件事实，分清责任主体。如果挂靠人对外明确以被挂靠人的名义签订合同的，则挂靠人与被挂靠人为共同当事人。

4. 第三人因建筑物倒塌提起侵权赔偿诉讼

挂靠人在施工过程中因为建筑物倒塌造成第三人损害，第三人对发包人和被挂靠人提起诉讼的，应当追加挂靠人为当事人。根据《民法典》第一千二百五十二条第一款的规定，建筑物、构筑物或者其他设施倒塌、塌陷造成他人损害的，由建设单位与施工单位承担连带责任，但是建设单位与施工单位能够证明不存在质量缺陷的除外。由于是挂靠关系，此处的施工单位应当包含挂靠人和被挂靠人两个主体，故挂靠人应作为当事人参加诉讼。

5. 被挂靠人就管理费提起的诉讼

在挂靠关系中挂靠人通常要向被挂靠人交纳一定的管理费，以作为借用资质的对价。被挂靠人依据挂靠协议起诉挂靠人索要挂靠费的，根据合同相对性，发包人无须作为当事人参加诉讼。此外，还有一种追偿权纠纷，因为在挂靠协议中往往会约定，若因挂靠人的过错导致被挂靠人受损的（包括但不限于向发包人、材料设备供应商、雇用人员支付违约金、赔偿金等），被挂靠人可以在承担相关责任后向挂靠人追偿，即基于挂靠协议关系，被挂靠人行使追偿权而发生的纠纷。该纠纷也应根据合同相对性列诉讼主体。

（二）挂靠人与被挂靠人之间内部责任划分

我们认为，在工程质量争议中，挂靠人和被挂靠人对发包人共同侵权，承担连带赔偿责任，赔偿后就内部责任上可以看作按份责任。因承包合同的权益实际上由挂靠人享有，义务实际上也是由挂靠人承担，而被挂靠人取得的收益只是管理费，故可以考虑被挂靠人在收取管理费的范围内承担按份责任。如果发包人明知存在挂靠关系，也明知被挂靠人只是出借资质，则实际上发包人与挂靠人形成事实上的施工合同关系，应视为发包人参与到该违法行为中，说明发包人存在过错，应当承担一定的过错责任，不宜单独保护发包人的利益。此时，被挂靠人仍应在收取管理费的范围内承担责任，对发包人则仍应承担连带责任。

（三）损失与借用资质具有因果关系

“百年大计，质量为本。”国家通过法律、法规的强制性规定，规范建筑施工企业的准入门槛，严禁没有取得相应资质的企业和个人承包工程，主要是因为施工资质不仅是保障建筑工程质量的第一道门槛，更是保障工程质量和安全最为关键的环节。如不对承包人无资质承揽工程的行为予以否定性评价，建筑工程质量将无保障，必危及社会公共利益，建筑市场秩序也将陷入混乱无序状态。借用资质挂靠施工的挂靠人显然在被规制之列。从表面上看，被挂靠人作为承包人具有符合建设活动要求的相应资质条件，其合同主体符合法律规定，发包人与被挂靠人之间签订的建筑工程承包合同合法有效。但实际上被挂靠人并不亲自施工，而是将其企业名称、公章、资质证明出借给挂靠人，由挂靠人实际施工并履行合同相关义务。显然，被挂靠人的行为违反了《建筑法》第二十六条、《建设工程质量管理条例》第二十五条等强制性规定。因此，发包人与被挂靠人签订的建设工程施工合同无效，挂靠人与被挂靠人签订的挂靠协议亦无效。发包方和被挂靠方是建筑工程承包合同的双方主体，而挂靠方是建筑工程的实际履行者，工程质量问题与挂靠人的实际履行行为和被挂靠人的出借资质行为之间有必然的因果关系。被挂靠人与挂靠人应对发包人因此遭受的工程质量等损失承担连带赔偿责任。由建设工程合同的实际履行者挂靠人承担责任自属当然，而责令出借资质的被挂靠人承担责任既因为它是合同形式上的主体，又因为法律必须对这种挂靠行为作否定性的评价而科以严格的责任，以此来达到杜绝或扼制此类行为的立法用意。

需要指出的是，理解本条应特别注意两个问题：

1. 建设工程质量不合格的损失必须是因借用资质的原因所造成，即损失的产生必须与借用资质存在因果关系。对此，根据“谁主张、谁举证”的诉讼规则，发包人应当负有举证责任，证明包括工程质量在内的损失是因挂靠人借用资质所造成，而非其他原因所致。其中对于工程质量举证难度较小，应有明确依据。《建筑法》已明确规定，建筑施工企业出借资质的，对因该项承揽工程不符合规定的质量标准造成的损失，建筑施工企业与使用本企业名义的单位或者个人承担连带责任。也就是说，挂靠人与被挂靠人对发包人承担连带赔偿责任，就连带赔偿责任范围而言，只有工程质量损失是有明确法律规定的，对于其他损失则没有明确的依据。故对于其他损失，发包人如果要求挂靠人与被挂靠人承担连带赔偿责任，则必须举证证明该损失是因借用资质而产生，二者存在因果关系，否则，发包人的主张不成立。虽然挂靠行为为法律所禁止，并已有相应的惩罚措施，但不能无故扩大挂靠人与被挂靠人的责任。司法实践中，发包人只需要证明损失的存在以及挂靠人借用资质的事实即完成初步证明责任，如果挂靠人否认损失的产生与借用资质有关，则举证责任发生转移，应由挂靠人证明损失是由其他原因产生，而非借用资质。

2. 在挂靠情形下建设工程施工合同无效的，应适用本解释第六条的规定确定损害赔偿，即发包人应对损失大小、对方过错、损失与过错之间的因果关系承担举证证明责任。对于损失数额无法确定的，可以参照合同约定的质量标准、建设工期、工程价款支付时间等内容作为确定损失大小的依据。由人民法院结合双方过错程度、损失与过错之间的因果关系等因素作出裁判。也就是说，发包人有权主张赔偿损失，但发包人对损失的产生有过错的，应当承担过错责任。该过错既包括对合同无效产生过错，也包括对损失的产生存在过错。

【审判实践中应注意的问题】

一、发包人明知挂靠人借用资质的责任

本条规定建立在发包人对挂靠行为不知情的基础之上。实践中，如果发包人“明知”挂靠人借用资质的，则需要给予高度重视。通常情况下，发包人明知实际施工人借用资质主要有两种情形：（1）订立合同时已明知；（2）订立合同后得知。

对于第一种情形，发包人订立合同时即知道借用资质挂靠施工，有些还是故意参与的，则其对于挂靠行为无效的法律后果是明知的，表明其对合同无效后果的发生具有过错，应当对因合同无效产生的损失承担相应责任。当然，发包人“明知”的过错应仅及于承担合同无效的相应责任，不应扩展至其后因挂靠人或被挂靠人合同履行不当的责任。

对于第二种情形，发包人在订立合同后才知道挂靠的，此时发包人应当意识到挂靠行为的违法后果会导致合同无效。基于诚信原则，发包人应当在“明知”后，采取适当措施避免因无效合同造成的损失扩大，合同尚未履行或者尚未履行完毕的，一般应当采取措施终止履行；合同已经履行的，应当采取合理的清算措施。因此，发包人订立合同后明知实际施工人借用资质，未采取合理措施避免损失扩大的，发包人应就扩大的损失承担相应责任。

司法实践中还应注意对“发包人明知”的事实结合当事人的举证情况综合判断。由于挂靠行为通常具有极强的隐蔽性，无论发包人还是挂靠人、被挂靠人均不会主动承认挂靠的事实，各方都会极力掩饰挂靠的事实，从而逃避监管。一般情况下，实际施工人不会直接以自

己的名义参与施工管理，而在发包人签章的各类文件上只能看到被挂靠的施工单位的公章、项目部的印章或指定项目经理的签字，发包人的工程款也是直接支付到施工单位账户上的，实际施工人同时留下痕迹的证据是较少的。这不仅会给认定“借用资质”的事实带来困难，更难以认定发包人对此“明知”的事实，除非发包人自愿承认“明知”。只有发包人向挂靠人或被挂靠人主张权利时，出于对自身利益的维护，挂靠人或被挂靠人才会举证证明发包人对“借用资质”挂靠施工的事实是明知的，进而减轻自己的责任。对于“发包人明知”的事实的举证责任自然属于挂靠人或者被挂靠人。

二、挂靠人对外买卖、租赁等行为的处理

在司法实践中，挂靠人为完成工程施工，经常发生对外行为，签订购销合同或者租赁合同等，当其未能按约定向材料供应商、设备租赁商支付货款、租金时，会与第三方产生纠纷。处理此类纠纷应当注意两个方面：（1）关于对外所签合同效力的认定，应从合同本身考虑，是否存在挂靠的情形，并非出卖人、出租人等合同相对人需要考虑的范畴，亦对于合同的效力不会产生影响。（2）关于对外责任，应分不同情形予以认定。在合同之债中，挂靠人和被挂靠人对外承担责任的形式分为两种：一种为连带责任，另一种为合同相对方单方责任。如何对外承担责任，应区分不同情形处理。一般而言，合同只在当事人双方之间产生债权债务关系，与合同外第三人无关。如果挂靠人以自己的名义对外签订合同，则权利和义务应当由其本人承受，不应当溯及基础的挂靠关系。无论挂靠方是自然人还是法人、非法人组织，发生争议时均应当由挂靠人作为民事主体独立对外承担责任，根据合同的相对性，不能因物的性质或物的流转方向发生变化而突破合同的相对性，让非合同相对人承担本应由合同相对人承担的责任，[①] 合同相对方也不得以材料、设备已用于工程建设而要求被挂靠方承担责任。

① 杜玉明：《建设工程疑难法律问题实务深度解析》，法律出版社2015年版，第148页。

具体而言，如果挂靠人以被挂靠人的名义签订合同，应当依照《民法典》第一百七十二条的规定，结合签订合同时挂靠人所出示或具备的书面文件、履行方式、外观宣示和合同相对方的善意与否等因素，判断交易过程是否构成了表见代理。如果构成表见代理，则应当由被挂靠人承担合同责任；如果不构成表见代理，则应当由实际履行方即挂靠人承担合同责任。因此，在此类合同中，让挂靠人和被挂靠人承担连带责任，不仅缺乏法律规范基础，且从合同的角度也难以找寻依据。

第八条

当事人对建设工程开工日期有争议的，人民法院应当分别按照以下情形予以认定：

（一）开工日期为发包人或者监理人发出的开工通知载明的开工日期；开工通知发出后，尚不具备开工条件的，以开工条件具备的时间为开工日期；因承包人原因导致开工时间推迟的，以开工通知载明的时间为开工日期。

（二）承包人经发包人同意已经实际进场施工的，以实际进场施工时间为开工日期。

（三）发包人或者监理人未发出开工通知，亦无相关证据证明实际开工日期的，应当综合考虑开工报告、合同、施工许可证、竣工验收报告或者竣工验收备案表等载明的时间，并结合是否具备开工条件的事实，认定开工日期。

【条文主旨】

本条是关于当事人对建设工程开工日期有争议，如何确定建设工程开工日期的规定。

【条文理解】

一、确定开工日期的意义

开工日期是承包人开始施工之日，是计算工期的起始点，直接影响工期认定。工期是从开工起到完成承包合同约定的全部内容，达到竣工验收标准所经历的时间，以日历天数表示。建设工期是建设工程施工合同的实质性内容，建设工程施工合同应约定承包人完成工程所需期限，包括按照合同约定所作的期限变更。司法实践中，关于工期的争议在建设工程施工合同纠纷中占有一定比重，对当事人权利义务影响较大。承包人未在约定工期内完成工程施工，应承担逾期竣工违约责任。确定工期除了要确认竣工日期，开工日期也是不可缺少的一环。

《建设工程施工合同（示范文本）》（GF－2017－0201）第1.1.4.1目约定，开工日期：包括计划开工日期和实际开工日期。计划开工日期是指合同协议书约定的开工日期；实际开工日期是指监理人按照第7.3.2项（开工通知）约定发出的符合法律规定的开工通知中载明的开工日期。第7.3.2项（开工通知）约定，发包人应按照法律规定获得工程施工所需的许可。经发包人同意后，监理人发出的开工通知应符合法律规定。监理人应在计划开工日期7天前向承包人发出开工通知，工期自开工通知中载明的开工日期起算。即开工日期包括计划开工日期和实际开工日期。计划开工日期是施工合同约定的开工日期。实际开工日期是监理人经发包人同意发出的符合法律规定的开工通知中载明的开工日期。计划开工日期是计算合同约定工期总日历天数的起算点，实际开工日期是计算实际完成工期所需的总日历天数的起始点。

虽然建设工程施工合同中约定了开工日期，但实践中，施工合同的履行与双方当事人的约定并不完全一致。建设工程行政审批手续的复杂性、严格性与建设工程各方当事人的逐利性存在矛盾。发包人和承包人急于开始施工获利，但是建设工程取得建设用地或者拆迁存在困难，难免出现计划开工日无法开工的情形。有时承包人为了节约时间，赶在开工通知的开工日期之前进场施工，有时因施工条件尚未具备而在约定的开工日期之后才开始实际施工。司法实践中争议的问题主要有：开工通知中载明的开工日期与承包人实际进场施工日期不一致，开工通知中载明的开工日期是否是确定实际开工日期的唯一依据？

即便监理人发出开工通知，由于开工条件不具备，其上记载的开工日期能否作为实际开工日期？承包人实际进场施工时间能否作为开工日期？如果发包人或者监理未发出开工通知，承包人实际进场时间不明，如何认定开工日期？建设工程施工合同、建筑工程施工许可证、开工通知、开工报告、竣工验收报告或者竣工验收备案表可能记载不同的开工日期，如何认定开工日期等。本条对开工日期的认定予以规范。

二、开工日期的确定方式

如双方当事人能够协商一致，应以双方确认的日期为实际开工日期。当双方对实际开工日期有争议时，应分情况予以处理：

（一）区分开工条件是否具备及开工条件不具备是否承包人原因分别处理

开工日期以发包人或者监理人发出的开工通知载明的开工日期为准，但是开工通知发出后，尚不具备开工条件的，区分不同情况，如果非因承包人原因（如因发包人原因或者客观原因）导致开工条件不具备的，以开工条件具备时为开工日期；如果因承包人原因导致开工时间推迟的，以开工通知载明的时间为开工日期。

《建设工程施工合同（示范文本）》（GF－2017－0201）通用条款第7.3.2款约定："工期自开工通知中载明的开工日期起算。"开工通知是记录开工事实的文件，无论从形式上还是内容上，其证明力都优于其他证据。通常情况下，开工通知中确定的开工时间更接近实际开工时间。从成本角度考量，在发包人或者监理人未发出开工通知情况下，承包人进场的成本较大。当机器设备以及工人和技术人员进入施工现场后，相关的设备租赁费、工人工资、设备维护的费用以及各种可能发生的意外情况都会加重承包人的经济负担。因此，擅自提前进场施工对于承包人来说经济上并不合理。因此，本条规定开工日期为发包人或者监理人发出的开工通知载明的开工日期，但需要审查开工条件是否具备。

实践中存在发包人或监理人发出开工通知而实际施工条件并不具

备的情形。理想状况下，发包人经过招投标，完善相关的各种行政审批手续之后向承包人发出开工通知。承包人接到通知后，将机器设备及人员运入施工现场，开始施工，但实际情况较为复杂。开工条件的具备主要包括以下几个方面：(1) 合同或协议已经签订。(2) 建筑工程施工许可证已经领取。(3) 三材指标或实物已经落实。(4) 施工组织设计（或施工方案）已经编制，并经批准。(5) 临时设施、工棚、施工道路、施工用水、施工用电等条件已基本完成。(6) 工程定位测量已具备条件。(7) 施工图纸预算已经编制和审定。(8) 其他条件，比如，材料、成品、半成品和工艺设备等能满足连续施工要求；临时设备能满足施工和生活的需要；施工器械经过检修能保证正常运转；劳动力已调集能满足施工需要，安全消防设备已经备齐等条件。

在开工条件中，发包人需完善相关的行政审批手续，交付可以施工的现场，提供地质勘查资料等基础资料，施工图纸等，而具体到施工设备、人员等情况，承包人需要做好准备，对施工现场和施工条件进行查勘等。任何一方有所迟延，均会造成事实上无法开工的局面。另外工程还可能因其他原因如发生不可抗力而无法开工。

开工条件成就是承包人进场开始正常施工的前提条件，若开工条件未成就，即使发包人按施工合同约定的时间发出开工通知，承包人不能进场施工，或者只能进行一些前期辅助工作，不可能展开大规模施工行为。若不考虑实际情况，在非因承包人原因而导致开工条件尚不具备的情况下，单纯以发包人或者监理人发出的开工通知中记载的开工时间为实际开工时间，不符合事实。为维护承包人利益，本解释规定这种情况以开工条件具备的日期为实际开工日期，但若是因为承包人的原因导致不具备开工条件的，仍以开工通知上记载的开工日期为准。

（二）承包人经过发包人同意已进场施工的，以实际进场施工日期为准

承包人在开工通知未发出情况下，经发包人同意提前进场施工的情况并不少见。实际进场施工系承包人的机器、设备到场，人员进场

施工。承包人实际进场施工的具体日期可以通过项目工程监理单位的监理记录，当事人间的会议纪要等文件确定。开工的现实条件已经具备或是在可以预见的范围内已经具备，发包人与承包人一致认为建设工程项目没有任何行政审批上的问题，以及原材料价格上涨等均会驱使承包人提前进场施工，以期获得更大利润。发包人在施工期间才取得施工许可证，发出开工通知，导致开工通知记载的开工时间与实际进场施工时间不一致，此时以开工通知记载的时间为准还是以实际进场施工的时间为准，实践中有不同的观点：一种观点认为，如果实际开工时间早于开工通知或开工报告中明确的开工日期，应当将开工通知或者开工报告确定的日期作为开工日期。因为开工通知或者开工报告确定的开工日期是发包方和承包方共同确定，对其后果双方均应清楚，如果将实际开工时间认定为开工日期，会超出承包人的合理预期。另有观点认为，如果承包人在开工通知载明的开工日期之前经发包人同意已经实际进场施工，这也是双方意思一致的表现，承包人对工期提前有心理预期，而节省时间成本对承包人也有利，此时应该根据事实确定开工日期，如果仅保护承包人，难免会对发包人利益保护不周。实践中的情况较为复杂，有时承包人虽经发包人同意进场，但是未进行大规模施工，待开工通知发出后，才视为工程开始施工，以开工通知记载的时间作为开工时间更符合当事人的真实意图。有时承包人进场施工进行了大半，发包人才取得施工许可证，并发出开工通知，此时如果以开工通知记载的时间作为开工时间，不符合事实，且导致双方利益失衡。

本条采纳了第二种观点，在第二项中规定原则上承包人经发包人同意提前进场情况下，以承包人实际进场施工的时间为开工日期。开工日期的确定应尊重当事人的意思表示及事实。发包人同意承包人进场施工，即表明承包人与发包人就实际进场施工时间达成一致意思表示。如果承包人经过发包人同意，提前进场施工，本质上属于风险自担行为，此时应以承包人进场施工时间为开工时间。但应该注意审查承包人进场是进行开工准备还是正式施工，如果承包人进场并未进行大规模施工，当事人的真实意思表示是以开工通知记载的时间为开工时间，则不宜将承包人进场时间作为开工时间。具体审查时应尊重当事人的意思自治，同时使当事人的利益均衡。

（三）无开工通知且实际开工时间不明，应综合考虑相关材料记载及开工条件是否具备的事实

实践中存在发包人或者监理人未发出开工通知，亦无相关证据证明实际开工日期的情况，开工报告、合同、施工许可证、竣工验收报告或者竣工验收备案表等记载的时间可能也不一致，工程施工较不规范。这种情况，人民法院应当综合考虑开工报告、合同、施工许可证、竣工验收报告或竣工验收备案表等相关材料中关于开工日期的记载，并结合开工条件是否具备的事实，认定实际开工日期。

开工报告是由承包人申请，并经发包人或者监理人批准而正式进行拟建项目工程施工的报告。开工报告记载的时间系承包人对整体建设工程未来规划的预期计划，对于认定开工日期有重要影响。承包人在给监理人出具的《开工报告》中会记载开工时间并表明“管理人员及机械设备已到场，施工人员已到位……符合开工条件”等内容；监理人经审核作出同意施工的意见，表明发包人或监理人同意承包人于开工报告记载的开工日期进场施工。开工报告表明承包人认可发包人提供的开工条件具备，且开工准备工作完成，开工报告记载的开工日期最接近实际开工时间。

施工合同中当事人约定的开工日期通常为暂定日期。发包人与承包人签订施工合同时无法预见所有情况，实际开工日期往往受现场施工条件、施工许可手续办理等多种因素影响。在计算工期时，施工合同约定的日期很重要，但是对于认定实际开工时间，开工报告更准确反映当事人履行中的意思表示。施工合同约定开工日期与开工报告日期不一致，开工报告日期宜作为工期计算起点。如果没有开工报告，施工合同约定的开工日期可以作为考虑因素。实践中，当事人可能签订多份施工合同，应注意参考双方实际履行的施工合同认定开工时间。

施工许可证上也记载开工日期，司法实践中有观点认为，应依据

建设行政主管部门出具的施工许可证记载的日期认定开工日期。这种观点的不足之处在于，建筑工程施工许可证反映行政许可关系，其上记载的开工时间并不足以反映施工合同当事人的意思及事实。实践中，实际开工时间晚于或者早于施工许可证记载开工日期的情况均有。相对于开工报告，建筑工程施工许可证对认定承包人实际施工时间的影响更小。在缺乏其他材料时，施工许可证可以作为认定开工日期的考量因素。

最后关于竣工验收报告或竣工验收备案表等材料对于实际开工日期的影响。竣工验收报告是指工程项目竣工之后，经过相关部门成立的专门验收机构，组织专家进行质量评估验收以后形成的书面报告。竣工备案表提供给工程验收备案的行政管理机关，用于证明工程质量竣工验收合格、竣工资料齐备。竣工验收报告、竣工备案表均记载开工日期，且经发包人、承包人、监理人签字盖章，可以解释为其上记载的开工日期得到各方认可，并且有观点认为，竣工备案表出具给行政机关，证明力较强，其上记载的开工日期应作为开工日期。但竣工备案表、竣工报告出具时与实际开工日期相距较远，且其重点在于确认工程质量经验收合格的时间，其上记载的开工时间并非关键时间节点，未必能够反映实际开工时间。当事人也可能为达到某种目的，记载的开工时间与实际进场施工时间存在出入，其证明力与工程起始出具的文件如开工报告相比较弱。因此，竣工验收报告、竣工验收备案表载明的开工日期也仅能作为一个考虑因素。

另外一个重要考虑因素是要结合开工条件是否具备的事实。若是根据开工报告、合同、施工许可证、竣工验收报告或者竣工验收备案表等材料确定了开工日期，但是当时并不具备开工条件，亦不能将该日认定为开工日期。

【审判实践中应注意的问题】

一、开工条件对开工日期的影响

开工条件不具备，承包人推迟开工，而发包人或者监理人未及时对开工通知或者其他文件进行修正，就会对实际开工日期产生争议。开工条件不具备的原因及对认定开工日期的影响主要有以下几种情况：

（一）发包人未能依法依约提供符合承包人开工的条件

根据《民法典》第八百零三条的规定，发包人未按照约定的时间和要求提供原材料、设备、场地、资金、技术资料的，承包人可以顺延工程日期，并有权请求赔偿停工、窝工等损失。在施工合同有约定情况下，发包人应按照施工合同确定的时限和条件完成土地征用、清除地上和地下障碍、房屋拆迁、保证施工用水、用电、道路通畅、地面平整（三通一平）等工作。由于发包人未申领施工许可证，以及发包人未按照约定的时间和要求提供原材料、设备、场地、资金、技术资料，均可导致承包人无法进场施工。此时，因发包人原因导致开工条件不具备，应以开工条件具备时间为开工日期。例如，温泉顺凯达矿业有限责任公司与博州盛源电力有限责任公司建设工程施工合同纠纷一案中，法院认定因温泉顺凯达矿业有限责任公司与村民就线路通道的永久性占地补偿费用不能协商一致，与村民达成补偿协议后开工条件才成就，应以开工条件成就之日作为实际开工日期。①

（二）承包人无力按时开工，包括施工人员、机械设备、承诺垫资的资金、材料不能按时到位等

承包人未合理预见工程施工所需的进出施工现场的方式、手段、路径，未能充分勘查施工现场、了解工程所在地的气象条件、交通条件、风俗习惯等可能产生的后果等，均可能导致无法开工。若是由于

① 参见最高人民法院（2011）民申字第48号民事裁定书。

承包人原因导致不能及时开工，应由承包人对相应后果负责，也就是开工时间仍然以开工通知中记载的开工时间为准。

（三）外部原因，例如，自然灾害、恶劣气候、流行性疾病以及周边群众的阻挠等

如果在确定开工日期之后发生意外事件，导致承包人推迟开工日期，构成不可抗力或者情势变更的，应以承包人实际进场施工时间为开工日期。

综上，如果开工条件不具备是发包人原因或者外部原因，则开工日期应以开工条件具备时为准。如果因承包人原因导致实际开工时间推迟，则开工日期仍然以开工通知载明的时间为开工日期。如果开工条件不具备的原因较为复杂，发包人、承包人均有责任，或者存在外部原因，应查明承包人推迟开工的主要原因与工程无法开工之间的关系，酌情认定开工日期顺延时间。

二、施工许可证对开工日期的证明力问题

实践中，一些案件以施工许可证上记载的开工日期作为实际开工日期。主要理由有：（1）施工许可证是由行政部门所颁发的具有行政法效力的证件，与其他诸如施工合同、竣工验收报告等文件相比，证明力更强，更能反映实际开工时间；（2）建筑工程开工前，建设单位应申领施工许可证。在施工许可证颁发前进行的施工系开工准备。例如，在浙江环宇建设集团有限公司与唐山市南北房地产开发有限公司建设工程施工合同纠纷案中，二审判决认为，《建筑法》第七条第一款中规定，建筑工程开工前，建设单位应当按照国家有关规定向工程所在地县级以上人民政府建设行政主管部门申请领取施工许可证。而根据查明的事实可知，浙江环宇建设集团有限公司进场时唐山市南北房地产开发有限公司尚未申领施工许可证，故施工人进场行为应为施工准备，不能认定为工程开工。因此，一审判决根据施工许可证记载

确认开工日期并无不当。[①] 另外，在延长油田股份有限公司川口采油厂与陕西圣安房地产开发有限公司建设工程施工合同纠纷一案中，二审判决关于施工许可证的证明力论述如下："建筑工程施工许可证载明的案涉房屋建设工程的开工日期是2007年4月，该文件是经过当地建设工程主管部门签发的法定文件，具有较高的证明力。"[②]

建筑工程施工许可证是建设主管部门颁发给建设单位的准许其施工的凭证，表明建设工程符合相应的开工条件。《建筑法》第六十四条关于施工许可证的规定属建设主管部门的行政管理范围，没有办理施工许可证先行动工的，主管部门应指令其进行更正，对不满足开工要求的则应指令其立即暂停继续施工，也可以处以罚款。施工许可证是否取得是施工是否获得行政许可问题，实际开工日期是事实问题，应以客观事实发生为准。在建设工程项目进行过程中，影响开工条件的因素非常多。有些工程取得建筑工程施工许可证之后，由于种种原因，承包人并不能马上进场施工。施工许可证上记载的开工时间可能会早于承包人实际进场施工时间。有些工程承包人已经进场施工，发包人随后才取得施工许可证，其上载明的开工日期晚于承包人进场时间。施工许可证记载的开工日期并不一定是实际开工时间。如果承包人已经实际进场施工，又以没有施工许可证或施工许可证颁发延迟作为工期迟延的抗辩理由，需要进一步举证证明因缺乏施工许可证而未能开工，或者被建设主管部门通知暂停施工。

根据本条规定，施工许可证的证明力要结合实际开工时间以及其他相关文件记载的开工时间综合进行认定。如果施工许可证记载的日期与开工通知记载的时间、施工单位实际进场日期不一致，则不能认定施工许可证记载的日期证明效力更强。如果发包人或者监理人未发出开工通知，亦无相关证据证明实际开工日期的，可以将施工许可证作为考虑因素，但其亦不具有高于其他文件如开工报告、施工合同等的证明力。

---

① 参见最高人民法院（2015）民一终字第9号民事判决书。

② 参见最高人民法院（2015）民一终字第93号民事判决书。

三、其他记载开工日期文件的证明力问题

关于发包人或者监理人未发出开工通知，亦无相关证据证明实际开工日期，开工报告、合同、施工许可证、竣工验收报告或者竣工验收备案表对开工时间的证明力大小是否有顺序问题，实践情况较为复杂，不宜硬性规定证明力大小的顺序，而需结合个案事实及工程施工惯例，进行认定。

开工报告记载的开工日期最接近实际开工时间。如果没有开工报告，施工合同中约定的开工时间可以作为参考。在欠缺开工通知、开工报告等其他证据情况下，建筑工程施工许可证可证明建设工程具备了开工条件，可以作为认定开工日期的证据。但实践中存在先进行施工，后补办施工许可证的情况，对此应结合施工合同约定的工期、是否有顺延工期的情况发生等进行认定。如果依据施工许可证、竣工验收报告或者竣工验收备案表等记载的开工日期至竣工日期计算的工期与合同约定的工期相比，明显缩短，则其记载的开工日期未必属实。

第九条

当事人对建设工程实际竣工日期有争议的，人民法院应当分别按照以下情形予以认定：

（一）建设工程经竣工验收合格的，以竣工验收合格之日为竣工日期；

（二）承包人已经提交竣工验收报告，发包人拖延验收的，以承包人提交验收报告之日为竣工日期；

（三）建设工程未经竣工验收，发包人擅自使用的，以转移占有建设工程之日为竣工日期。

【条文主旨】

本条是关于如何确定建设工程实际竣工日期的规定。

【条文理解】

本条原则上吸收了《2004年解释》第十四条的规定，仅对原条文中部分文字表述进行了修改。与本解释第八条关于开工日期的认定在文字表述和规范体例上保持一致。

本解释第八条是对建设工程开工日期如何确定作出的规定，本条是对实际竣工日期如何确定进行的规定，当事人对建设工程实际竣工日期有争议时如何处理，本条规定区分了以下三种情形：（1）工程竣工验收合格。如果建设工程已经通过竣工验收被确认为合格以上工程的，以竣工验收合格之日作为竣工日期。（2）发包人原因拖延验收。如果承包人提交竣工验收报告后，发包人由于种种原因和目的拖延验收的，应以承包人提交验收报告之日作为工程竣工的日期。（3）发包人擅自使用的。如果建设工程未经竣工验收就被发包人擅自使用的，则以转移占有建设工程之日作为确定竣工日期的标准。

关于工期问题的约定与施工范围、工程质量、工程价款等内容一样，都是建设工程施工合同中不可或缺的主要合同条款。一个建设工程是否如期开工和竣工，如果存在工程延期或者超期是什么原因所导致的，这些基本事实是判定违约责任和解决赔偿损失问题的重要因素，将直接影响当事人的切身权益。也正是这个原因，当事人在施工合同中对工期问题都会约定得十分具体以免引起理解上的歧义。工期问题较为复杂，其周期长短取决于项目的工程量、质量标准、建筑物的用途、设计的难易程度以及建设单位对建设周期的要求等因素。具体签订合同时，关于开工时间、竣工时间、工期长短等都具体到日，如写明××××年××月××日开工、工期历时××天、竣工时间××××年××月××日。如果工程施工进展顺利，在合同约定竣工日期之前完成，皆大欢喜，且各方对此竣工日期均签字确认的，以此日期作为实际竣工日期，当事人对此自不会有争议。不过，实际生活中，经常会出现未能在约定的工期内或者未能在约定的应予竣工日期前完成工程的情形。有时承包方可能会比合同预计的日期提前完工，有时也可能因为种种原因不能如期完工，而工程完工之日和竣工验收合格之日也可能有一个时间差，究竟以哪个时间点作为实际竣工日期至关重要。

审判实践中经常会遇到此类争议，各地法院在具体处理上掌握的标准和尺度也不完全一致，难免出现类案判决不统一的现象。确定建设工程实际竣工日期，其法律意义涉及给付工程款的本金及利息起算时间、计算违约金的数额以及风险转移等诸多问题。本条的制定正是为了有效地解决有关实际竣工日期争议的问题，让各级法院在审判实务中有章可循。根据本条规定，当双方对实际竣工日期有争议时，区分不同情况进行分别处理。概括地讲，主要包括两种情形，即工程通过验收被认可验收合格的和未经竣工验收的。第一种情形即工程通过竣工验收被认定合格的，以参与验收的各单位确认盖章的时间为实际竣工日期。第二种情形是未经竣工验收的工程，又存在两种不同情况：（1）承包人施工完毕后已经按约定提交了申请竣工结算验收的报告，由于发包人原因拖延验收，使得承包人无法及时结算尚欠工程款的，以承包人提交竣工验收报告之日作为竣工日期；（2）双方进行工程交接后，在尚未进行竣工验收时，发包人单方擅自使用的，则认定转移占有建设工程之日为实际竣工日期。接下来，分别予以解读和介绍：

一、建设工程经竣工验收合格的，以竣工验收合格之日而不是以承包方提交竣工验收报告之日作为竣工日期

应当注意，这里指的是正常情况下的竣工验收，不包括下文将要涉及的发包方拖延验收的情形。

完工、竣工等用语，有的时候并不严格区分，如工程土建施工完毕、工人撤场，习惯性地称为完工，也有的称之为竣工。但实际上，在正规情境下使用和理解上，二者的含义并不完全相同。完工，是指承包人就工程项目的施工作业均完成。完工后，承包人还需要与发包人进行实际交接，还需要准备提交竣工验收报告。所谓竣工，广义上可以有前述完工的意思，狭义上可以理解为包括现实的转移交付与法律意义上的验收均完成并通过。站在人民法院审理建设工程施工类案件角度上，我们通常所说的竣工、竣工日期，应当是指后一种狭义的理解，即实际转移占有与法律意义上经由各相关单位验收并合格的，才称得上真正的竣工。只不过实际生活中出现千差万别的特殊状况，为解决当事人之间的纷争，有些时候要对那些未能按合同内容履行完全的工程，就竣工日期如何认定等作出具体规定。

《民法典》第七百九十九条的规定："建设工程竣工后，发包人应当根据施工图纸及说明书、国家颁发的施工验收规范和质量检验标准及时进行验收。验收合格的，发包人应当按照约定支付价款，并接收该建设工程。建设工程竣工经验收合格后，方可交付使用；未经验收或者验收不合格的，不得交付使用。"从该条规定可以看出，发包方

按照约定支付工程价款的基本前提应当是工程验收合格，那么以竣工验收合格之日作为竣工日期是有一定依据的。何为竣工日期，对此理解有不同认识。建设工程竣工验收，是整个建设工程的最后阶段，也是全面检验工程建设是否符合设计要求和施工质量的重要环节。交付竣工验收的建设工程，必须符合规定的建筑工程质量标准，并具备国家规定的其他竣工条件。建设工程竣工验收应当具备下列条件：（1）完成建设工程设计和合同约定的各项内容；（2）有完整的技术档案和施工管理资料；（3）有工程使用的主要建筑材料、建筑购配件和设备的进场试验报告；（4）有勘察、设计、施工、工程监理等单位分别签署的质量合格文件；（5）有施工单位签署的工程保修书。

实践中，有些工程的验收并非一次就能够通过，如涉及部分工程质量未达到要求、消防设施不合格等，将面临二次整改、维修并重新申请验收的问题。如果出现建设工程经验收为不合格的，发包人有权要求承包人在合理期限内无偿修理或者返工、改建。所谓“合理期限”，是指根据工程质量不符合约定的具体情形，以及根据国家相关规定确定的工期和相关合同文件约定的内容，承包方进行无偿修理或者返工、改建必要的整改时间。承包方对建设工程进行修复后，经相关部门再次验收，确认合格之日，方可以作为工程实际竣工日期。对质量不合格的建设工程进行修理或者返工、改建，势必会占用一定的时间，这样可能会导致不能按照合同约定的竣工日期交付工程，而逾期交付的原因是由于承包人的工程质量不合格而进行修复占用了时间，承包人应当承担违约责任，这些本解释的其他条款有详细规定，此处不再重复。

有一点需要说明的是，本条规定的竣工验收合格，指的是工程质量达到合格标准，既符合法律规定，也不违背当事人之间的约定。换言之，如果涉及某些特殊领域或者当事人本身对工程质量等级要求较高，明确需达到工程质量优良等级的，需要按照特殊规定或者当事人的约定处理。例如，A公司（发包人）与B公司（承包人）就“××大厦”签订建设工程施工合同，其中明确约定项目建成要达到质量优良并获得本地建筑企业“鲁班奖”。后当事人因竣工时间认识问题产生争议，那么适用本条解决实际竣工时间争议时，相应地应当以通过双方约定的竣工条件的时间为认定标准。

二、承包人提交了申请竣工验收报告之后，发包人一方迟迟不予验收的，应以承包人提交验收报告之日为竣工日期

放眼回望，我们国家在建筑行业领域内，对工程质量、竣工验收等问题的管理和把关，经历了一个从过去的以政府行政主管部门组织、监管为主，到现在除用国有资金建设投入的项目外，以建设单位为主要组织者，政府更多从宏观政策和职能方面管理指导模式的发展过程。过去是由政府专门设立建设工程质量监督机构，对建设工程的全过程进行监督。施工单位完工后，向建设方（发包人）提交竣工报告，质监机构组织建设单位、施工单位等对工程进行竣工验收，并出具建设工程质量核验证明书。随着社会主义市场经济的发展，质监机构代表政府对所有具体建设项目进行全部直接监督具体管理已经越来越不符合建筑市场发展的需要。国务院颁布的《建设工程质量管理条例》彻底改变了由质监机构代表政府对工程进行竣工验收的传统做法，而改由建设单位负责组织设计、施工、工程监理等有关单位进行竣工验收，质监机构不再承担代表政府直接参与工程质量检验的职责。建设单位在验收中处于主导地位，质监机构在具体项目监管过程中的行政职能色彩过重的现象已经发生改变。建设工程的竣工质量验收由建设单位负责组织进行，行政主管部门不再负责工程质量验收评定和工程质量评定等级，对工程进行竣工检查和验收，是建设单位的权利和义务。建设工程完工后，承包单位应当按照国家竣工验收的有关规定，向建设单位提供完整的竣工资料和竣工验收报告，请建设单位组织竣工验收。建设单位收到竣工验收报告后，应及时组织有设计、施工、工程监理单位参加的竣工验收，检查整个建设项目是否已按设计要求和合同约定全部建设完成。工程竣工后的验收，是对承包人履行义务是否符合合同约定进行的检验，也是承包人请求支付工程款的前提条件。

如果建设单位为了自己的利益恶意阻止条件成就的，应当视为条件已成就。也就是说，承包人已经提交竣工验收报告，而发包人为了达到拖欠工程款等其他目的，故意拖延验收，那么本来应以验收合格之日为实际竣工日期，而为了保护承包人的合法权益，制裁发包人恶意阻止条件成就的行为，本条规定，以承包人提交验收报告之日为竣工日期。这样规定也是为了强化发包人的及时验收意识。

至于在具体审理案件中如何认定“发包方拖延验收”，原建设部、国家工商行政管理局曾于1996年联合下发通知，印发了《建筑装饰工程施工合同示范文本》，该通知现仍有效。根据该合同文本第三十二条载明：“甲方代表在收到乙方送交的竣工验收报告7天内无正当理由不组织验收，或验收后7天内不予批准且不能提出修改意见，视为竣工验收报告已被批准，即可办理结算手续。竣工日期为乙方送交竣工验收报告的日期，需修改后才能达到竣工要求的，应为乙方修改后提请甲方验收的日期。”原建设部2001年制定的《建筑工程施工发包与承包计价管理办法》第十六条中规定：“发包方应当在收到竣工结算文件后的约定期限内予以答复。逾期未答复的，竣工结算文件视为已被认可。发承包双方在合同中对上述事项的期限没有明确约定的，可认为其约定期限均为28日。”应当注意，前述2001年出台的管理办法已经被废止，由住房和城乡建设部于2013年发布、2014年2月1日起施行的《建筑工程施工发包与承包计价管理办法》所替代。关于工程的竣工结算和有关涉及竣工日期的认定等问题，新办法第十八条作出了较为详细的规定：“工程完工后，应当按照下列规定进行竣工结算：（一）承包方应当在工程完工后的约定期限内提交竣工结算文件。（二）国有资金投资建筑工程的发包方，应当委托具有相应资质的工程造价咨询企业对竣工结算文件进行审核，并在收到竣工结算文件后的约定期限内向承包方提出由工程造价咨询企业出具的竣工结算文件审核意见；逾期未答复的，按照合同约定处理，合同没有约定的，竣工结算文件视为已被认可。非国有资金投资的建筑工程发包方，应当在收到竣工结算文件后的约定期限内予以答复，逾期未答复的，按照合同约定处理，合同没有约定的，竣工结算文件视为已被认可；发包方对竣工结算文件有异议的，应当在答复期内向承包方提出，并可以在提出异议之日起的约定期限内与承包方协商；发包方在协商期内未与承包方协商或者经协商未能与承包方达成协议的，应当委托工程造价咨询企业进行竣工结算审核，并在协商期满后的约定期限内向承包方提出由工程造价咨询企业出具的竣工结算文件审核意见。（三）承包方对发包方提出的工程造价咨询企业竣工结算审核意见有异议的，在接到该审核意见后一个月内，可以向有关工程造价管理机构或者有关行业组织申请调解，调解不成的，可以依法申请仲裁或者向人民法院提起诉讼。发承包双方在合同中对本条第（一）项、第（二）项的期限没有明确约定的，应当按照国家有关规定执行；国家没有规定的，可认为其约定期限均为28日。”基于上述规定，工程完工后，各方当事人都应当及时履行相关竣工验收、结算等合同义务，任何一方迟迟不履行造成拖延的，都将承担相应的责任后果。

三、在建设工程未经竣工验收的情况下，发包人擅自使用的，以建设工程转移占有之日为竣工日期

正常情形下，工程交付发包人的前提条件应当是通过验收的合格产品。即建设工程施工完毕后，只有工程项目经验收合格之后，才能够交付发包人投入使用。对此，《民法典》及有关规章条例均有所规定。如《民法典》第七百九十九条第二款规定：“建筑工程竣工经验收合格后，方可交付使用；未经验收或者验收不合格的，不得交付使用。”2019年国务院最新修订的《建设工程质量管理条例》第十六条，也有含义基本相同的规定。

不过，由于种种原因，实际情况却并非如此。比如，实践中经常出现发包人出于自己的需要，为提前获得投资效益，急于使用已经接收但尚未经过竣工验收的工程。发包人实际接收后，现实意义上的交付已经完成，表明承包人不再对工程有继续建设和看管等义务，工程发生意外风险的责任负担将转移由发包人承担。接下来，承包人将开

始在合同约定的时间内整理施工材料、向发包人提交竣工结算报告，开始享有请求支付工程价款的权利。一般而言，标的物的风险转移以交付为要件，而工程项目的转移占有就属于标的物已交付。本条制定之时，有人提出用承包人“实际交付”建设工程之日为竣工日期，也有人建议用发包人“实际控制”或“实际接收”建设工程之日为竣工日期。最后，经反复讨论和征求各方意见，多数人倾向性意见认为还是用“转移占用”一词表述更为妥当。而且，《最高人民法院关于审理商品房买卖合同纠纷案件适用法律若干问题的解释》第八条对关于不动产交付以及建筑物毁损、灭失风险的承担问题有明确规定。该第八条第一款规定：“对房屋的转移占有，视为房屋的交付使用，但当事人另有约定的除外。”相关原则在其他一些地方出台的有关条例和规定中，也都有所体现。如有的规定：“房地产灭失、毁损的风险责任自房地产转移占有之日由受让人承担，但转让当事人另有约定的除外。”有的则规定：“房地产的风险责任，自房地产权利转移之日起由转让人转移给受让人，但转让当事人约定自房地产转移占有之日起转移风险责任的，从其约定”，等等。

面对屡有发生的未经验收合格就先行将工程交付，发包人擅自使用建设工程的责任问题，立法规定得并不十分明晰。现已被废止的1983年施行的《建筑安装工程承包合同条例》第十三条中曾规定：“工程未经验收，发包方提前使用或擅自动用，由此而发生的质量或其他问题，由发包方承担责任。”按该规定发包方一旦提前使用未经验收的工程就完全免除承包方的质量责任，尤其是有些质量缺陷明显就是承包方施工不当造成的，也无例外地全都由发包方承担责任，实际并不妥当。目前，相关法律并没有关于发包人擅自使用未经验收的工程的后果或者应当如何承担责任的直接具体规定。也就是说，现行有效的法律、法规都没有规定未经验收发生的工程质量问题一律都由发包人承担，由于具体情况十分复杂，还是要区别对待。但是，发包人擅自使用未经验收的工程，应当承担一定的法律责任是毋庸置疑的。国务院《建设工程质量管理条例》第五十八条规定：“违反本条例规定，建设单位有下列行为之一的，责令改正，处工程合同价款2%以上4%以下的罚款；造成损失的，依法承担赔偿责任：（一）未组织竣工验收，擅自交付使用的；（二）验收不合格，擅自交付使用的；（三）对不合格的建设工程按照合格工程验收的。”从该条规定可以看出，对发包方擅自使用未经验收的建设工程等行为要处以较为严厉的行政处罚，发包方对这一行为的违法性应该是明知的，主观上存在过错。当发包人存在未经验收提前使用建设工程的过错时，应当为其过错承担相应的法律责任。在工程未经验收的情况下，发包人擅自使用，发生纠纷时却以工程未经竣工验收为由拒付工程款，显然是不合适的，故以建设工程转移占有之日作为竣工之日是比较合理合法的。

【审判实践中应注意的问题】

首先，审判实践中，经常会遇到关于延期竣工纠纷案件中是否已过诉讼时效问题。双方在建设工程施工合同中约定了竣工日期，但实际竣工日期晚于合同约定的竣工日期。此种情况如何认定当事人所提诉讼是否超过了诉讼时效，往往当事人各执一词。发包方起诉后，涉及时效起算问题时，通常主张以发生在后的实际竣工验收时间作为起算点，要求按合同约定追究承包方逾期竣工的违约责任等。承包方往往主张按照合同约定的工程竣工时间作为起算点，理由是如果约定时间工程没有竣工，对方就知道或应当知道自己的权利已被侵害，就应当开始及时主张权利，超过三年诉讼时效期间的，就将丧失案件的胜诉权。此类纠纷中，人民法院要根据查明的案件事实，对造成实际竣工时间延迟的原因和责任进行认定，科学准确确定诉讼时效的起算点，妥善对当事人起诉时是否超过诉讼时效作出判定。

其次，审理建设工程施工合同纠纷时，对交付概念的把握要全面。建设工程的交付，除建筑物本身的交接以外，承包方应同时交付完整的工程技术资料，包括竣工图、材料设备的使用说明和零部件或备件，并符合国家有关工程竣工交付的其他条件。如果工程交付时承包人未交付法定相关图纸、资料而发包人未使用工程的，视为未交付；发包人已使用的，承包人承担延期交付工程技术资料的违约责任。

另外，实践中还会出现发包方组织设计单位、监理单位、施工单位等部门进行验收，并非都能一次性顺利通过。遇到这种情况，还要看后续发展态势。若经验收属于不合格工程，则需要承包方按合同约定标准或有关工程质量技术规范进行整改，并达到合同约定标准或符合有关工程质量技术规范，重新验收合格之日作为实际竣工日期，这种属于符合本条第一项规定的情形。如果虽经提请验收但未被确认合格，发包人即违反规定擅自使用的，则以转移占有建设工程之日为竣工日期，这种属于应当适用本条规定第三项的情形。

第十条

当事人约定顺延工期应当经发包人或者监理人签证等方式确认，承包人虽未取得工期顺延的确认，但能够证明在合同约定的期限内向发包人或者监理人申请过工期顺延且顺延事由符合合同约定，承包人以此为由主张工期顺延的，人民法院应予支持。

当事人约定承包人未在约定时间内提出工期顺延申请视为工期不顺延的，按照约定处理，但发包人在约定期限后同意工期顺延或者承包人提出合理抗辩的除外。

【条文主旨】

本条是关于未取得工期顺延确认以及未在约定时间内提出工期顺延申请的处理的规定。

【条文理解】

一、发包人或者监理人未出具工期顺延签证，承包人如何证明工期顺延

工期应否予以顺延是建设工程施工合同纠纷中常见争议，也是司法实践中的难点。承包人因工程欠款提起诉讼，发包人往往以工期延误提起反诉要求承包人承担相应工期延误责任，如逾期竣工违约金等。发包人主张的逾期竣工违约金额有时接近或者超过承包人主张的工程款。高额逾期竣工违约金会导致承包人承建工程出现亏损。当然对建设单位来说，如果工程不能按期投入使用，会严重影响后期的生产经营或者房产销售等，业主也会向开发商主张逾期交房违约金，发包人

的损失切实存在。因此，工期应否顺延对施工合同双方权利义务影响甚巨。《民法典》第八百零三条规定，发包人未按照约定的时间和要求提供原材料、设备、场地、资金、技术资料的，承包人可以顺延工程日期，并有权请求赔偿停工、窝工等损失。第八百零四条规定，因发包人的原因致使工程中途停建、缓建的，发包人应当采取措施弥补或者减少损失，赔偿承包人因此造成的停工、窝工、倒运、机械设备调迁、材料和构件积压等损失和实际费用。如果因发包人原因导致工期延误，承包人不仅可以主张顺延工期，免除逾期竣工违约责任，还可以向发包人主张因工期顺延导致增加的成本费用。如果因承包人原因导致工期延误，则承包人应向发包人承担逾期竣工违约责任。

承包人常以发包人迟延支付工程款、设计变更、工程量增加、天气恶劣、政府政策变化等作为工期顺延的抗辩，但不能提供发包人或者监理公司确认的顺延工期签证证明发包人同意顺延工期。工程签证是指在施工合同履行过程中，承发包双方根据合同的约定，就合同价款之外的费用补偿、工期顺延以及因各种原因造成的损失赔偿等形成的签认证明。其中非承包人原因停工造成工期拖延的工期签证是承包人证明工期顺延的重要依据。施工合同往往约定顺延工期应当经发包人或者监理人签证等方式确认。如果施工中发生停工等应予以顺延工期的事件，承包人应及时向发包人或者监理提出申请，对工期顺延予以确认并且索赔，发包人应及时处理。当事人约定顺延工期应当经发包人或者监理人签证等方式确认，能够使工程中出现的事项及时得到处理和确认，避免工程结束后因证据不足产生争议。但实践中，有些工程施工不规范，发包人对工程中出现的变动，经常既无设计变更，也不办现场签证。另外，发包人往往借助其优势地位，对承包人工期顺延申请不出具签证确认。监理人一般由发包人雇佣，承包人获得监理人的工期顺延签证较为困难，即便承包人申请了工期顺延，监理人未必会出具签证。

本条规定认为不能仅因承包人不能提供工期签证而径行认定工期未发生顺延。如果承包人诉讼中能够证明在合同约定的办理期限内向发包人申请过工期顺延且顺延事由符合施工合同约定，对其顺延合理工期的主张应予以支持。在施工合同履行过程中，如果承包人与发包人就工期是否顺延发生争议，司法机构系最终裁决者。如果仅以签证作为证明工期顺延的证据，则会使发包人对应否顺延工期问题有最终决定权，导致承包人与发包人之间的利益失衡。

在按照合同约定时间开工情况下，实际竣工日期晚于约定竣工日期即可证明工程逾期。此时应由承包人举证证明工期应予以顺延。承包人仅证明发包人有变更设计、分包工程、未按期支付工程款等行为尚未完成工期顺延的举证责任。发包人或者监理公司出具的工程顺延签证，是证明发包人同意顺延工期的直接证据。如果发包人或者监理人未出具工期顺延签证，承包人应举证证明其提出过延期申请，并且提供充分证据证明符合施工合同约定或者法律规定的延期事由。承包人申请工期顺延并不一定采取索赔意向书、索赔报告等固定形式，根据工程惯例，其他书面文件，如会议纪要、洽商记录、签证单或者联系单、进度计划修订说明、现场施工日志等，只要其中包括对事件的描述且表明承包人主张权利（工期延长或者额外付款）的内容，亦可以证明承包人向发包人或者监理人提出过工期顺延申请。

二、承包人未在合同约定时间内提出工期顺延申请，诉讼中主张工期顺延能否支持

（一）实践中的主要争议和本条规定制定过程

工期顺延具有专业性、复杂性、动态性，从国际惯例到施工合同示范文本以及工程实践存在一种趋势，要求承包人在一定期限内申请工期顺延并索赔，如果承包人未在约定时间申请顺延工期并索赔，则视为其放弃权利或者视为工期不顺延。例如，《建设工程施工合同（示范文本）》（GF－2017－0201）第19.1款第（1）项规定：“承包人应在知道或应当知道索赔事件发生后28天内，向监理人递交索赔意向通知书，并说明发生索赔事件的事由；承包人未在前述28天内发出索赔意向通知书的，丧失要求追加付款和（或）延长工期的权利。”

该约定要求承包人在合同履行过程中，对并非自身过错造成的工期延误，及时向发包人提出延长工期、赔偿因此增加的费用并支付合理利润的要求。当然，该期限并非仅约束承包人，如果发包人认为承包人应该承担赔付责任，其也应在知道或应当知道索赔事件发生后 28 天内通过监理人向承包人提出索赔意向通知书。索赔期限能够督促当事人积极行使权利，及时对索赔事件的归责和所造成的损失进行确认，避免对上述事实产生争议。当事人发出的索赔意向通知书和索赔报告等书面文件，能够将事实固定下来，形成证据，作为处理纠纷的依据。虽然该示范文本并非强制当事人使用，但是当事人往往按照该示范文本签订合同，尤其是其中的通用条款。

对于承包人而言，工期索赔有两项作用：（1）顺延工期以避免支付承担逾期竣工违约责任。工程逾期竣工，发包人可能会依据合同约定的违约金条款主张承包人支付逾期竣工违约金，如承包人未及时提出索赔、保留相应证据，则无法抗辩发包人的诉求，处于被动地位。（2）获得赔偿。工程逾期竣工势必给承包人造成损失，例如，人员、施工机械的窝工损失。如果工程如期竣工，承包人有可能获得其他工程的承建权，获取更多利润。承包人及时索赔对发包人也有益处，发包人不仅可以根据发生的事件及时对应否顺延工期和予以赔偿作出判断，而且其能够知晓工程能否按期竣工，避免工期出现敞口状态。

索赔期限虽然能够有效促使合同双方及时主张权利，但是实践操作中却引发诸多争议。由于我国建筑施工市场不甚规范，规则意识较弱，承包人法律风险防控能力及合同履约意识、管理能力不强，以及发包人不予配合，即便存在因发包人原因导致工期延误，承包人未必均能按约定时间提出索赔或者获得顺延工期的签证。对于能否直接按照当事人约定的索赔期限处理工期顺延问题，实践中有不同观点。

一种观点认为，承包人未在约定期限内提出顺延工期申请，并不一定丧失实体权利。主要理由是：（1）实体性权利与程序性权利存在区别，除法律明确规定的诉讼时效制度，不宜通过约定方式让当事人放弃实体权利。示范文本中提及的失权应是丧失程序性权利，权利人在约定时限内提出索赔报告，对方未按约定时限回复，权利人就获得了与其相对应的程序性权利，如“逾期视为认可”。权利方未在约定时限内主张权利，其因未能及时、有效举证而失去“逾期视为认可”的权利，并非直接丧失实体权利。如果权利人有充分证据证明其权益受损，在诉讼时效内，不应剥夺其索赔的权利。（2）上述约定属于格式条款，根据《民法典》第四百九十七条第二项规定，提供格式条款一方不合理地免除或者减轻其责任、加重对方责任、限制对方主要权利，该格式条款无效。发包人在合同中约定索赔逾期失权对承包人而言“加重对方责任、排除对方主要权利”，属于无效条款。

第二种观点认为，如承包人未在约定时间内提出工期顺延申请，应产生其在诉讼程序中丧失胜诉权的法律后果。理由主要有：（1）“法律不保护躺在权利上睡觉的人”，权利行使期限在功能上与诉讼时效类似，如权利人超过约定期间行使，则法院或仲裁机构将不再对该实体权利进行保护，该债务转化为自然之债，义务人可拒绝权利人的权利主张。通用条款的约定对承发包双方当事人具有法律约束力，承包人不能抛开合同中关于权利行使期限或程序约定而免除工期延误责任。（2）从权利义务对等的民法原则看，施工合同通用条款中约定发包人未及时确认或答复，应承担“默认”这一不利法律后果，承包人亦应根据通用条款约定及时行使权利，否则将丧失胜诉权，这样才符合民法对等原则。（3）承包人在事件发生之时及时提出工期顺延要求，有利于发包人根据情况及时作出判断并予以答复，如进入司法程序后承包人才提出，司法机构将难以查清事实。故，承包人未按约定期限和程序行使索赔权利，应视为工期不顺延。

本条第二款最初规定：“当事人约定，承包人未在约定时间内提出工期顺延申请视为工期拖延的，按照约定处理。”该规定吸收了地方法院的规定，如《广东省高级人民法院关于审理建设工程合同纠纷案件疑难问题的解答》第二十条规定：发包人仅以承包人未在合同约定的期限内提出工期顺延申请而主张工期不能顺延的，不予支持，但合同明确约定承包人未依约提出顺延工期申请视为放弃权利的，按照约定处理。但在《2018 年解释》建议稿向各部委征求意见时，住建部是建议删除第二款。理由是：实践中承包人未能在合同约定的期限内提出工期顺延的情况及原因较为复杂，如仅以合同约定即判定承包人丧失工期顺延的权利，有违公平原则。最终经讨论认为实践中工期顺延的情况十分复杂，住建部关于“仅以合同约定即判定承包人丧失工期顺延的权利，有违公平原则”的观点是合理的。承包人有正当理由顺延工期的，应当允许。因此，在第二款的但书中增加了“发包人在约定期限后同意工期顺延或者承包人提出合理抗辩的除外”这一内容。

根据意思自治原则，当事人约定的条款如果不违反国家法律、行政法规的强制性规定，自愿达成，各方应予以遵守，索赔期限是依据合同约定创设的权利失效期间。该约定有利于督促承包人及时主张工期顺延，以避免事后难以对工期顺延的事实进行认定。如果当事人在施工合同中约定，承包人未在约定时间内提出工期顺延申请，视为工期不顺延，或者承包人丧失要求顺延工期的权利，通常应该按照约定处理。承包人未在约定期限内申请工期顺延，则视为工期不顺延。然而，承包人未申请工期顺延的原因较为复杂，有些情况下，尽管承包人未在约定时间内提出工期顺延申请或者索赔，发包人对工期顺延仍然予以认可；有些情况下，承包人有证据证明其未申请工期顺延有合理理由且工期应予以顺延。故在遵循施工合同约定情况下，仍需进一步审查发包人是否以实际行为变更了施工合同约定或者承包人未申请工期顺延是否有合理抗辩，避免产生不公平的法律后果。

（二）学理分析

为防止权利滥用给他人和社会带来损害，民法关于权利的行使设有时间限制，实践中适用较多的是诉讼时效制度和除斥期间制度。索赔期限与诉讼时效和除斥期间并不相同。（1）从索赔期限设立的目的分析，施工合同纠纷中，由于合同当事人怠于索赔，时过境迁容易导致证据灭失，使得索赔事件的真实情况难以查清，增加了合同当事人的时间和金钱成本。引入索赔制度可以通过索赔意向通知书和索赔报告等书面文件，将事实固定下来形成证据，为日后纠纷处理提供依据。（2）索赔期限系由当事人约定时间及后果，而诉讼时效与除斥期间制度均系法律规定。实体权利的消灭应由强行法作出规定，当事人约定并不足以产生该效果。（3）诉讼时效届满当事人丧失胜诉权，除斥期间届满，当事人的实体权利消灭。索赔期限届满，当事人未必丧失胜诉权和实体权利。

约定索赔期限的法律后果与权利失效制度近似。权利失效是指，权利者在相当期间内不行使其权利，依特别情事足以使义务人正当信任债权人不欲使其履行义务时，则基于诚信原则不得再为主张。① 其构成要件主要有：（1）权利人不行使权利的事实；（2）权利人不行使权利之状态已使相对方确信其不欲再行使权利；（3）如果允许权利人再行使权利，会违反诚信原则，使当事人间利益严重失衡。② 权利失效制度决定性条件是第三项，如果允许权利人再行使权利，会违反诚信原则而使当事人间利益严重失衡。从理论上说，该条件的构成有两个标准：（1）行为标准，即相对人因确信权利人不欲再行使权利而为或不为一定行为。（2）结果标准，若允许权利人行使权利会造成当事人间利益严重失衡的结果。③

如果承包人未在约定的索赔期限索赔，即丧失主张工期顺延的权利，与权利失效的法律后果近似。权利失效制度的第三个要件可以作为衡量承包人是否失权的参考因素，如果发包人的行为表明在约定期限后同意工期顺延或者承包人能够提出合理抗辩，证明发包人并未信赖承包人不再主张工期顺延权利，发包人也未因承包人在诉讼中才主张工期顺延而处于严重不利地位，例如，并未因未保存证据而无法进行抗辩，未影响发包人对工程延期后续事宜的处理等，则可认定承包人在诉讼中主张工期顺延并未违反诚信原则，未失去主张工期顺延的权利。

---

① 参见王泽鉴：《民法总则》，中国政法大学出版社2001年版，第560页。
② 参见杜颖、谢鸿飞：《论权利失效原则》，载《河北法学》1998年第5期。
③ 参见杜颖、谢鸿飞：《论权利失效原则》，载《河北法学》1998年第5期。

（三）国际惯例和实践

国外对工期索赔积累了比较丰富的经验，相关行业示范条款使施工合同双方风险分担趋向合理。国际咨询工程师联合会（FIDIC）编制出版的《施工合同条件》（Conditions of Contract for Construction，简称 FIDIC 合同条件）系在工程和法律领域专家的积极参与下制定和修改，在国际工程界被广泛采纳应用，有重要影响。我国制定的《建设工程施工合同（示范文本）》，在相当程度上借鉴了 FIDIC 合同条件。《建设工程施工合同（示范文本）》（GF－2013－0201）引进 FIDIC 合同条件的逾期索赔失权制度，对工期索赔程序进行细化，但是对于索赔争议处理未予以约定。关于工期索赔问题，FIDIC 于 2008 年出版的《设计－建造和运营合同》（DBO）合同条件第二十条索赔、争端和仲裁中，第二十条第一款承包商索赔新增："如果承包商未能在 28 天内发出索赔通知，设计建造竣工时间将不被延长，承包商将无权得到附加款项，且业主应被免除有关索赔的一切责任。但是，如果承包商认为其有正当理由来解释迟延提交索赔通知时，他可以将详细情况提交给争议评判委员会（DAB）来决断。如果 DAB 在综合考虑后，认为接受迟延提交是公平合理的，DAB 有权否决有关 28 天期限限制，同时相应的通知各方当事人。如果承包商在 28 天期限内发出索赔通知，或者 DAB 决断迟延通知是可接受的，那么承包商应根据本款进行。" FIDIC 在 DBO 合同条件中增加 DAB 即争议评判委员会，使得承包商未能在索赔时限内索赔，仍然可以提出抗辩。工程实践中存在各种特殊情况，承包人未按照合同约定索赔可能有正当理由，DBO 合同条件第二十条第一款的约定符合工程实践情况，对合同双方更加公平合理。

从国外相关案例看，虽然承包人由于某种原因未能及时发出有效的索赔通知，但是承包人有权根据合同或合同适用法律索赔情况下，也可能得到支持。在国外发生的一起案例中，发包人以承包人未能遵守期限约定为由主张承包人的索赔不成立，争端裁决委员会最终依然判定承包人的索赔有效。主要理由是，承包商虽然未能遵守合同第二十条第一款有关索赔通知及详细的索赔报告呈报的要求，但是，鉴于其他信函以及承包人、工程师和发包人之间的会议记录中记载了索赔情况，此类失误并未阻止或妨碍对承包人索赔事件的调查。①

借鉴国际工程惯例和实践，承包人未按照合同约定索赔，并不必然导致失权。承包人可以对迟延提交的原因予以解释，如果其能够提出合理抗辩，例如，证明其行为并不会影响对索赔事件的调查，裁决机关认为接受迟延提交的索赔是公平合理的，则承包人并未丧失主张工期顺延的权利。

三、适用该条款应注意的问题

施工合同常常会发生变更，确定当事人的意思表示不仅应该看施工合同约定，还应看当事人的实际履行行为。虽然承包人未按照约定申请工期顺延，但是如果发包人在相关会议纪要，往来函件、承诺函等文件中表明其同意工期顺延，应视为发包人与承包人变更了施工合同的约定，不再坚持约定的索赔程序。另外，在承包人对其未按照合同约定申请工期顺延予以合理解释（例如，在索赔期限内尚不能确定工期应予顺延的时间、发包人默许承包人可在结算时主张工期顺延等），此时也应该认定承包人并未丧失主张工期顺延的权利。即如果其他证据能够形成证据链，证明工期应予以顺延，且承包人对其未申请工期顺延有合理解释，法院应该综合相关证据进行认定，而不应对承包人顺延工期的主张一概不予支持。

如果当事人仅约定承包人提出工期顺延申请的期限，但是未明确约定未在约定时间内提出申请视为工期不顺延或者视为放弃权利，则不能直接认定承包人未申请顺延工期的后果是丧失主张工期顺延权利。

① 参见张明峰：《国际工程合同索赔时效的挽救》，载《国际工程与劳务》2015 年第 1 期。

【审判实践中应注意的问题】

审判实践中，应注意如下问题：

一、工期顺延的主要事由

司法实践中，即使存在发包人迟延支付工程款、设计变更、天气恶劣、政府法律政策变化等因素，并不足以构成工期顺延的充分理由。工程施工具有复杂性，对承包人提出的工期顺延理由应进行具体分析。

（一）发包人迟延支付工程款与工期顺延

发包人未能按合同约定日期支付工程预付款、进度款、竣工结算款属于施工合同示范文本通用条款约定的发包人承担延误工期责任的情况，但是还应结合具体案情进行分析。首先，应看施工合同的具体约定，在发包人迟延支付工程款多长时间的情况下，承包人可以顺延工期。发包人迟延支付工程款，承包人可以请求发包人支付延迟支付工程款利息，未必停工或者顺延工期。尤其在双方有垫资约定情况下，迟延支付工程款并不必然会成为工期顺延的理由。其次，如果发包人迟延支付工程款是因承包人存在工期延误、质量不合格、所报工程量不属实等原因，则承包人不能因此顺延工期。因发包人欠付工程款，承包人主张工期顺延，应满足如下条件：（1）工程款未予以支付系发包人原因，而非承包人原因；（2）施工合同约定延期支付工程款构成工期顺延事由；（3）因工程款延迟支付导致工程无法正常进行，施工人不能正常支付工人工资，购买材料，支付机械设备租赁费等。工程迟缓或者停工，并影响整体工期；（4）承包人提出了工期补偿申请，通常应该有书面证据，包括停工申请、付款申请、索赔报告、签证单、会议纪要、信函等。总之，对发包人迟延支付工程款与工期顺延的关系进行具体分析，不宜直接将发包人拖延支付工程款的时间作为工期顺期天数。

（二）工程量增加与工期顺延

工程施工合同履行中经常发生变更，如果施工中设计发生变更，监理人经发包人同意，向承包人作出变更指示，超出原图纸施工范围，由此引起等待变更指令、协商、变更施工准备、材料采购、机械设备准备等，承包人有权对增加的工作内容提出工期补偿。工程量的清算往往在工程项目后期才能进行，承包人即便在施工过程中未提出索赔，仍然可以向发包人提出对价格进行变更或对取消的工作项目进行补偿的正当要求。有些工程增量并不会影响工期，对于大量工程变更，如果承包人未向发包人或者监理人提出顺延工期的书面申请，并经发包人或者监理人认可，则难以确定顺延天数。如果承包人对其未申请工期顺延有合理解释，可酌情考虑工程变更对工期的影响。在无具体工期签证或者其他证据证明因工程量变更实际增加天数时，实践中有不同做法，有些案件通过已完工程量总价与合同约定总价的比值作为计算系数，再以该系数乘以合同约定总工期计算工期顺延。按比例计算未必准确，还要结合增加工程的难易程度、行业惯例等因素酌情予以确定。

（三）工程分包延误与工期顺延

承包人经常主张因发包人分包工程导致工程延误。存在分包情况下，发包人与承包人应相互配合，发包人应于约定的期限内向承包人交付符合施工要求的工作场地。分包时，应考虑承包人的施工顺序，以保证工程顺利完成。发包人另行分包的工程不能影响承包人施工，承包人也应对分包工程的施工进度予以合理安排和监督，尤其在承包人收取分包配合费情况下，更应该尽到总包职责。在因工程分包导致工期延误情况下，应区分原因。如果因发包人迟延分包，分包人迟延进场、施工迟延等原因致使工期延误，承包人有权主张工期顺延。如果系承包人未履行总包职责，未能合理安排配合分包工程，则承包人应当承担工期延误责任。有时发包人和承包人均应对工期延误承担相应责任。例如，浙江华厦建设集团有限公司（以下简称华厦建设公司）与合肥耀华房地产开发有限公司（以下简称耀华房产公司）建设工程施工合同纠纷一案中，法院认定，耀华房产公司（发包人）直接指定分包单位并单独约定工程款计价规则且直接支付工程款，华厦建设公司（承包人）负有约定的管理义务并收取部分总包服务费，耀华房产公司应对分包工程的工期迟延承担主要责任，华厦建设公司亦应承担一定责任。① 存在分包情况下，工程延期的原因更为复杂，承包人取得工期顺延签证和及时进行工期索赔更为困难，法院应加强对会议纪要、洽商记录、工作联系单、进度计划说明、现场施工日志等材料的审查，确定是否因分包导致工期延期。

（四）其他可能导致工期顺延的事由

1. 不可抗力

不可抗力是法律规定的免责事由，如果承包人因不可抗力而未能在工期内完成工程，有权主张顺延工期。通常当事人应在施工合同中对不可抗力事件进行约定，不可抗力事件主要有：自然灾害，包括地震、海啸等；政府行为，如政府因重度雾霾天气发布停止施工命令、征用、征收等；社会异常事件，如战争、骚乱、罢工、瘟疫等。在确定工期应否顺延时，应分析不可抗力事件对工期的影响程度。

2. 不利地质条件

即承包人有义务对施工现场和施工条件进行查勘。如果遇到不可预见的不利地质条件时（如土质较预见的更为坚硬），承包人可主张该情形不可预见，并采取合理的措施，确保处理方案经监理人和发包人批准，必要时承包人可聘请地质专家对方案和措施进行论证；对于出现不可预见的不利地质条件，承包人采取了合理措施，其可以主张对因此导致的工期迟延免责。

3. 法律政策变更

法律的变化也会导致工期顺延。例如，2001 年 12 月 31 日竣工的小浪底枢纽工程合约履行过程中，国务院于 1995 年 3 月 25 日发布了《国务院关于修改〈国务院关于职工工作时间的规定〉的决定》，其中

① 最高人民法院（2015）民一终字第 104 号民事判决书。

规定：周工作时间缩短了1天，减少了8小时，由原来的6天变为5天，并从48小时变成40小时。1994年《劳动法》第四十一条中特别注明每月可以延长的工作时间以36小时为限。工作时间缩短给承包人带来极大工期迟延风险。此种情况，承包人可申请顺延工期。

二、承包人未在约定时间内提出工期顺延申请的合理抗辩

承包人未在约定时间内提出工期顺延申请，其提出的抗辩是否合理，可考虑如下因素。首先，承包人应未怠于行使权利，而系因客观原因未提出索赔请求。例如，虽未提交索赔报告、提出正式索赔请求，但是通过其他方式作出了工期应予顺延的意思表示（例如，向监理报告了事件对工期的影响）；或者发生法律规定的免责事件（例如，发生不可抗力导致施工方式发生变化、不能保障施工人员到位、降低了施工效率等），但事件导致延期的时间暂时无法确定，无法在事件发生后的规定时间提出索赔请求。其次，承包人未在约定时间提出工期顺延不会影响对索赔事件的调查。在处理工期顺延争议时，应该明确当事人对申请工期顺延期限进行约定目的主要是防止纠纷发生时事实真伪不明。如果承包人未在约定时间提出工期顺延并不影响查明事实，则法院对承包人的工期顺延主张可予审查。最后，也要考虑承包人在诉讼中主张工期顺延对发包人的影响。发包人是否会因为承包人未予索赔而相信承包人不再主张工期顺延，从而做了不予顺延工期的安排。

工程施工过程中发包人与承包人应密切配合以完成工程项目，双方的权利义务交错进行，互相影响。法院应尽量综合考虑双方的约定、履行行为、外界条件的变化，正确判断工程逾期的原因，并分配责任。避免出现不公平的后果。

第十一条

建设工程竣工前，当事人对工程质量发生争议，工程质量经鉴定合格的，鉴定期间为顺延工期期间。

【条文主旨】

本条是关于工程质量鉴定期间为顺延工期期间的规定。

【条文理解】

建设工程是人们日常生活和生产、经营、工作的主要场所，是人类生存和发展的物质基础。建设工程的质量，不但关系到生产经营活动的正常运行，也关系到人民生命财产安全。为确保建设工程质量万无一失，我国法律作了详尽严格的规定。《建筑法》第六章专门规定了建筑工程质量管理，对从事建筑活动的各个主体应当履行的保证工程质量的义务作出了明确、具体的规定。如《建筑法》第五十二条中规定："建筑工程勘察、设计、施工的质量必须符合国家有关建筑工程安全标准的要求"；第五十四条第一款规定："建设单位不得以任何理由，要求建筑设计单位或者建筑施工企业在工程设计或者施工作业中，违反法律、行政法规和建筑工程质量、安全标准，降低工程质量"；第五十九条规定："建筑施工企业必须按照工程设计要求、施工技术标准和合同的约定，对建筑材料、建筑构配件和设备进行检验，不合格的不得使用"。《建设工程质量管理条例》在《建筑法》的基础上进一步细化了建设单位、勘察和设计单位、施工单位、监理单位的质量责任和义务，并明确了质量监督管理的相关要求及相应的处罚规则。由上述规定可以得出，判断建设工程质量是否合格的依据包括法律、行政法规、部门规章关于建筑工程质量、安全标准的规定，国家关于建筑工程勘察、设计、施工技术规范，国家关于建筑材料、建筑构配件和设备标准的规定，勘察、设计图纸以及合同的约定。关于判断质量是否合格的标准，通常是国家相关法律、行政法规等规定的强制性标准。但是，如果当事人在合同中约定的质量标准高于国家强制性标准，则一般以当事人约定为准。一方违反该约定，应当依法承担质量违约责任。对此，《民法典》第八百零一条也作了明确规定。该条规定，因施工人的原因致使建设工程质量不符合约定的，发包人有权请求施工人在合理期限内无偿修理或者返工、改建。经过修理或者返工、改建后，造成逾期交付的，施工人应当承担违约责任。

建设工程质量问题比较复杂，质量责任又可能涉及施工单位、建设单位、设计单位、监理单位等。一旦出现质量问题，当事人可能各执一词，不愿承担责任。而认定工程质量缺陷本身及其责任人的问题，又具有很强的技术性和专业性，需要委托有资质的鉴定部门进行鉴定，即有关工程质量的争议往往要通过专门机构的鉴定来确定是否存在质量问题。关于工程质量鉴定，《民事诉讼法》第七十六条规定："当事人可以就查明事实的专门性问题向人民法院申请鉴定。当事人申请鉴定的，由双方当事人协商确定具备资格的鉴定人；协商不成的，由人民法院指定。当事人未申请鉴定的，人民法院对专门性问题认为需要鉴定的，应当委托具备资格的鉴定人进行鉴定。"诉讼中，通常是经人民法院委托的具有相应资质的机构。未进入诉讼的，当事人双方也可以协商确定交由相关质量检测机构对工程质量进行检测或鉴定。实践中，一些当事人在签订建设工程施工合同时已对一旦出现质量争议时的专业鉴定单位作出明确约定，以便发生质量争议时能够及时妥善解决。

就诉讼中工程质量鉴定的具体程序来说，针对未竣工工程，按照"谁主张，谁举证"的举证原则，发包方主张工程质量不合格的，应承担相应举证责任，向人民法院提出工程质量鉴定申请。法院经审查准许后委托具有相应资质的鉴定机构，运用工程建设相关理论和技术、质量标准（包括国家规定的强制性标准和当事人合同约定的标准）对工程质量进行调查、勘验、检测、分析、判断并出具鉴定意见。通常情况下，鉴定机构进行工程质量鉴定大致包括以下程序：(1) 受理审查。鉴定机构根据委托人的具体鉴定要求，对鉴定事项进行初步审查，判断鉴定要求是否可行、能否实现等。(2) 确定委托。鉴定机构经审查确定受理后，由委托单位与鉴定机构签订委托合同或者委托书。(3) 成立鉴定专家组。参加鉴定专家组的人员应当具有相应鉴定资质。(4) 制订鉴定计划和方案。明确鉴定内容、范围、工作步骤、检测方案等。(5) 实地调查。鉴定机构组织鉴定人员实地查勘工程质量情况，审阅相关工程技术资料档案，并听取有关方面情况介绍，收集相关资料。(6) 工程实体检测。对于需要通过实体检测确定质量的工程，组织或委派相应检测机构对工程实体进行检测，出具检测报告。(7) 论证鉴定结果。依据工程实物质量查勘情况和检测报告数据，计算分析、研究论证工程质量是否合格并出具工程质量鉴定文件。(8) 签发鉴定文件。通知委托方工程质量鉴定结果，正式签发工程质量鉴定文件。

根据本解释第三十二条规定，在工程建设过程中，发包人对工程质量提出异议起诉至法院，不申请工程质量鉴定，人民法院认为需要鉴定的，应当向其释明。经释明仍未申请鉴定，或虽申请鉴定但未支付鉴定费用或者拒不提供相关材料的，应当承担举证不能的法律后果。一审诉讼中未申请鉴定，或虽申请鉴定但未支付鉴定费用或者拒不提供相关材料，二审诉讼中申请鉴定，人民法院认为确有必要的，可以依照《民事诉讼法》第一百七十条第一款第三项的规定处理。

对有关质量问题的鉴定往往需要一定的时间。本条所要解决的问题就是，对工程质量的鉴定期间能否作为顺延工期期间。在审判实践中，发包人起诉要求承包人承担逾期交工违约责任的案件比较多见，而承包人一般要举证证明施工过程中存在可以顺延工期的情况，比如，发包人对设计进行变更、自然灾害的影响等。对工程质量的鉴定可否作为顺延工期的理由，主要以工程质量是否合格作为判断标准。如果工程质量是合格的，对于承包人来说，把工程质量的鉴定期间作为顺延工期期间是比较合理和公平的。反之，如果工程质量经鉴定为不合格的，工期不应顺延，承包人应承担逾期交工的违约责任。涉及隐蔽工程的验收问题，当发包方对隐蔽工程提出质量异议要求重新检验时，承包方应按要求进行剥露，并在检验后重新进行覆盖或修复。如果检验合格，发包方应承担由此发生的经济支出，赔偿承包方损失并相应顺延工期；如果检验不合格，则承包方承担所发生的费用，而且工期不能顺延。

【审判实践中应注意的问题】

审判实践中，适用本条规定，需要注意以下几个问题：

一、关于工程质量鉴定的理解

本条规定的鉴定既包括诉讼中经当事人申请、人民法院委托相关具有资质的工程质量鉴定机构进行的司法鉴定，也包括诉讼外当事人双方协商委托相关检测或鉴定机构对工程质量进行检测或鉴定，不能仅将本条规定的工程质量鉴定理解为司法鉴定。

二、关于鉴定期间的起止时点

工程施工过程中，当事人之间就工程质量发生争议停工到协商确定工程质量鉴定机构进行鉴定往往需要一定时间，从鉴定结束到恢复施工往往也需要一定合理时间。对于这些时间，也应当计入工程鉴定所需时间，作为顺延的工期。因此，工程施工过程中当事人就工程质量发生争议，经鉴定合格的，本条所涉鉴定期间，应指因鉴定而影响施工人施工的合理期间，而不仅指鉴定机构进行鉴定实际需要的时间。

三、关于本条规定适用的具体情形

通常情况下，本条规定适用于工程施工过程中承发包双方对已施工部分工程质量是否合格发生争议而进行鉴定的情形，但是实践中也有可能出现承发包双方在工程竣工后对施工过程中因质量争议鉴定期间能否作为顺延工期而发生争议的情况，如果出现此情形，也应按照本条规定来予以认定。

第十二条

因承包人的原因造成建设工程质量不符合约定，承包人拒绝修理、返工或者改建，发包人请求减少支付工程价款的，人民法院应予支持。

【条文主旨】

本条是关于因承包人的原因造成建设工程质量不符合约定应当如何处理的规定。

【条文理解】

建设工程施工合同为承揽合同的一种，亦属于承揽完成不动产工程项目的合同，其都属于完成工作成果的合同。完成工作成果的合同是指民事主体之间的一方当事人为另一方当事人完成某项工作，另一方当事人接受工作成果并支付工作报酬的合同。有义务完成工作成果的当事人，称为承揽人或者承包人；有义务接受工作成果并支付工作报酬的人，称为定作人或者发包人。完成工作成果的合同属于诺成合同、双务合同、有偿合同。承揽人或者承包人必须按照合同约定完成工作，而定作人或发包人必须接受工作成果并支付报酬。虽然承揽合同与工程建设合同均属于完成工作项目的合同，但是，由于建设工程不同于其他工作的完成，工程建设合同除具有一般承揽合同的特征外，更具有与一般承揽合同不同的特点，如建设工程合同的主体以法人为主，其投资大、周期长；建设工程合同的标的物是建设工程而不能是其他物；建设工程合同系要式合同，国家对其具有严格的监督和管理；而且对国家的基本建设工程还要体现其计划性等特点。因此，我国原

《经济合同法》《合同法》将建设工程合同作为不同于承揽合同的一类新的合同作出规定，且《民法典》仍采用这种分类方法。由于建设工程合同是从承揽合同发展而来，其仍与承揽合同有着密切的关系，所以《民法典》第八百零八条规定，建设工程合同章没有规定的，适用承揽合同的有关规定。

《2004 年解释》第十一条曾规定："因承包人的过错造成建设工程质量不符合约定，承包人拒绝修理、返工或者改建，发包人请求减少支付工程价款的，应予支持。"在本解释编纂过程中，有意见认为，《民法典》就建设工程施工合同的违约责任，确立的是严格责任原则，而不是过错责任原则，本条原规定以"过错"追究承包人的违约责任，与《民法典》规定不符，建议加以修改完善。本条是依据《民法典》第五百七十七条、第七百八十一条和第八百零一条以及《建筑法》第五十八条至第六十条和第七十四条的相关规定作出的规定。故将条文中的"过错"修改为"原因"；同时将末尾一句的"应予支持"修改为"人民法院应予支持"，以与本规定其他条文的表述保持一致。本条规定包括以下两层涵义：（1）因承包人原因造成建设工程质量不符合约定的，承包人应承担责任；（2）对承包人原因造成建设工程质量问题，发包人提出无偿修理、返工、改建，承包人拒绝的，发包人可以请求减少支付工程价款或者请求承包方支付合理的修复费用，而且对发包人的该项请求，人民法院应予支持。

我国《建筑法》第五十八条规定："建筑施工企业对工程质量负责。建筑工程企业必须按照工程设计图纸和施工技术标准施工，不得偷工减料。工程设计的修改由原设计单位负责，建筑施工企业不得擅自修改工程设计。"据此，工程质量出现问题就建设单位与承包人即建筑施工方来说，一般其责任应由承包方承担。但建筑工程质量出现问题，其原因也可能是多方面的，其中既可能是勘察、设计、监理方面的原因，也可能是建筑施工企业施工造成的。因此，建筑工程质量问题涉及的有关责任分担问题是一个非常复杂的问题。建设工程施工合同的双方当事人在《建设工程施工合同》中，一般对建设工程质量问题均有明确约定，作为建设工程的承包方即施工人，在建设施工中应当按照合同约定进行施工建设，如果因施工人的原因造成建设施工的工程质量不符合合同约定，出现了质量瑕疵，其应依照合同约定的质量标准予以修复、返工、改建等，如果施工人拒绝修复、返工、改建，那么依照本条规定，发包人就可以请求减少工程价款或者请求承包人承担建设工程修复的合理费用。

一、“建设工程质量不符合约定”应如何理解问题

我们认为，本条中“建设工程质量不符合约定”应作广义理解，不仅包括工程质量不符合双方当事人约定标准，还应包括不符合国家对建筑工程质量强制性的规范标准等情形。因建筑工程施工方原因造成的工程质量问题，主要包括下列三种情形：

1. 建筑工程施工方不按照工程设计图纸和施工技术规范施工造成的工程质量问题

工程设计图纸是施工的依据，施工技术标准亦称为施工技术规范，按照设计图纸和施工技术标准施工是建筑工程质量得以保证的重要前提，也是划分责任的重要依据。在建筑施工中有些施工方为了谋取非法利益偷工减料，不按照建筑工程施工标准要求的工序施工，在施工过程中用次料或少用料，这些都会严重影响建筑工程的质量和安全，造成事故隐患。再者，建筑工程施工方还存在擅自修改工程设计的行为。建筑工程设计是施工方据以施工的依据，施工方应当严格依照工程设计进行施工，建筑工程施工方擅自修改工程设计是建筑工程出现质量问题的原因之一。

2. 建筑工程施工方未按照工程设计要求、施工技术标准和合同的约定，对建筑材料、建筑构配件和设备进行检验，使用不合格的建筑材料、建筑构配件和设备等，造成的质量问题

建筑材料、建筑构配件和设备不合格是造成建筑施工质量问题的直接原因之一。因此，严格建筑材料、建筑构配件和设备质量的检验，是保证施工质量的重要手段之一。建筑工程施工方对建筑材料、建筑

构配件和设备进行检验是要依据一定标准进行的，即应依据建筑工程设计要求、施工技术标准和合同的约定对建筑材料、建筑构配件和设备进行检验。建筑工程施工方对建筑材料、建筑构配件和设备进行检验是防止不合格的建筑材料、建筑构配件和设备用于建筑工程所采取的措施，不合格的建筑材料、建筑构配件和设备不得使用。如果施工方使用不合格的建筑材料、建筑构配件和设备而产生质量问题，建筑工程施工方要负责任。建筑工程施工方对不合格的建筑材料、建筑构配件和设备拒绝使用的，由此产生的后果是谁的责任就追究谁的责任。

3. 建筑物在合理使用寿命内，地基基础工程和主体结构的质量出现问题；建筑工程竣工时，屋顶、墙面有渗漏、开裂等问题

建筑物的地基基础工程和主体结构的工程的质量在合理使用寿命内必须得到确保。所谓建筑物的地基，是指支撑由基础传递的上部结构荷载的土体或岩体。为了保障建筑工程的安全和正常使用，首先要求地基在荷载作用下不致产生破坏；其次组成地基的地层因某些原因产生的变形不能过大，否则将会使建筑物受到破坏，因而无法满足使用要求。所谓建筑物的基础，是指结构所承受的各种作用传递到地基上结构组成部分。它是建筑物的重要组成部分。建筑物的地基基础工程和主体结构工程是建筑工程的重要基础和主体。如果一项建筑工程在一定期限内若地基基础工程和主体结构出现质量问题，即使其他部分施工质量再好也难以保证整个建筑工程质量。因此，建筑物的地基基础工程和主体结构工程质量同建筑物整体结构质量密切相关。在建筑工程的质量问题中，房屋屋顶渗漏、墙面开裂等质量问题较为严重。屋顶渗漏的主要原因是施工工序未按照技术规定进行，或建筑材料不合格造成的。墙面开裂也主要是施工方面的原因。屋顶是建筑物的顶部结构，其应坚固、耐久、防渗漏，并具有保温、隔热等性能。墙面是指墙体表面，其应当可观、防开裂，这是合格建筑工程应达到的基本要求。另外工程质量缺陷还应包括：地面、楼面、门窗工程等出现的问题；室内地坪空鼓、开裂、起沙，厕所、厨房、盥洗室地面泛水、积水，阳台积水漏水等质量问题；电气管线、上下水管线的安装工程

的质量问题；电气的线路、开关、电表的安装，电气照明器具的安装，给水管道、排水管道的安装等出现的问题；供热、供冷系统工程的质量问题等。

二、质量不符合约定的处理问题

因建筑工程施工方原因造成工程质量不合格或质量瑕疵的，根据《民法典》第八百零一条、《建筑法》第六十条及《建设工程质量管理条例》第三十二条“施工单位对施工中出现质量问题的建设工程或者竣工验收不合格的建设工程，应当负责返修”的规定，建筑工程施工方对已发现的工程质量缺陷应当无偿修理、返工及改建等，以达到约定的质量要求和标准。建筑物的地基基础工程和主体结构质量问题，直接关系到建筑物的安危，当发现地基基础工程和主体结构出现质量问题时，如果能够通过加固等确保建筑物安全的，建筑工程施工方应当负责修复；不能修复造成建筑物无法使用的，有关责任方应当依法承担赔偿责任。对房屋屋顶渗漏、墙面开裂等质量问题，建筑工程施工方应当及时采取修理、返工及改建等方式消除工程质量瑕疵，这是建筑工程施工方必须履行的义务。上述所谈到的问题既然是建筑工程施工方应当履行的义务，那当其不履行其义务时，应如何处理？根据本条规定，当承包人拒绝无偿修理或者返工、改建时，发包人可以请求减少工程价款或者让承包人支付合理修复费用。虽然法律对此问题没有进行明确规定，但审判实践中经常会遇到承包方对工程质量拒绝无偿修理或者返工、改建，而发包方请求减少支付工程价款或请求承包方支付修理费用的案件。在办理这类案件中，对减多少工程价款及合理修复费用应如何确定是经常会遇到的问题。一般来说，减少的工程价款数额及合理修复费用就是工程质量修复所实际发生的费用。其包括对原不合格工程进行拆除、重新返工、修复的建筑材料、机械设备及人工费用等。对减少的工程价款数额及修复费用在双方达不成一致意见时，可采用对质量修复费用进行鉴定的方法予以确定。当然发包方在请求承包方承担质量修复费用后，不影响其依照合同约定及有关法律规定请求承包人承担违约责任及赔偿责任。

需要说明的是，此规定的是针对建筑工程还未交付使用（包括在建工程），出现的质量问题应如何处理作出的规定。如果建筑工程已竣工验收交付使用后，出现了质量问题，则应当依照建筑工程保修的有关规定进行处理。另外，因地震、台风、洪水等不可抗力造成的质量缺陷所造成的问题，则承包方不承担民事责任。

【审判实践中应注意的问题】

主张减少工程款的发包人对主张支付工程款的承包人是以抗辩方式提出还是以反诉方式提出

此类案件在审判实务中存有争议的一个问题是：一方当事人主张给付工程欠款，而另一方当事人称工程有质量问题要求减少给付工程欠款的数额。那么，主张减少工程款的一方应作为是对主张给付工程款一方的抗辩事由提出，还是应另行提起反诉。该问题在审判实践中做法不一。一种意见认为，主张减少工程款的一方是抗辩，无须再提起反诉。其理由是，双方当事人在订立合同时，对工程质量均有约定，在工程质量未达到合同约定标准时，一方就可在另一方主张支付工程款的同时，向其请求减少给付工程款，无须再提起反诉；而另一种意见与前一种意见完全相反，认为减少工程款数额不是抗辩事由，系一个新的诉讼请求必须提起反诉，人民法院才能一并审理；还有第三种意见是，对双方合同有明确约定的，如合同约定，工程质量有瑕疵，减少给付工程款的数额或者约定工程质量有瑕疵，其修复费用应从给付工程款中予以扣除等，就可以认定被告提出的请求为答辩事由，而不认定为一个新的请求，对此就可以直接减少给付工程款数额或者将质量瑕疵修复费用予以扣除，但是必须是双方合同有明确约定的。否则，被告的请求应认定为是一个新的请求，必须提出反诉，人民法院才可一并审理。

以上三种做法在审判实务中均存在，而且在原告追索工程欠款，被告即提出工程质量问题，请求减少给付工程款数额的案件越来越普遍，对被告的这一请求到底应当确定为答辩事由还是反诉，目前尚无明确规定，因此，造成审判中做法的不统一。对此，我们倾向于同意以上三种意见的第一种意见，即被告主张减少工程款是抗辩，无须再提起反诉。具体理由是：

（1）被告的请求没有形成一个独立的诉。从诉讼法学角度而言，所谓答辩是指被告或者被上诉人享有的对原告或者上诉人提出的诉讼请求和理由进行回答和辩驳。其行使的目的是切实有效地维护当事人自己的合法权益，也便于法院审理案件时能够兼听双方当事人提出的理由和意见，全面查清案情，分清是非，从而正确处理案件。而反诉是指在已经开始的诉讼程序中，被告向本诉的原告提出的一种独立的反请求，目的是抵消或者吞并本诉原告的诉讼请求。答辩与反诉都是被告或者被上诉人享有的诉讼权利，但答辩不会增加新的诉讼法律关系并导致诉的增加，而反诉的基本属性是诉，反诉的成立意味着成立了一个新的诉讼法律关系；答辩的目的是直接否定对方当事人的诉讼理由和请求，答辩是义务人依据法律规定对权利人拒绝履行义务的行为。例如，诉讼时效是义务人经常援引的一项抗辩事由。在建设工程合同中，承包人（原告）的义务是依照法律或合同约定交付合格工程，即没有瑕疵的工程，而发包人（被告）的义务是依照合同约定支付工程款。在原告请求给付工程欠款时，被告提出工程有质量瑕疵，请求减少给付工程价款的数额，是因原告未履行其义务交付合格工程，而导致被告提出拒绝履行支付约定工程款义务的抗辩的请求。这一请求仅导致被告不支付合同约定的工程款的数额，而未产生新的诉讼法律关系，也没有导致诉的增加。因此，未形成一个独立的诉。

（2）被告的请求没有抵消或者吞并原告的诉讼请求，其不构成反诉。一般认为反诉的目的是抵消或者吞并原告的诉讼请求。在建设工程欠款纠纷中，被告提出拒绝履行支付全部工程款义务的抗辩请求，是在被告认可尚欠原告的工程款的前提下，提出原告交付的建设工程质量有瑕疵，请求在所欠工程款中扣除修复费用后，再支付工程款。

因此，被告的这一请求，没有抵消或者吞并原告请求工程欠款的诉讼请求，其不构成反诉。

（3）在具体的审判实践中，此类案件绝大多数是按照第一种意见即用抗辩方式处理的。同时，《最高人民法院关于审理买卖合同纠纷案件适用法律问题的解释》就此类似问题规定，出卖人履行交付义务后诉请买受人支付价款，买受人以出卖人违约在先为由提出异议，买受人拒绝支付违约金、拒绝赔偿损失或者主张出卖人应当采取减少价款等补救措施的，属于提出抗辩。该规定内容与发包人向承包人主张减少工程款的问题类似，原则上应以同样方式处理。为保持司法操作连续性，维护司法权威，提高司法公信力，不应当轻易改变原有的惯常操作方式。

另外需要特别指出的是，在建设工程欠款纠纷中，如果发包人因建设工程质量瑕疵造成自身人身损害或者财产损失而向承包人提出赔偿请求的，则应当提出反诉，人民法院可以结合具体情况进行并案审理。

第十三条

发包人具有下列情形之一，造成建设工程质量缺陷，应当承担过错责任：

（一）提供的设计有缺陷；

（二）提供或者指定购买的建筑材料、建筑构配件、设备不符合强制性标准；

（三）直接指定分包人分包专业工程。

承包人有过错的，也应当承担相应的过错责任。

【条文主旨】

本条是关于发包人的原因造成建设工程质量缺陷应承担相应责任以及承包人对工程质量缺陷承担过错责任的规定。

【条文理解】

《建设工程质量管理条例》第三条规定："建设单位、勘察单位、设计单位、施工单位、工程监理单位依法对建设工程质量负责。"该条文对建设工程全进程的各参与方都赋予了确保工程质量合格责任。但建设工程施工合同纠纷案件中，纠纷双方主体为发包人和承包人，出现质量缺陷时一般原则上会推定承包人为工程质量的责任方，相应地发包人有权要求承包人修复该工程。但发包人并非与工程质量无关，亦存在部分情形系因发包人的行为导致工程质量缺陷。所以本条文结合建设工程施工过程的具体情形，对可能因发包人原因导致工程质量缺陷的情形予以细化，明确为三种情形。同时对发包人相应存在过错情形时，也不排除承包人也存在过错的可能，因此，规定根据双方是否存在混合过错，确定双方是否同时承担过错责任。

一、因发包人原因导致工程质量缺陷的情形

（一）提供的设计有缺陷

《建设工程质量管理条例》第五条明确规定："从事建设工程活动，必须严格执行基本建设程序，坚持先勘察、后设计、再施工的原则。县级以上人民政府及其有关部门不得超越权限审批建设项目或者擅自简化基本建设程序。"该条文明确了勘察、设计、施工对确保建设工程质量符合国家规范、合同约定的重要性，任何一环节出现问题均会导致工程质量出现问题。

建设工程勘察，是指根据建设工程的要求，查明、分析、评价建设场地的地质地理环境特征和岩土工程条件，编制建设工程勘察文件的活动。建设工程设计，是指根据建设工程的要求，对建设工程所需的技术、经济、资源、环境等条件进行综合分析、论证，编制建设工程设计文件的活动。根据上述内容，很明显可以知晓勘察是设计的前提，没有勘察出来的数据，设计就无法进行。之所以本解释只是提及发包人提供的设计有缺陷，并未言明发包人提供的勘察有缺陷，并非勘察存在问题无法导致发包人存在过错，而是勘察存在缺陷时，设计单位向发包人提供的设计必然也有缺陷，同时即使勘察没问题，设计也可能存在缺陷。所以考虑到设计与施工的紧密程度，仅讨论发包人提供的设计是否有缺陷，即可涵盖因勘察导致的缺陷问题。

《民法典》第七百九十一条第一款规定："发包人可以与总承包人订立建设工程合同，也可以分别与勘察人、设计人、施工人订立勘察、设计、施工承包合同。发包人不得将应当由一个承包人完成的建设工程支解成若干部分发包给数个承包人。"根据该规定可知，若发包人与总承包人签订建设工程合同，即使其中设计合同系经发包人同意由施工人与设计人签订，该设计出现问题与发包人的责任无关。《民法典》第五百九十三条规定："当事人一方因第三人的原因造成违约的，

应当依法向对方承担违约责任。当事人一方和第三人之间的纠纷，依照法律规定或者按照约定处理。”施工人因该设计导致的工程质量问题向发包人承担责任，但施工人可另行与设计人主张。若发包人自行与设计人签订设计合同，根据《民法典》第八百条“勘察、设计的质量不符合要求或者未按照期限提交勘察、设计文件拖延工期，造成发包人损失的，勘察人、设计人应当继续完善勘察、设计，减收或者免收勘察、设计费并赔偿损失”的规定，发包人可另行向设计人主张，但在处理与承包人纠纷时，因设计缺陷导致工程质量缺陷，该部分责任应视为发包人对施工人的过错，可以相应减少承包人向发包人承担的赔偿责任。

根据《建设工程勘察设计管理条例》第二十六条规定可知，建设工程设计分为方案设计、初步设计、施工图设计三个阶段。其中，进行方案设计是为了编制初步设计文件和控制概算；进行初步设计，是为了编制施工招标文件、主要设备材料订货和编制施工图设计文件；进行施工图设计，是为了设备材料采购、非标准设备制作和施工。设计人根据时间进度会向发包人提供不同的设计文件，最终向发包人出具的施工图设计文件经审查批准后方可作为承包人施工的依据。若发包人向承包人提供的设计有缺陷，有可能是设计人向发包人出具的施工图设计存在缺陷，该情况导致工程质量缺陷时，发包人应在处理与承包人之间纠纷时，承担过错责任。

当然，即使设计人提供的施工图设计不存在问题，发包人收到设计人提交的施工图设计，也可能会自行对设计文件修改，施工人根据该修改后设计文件施工，该修改后的设计可能存在问题，进一步导致工程出现质量问题，此时施工人应承担变更设计文件出现工程质量缺陷的后果。《建设工程勘察设计管理条例》第二十八条第一款规定：“建设单位、施工单位、监理单位不得修改建设工程勘察、设计文件；确需修改建设工程勘察、设计文件的，应当由原建设工程勘察、设计单位修改。经原建设工程勘察、设计单位书面同意，建设单位也可以委托其他具有相应资质的建设工程勘察、设计单位修改。修改单位对修改的勘察、设计文件承担相应责任。”发包人不得擅自变更建设工程设计，应按照规定程序由原建设工程设计单位或其他具有相应资质的建设工程设计单位负责修改。若未按照上述程序进行，发包人自行修改，发包人应对修改的设计文件承担相应责任，同时也对因变更设计导致的工程质量缺陷承担过错责任。

（二）提供或者指定购买的建筑材料、建筑构配件、设备不符合强制性标准

为确保建设工程质量合格，不仅需要有资质的专业承包人进行施工，而且施工过程中使用的建筑材料、建筑构配件、设备也必须符合强制性标准。实践中，发包人与承包人可就上述材料约定高于强制性标准的材料，承包人未使用符合约定标准的材料进行施工，构成违约，但不一定造成工程质量不合格。但如果承包人使用不符合强制性标准的建筑材料、建筑构配件、设备进行施工，不仅应承担违约责任，还得承担工程修复责任，甚至如修复不合格便无法向发包人主张相应的工程款项。

《建设工程勘察设计管理条例》第二十七条第一款规定：“设计文件中选用的材料、构配件、设备，应当注明其规格、型号、性能等技术指标，其质量要求必须符合国家规定的标准。”确定具体类型的材料、构配件、设备后，发包人可与承包人就材料、构配件、设备的提供方进行约定，既可能约定由发包人提供，也可能约定由承包人提供，甚至在约定承包人提供时由发包人指定承包人购买。需要指出的是，《建筑法》第二十五条规定：“按照合同约定，建筑材料、建筑构配件和设备由工程承包单位采购的，发包单位不得指定承包单位购入用于工程的建筑材料、建筑构配件和设备或者指定生产厂、供应商。”明确禁止在约定由承包人提供时发包人仍然指定材料供应方，发包人指定购买与发包人自行提供无差，所以发包人不应违反与承包人的约定，违反约定时产生材料质量问题与发包人自行提供同等处理。

《建设工程质量条例》第十四条规定：“按照合同约定，由建设单位采购建筑材料、建筑构配件和设备的，建设单位应当保证建筑材料、

建筑构配件和设备符合设计文件和合同要求。建设单位不得明示或者暗示施工单位使用不合格的建筑材料、建筑构配件和设备。”发包人自行提供材料时也应按照规定提供合格的建筑材料、建筑构配件和设备。如客观上提供不合格的建筑材料、建筑构配件、设备，承包人检验后向发包人指出该问题时，发包人亦不得向承包人明示或者暗示使用不合格的建筑材料、建筑构配件和设备。即使承包人使用检验不合格或者未进行检验的不合格建筑材料、建筑构配件和设备，亦不能免除发包人的责任。

《民法典》第七百九十三条规定建设工程质量合格是承包人工程款请求权成立的前提条件。若因发包人提供材料不合格等原因造成工程质量不合格，承包人无法向发包人主张工程款，但亦可向发包人主张损失赔偿。同时，《民法典》第八百零三条规定：“发包人未按照约定的时间和要求提供原材料、设备、场地、资金、技术资料的，承包人可以顺延工程日期，并有权请求赔偿停工、窝工等损失。”如发包人提供或者指定的建筑材料、建筑构配件和设备不合格，在施工过程中亦可能导致工程停工等情况出现，不仅使施工人有权顺延工期，还需要向施工人赔偿停工、窝工等损失，更是要在工程质量出现问题时继续承担责任。

为确保建筑材料、建筑构配件和设备等合格，发包人应按照一定流程向承包人提供，但《民法典》等法律、法规并未进行规定具体流程。住房和城乡建设部、原工商总局制定的《建设工程施工合同（示范文本）》（GF－2017－0201）规定了发包人提供材料、设备的操作规范，可给予发包人、承包人参考规范。具体表现为：（1）发包人自行供应材料、工程设备的，应在签订合同时在专用合同条款的附件《发包人供应材料设备一览表》中明确材料、工程设备的品种、规格、型号、数量、单价、质量等级和送达地点。（2）发包人应按《发包人供应材料设备一览表》约定的内容提供材料和工程设备，并向承包人提供产品合格证明及出厂证明，对其质量负责。发包人应提前24小时以书面形式通知承包人、监理人材料和工程设备到货时间，承包人负责材料和工程设备的清点、检验和接收。(3)发包人供应的材料和工程设备，承包人清点后由承包人妥善保管，保管费用由发包人承担，但已标价工程量清单或预算书已经列支或专用合同条款另有约定除外。因承包人原因发生丢失毁损的，由承包人负责赔偿；监理人未通知承包人清点的，承包人不负责材料和工程设备的保管，由此导致丢失毁损的由发包人负责。(4)发包人供应的材料和工程设备使用前，由承包人负责检验，检验费用由发包人承担，不合格的不得使用。

(三)直接指定分包人分包专业工程

分包是指承包人或者发包人将建设工程交由承包人以外的人进行，其中根据是否合法，又分为专业分包和违法分包。根据《建筑工程施工发包与承包违法行为认定查处管理办法》第十二条规定，违法分包情形，主要包含以下六种情形：(1)承包单位将其承包的工程分包给个人的；(2)施工总承包单位或专业承包单位将工程分包给不具备相应资质单位的；(3)施工总承包单位将施工总承包合同范围内工程主体结构的施工分包给其他单位的，钢结构工程除外；(4)专业分包单位将其承包的专业工程中非劳务作业部分再分包的；(5)专业作业承包人将其承包的劳务再分包的；(6)专业作业承包人除计取劳务作业费用外，还计取主要建筑材料款和大中型施工机械设备、主要周转材料费用的。

实践中，分包工程既可以由承包人分包给第三人完成，也可以由发包人直接分包给第三人完成，甚至在施工合同中也可以约定由第三人负责分包工程。承包人既可以自行完成施工工程，也可以在遵守一定条件下，将工程项目中部分劳务工程或者自己不擅长的专业工程项目分包给其他人完成，这既有利于发挥专业优势，也有利于提高施工效率。但无论是承包人分包还是发包人指定分包，并非毫无限制的。《建筑法》第二十九条规定："建筑工程总承包单位可以将承包工程中的部分工程发包给具有相应资质条件的分包单位；但是，除总承包合同中约定的分包外，必须经建设单位认可。施工总承包的，建筑工程主体结构的施工必须由总承包单位自行完成。建筑工程总承包单位按照总承包合同的约定对建设单位负责；分包单位按照分包合同的约定对总承包单位负责。总承包单位和分包单位就分包工程对建设单位承担连带责任。禁止总承包单位将工程分包给不具备相应资质条件的单位。禁止分包单位将其承包的工程再分包。”具体来讲，限制条件应为：（1）接收分包的主体必须具备相应的资质条件，这就排除个人作为分包人的存在；（2）为防止承包人擅自将本应由自己完成的工程分包他人完成或者分包给不符合发包人要求的单位完成，分包应经发包人同意；（3）建筑工程主体结构应由承包人施工，不得进行分包；（4）不得多次进行分包。

工程分包后产生质量问题，根据分包主体的不同，会产生不同的责任主体，即承包人或者发包人也会承担相应责任，但不免除应由分包人承担的责任。如承包人将工程分包给他人完成，因分包人造成的工程质量问题，除分包人承担责任外，承包人亦应向发包人承担责任。承包人可在向发包人承担责任后，再行向分包人追偿。如发包人指定分包人施工，该分包人施工造成的质量问题，发包人相对承包人应承担责任，无法追究承包人责任，但不影响发包人追究分包人的责任。

二、因承包人原因导致工程质量缺陷的情形

本条第二款规定，承包人有过错的，也应当承担相应的过错责任。之所以如此规定，系建立在承包人系确保工程质量合格的最主要责任人。承包人应当取得相应等级的资质证书，在资质等级许可的范围内承揽工程，并且对建设工程的施工质量负责。《民法典》第八百零一条规定：“因施工人的原因致使建设工程质量不符合约定的，发包人有权请求施工人在合理期限内无偿修理或者返工、改建。经过修理或者返工、改建后，造成逾期交付的，施工人应当承担违约责任。”据此可知，承包人不仅应确保工程质量合格，而且需要确保工程质量符合合同约定。工程质量合格是承包人工程款请求权的基础。即使工程经竣工验收合格后，承包人也应确保工程在合理期限内合格。《民法典》第八百零二条规定：“因承包人的原因致使建设工程在合理使用

期限内造成人身损害和财产损失的，承包人应当承担赔偿责任。”除赔偿责任外，还应在保修期限内承担保修义务。《建设工程质量管理条例》第四十一条规定：“建设工程在保修范围和保修期限内发生质量问题的，施工单位应当履行保修义务，并对造成的损失承担赔偿责任。”

（一）承包人施工规范的具体要求

结合本条第一款的内容，第二款所针对的是出现同一工程质量缺陷既有发包人的责任也有承包人的责任的情况。为确定承包人的过错，必须结合承包人的规范操作，只有在承包人施工操作不规范时才可能引发工程质量缺陷。《建设工程质量管理条例》第二十七条至第三十三条对具备施工资质的承包人行为规范进行了明确。具体包含如下情形：（1）在分包合同约定或者发包人同意分包时，选用的分包人分包工程质量应属合格，否则应与分包人对发包人就工程质量承担连带责任；（2）按施工图和施工技术标准施工，不得擅自修改设计，这既包括发包人擅自要求变更的设计，也包括自行决定修改设计方案的情形，同时发现设计文件和图纸存在差错的，也应及时向发包人反馈；（3）除施工规范合格外，也应对建筑材料、建筑构配件、设备和商品混凝土进行检验，留存检验记录备查，未经检验或者检验不合格，即使发包人要求，亦不得使用进行施工；（4）无论是施工过程中还是竣工验收合格后，发现质量问题应负责翻修，确保建设工程质量合格；（5）加强人员培训管理，考核合格方可上岗作业。

（二）承包人与发包人混合过错的具体情形

发包人对工程质量缺陷有过错时，参考承包人施工规范，可以确定几个可能出现承包人与发包人混合过错的情形。（1）发包人明示或者暗示承包人使用不合格的建筑材料、建筑构配件和设备，承包人明知该情形，没有及时提出意见或者建议或者拒绝建设单位要求，继续施工。（2）涉及建筑主体和承重结构变动的装修工程，发包人在施工前没有委托原设计单位或者具有相应资质等级的设计单位提出设计方案，径直要求承包人进行施工的，承包人明知该情形，径直施工，擅自变动房屋建筑主体和承重结构。（3）发包人擅自变更工程设计图纸和施工技术标准，或者发现设计文件和图纸有过错的，承包人未及时向发包人提出意见和建议，或者没有拒绝发包人的不合理要求，继续施工。（4）发包人明示或者暗示施工单位违反工程建设强制性标准，降低工程质量，承包人为承揽工程，未予拒绝，仍继续施工的。（5）按合同约定，发包人提供建筑材料、建筑构配件、设备，承包人未经检验或者检验不合格，仍继续使用施工的。

【审判实践中应注意的问题】

一、工程质量出现缺陷时，应审查产生缺陷的原因

发包人主张工程质量缺陷时，法院对工程质量进行委托鉴定，向鉴定机构提出要求时，应明确具体的鉴定方向，应要求鉴定机构既要确定工程质量是否存在缺陷，也要明确产生工程质量缺陷的原因。尤其是在工程质量缺陷，与设计缺陷、材料质量或者分包人原因相关的，应要求发包人、承包人就各自是否存在过错，进行充分举证和意见发表。

二、存在混合过错时，应把握双方的过错程度

如工程出现多处质量问题，系基于发包人或者承包人过错，相应处理即可。但如同一质量问题，经工程质量鉴定确定，有发包人、承包人原因，在鉴定机构明确原因并就原因力发表意见后，应引导发包人、承包人就是否存在原因及原因力大小发表意见，确保就过错程度给予有效区分。如无法有效区分过错程度，且双方也未给予充分的证据佐证或者具有说服力的说法，可认定双方承担同等过错。

三、应根据双方主体不同，确定承担责任的不同方式

建设工程质量不合格，承包人不能向发包人索要工程价款。如发

包人对工程质量不合格亦有过错责任，对承包人不能索要工程价款的损失，发包人也应在相应过错范围内赔偿承包人的损失。如因发包人、承包人混合过错造成质量缺陷但经修复合格的，双方应根据过错程度承担修复费用，同时对因未如期竣工造成的损失承担相应责任。具体承担责任的方式应根据出现质量缺陷的不同原因进行具体区分，确保过错分配公平、责任承担合理。

第十四条

建设工程未经竣工验收，发包人擅自使用后，又以使用部分质量不符合约定为由主张权利的，人民法院不予支持；但是承包人应当在建设工程的合理使用寿命内对地基基础工程和主体结构质量承担民事责任。

【条文主旨】

本条是关于发包人擅自使用未经验收的建设工程出现质量瑕疵的，其责任应如何认定的规定。

【条文理解】

向发包人交付合格的建设工程是承包人的合同义务。因此，通常情况下，工程质量出现问题，除因发包人的原因所导致，应由承包人承担责任。但是，在特定情况下，即本条规定的发包人擅自使用未经验收的建设工程，应自行承担相应责任。

一、发包人擅自使用未经验收的建设工程，出现质量问题，应自行承担责任

《民法典》第七百九十九条第二款规定："建筑工程竣工经验收合格后，方可交付使用；未经验收或者验收不合格的，不得交付使用。"《建筑法》第六十一条第二款、《建设工程质量管理条例》第十六条亦作了基本相同的规定。建设工程质量关乎人民生命和财产安全，为了确保工程质量不出问题，国家对建设工程从勘察、设计到施工以及最

后的竣工验收等各个阶段、各个环节都作出了相应的保证工程质量的明确规定。建设工程的竣工验收，是指建筑工程全部建成后为检查工程质量而进行的一项工作程序，也是建设过程中最后一个工序，是全面考核基本建设工作，检查是否合乎设计要求和工程质量的重要环节，是房屋从建设生产转入使用的一个重要的标志，交付使用的房屋必须经过这一环节。不管是新建、扩建、改建项目及技术改造项目一律要经过工程验收后，方可交付使用。为了保证建设工程质量，我国有关法律法规对工程竣工验收程序等有严格的规定。要求交付竣工验收的建筑工程，必须符合国家规定的建筑工程质量标准，并具备规定的其他竣工条件等。根据《建筑法》《建设工程质量管理条例》的有关规定，竣工交付使用的建设项目必须符合以下要求：(1) 完成工程设计和合同中规定的各项工作内容，达到国家规定的竣工条件；(2) 工程质量符合国家安全规定的标准，如符合房屋土建工程验收标准、安装工程验收标准等；(3) 符合工程建筑设计和工程建设合同约定的内容；(4) 有完整的并经有关部门审核的工程建设技术数据及档案图纸材料；(5) 有建筑材料、设备、购配件的质量合格证件资料和试验检验报告；(6) 有勘察、设计、施工、工程监理等单位分别签署的质量合格文件；(7) 有工程施工单位签署的工程质量保修书；(8) 已办理工程竣工交付使用的有关手续。工程竣工验收一般由建设、勘察、设计、施工、监理等五个单位派员组成验收组进行验收，验收结果要报当地建设工程质量监督管理部门备案，建设工程质量监督管理部门可视情进行抽查、复核。属于国家或地方重点建设项目的，竣工验收的程序还必须符合国家或地方有关部门的规定和要求。建设工程经验收合格后，方可交付使用，未经验收的不得交付使用。建设工程验收合格表明工程是按照工程合同的约定履行了合同义务。可以说没有经过竣工验收的建设工程，是未完成的工作成果，也可以说是未完成的工程，因为建筑工程未验收就没有已经完工的证明。因此，交付使用的建筑工程都必须经过竣工验收这一环节，并且还须验收合格，不合格的工程不得交付使用。本条规定的建设工程未经验收，应包括建设工程经验收不合格的情况。前面所述《建筑法》第六十一条的规定，不仅规定了未经验收的建设工程不得交付使用，同时规定经验收不合格的亦不得交付使用。交付经验收合格的建设工程是施工单位的义务和责任。《民法典》第八百零一条、《建筑法》第五十八条、《建设工程质量管理条例》第二十六条均规定施工单位对建设工程的施工质量负责。建设单位在具备竣工验收条件时应当及时组织参加验收，没有经过竣工验收或者验收未通过的，发包人不得提前使用。发包人擅自或强行使用的，出现质量问题的，根据本条规定，由发包人自行承担责任。该规定实质是关于工程质量责任风险的转移。根据《建筑法》的有关规定，施工单位对建筑工程质量承担责任。但是，在建设工程未经过竣工验收或者验收未通过的情况下，发包人违反法律规定，擅自或强行使用，即可视为发包人对建筑工程质量是认可的，或者虽然工程质量不合格其自愿承担该后果。因为发包人使用未经验收的工程，其应当预见工程质量可能会存在质量问题，而且使用验收不合格的建筑工程就更直接说明发包人对不合格工程予以认可。随着发包人的提前使用，其工程质量责任风险也由施工单位随之转移给发包人，而且工程交付的时间，亦可认定为发包人提前使用的时间。如某学校为解决职工住房与安居建筑公司签订了一份建筑工程承包合同，合同约定居安建筑公司负责施工建设，由学校提供建筑设计图纸等，合同对工期、质量、价款、结算等作了约定。合同签订后，施工单位进场施工。学校也制定了分房方案，在施工蓝图上对房屋进行了分配。多年住房紧张的职工，因见内装修逐渐完毕，不顾学校和施工队的阻拦，强行搬进，到工程完工时，此楼已经全部投入使用。这时学校对工程进行验收，发现楼梯间、门厅和部分房间的墙皮脱落、木地板起鼓等质量问题，学校要求施工单位进行返工，居安建筑公司拒绝对学校提出的质量问题进行返修，而学校迫于职工的压力，花费数万元进行了修复。随后向法院起诉，请求居安建筑公司赔偿因不履行返工和质量修缮义务而造成的经济损失。法院经审理认为，按照法律规定，施工单位对工程质量负有全面的责任，不得规避，对于学校的职工宿舍出现的墙皮脱落、地板起鼓等应当依照《建筑法》及合同约定进行返工，但是这种义务是建立在建设单位不提前使用该工程的前提下，一旦建设单位提前使用了该建设工程，质量瑕疵的返工义务即行消失。因此，对于施工单位的返工责任亦予以免除。学校在宿舍楼工程还没有进行竣工验收的情况下，对本单位职工擅自进入施工场地没有采取可行、有效的措施加以避免，因此，对于质量缺陷的修复责任应当自行承担。

二、发包人仅对其擅自使用部分承担工程质量风险责任

关于工程未经验收，发包人擅自使用，其质量问题自行承担的范围问题，最高人民法院在制定本解释过程中，曾存在不同意见。一种意见认为，发包人只要擅自使用未经过竣工验收或者验收未通过的工程的，无论使用多少，均应承担全部工程的质量责任。其理由是，建筑工程是一个整体，发包人一旦使用其中一部分，施工单位对其他部分将无法进行施工或管理。另一种意见认为，发包人仅应对使用部分承担工程质量责任。理由是：（1）依照有关法律规定，建筑工程质量责任应由施工单位负责，对发包人应承担的质量责任应该作严格限制，不应作扩大性的解释。（2）规定发包人对使用部分承担质量责任较为合理。当事人签订的建设工程合同，有的是一幢高层大楼，有的是几幢楼，也有建设一个或几个小区的，如果不限制在使用部分，那么一幢楼仅使用了一层，或者一个小区几幢楼仅使用了其中一幢，发包人就承担整幢大楼和整个小区的工程质量责任，而施工单位就此免除了责任，其明显不合理。最终，最高人民法院采纳了后一种意见，即发包人仅对使用部分承担质量责任，对于未使用部分，出现质量问题，仍应由承包人承担责任。

三、承包人在建设工程的合理使用寿命内对地基基础工程和主体结构质量承担民事责任

这项规定是依据《建筑法》第六十条第一款“建筑物在合理使用寿命内，必须确保地基基础工程和主体结构质量”的规定作出的。无

论建筑工程是否经过验收、发包人是否擅自使用，如果建筑工程在合理使用寿命内地基基础工程和主体结构质量出现问题，承包人仍然要承担责任。该规定是法律强制性规定，其要求承包人必须确保地基基础工程和主体结构质量在建筑物合理使用寿命内不能出现问题，这是承包人依照法律规定必须履行的工程质量保证义务，如果出现问题承包人必须承担民事责任。所谓建筑物的地基，是指支承由基础传递的上部结构荷载的土体或岩体。为保证建筑工程的安全和正常使用，首先要求地基在荷载作用下不致产生破坏，其次组成地基的地层因某些原因产生的变形不能过大，否则将会使建筑物遭到破坏，无法满足使用要求。以上可以看出，建筑物的地基基础在建筑物整体构造中起到的重要作用。建筑物的主体结构是指在建筑中，由若干构件连接而成的能承受作用的平面或空间体系。主体结构要具备足够的强度、刚度、稳定性，用以承重建筑物上的各种荷载，建筑物主体结构可以由一种或者多种材料构成。建筑物的主体工程更是建筑物工程的重要组成部分。因此，保证建筑物的地基基础工程和主体结构工程的质量是非常重要的，建筑工程的地基基础和主体结构的质量是政府质量监督的重要内容，也是建设单位或监理单位检查的重点，为确保建筑工程质量，我国制定了一系列技术标准和管理标准，如《建筑工程施工质量验收统一标准》等。建筑物的地基基础工程和主体结构工程是建筑工程的重要基础和主体，如果一项建筑工程的地基基础工程和主体结构出现质量问题，即使其他部分施工质量再好也难以保证整个建筑工程质量。因此，《建筑法》规定，建筑物在合理使用寿命内，必须确保地基基础工程和主体结构的质量，并要求建设工程在合理使用期限内不能有危及使用安全的质量问题，否则将会对人身和财产安全构成威胁；在合理使用期限内，如果对人身和财产造成损害的，承包人承担损害赔偿责任。建筑物的合理使用寿命即设计年限，一般是指建筑物的设计单位按设计的建筑物的地基基础和主体结构形式、施工方式和工艺等技术条件所确定的保证该建筑物正常使用的最低年限。关于“合理使用寿命”问题，目前国家还没有统一的规定，具体各类建设工程的合理使用年限，要根据建筑物的使用功能、所处的自然环境等因素，由有关技术部门作出判断。根据《民用建筑设计通则》规定，民用建筑的设计使用年限分为四类：一类是临时性建筑，设计使用年限为5年；二类是易于替换结构构件的建筑，设计使用年限为25年；三类是普通建筑和构筑物，设计使用年限为50年；四类是纪念性建筑和特别重要的建筑，设计使用年限为100年。建设单位如有低于或高于工程合理使用年限要求的，应在合同中予以明确。对地基和主体结构发生质量缺陷，是否在合理使用寿命内引起争议，应首先确定该建筑物的合理使用寿命。已有确定年限的，以该年限为准；无确定年限的由原设计单位或有权确认的部门确定，并按此确定的年限为准。

【审判实践中应注意的问题】

适用本条规定，审判实践中需要注意以下几个问题：

一、关于擅自使用部分的认定

依前所述，发包人只对建设工程擅自使用的部分出现的质量问题，自行承担责任；对未使用部分，仍应由承包人承担质量责任。而如何界定发包人擅自使用部分，是审判实践中必须解决的问题。对此，各地法院的理解和做法不尽一致。有的认为，对于一处建筑、一栋楼，其是一个不可分割的整体，只要发包人擅自使用了，就应视为其对整个工程的使用。也有的认为，对于发包人擅自使用的认定，应仅限于发包人使用部分，没有证据证明发包人使用的部分，应排除在发包人承担质量责任之外。对此，我们认为，关于发包人使用部分的认定应结合建设工程的结构、使用功能、发包人使用情况等综合予以认定，对于与发包人使用部分不可明确分割的部分，虽然没有证据证明发包人使用，也应认定为发包人擅自使用部分。反之，则予以排除。

二、关于质量责任范围的认定

对于发包人擅自使用建设工程，其自行承担的质量责任范围，是否包括除地基基础工程和主体结构质量以外的所有质量问题，实践中也存在着不同的认识。有观点认为，发包人擅自使用应承担的质量责任应限于与其使用有关的质量问题，与其使用无关的、能够明确即使发包人不擅自使用也会出现的质量问题，如房屋漏水、墙面粉层水泥不符合设计标准等，应由承包人承担责任。对此，我们认为，发包人承担的质量责任应是除地基基础工程和主体结构质量以外的所有质量问题。理由主要有两点：（1）本条规定的文义推导。（2）从本条规定的目的来看，是为了落实《民法典》《建筑法》等关于“建筑工程竣工经验收后，方可交付使用；未经验收或者验收不合格的，不得交付使用”的规定而制定，是为了防止使用未经竣工验收的工程，给人民群众生命和财产安全造成危害和损失而作出的强制性规定，对于发包人具有一定的惩罚意义。故理解本条规定的质量责任范围不应作限缩解释。

三、关于发包人擅自使用建设工程，承包人应否承担工程质量保修责任问题

《建筑法》第六十二条规定：“建筑工程实行质量保修制度。建筑工程的保修范围应当包括地基基础工程、主体结构工程、屋面防水工程和其他土建工程，以及电气管线、上下水管线的安装工程，供热、供冷系统工程等项目；保修的期限应当按照保证建筑物合理寿命年限内正常使用，维护使用者合法权益的原则确定。具体的保修范围和最低保修期限由国务院规定。”《建设工程质量管理条例》第四十条规定：“在正常使用条件下，建设工程的最低保修期限为：（一）基础设施工程、房屋建筑的地基基础工程和主体结构工程，为设计文件规定的该工程的合理使用年限；（二）屋面防水工程、有防水要求的卫生间、房间和外墙面的防渗漏，为5年；（三）供热与供冷系统，为2个采暖期、供冷期；（四）电气管线、给排水管道、设备安装和装修工程，为2年。其他项目的保修期限由发包方与承包方约定。建设工程的保修期，自竣工验收合格之日起计算。”根据上述法律、行政法规

规定，可以看出，建设工程质量保修是法律规定的强制性制度，并且法律规定了建设工程不同部分的质量保修最低期限。通常情况下，建设工程承发包双方在建设工程施工合同中也会依据法律的上述规定，对工程质量保修的范围和期限作出明确约定。这就带来了一个冲突问题，即依据法律和当事人合同约定，承包人应在工程保修期限内对工程质量问题进行保修；而依据本条规定，只要出现发包人擅自使用建设工程的情况，工程质量出现的除地基基础工程和主体结构质量以外的所有质量问题，都由发包人自行承担。

如何解决这一冲突，法律、行政法规及相关司法解释均没有明确规定。我们认为，出现发包人擅自使用建设工程的情况，承包人对发包人擅自使用部分，不应再承担质量保修责任，因为本条规定的发包人承担的质量责任范围为除地基基础工程和主体结构质量以外的所有质量问题，与前述法律规定的质量保修责任的范围是重叠的，如果承包人对发包人擅自使用的建设工程部分仍应承担保修责任，则本条规定就失去了其意义。

第十五条

因建设工程质量发生争议的，发包人可以以总承包人、分包人和实际施工人为共同被告提起诉讼。

【条文主旨】

本条是关于建设工程质量纠纷案件中有关当事人诉讼主体地位方面程序性的规定。

【条文理解】

一、条文制定背景

作为建设项目的发包人且多为工程成果后续的使用者，如建设工程质量存在问题，无论从何种角度考虑，发包人均有权独立作为原告提起民事诉讼。至于其可以向哪些人主张前述权利，围绕争议事项涉及的其他主体无外乎有总承包人、分包人、实际施工人，从合同关系考虑，发包人与总承包人之间签订有施工合同，故发包人以总承包人为被告提起诉讼，很容易理解。而发包人与其他两类民事主体之间并不存在合同关系，从不得随意扩张合同相对性角度出发，发包人向分包人、实际施工人直接主张权利的问题，还存在不同认识。由于实践中存在大量的分包关系以及项目具体由实际施工人建设完成的现象，故对此问题在法律无直接规定情形下需要通过制定司法解释予以明确。按照本条规定，总承包人、分包人、实际施工人均应对工程质量负责，出现质量问题时需承担连带责任，在诉讼程序上即表现为发包人可以将上述主体均作为被告提起诉讼。

二、发包人与相关主体之间的法律关系问题

建设工程合同是承包人进行工程建设，发包人支付价款的合同。根据《民法典》第七百九十一条规定，发包人既可以与总承包人签订总承包合同，又可以将工程按勘察、设计、施工等类别与他人签订承包合同。本解释并非适用于全部建设工程合同，只适用于建设工程施工合同纠纷案件。研究发包人有权向哪些人主张权利，需要对法律和现实生活中存在的总承包人、分包人以及实际施工人的概念和内容予以明晰。

（一）关于总承包人的问题

顾名思义，总承包合同中的承包人是总承包人。我国《建筑法》提倡对建筑工程实行总承包，禁止将建筑工程肢解发包。建设工程的发包单位可以将建设工程的勘察、设计、施工、设备采购一并发包给一个工程总承包单位，也可以将建设工程勘察、设计、施工、设备采购的一项或者多项发包给一个总承包单位；但是，不得将应当由一个承包单位完成的建设工程肢解成若干部分发包给几个承包单位。工程总承包和工程项目管理是国际通行的工程项目组织实施方式。积极推行工程项目总承包和工程项目管理，是深化我国工程建设项目组织实施方式改革，提高工程建设管理水平，保证工程质量和投资效益，规范建筑市场秩序的重要措施；是勘察、设计、施工、监理企业调整经营结构，增强综合实力，加快与国际工程承包和管理方式接轨，适应社会主义市场经济发展的必然要求。

（二）关于分包人的问题

《民法典》第七百九十一条第二款中规定，总承包人或者勘察、设计、施工承包人经发包人同意，可以将自己承包的部分工作交由第三人完成。《建筑法》第二十九条第一款中规定，建筑工程总承包单位可以将承包工程中的部分工程发包给具有相应资质条件的分包单位；但是，除总承包合同中约定的分包外，必须经建设单位认可。从上述

法律规定可以看出，工程总承包单位可以依法进行分包并自行确定发包方式。承包人通过签订施工合同取得工程承包权后，经发包人同意，会把项目中的某些工作交给其他单位并另行订立分包合同进行建设。前述与他人签订分包合同的承包人，相较于最初发包人而言属于分包人，而直接与发包人订立合同的承包人为施工总承包人。本条所称的总承包人是指施工总承包合同的承包人，与建设工程的总承包人的内涵和范围是不一样的。施工分包合同是相对总承包合同而言的，是施工总承包人将所承包的建设工程中的专业工程或者劳务作业发包给其他建筑施工企业完成的活动。分包分为专业工程分包和劳务作业分包。专业工程分包是指施工总承包企业将其承包工程中的专业工程发包给专业施工企业完成的活动。劳务作业分包是指施工总承包人或者专业承包企业将其承包或者分包工程的劳务作业发包给劳务作业分包企业完成的活动。根据《建筑业企业资质管理规定》《房屋建筑和市政基础设施工程分包管理办法》的有关规定，建筑业企业资质分为施工总承包、专业承包和劳务分包三个序列，并且还对专业分包和劳务分包有进一步细化规定。本条规定中的分包人既包括专业工程分包的合法分包人，也包括劳务作业分包的合法分包人，但都具有合法发包人的身份，这一点上与下文要介绍的实际施工人有所不同。

（三）关于实际施工人的问题

《民法典》中“施工人”涵盖了建设工程施工合同的所有施工主体，包括总承包人、承包人、专业工程分包人、劳务作业的分包人。需要指出的是，《民法典》中“施工人”身份的认可是以施工合同合法有效为前提，相关规定并不适用基于非法转包、违法分包合同关系形成的施工人。本条中“实际施工人”与总承包人、分包人是并列的，其指向的对象与狭义的总承包人、分包人概念不同，专指非法转包和违法分包的承包人。《民法典》《建筑法》等相关规定是严格禁止分包单位将其承包的工程再分包的。但是实务中，并非如法律规定的那么完美，转包、不合法的分包、施工人系借用他人资质与发包人签订施工合同等情形，为数众多。这些不合法、不合规的现象，造成工程被层层转包，几经转手。有些是发包人知晓并同意的，有些是发包人根本不知情的。严格把握合同关系和法律规定，会造成发包人在工程质量有问题时维权困难的局面。为破解这一审判难题，本条规定应运而生。为区别《民法典》规定的有合法身份的施工人，本解释使用了“实际施工人”的表述方式。在本解释中有几个条款使用了“实际施工人”的概念，均是指无效合同的承包人，如转承包人、违法分包合同的承包人、没有资质借用有资质的建筑施工企业的名义与他人签订建设工程施工合同的承包人，等等。

三、总承包人、分包人、实际施工人作为共同被告的法律基础

当事人的诉讼地位很大程度上是由当事人之间的实体法律关系决定的，如在程序上列为共同被告的当事人，常常是因为他们在实体法律关系上存在共同共有、连带责任保证、共同侵权等关系。本条规定的三类民事主体可以作为共同被告，也是由其与发包人之间的实体法律关系所决定的。

根据《民法典》第七百九十一条第一款、第二款规定，经发包人同意，总承包人可以将自己承包的部分工作交由第三人完成，第三人就其完成的工作成果和与其发包的承包人向发包人承担连带责任。同样，《建筑法》第二十九条第二款规定，建筑工程总承包单位按照总承包合同约定对建设单位负责；分包单位按照分包合同的约定对总承包单位负责。总承包单位和分包单位就分包工程对建设单位承担连带责任。该法第五十五条规定，建筑工程实行总承包的，工程质量由工程总承包单位负责，总承包单位将建筑工程分包给其他单位的，应当对分包工程的质量与分包单位承担连带责任。分包单位应当接受总承包单位的质量管理。实务中涉及建设工程项目的，经常需要履行招投标程序。而《招标投标法》第四十八条中规定，中标人按照合同约定或者经招标人同意，可以将中标项目的部分非主体，非关键性工作分包给他人完成。接受分包的人应当具备相应的资格条件，并不得再次

分包。中标人应当就分包项目向招标人负责；接受分包的人就分包项目承担连带责任。此外，《建设工程质量管理条例》第二十七条规定，总承包单位依法将建设工程发包给其他单位的，分包单位应当按照分包合同的约定对其分包工程的质量向总承包单位负责，总承包单位与分包单位对分包工程的质量承担连带责任。建设部颁布的《房屋建筑和市政基础设施工程分包管理办法》也规定专业工程的发包人和劳务分包人就建设工程质量对发包人承担连带责任。从上述法律、行政法规、部门规章可以看出，总承包人、分包人就建设工程质量对发包人承担连带责任，有充分的法律依据。

总承包人和分包人就建设工程质量对发包人承担连带责任，有较为明确的法律依据，很好理解。那么，实际施工人为何就建设工程质量对发包人亦要承担连带责任？实际施工人多发生于合同无效背景之下，根据《民法典》第一百五十七条规定，民事法律行为无效后，因该行为取得的财产，应当予以返还；不能返还的或者没有必要返还的，应当折价补偿。有过错的一方应当赔偿对方因此受到的损失，双方都有过错的，应当各自承担相应的责任。如上，合同无效应当按照过错承担赔偿责任。《建设工程质量管理条例》第二十五条第二款规定，施工单位不得转包或者违法分包工程。第七十八条中规定，违法分包是指下列行为：（一）总承包单位将建设工程分包给不具有相应资质条件的单位的；（二）建设工程总承包合同中未有约定，又未经建设单位认可，承包单位将其承包的部分建设工程交由其他单位完成的；（三）施工总承包单位将建设工程主体结构的施工发包给其他单位的；（四）分包单位将其承包的建设工程再分包的。本条例所称转包，是指承包单位承包建设工程后，不履行合同约定的责任和义务，将其承包的全部建设工程转给他人或者将其承包的全部建设工程肢解以后以分包的名义分别转给其他单位承包的行为。按照法律规定，建筑施工企业应当对工程的施工质量负责。《建筑法》第六十七条规定，承包单位有将承包的工程转包，或者违法进行分包的违法行为，对因转包工程或者违法分包的工程不符合规定的质量标准造成的损失，与接受转包或者分包的单位承担连带赔偿责任。违法分包和转包合同中，总承包人对签订转包和违法分包合同在主观上存在过错，转承包人和分包人明知违法而与总承包人订立合同，在主观上同样存在过错，应与总承包人共同对工程质量承担过错责任。故本条规定实际施工人应当与总承包人、发包人对工程质量承担连带责任是有法律依据的，也是符合法理的由于前一种情况属于履行合法的合同，后一种情况属于无效合同，故表述上区分为“连带责任”和“连带赔偿责任”，主要是因为履行无效合同造成的损失，应当按照过错原则承担赔偿责任。

由于总承包人、分包人、施工人就建设工程质量对业主承担连带责任，体现在程序上，分包人可以提起以总承包人、分包人、施工人为共同被告的诉讼。

【审判实践中应注意的问题】

人民法院审理此类案件时，应当注意本条规定“实际施工人”的含义与法律规定中“施工人”内涵并不一样。创设出“实际施工人”的概念，是为解决现实生活中大量直接负责工程项目实施的人员与发包人之间不存在合同关系或者该实施人与承包人一方所签合同多被认定无效情形下，那些发包人遭遇质量纠纷、实际建设工程项目的人如何主张工程款特别是工人工资等实际问题，遵循立法基本精神前提下，制定出的有特定含义的表述。

另外，本条规定侧重从保护当事人合法诉权角度出发，赋予当事人特别是作为发包人的原告以选择权，其可以选择将三类主体共同作为被告，也可以仅仅选择其中部分主体提起诉讼。当然，如果出于为彻底查明案情、妥善解决纠纷原因，人民法院认为有必要追加原告未起诉的当事人的，也属于本解释应有之意。

第十六条

发包人在承包人提起的建设工程施工合同纠纷案件中，以建设工程质量不符合合同约定或者法律规定为由，就承包人支付违约金或者赔偿修理、返工、改建的合理费用等损失提出反诉的，人民法院可以合并审理。

【条文主旨】

本条是关于发包人以工程质量纠纷为由提起的反诉与承包人提起的施工合同纠纷本诉合并的规定。

【条文理解】

司法实践中，承包人为追索工程款而提起建设工程施工合同纠纷案件后，发包人通常会以工程质量不符合合同约定或者法律规定为由要求减少给付工程款的数额。对于发包人所提出的主张属于抗辩还是反诉问题，由于一直没有明确规定，司法实践仍然有不同意见，为了保持裁判规则的统一性，本解释对该问题再次予以明确、细化，规定了哪些情形属于抗辩，哪些情形属于反诉可以合并审理，便于司法实践统一适用。发包人要求承包人支付违约金或者赔偿修理、返工、改建的合理费用等损失，并据此要求不付、少付、迟付所欠工程款。一方面，不少发包人提出这一主张目的是拖延诉讼，希望能够少付、迟付工程款；另一方面，发包人的主张包含有请求承包人支付违约金或者赔偿修理、返工、改建的合理费用等损失的独立诉讼请求，而非单纯对支付工程价款的抗辩，因此，应当通过提起反诉或者另行提起诉讼解决。发包人在未提起反诉或者另诉的情况下，直接以此为由请求减少、迟延给付或者拒付工程价款的，不应支持。对于该主张的性质是抗辩还是反诉，实践中存在较大争议。考虑到抗辩和反诉制度功能设置不同，对法院诉讼程序和当事人诉讼权利影响较大，实有区分之必要。

一、承包人已先行提起本诉

根据《民法典》第七百九十九条第一款规定，建设工程竣工后，发包人应当根据施工图纸及说明书、国家颁发的施工验收规范和质量检验标准及时进行验收。验收合格的，发包人应当按照约定支付价款，并接收该建设工程。由此看出，承包人在完成符合合同约定的工程交付发包人后，发包人应当及时按约结算并支付工程款。发包人拖欠工程款，承包人有权提起诉讼主张权利。本条规定适用的前提是承包人通过诉讼形式向发包人主张工程款。

本条规定中的承包人应作扩大解释，不仅指直接与发包人签订建设工程施工合同的承包人，还包括转包关系和违法分包的实际施工人，以及借用资质的单位或个人。此处的承包人应泛指有权向发包人主张工程款，同时又对发包人承担质量责任的人。司法实践中主要包括以下三种情形：

（1）具有相应施工承包资质的承包人，其为合法承包人，直接与发包人签订合同协议书。

（2）转包、违法分包的实际施工人。该实际施工人虽然与发包人没有直接合同关系，但有权突破合同相对性向发包人主张权利。本解释第四十三条第二款规定："实际施工人以发包人为被告主张权利的，人民法院应当追加转包人或者违法分包人为本案第三人，在查明发包人欠付转包人或者违法分包人建设工程价款的数额后，判决发包人在欠付建设工程价款范围内对实际施工人承担责任。"此规定明确了实际施工人可以发包人为被告直接起诉。同时，该实际施工人还与转包人、违法分包人一起对工程质量损失向发包人承担连带赔偿责任。①

（3）借用资质的单位和个人，亦称挂靠人。在发包人明知存在借用资质挂靠施工的情形下，借用资质的单位和个人作为实际施工人有权向发包人主张工程欠款。同时，借用资质的单位和个人还应就工程质量损失向发包人承担连带赔偿责任。②

上述情形中，发包人均有权就工程质量提出抗辩与索赔。

二、判断抗辩还是反诉的参考标准

反诉，是指被告向原告提出的、可以成为独立诉讼标的且能够系属于本诉审理法院的诉讼请求。③ 反诉是民事诉讼中被告享有的诉讼权利，也是对抗原告诉讼请求，保护自己合法权益的诉讼手段，其性质是一种独立的请求权。

关于抗辩与反诉的区别，主要集中在法律性质、目的、提出时间、诉讼地位、法律效果、处理方式等方面。④ 具体而言，反诉成立了一个新的诉讼法律关系，必须与本诉源于同一事实和同一法律关系，其目的是为抵消或者吞并原告的诉请请求或者使原告的诉讼请求失去意义；而抗辩则是被告针对原告的请求、事实、理由提出有利于己方的事实、证据和理由，以否定原告的主张、维护自身合法权益，也便于法院审明事实、分清是非。由此可知，反诉是一种独立的诉，而抗辩

① 《建筑法》第六十七条规定："承包单位将承包的工程转包的，或者违反本法规定进行分包的，责令改正，没收违法所得，并处罚款，可以责令停业整顿，降低资质等级；情节严重的，吊销资质证书。承包单位有前款规定的违法行为的，对因转包工程或者违法分包的工程不符合规定的质量标准造成的损失，与接受转包或者分包的单位承担连带赔偿责任。"

② 《建筑法》第六十六条规定："建筑施工企业转让、出借资质证书或者以其他方式允许他人以本企业的名义承揽工程的，责令改正，没收违法所得，并处罚款，可以责令停业整顿，降低资质等级；情节严重的，吊销资质证书。对因该项承揽工程不符合规定的质量标准造成的损失，建筑施工企业与使用本企业名义的单位或者个人承担连带赔偿责任。"

③ ［德］罗森贝克、施瓦布、戈特瓦尔德：《德国民事诉讼法》（下），李大雪译，中国法制出版社2007年版，第696页。

④ 庞小菊：《抗辩与反诉的界定》，载《南京师大学报》（社会科学版）2009年第1期。

只是被告反驳原告诉讼请求的一种诉讼手段、防御方法。当然，反诉的独立性又是相对的，不是完全的，反诉对本诉具有一定的依赖性，反诉必须以本诉的提起为前提。

就反诉与抗辩的区别而言，对当事人影响最大的主要在于反诉案件受理费的缴纳和法院的处理方式不同。即对于反诉，被告必须交纳反诉案件受理费，法院必须依法对反诉请求作出明确裁判，而对于抗辩，被告不需要交纳诉讼费用，无论抗辩理由是否成立，法院都不需要对其另行作出裁判。因为，就被告提出“减少支付工程款”的主张方式而言，如果以抗辩形式提出和以反诉形式提出均能达到同样的处理效果，① 则被告无疑会首选以抗辩形式提出。

司法实践中，准确判断抗辩还是反诉的参考标准，主要包括两方面：（1）看被告的主张是否超越原告诉讼请求的范围；（2）被告对原告是否具有独立的请求给付内容，特别是后者，是被告积极主张权利的体现，以此作为判断反诉的标准，更具有直观性，简单易操作。如果被告的主张超越了原告诉讼请求范围，且有独立的请求给付内容，则只能以反诉方式提出，必要时应向被告释明，被告坚持不提反诉的，应在判决中告知被告另行起诉或通过其他方式解决。如果被告的主张没有超过原告请求范围，也没有独立给付请求内容，则可以抗辩方式提出，二者应当综合考量。如原告向被告主张工程欠款，被告提出已经超付。显然，被告的主张虽然超过了原告的诉讼请求范围，但不具有独立的给付请求内容，故只能认定为是抗辩，该抗辩理由成立的话，法院会直接驳回原告索要工程欠款的请求，而不会判决原告向被告返还超付的工程款。如果被告主张要求原告返还超付的工程款，则被告的主张具有独立的给付请求内容，显然属于反诉，应按反诉处理。

---

① 此处的处理效果包括但不限于法院对于证据关联性的接纳及认可程度、对于事实争议焦点的关注度、裁判文书是否必须说明对该主张的裁判理由等。

三、发包人的主张属于抗辩的情形

（一）被告仅以工程质量问题主张减少工程款

如果被告仅以质量问题提出“减少支付工程款”主张的，应当属于抗辩。

基于前述判断标准，对于被告主张“减少支付工程款”问题，显然是被告承认拖欠原告工程款，只是出于质量问题而要求减少支付，即被告的主张没有超过原告诉讼请求范围，且属同一法律关系，而减少工程价款的主张虽然有给付内容，但实质仍系在原告主张工程欠款基础上的抵消主张，不具有新的独立的给付内容，故仍应认定为抗辩，而无需提出反诉。同理，如果被告不提出“减少工程款”，而是以工程存在质量问题给其造成损失为由直接拒绝支付剩余工程款，同样是抗辩而非反诉。

（二）被告提出原告在施工过程中存在偷工减料、未按图施工等情形，要求减少工程价款的

原告要求支付工程结算价款，工程已经竣工验收合格被告提出原告在施工过程中存在偷工减料、未按图施工等情形，说明工程质量存在问题，要求减少应付工程价款。此时，被告的主张不构成一个独立的诉，也没有独立请求原告向其支付的给付内容，应作为抗辩审理。

（三）被告因原告拒绝维修工程而另行委托他人修复后，主张抵扣修复费用的

建设工程质量不符合约定，原告作为承包人有维修义务。因原告拒绝修复、被告另行委托第三人修复后才通过竣工验收，此时对原告主张工程结算价款的主张，被告提出在应付原告工程价款中扣除相应的修复费用的主张。被告要求原告承担修复费用的主张虽可以构成一个独立的诉，但该主张未超出原告的诉讼请求范围，因此，被告对该项主张有权以抗辩形式提出亦有权提起反诉，被告有选择权，应尊重被告意见。对被告选择以抗辩形式主张扣除该笔质量修复费用时，法

院应作为抗辩进行审理，不应要求被告另行提起反诉。

四、发包人的主张属于反诉或者另行起诉的情形

（一）发包人要求承包人支付违约金或赔偿损失的

《民法典》第八百零一条规定："因施工人的原因致使建设工程质量不符合约定的，发包人有权请求施工人在合理期限内无偿修理或者返工、改建。经过修理或者返工、改建后，造成逾期交付的，施工人应当承担违约责任。"发包人主张承包人承担违约责任或赔偿损失的诉求不仅明确具体，而且该主张明显超过了原告的诉讼请求范围，并具有独立的给付请求内容，具备"诉"的全部条件，属于独立的诉，应当作为反诉处理，人民法院应当受理反诉，与本诉合并审理，不能允许发包人以此为由抗辩。

（二）发包人要求承包人赔偿因工程质量不符合合同约定而造成的其他财产或者人身损害的

发包人因建设工程质量瑕疵造成财产或者人身损害而向承包人提出赔偿请求的，该请求既超出原告请求范围，又具有给付内容，属于独立诉讼请求，发包人可以另行提起诉讼。因发包人的请求为侵权损害赔偿之诉，承包人主张的工程欠款为建设工程施工合同纠纷，二者不是同一法律关系，故不能提起反诉主张权利，只能另行起诉。

（三）被告要求原告承担返修义务或赔偿损失的

原告主张被告给付工程欠款，被告提出工程存在质量瑕疵，要求原告进行返修或承担损害赔偿责任。此时，被告的主张已构成了一个独立的诉，且已超出了原告的诉讼请求范围，被告此种主张应属提出反诉，或者另诉。

（四）原告逾期完工，被告要主张工期延误索赔的

原告未按合同约定完工，导致工期拖延，产生工期延误损失。被告提出要求原告赔偿工期延误损失的主张，已构成独立之诉，并超出了原告的诉讼请求范围，应作为反诉提出。

五、反诉与另行起诉的关系

因为反诉是独立之诉，具有独立性，本诉和反诉相互独立。故《民事诉讼法》第一百四十条规定，原告增加诉讼请求，被告提出反诉，第三人提出与本案有关的诉讼请求，可以合并审理。也就是说，被告有权选择在本诉进行的同时提出反诉，令两诉同案同步进行，也可以选择在本诉之外另行启动一个诉（另行起诉），分别进行审理。可见，反诉与另行起诉并不会对当事人诉讼权利产生不同的实质性影响。唯一有影响是预缴的案件受理费。如果是另行起诉，则应当根据诉讼标的全额交纳案件受理费，如果是反诉，则是减半交纳案件受理费。[①] 从此角度考虑，司法实践中，当事人当然希望提起反诉。因本诉与反诉的同时审理，也会导致审判的复杂性与难度增大，极有可能造成诉讼拖延，最终致使法官的结案率变低。所以，有限制反诉的现象，应极力避免这种情况的出现。

需要注意的是，本条规定发包人提起反诉的，人民法院“可以合并审理”，是与《民事诉讼法》第一百四十条的立法条文保持一致，但并非是可以合并审理，也可以不合并审理。《最高人民法院关于适用〈中华人民共和国民事诉讼法〉的解释》第二百三十二条规定，[②] 被告提出反诉，可以合并审理的，人民法院应当合并审理。也就是说，当事人提起反诉符合受理条件的，应当与本诉合并审理，而不能告知当事人另行起诉。

---

① 《诉讼费用交纳办法》第十八条规定：“被告提起反诉、有独立请求权的第三人提出与本案有关的诉讼请求，人民法院决定合并审理的，分别减半交纳案件受理费。”

② 《最高人民法院关于适用〈中华人民共和国民事诉讼法〉的解释》第二百三十二条规定：“在案件受理后，法庭辩论结束前，原告增加诉讼请求，被告提出反诉，第三人提出与本案有关的诉讼请求，可以合并审理的，人民法院应当合并审理。”

【审判实践中应注意的问题】

一、施工合同约定违约金可以直接从工程款中抵扣，被告主张减少工程款并抵扣的，应否提起反诉

建设工程施工合同纠纷中，经常发生被告将反诉内容作为抗辩意见提出，要求直接在本诉中抵扣工程款的情况。对此，应当准确判断上述主张属于反诉还是抗辩，并根据案情分别作出释明。对于承包人向发包人主张工程欠款，而发包人以承包人逾期竣工或工程存在质量问题要求承包人承担违约赔偿责任的，根据前述反诉与抗辩的识别标准，很容易判断出被告的主张属于反诉请求，应按反诉处理。但由于双方当事人在合同中已明确约定可直接将工程质量违约金或赔偿金从应付工程款中予以扣减，原告也同意在本诉中根据双方合同的约定直接结算抵扣，也可以在本诉中一并处理，将被告的该主张视为抗辩，无须再提起反诉。

二、一审认为是反诉，二审认为是抗辩，或者一审认为是抗辩，二审认为是反诉的，应如何处理

对于被告的主张是属于反诉还是抗辩问题，不仅当事人之间有争议，一、二审法院之间可能也会观点不一，存在分歧。

如果一审认为是反诉，二审认为是抗辩的，则由于一审按照反诉处理，必然会收取反诉的诉讼费用，并对反诉请求进行认定和裁判（支持或者驳回该反诉请求）。此时，二审如果认为是抗辩的，则有可能存在两种处理结果：如果抗辩理由成立，则有可能会与反诉理由相同，此时，二审法院很可能会考虑到诉累和司法资源有限等问题，维持一审的裁判结果。当然，二审法院也有可能进行改判。如果抗辩理由与反诉理由不一致，一般认为一审反诉不成立，则二审会发回重审或者改判，驳回反诉请求。

如果一审认为是抗辩，二审认为是反诉的，则处理方式较为简单：第一种处理方式，因为二审法院认为被告主张属于反诉，即相当于二审程序中增加了反诉的请求。根据《最高人民法院关于适用〈中华人民共和国民事诉讼法〉的解释》第三百二十八条的规定，“在第二审程序中，原审原告增加独立的诉讼请求或者原审被告提出反诉的，第二审人民法院可以根据当事人自愿的原则就新增加的诉讼请求或者反诉进行调解；调解不成的，告知当事人另行起诉”，二审法院可以就反诉进行调解，调解不成的，告知当事人另行起诉。当然，如果二审法院将案件发回重审，则被告可以在重审一审中提起反诉。具体法律依据为《民事诉讼法》第一百四十条的规定：“原告增加诉讼请求，被告提出反诉，第三人提出与本案有关的诉讼请求，可以合并审理”；《最高人民法院关于适用〈中华人民共和国民事诉讼法〉的解释》第二百五十一条规定：“二审裁定撤销一审判决发回重审的案件，当事人申请变更、增加诉讼请求或者提出反诉，第三人提出与本案有关的诉讼请求的，依照《民事诉讼法》第一百四十条规定处理。”

三、反诉不予受理，能否仅在“本院认为”的说理部分中驳回

司法实践中，除非法院要求当事人以反诉的形式主张权利的，应当予以立案，否则，如果当事人自己主动提起反诉，则法院在立案审查时，有可能不予受理。此时，法院只能按照本诉处理（判决），并对不予受理反诉在“本院认为”说理部分予以驳回。如果提起反诉一方当事人就一审不予受理反诉不服而提起上诉，则二审有可能认定一审对此处理属于违反法定程序。因为根据《民事诉讼法》第一百五十四条的规定“裁定适用于下列范围：（一）不予受理……”法院不予受理反诉，应当以裁定形式作出处理，而不应当在“本院认为”说理部分予以驳回。

第十七条

有下列情形之一，承包人请求发包人返还工程质量保证金的，人民法院应予支持：

（一）当事人约定的工程质量保证金返还期限届满；

（二）当事人未约定工程质量保证金返还期限的，自建设工程通过竣工验收之日起满二年；

（三）因发包人原因建设工程未按约定期限进行竣工验收的，自承包人提交工程竣工验收报告九十日后起当事人约定的工程质量保证金返还期限届满；当事人未约定工程质量保证金返还期限的，自承包人提交工程竣工验收报告九十日后起满二年。

发包人返还工程质量保证金后，不影响承包人根据合同约定或者法律规定履行工程保修义务。

【条文主旨】

本条是关于不同情况下承包人请求返还工程质量保证金的期限的规定。

【条文理解】

一、关于工程质量保证金制度的相关背景

工程质量保证金是建筑行业中建设单位依照约定收取的一种保证金，由建设单位在支付工程进度款或工程尾款时按一定比例预留，专门用于保证维修建设工程，在建设工程领域被广泛应用。但是，目前

中国建筑行业中建设单位不规范收取保证金、收取高额保证金以及延期或拒不返还保证金的情况十分普遍。2016 年 6 月 23 日《国务院办公厅关于清理规范工程建设领域保证金的通知》（国办发〔2016〕49 号）要求全面清理各类保证金，转变保证金缴纳方式，严格工程质量保证金管理，按时返还保证金。2017 年 6 月 20 日，住房和城乡建设部、财政部发布了《建设工程质量保证金管理办法》（〔2017〕138 号），对建设工程领域反映问题较大的建设工程质量保证金问题进行了规范，将工程质量保证金预留上限由 5% 调降为 3%，这对于进一步减轻企业负担，盘活建筑市场资金有效利用，具有积极意义。2017 年 9 月 22 日，住房和城乡建设部、国家工商行政管理总局《建设工程施工合同（示范文本）》（GF－2017－0201），对于缺陷责任期的定义、缺陷责任期的起算点、缺陷责任期的责任承担以及工程质量保证金预留、利息、返还、争议解决机制等内容进行了修订。

从国务院及建设行政主管部门近几年对建设工程领域保证金的清理规范来看，工程质量保证金作为一项保障工程质量、强化施工方责任意识的重要制度在工程建设领域发挥了重要作用，但是实践中发包方在工程竣工验收后拒不返还工程质量保证金以及返还工程质量保证金期限较长的现象仍然时有发生并诉至法院，迫切需要人民法院统一裁判规则。

二、本解释制定过程中的不同意见

在很长一段时间内，工程质量保证金与工程质量保修金两个概念在实践中是不加区分的。工程保修阶段包括缺陷责任期与工程保修期。缺陷责任期内，由承包人原因造成的缺陷，承包人负责维修，并承担鉴定及维修费用；如承包人未履行缺陷修复义务，则发包人可以按照合同约定扣除工程质量保证金，并由承包人承担相应的违约责任。缺陷责任期届满，发包人应当返还工程质量保证金。保修期是承包人按照合同约定对工程承担保修责任的期限，从工程竣工验收合格之日起计算。保修期内，承包人对建设工程的保修义务属于法定义务，不能通过合同约定予以排除。

缺陷责任期内的质量缺陷修复义务与保修期内质量保修义务存在不同。缺陷责任期是扣留工程质量保证金的期限，缺陷责任期内承包人承担的是质量缺陷修复义务，保修期内承包人承担的是保修义务。缺陷责任期满，发包人应当按照合同约定退还工程质量保证金。工程质量保证金的返还与保修期没有必然联系。发包人不能以保修期未届满为由拒绝向承包人返还工程质量保证金。

本条在征求意见过程中对于“工程质量保证金”这一概念，最早使用的是“工程质量保证（保修）金”的表述。征求意见过程中，有意见认为，应将“质量保证（保修）金”统一修改为“质量保证金”，主要理由是：工程实践中“质量保证金”和“质量保修金”存在混用的情形，二者区别主要在于前者对应的是缺陷责任期，后者对应的是质量保修期，本解释针对的是缺陷责任期满后“质量保证金”的返还期限问题，建议统一使用“质量保证金”的表述。也有意见认为国务院办公厅《关于清理规范工程建设领域保证金的通知》（国办发〔2016〕49号）中保留的四类保证金中没有“工程质量保修金”，因此，不应再使用“工程质量保修金”的概念。本解释最终采用了“工程质量保证金”这一概念，主要是因为工程质量保证金制度已为相关规范性文件正式确立，而工程质量保修金的表述不严谨，其内涵和功能在很大程度上已由工程质量保证金制度所吸收。对于实践过程中出现的以工程质量保修金名义收取或预留的资金，一般应认定为工程质量保证金。

本解释制定过程中，当事人对返还工程质量保证金的期限没有进行约定的情况下如何确定返还的起始时间，本解释最初使用的是“自工程竣工验收之日起算满二年”，有意见认为，该表述的实践概念不清晰，宜明确具体起算时间，建议修改为“自通过工程竣工验收之日”。也有意见认为，本解释部分条款使用了“竣工日期”的概念，规范统一起见，可以使用“自竣工日期起满二年”的表述。在建设工程行业中，竣工日期、竣工之日、验收合格之日、通过验收之日等各种表述都在被广泛、普遍使用，其意义基本一致。考虑到《建设工程质量保证金管理办法》第八条中规定“缺陷责任期从工程通过竣工验收之日起计”以及《建设工程施工合同（示范文本）》15.2.1 规定“缺陷责任期从工程通过竣工验收之日起计算”，本解释最终确定了“自工程通过竣工验收之日起满二年”的表述，从文义上更加清晰，也与相关行政管理规范性文件保持一致。

三、工程质量保证金的法律性质

工程质量保证金就其名称而言，属于保证金；就其功能而言，属于用以保证承包人在缺陷责任期内对建设工程缺陷进行维修的资金，是一种资金担保方式。保证金在经济生活中的运用极其广泛，并非建设工程领域独有，常见保证金类型还有商品质量保证金、履约保证金、投标保证金、期货交易中的保证金、企业承包租赁保证金、房屋租赁押金、信用证保证金、取保候审中的保证金、旅客住宿押金、患者就医押金、共享单车押金等。保证金在经济生活中还可能以其他名义出现，如押金、抵押金、担保金、意向金等。保证金虽然在经济生活中运用广泛，但保证金的性质、功能、法律后果在理论界及司法实践中尚无统一的认识。一般认为，保证金类似于押金，参照押金的相关研究，关于保证金法律性质的主要观点有：（1）抵销预约说。该说认为保证金或押金（以下统称保证金）的交付意味着当事人之间成立保证金预约，债务人不履行债务时，债权人得以保证金与其债权相抵销。（2）附解除条件债权说。该说认为保证金的交付，发生了附解除条件的债权，即在债权人对债务人所负的返还保证金的债务上，附有债务人不履行其债务时，在所受损害的限度内保证金归于消灭的解除条件。（3）附解除条件的消费寄托说。该说认为保证金的交付，为附解除条件的消费寄托，债务人不履行债务时，所附条件成就，债权人无需返还保证金。（4）债权质说。该说认为交付保证金的一方，对其受领人有请求返还之请求权，系以该项债权设定质权，故其性质为债权质权。（5）信托的所有权让与说。该说认为保证金的交付，其受领人负有附停止条件的返还义务，系信托的所有权让与行为。受领人在自己债权受清偿之前，无返还的义务。即以交付保证金者将来履行债务作为受领人返还保证金的停止条件，因而其他债权人不得对尚未成立的返还请求权实施强制执行，其受领人得优先受偿。① 我们认为，上述学说从不同角度对保证金的功能、效果进行了阐释，对于厘清、探究保证金的性质具有重要作用，均具有一定合理性。但由于保证金、押金等担保形式尚不是法定的担保形式，其性质还有待在实践和理论中进一步探讨和研究。

工程质量保证金作为保证金的一种，顾名思义有保证的作用，保证金与《民法典》合同编规定的保证类似，但保证金并不属于《民法典》规定的法定担保类型。我国《民法典》仅规定了保证、定金、担保物权以及融资租赁、所有权保留等几种担保类型，保证金并不属于上述类型。有学者认为，质量保证金属于合同的特别担保措施，而非当事人对标的物承担质量瑕疵责任的违约责任的一种方式。质量瑕疵责任和质量保证金担保既有联系，又有区别，违约责任作用的发挥更多的是在当事人违约之后，属于事后救济，比较消极和被动，而质量保证金担保则着重防患于未然，二者着眼点不同，可以互补。违约责任产生的债权与其他债权人相比无优先性可言，而质量保证金因预先交付，具有优先受偿的效果。②

关于工程质量保证金的性质，我们认为，首先，工程质量保证金属于金钱担保。金钱担保是指债务人通过交付或从自身应受偿债权预留一定数额的金钱，给予债务人丧失金钱的压力从而督促债务人适当履行债务的一种担保措施。金钱从种属概念而言可归为物的一种，因此金钱担保或可认为是一种物的担保。但金钱担保与物的担保也存在明显区别，因为金钱乃一般等价物，而物的担保中的物则一般为特定

① 参见杨与龄：《民法物权》，我国台湾地区五南图书出版公司 1981 年版，第 218～219 页。

② 参见王富博、都星羽：《质量保证金的法律探讨》，载《人民司法》2012 年第 7 期。

化的物。金钱在交付之后因其一般等价物的特点，其所有权即归属于占有人，非再属于交付金钱的一方，如定金、押金等。物的担保中的物即使交付给债权人作为担保，其所有权一般不会发生转移，如质押、留置等。其次，工程质量保证金属于约定担保，而非法定的担保形式。工程质量保证金虽然有相关部委规章加以规范，但规章仅是对工程质量保证金涉及的行为进行引导、管理，对于工程质量保证金的担保对象、期限、返还等事项，均需由当事人在合同中进行约定。再次，工程质量保证金一般采取从工程款中预留的方式交付，这使其与其他类型保证金单独预先交纳的特点有所不同。买卖合同中的质量保证金更多地尊重当事人之间的意思自治，在担保范围、担保期限、返还期限上均可以自行约定，但工程质量保证金则由行政管理部门进行规制，当事人在约定工程质量保证金时需受到相关管理规定的约束，缺乏任意性。

工程质量保证金与实践中出现的金钱质押亦存在较大区别。2021年1月1日《最高人民法院关于适用〈中华人民共和国民法典〉有关担保制度的解释》第七十条第一款中规定，债务人或者第三人为担保债务的履行，设立专门的保证金账户并由债权人实际控制，或者将其资金存入债权人设立的保证金账户，债权人主张就账户内的款项优先受偿的，人民法院应予支持。该款规定的质押属特殊的金钱质押，也属于金钱担保的一种，但金钱质押中的质押物是特定化的，区别于债务人或第三人其他财产中的金钱，其所有权属于债务人或第三人，因其特定化的特点导致其丧失了一般等价物的功能，并不能为债权人任意支配。工程质量保证金则不同，发包人从应付工程价款中预留的款项与发包人的财产并未严格区分，发包人对于工程质量保证金已经具有所有权，这与法定担保中的流质非常类似，但法律对此未加以禁止。

四、关于承包人返还工程质量保证金的具体情形

本条规定在三种情形下，承包人请求返还工程质量保证金的，人民法院应予支持。

（一）当事人对返还期限有约定的处理

本条第一款第一项规定当事人约定的工程质量保证金返还期限届满，承包人请求发包人返还工程质量保证金的，人民法院应予支持。

当事人对返还工程质量保证金有约定，是指当事人在签订建设工程施工合同时对返还工程质量保证金有专门约定，包括在合同的通用条款、专用条款中的返还工程质量保证金的约定，或者签订的其他协议中关于返还工程质量保证金的约定。

（二）当事人对返还期限没有约定的处理

本条第一款第二项规定当事人未约定工程质量保证金返还期限的，自建设工程通过竣工验收之日起满二年，承包人请求发包人返还工程质量保证金的，人民法院应予支持。

《建设工程质量保证金管理办法》明确规定缺陷责任期即为发包人预留工程质量保证金的期限，缺陷责任期最长不超过2年，可由当事人在合同条款中约定。但如果当事人没有约定，则参照该规定，缺陷责任期不能超过2年的期限。通常情况下，当事人对返还工程质量保证金没有约定包括如下情形：（1）当事人对返还工程质量保证金没有形成任何书面协议或其他形式的协议。如当事人未采用《建设工程施工合同（示范文本）》的情况下，发包人预留了工程质量保证金，但双方对于返还期限没有约定，则此种情况下应适用本条的规定；（2）如当事人虽然对返还工程质量保证金有相关的约定，但约定不明且根据合同相关条款及相关证据又无法确定返还期限的，亦应视为当事人没有约定，适用本条确定工程质量保证金的返还期限。

（三）因发包人原因导致工程未能竣工验收的处理

本条第三项规定因发包人原因建设工程未按约定期限进行竣工验收的，自承包人提交工程竣工验收报告九十日后起当事人约定的工程质量保证金返还期限届满；当事人未约定工程质量保证金返还期限的，自承包人提交工程竣工验收报告九十日后起满二年。

本项内容充分吸收了《建设工程质量保证金管理办法》第八条的

规定，即缺陷责任期从工程通过竣工验收之日起计，由于发包人原因导致工程无法按约定期限进行竣工验收的，在承包人提交竣工验收报告九十日后，工程自动进入缺陷责任期。需要注意的是，工程自动进入缺陷责任期后，仍然需要考量当事人之间对于工程质量保证金的返还期限有无约定，如有约定，则自承包人提交工程竣工验收报告九十日后起算约定的缺陷责任期，缺陷责任期满，发包人即有返还工程质量保证金的义务；如当事人对于缺陷责任期未约定，自承包人提交工程竣工验收报告九十日后起满二年，发包人即有返还工程质量保证金的义务。

关于对发包人原因的理解。本条规定了因发包人原因导致建设工程未按约定期限进行竣工验收时工程质量保证金如何返还的问题，条文中规定的“发包人原因”一般是指发包人无故拖延、不予配合等导致建设工程未按约定时间进行竣工验收。如因发包人对工程进行重大的设计变更或相关规划、施工手续存在缺陷或不完备而导致工期顺延、工期拖延无法按约定期限进行竣工验收，此种情况实际属于工期拖延或顺延的问题，不属于本条规范的情形。本项规定的初衷在于解决承包人提交竣工验收报告后发包人无故拖延、不予配合组织竣工验收的问题。因此，对于“因发包人原因建设工程未按约定期限进行竣工验收”有其特定含义，是指建设工程具备竣工验收条件而因发包人原因未组织竣工验收。无论工程按期竣工还是存在顺延、拖延情形，只要承包人提交竣工验收报告后发包人在约定期限内及时组织了竣工验收，双方对工程质量保证金返还期限有约定的，应适用本条第一款第一项的规定，即发包人应按约定返还工程质量保证金；如双方对工程质量保证金返还期限没有约定的，应适用本条第一款第二项的规定，即发包人应自建设工程通过竣工验收之日满二年后返还工程质量保证金。发包人未按约定期限进行竣工验收才属于本项规定规范的情形。工期顺延、拖延而产生的相关法律责任，应根据法律及当事人合同约定加以解决，与质量保证金的返还问题属两个方面的问题，没有必然联系。

（四）本条规定中“工程通过竣工验收之日”的理解

本条规定第一款第二项中，计算缺陷责任期的起点是以“工程通过竣工验收之日”为据，对于“工程通过竣工验收之日”如何理解，我们认为，这一概念与本解释第九条规定的“竣工日期”应作同一理解。实践中，对于工程的竣工验收的时点，存在多个称谓，包括“竣工验收合格之日”“验收合格之日”“通过验收之日”“验收通过之日”“通过竣工验收之日”等，这些概念虽然表述上略有不同，但其指向的时间可以认为是一致的。本条规定未采用“竣工日期”的表述而是采用了“工程通过竣工验收之日”的概念，条文的语义更为清晰、通顺。司法实践中，如当事人对“工程通过竣工验收之日”产生争议的，应按照本解释第九条的规定进行认定处理。

（五）承包人的保修义务

承包人在工程通过竣工验收后，需向发包人出具工程保修书，按法定及约定的期限对建设工程承担保修义务。承包人承担保修责任和质量缺陷责任的起始时间是相同的，均自工程通过竣工验收之日起算，但质量缺陷责任期一般短于保修期。缺陷责任期满后，建设工程处于保修期的，承包人仍应履行保修义务，其保修义务并不因发包人返还工程质量保证金而免除。返还工程质量保证金意味着缺陷责任期满，承包人不需要负担交付工程质量保证金以保证履行质量缺陷责任的义务，但对于工程质量保修义务而言，无论有无工程质量保证金加以担保，承包人都必须根据《建筑法》《建设工程质量管理条例》等法律法规的规定以及合同约定承担保修义务。

【审判实践中应注意的问题】

审判实践中，承包人在主张工程款时往往一并主张工程质量保证金，对于工程质量保证金与工程款并未严格加以区分，发包人返还工程质量保证金时亦往往主张扣除工程存在质量缺陷的维修费用。对此，我们认为应注意以下问题：

一、关于工程款与工程质量保证金能否一并或分开主张的问题

我们认为，通常情况下当事人主张工程款与工程质量保证金时有以下情形：（1）笼统主张工程款，此种情况下应认为当事人在主张工程款的同时包括了工程质量保证金；（2）将工程款和工程质量保证金加以区分单独主张；（3）明确在扣除工程质量保证金的情况下主张工程款；（4）明确单独主张工程质量保证金。如前所述，工程质量保证金是发包人从应付工程款中预留的资金，属于承包人工程款的一部分，用于保证在缺陷责任期内对工程缺陷进行维修。工程质量保证金本质上属于工程款，承包人主张工程款时一并主张工程质量保证金不存在法律上的障碍。当然，如果承包人单独主张工程质量保证金时，如建设工程尚在缺陷责任期内，则因工程质量保证金未到返还时间，其主张难以得到支持。如承包人在缺陷责任期内单独就工程质量保证金之外的应付工程款提起诉讼，未主张工程质量保证金，只要其起诉符合《民事诉讼法》第一百一十九条规定的起诉条件，可以单独成诉。另外，如当事人在一审起诉时因建设工程尚在缺陷责任期内未就工程质量保证金提出诉讼请求，但在诉讼过程中或二审期间建设工程缺陷责任期届满而提出诉讼请求的，应根据《民事诉讼法》及相关司法解释的相关规定进行处理。

二、关于发包人能否以工程存在质量缺陷为由拒绝返还或部分返还工程质量保证金的问题

发包人以工程存在质量缺陷拒绝返还或仅部分返还工程质量保证金是实践中多发的问题。我们认为，工程质量保证金制度设置的目的在于保证承包人在缺陷责任期对建设工程承担维修责任。缺陷责任期内，由承包人造成的缺陷，承包人应负责维修，并承担鉴定及维修费用。如承包人不维修也不承担费用，发包人可按合同约定从工程质量保证金中扣除。因此，如果建设工程确实存在因承包人原因造成的缺

陷，而承包人不维修又不承担鉴定费用的，发包人有权从工程质量保证金中扣除。故发包人拒绝返还或仅返还部分工程质量保证金可以在特定的情形下适用，即建设工程确实存在由承包人原因造成的缺陷。实践中，工程产生质量缺陷的原因相对复杂，如工程产生质量缺陷，发包方、承包方首先应进行协商，确认存在的问题，如无法达成一致，应共同邀请第三方机构对工程质量问题进行调查，确定原因和责任。质量缺陷的原因和责任确定后，双方应共同确定是否应从工程质量保证金中扣除费用。扣除部分费用的，发包人在缺陷责任期届满后应将其余保证金及时返还，逾期返还的，应按合同约定承担违约责任。费用超出工程质量保证金金额的，发包人还可以按合同约定向承包人索赔。如果是由他人原因造成的缺陷，应由发包人负责组织维修，承包人不承担费用，且发包人不得从保证金中扣除费用，在缺陷责任期届满后应及时返还工程质量保证金，逾期未返还的，应按合同约定承担违约责任。

三、关于逾期返还工程质量保证金的违约责任

发包人超出缺陷责任期后未返还工程质量保证金是否应承担违约责任，我们认为应结合以下因素进行考量：（1）发包人未返还工程质量保证金是否具有法定或合同约定的抗辩事由，如具有有效的抗辩理由，则不应承担违约责任；（2）在工程不存在质量缺陷情况下，发包人如在质量缺陷期满后未按约定期限或未在《建设工程质量保证金管理办法》规定的14天内返还工程质量保证金的，应按约定承担违约责任，如果虽然超出缺陷责任期，但在约定时间内进行了返还，则不应承担违约责任。

四、建设工程没有通过竣工验收的缺陷责任期如何确定

建设工程没有通过竣工验收包括建设工程在组织竣工验收后未通过竣工验收、建设工程长期处于停滞状态无法完工和竣工验收等情形。建设工程的缺陷责任期从工程通过竣工验收之日起算，因此，缺陷责

任期确定的前提是工程通过竣工验收，也即竣工验收合格，这是返还工程质量保证金的一般原则。如因工程质量不合格、工程手续不完备导致工程无法通过竣工验收时，则无论是发包人原因还是承包人原因，都不存在确定缺陷责任期的前提条件。发包方、承包方必须适当履行各自在建设工程施工合同中的权利义务，使得建设工程达到竣工验收合格，方能确定缺陷责任期。如因烂尾等原因导致工程长期无法竣工验收的，因工程未通过竣工验收，是否确定缺陷责任期对于建设工程没有意义。但无论是否存在缺陷责任期，都不影响承包人根据法律规定及合同约定承担保修责任。

第十八条

因保修人未及时履行保修义务，导致建筑物毁损或者造成人身损害、财产损失的，保修人应当承担赔偿责任。

保修人与建筑物所有人或者发包人对建筑物毁损均有过错的，各自承担相应的责任。

【条文主旨】

本条是关于保修责任问题的规定。

【条文理解】

本条规定了建设工程质量保修责任，强调了保修人未及时履行保修义务导致建筑物毁损或者人身损害、财产损失时，其应当承担的赔偿责任。在保修人与建筑物所有人或者发包人对建筑物毁损均有过错的情况下，应当按照各自的过错程度承担相应的责任。

《建筑法》关于保修责任的规定主要有第六十条、第六十二条及第八十条。其中第六十条规定："建筑物在合理使用寿命内，必须确保地基基础工程和主体结构的质量。建筑工程竣工时，屋顶、墙面不得留有渗漏、开裂等质量缺陷；对已发现的质量缺陷，建筑施工企业应当修复。"建筑物的地基基础工程和主体结构质量问题直接关系建筑物的安危，地基基础工程在建筑物整体构造中起着举足轻重的作用，主体结构更是建筑工程的重要组成部分，这两项工程是不允许存在质量隐患的，而且一旦发现建筑物的地基基础工程和主体结构存在质量问题，也难以通过修复办法解决。规定对地基基础工程和主体结构工程实行保修制度，实际上是要求施工企业必须确保地基基础工程和主体结构的质量在合理使用寿命内不发生问题。对使用中发现的地基基础工程或主体结构工程的质量问题，如果能够通过加固等确保建筑物安全的技术措施予以修复的，施工企业应当负责修复；不能修复造成建筑物无法继续使用的，有关责任者应当依法承担赔偿责任。建筑工程的质量问题在屋顶渗漏和墙面开裂方面表现的较为严重。故在建筑工程竣工时，建筑施工企业对已发现的质量缺陷应当修复。《建筑法》第六十二条规定："建筑工程实行质量保修制度。建筑工程的保修范围应当包括地基基础工程、主体结构工程、屋面防水工程和其他土建工程，以及电气管线、上下水管线的安装工程，供热、供冷系统工程等项目；保修的期限应当按照保证建筑物合理寿命年限内正常使用，维护使用者合法权益的原则确定。具体的保修范围和最低保修期限由国务院规定。"《建筑法》第八十条规定："在建筑物的合理使用寿命内，因建筑工程质量不合格受到损害的，有权向责任者要求赔偿。"实践中，不少房屋建筑质量较差，留有较多质量隐患。一些房屋在竣工验收时合格，而在住了一段时间后，有许多潜在的质量问题。如屋面漏水，墙壁裂缝或墙皮脱落，室内地面空鼓、开裂、起砂，上下水管道、暖气管道漏水、堵塞，暖气不热，电气故障，门窗开关不灵或缝隙超过规定等等显露出来。为了明确施工企业对其施工的建筑工程应负的质量责任，维护用户的合法权益，建筑工程质量保修制度由此应运而生。建筑工程质量保修制度是指建筑工程直接办理交工验收手续后，在规定的保修期限内，因勘察设计、施工、材料等原因造成的质量缺陷，应当由施工单位负责维修的制度。建筑工程质量保修制度对于促进承包方加强质量管理，保护用户及消费者的合法权益起着相当重要的作用。①建筑工程作为一种特殊的耐用消费品，一旦建成后将长期使用。建筑工程在建设中存在的质量问题，在工程竣工验收时被发现的，必须经修复完好后，才能作为合格工程交付使用；有些质

① 孙镇平：《建设工程合同》，人民法院出版社2000年版，第135页。

量问题在竣工验收时未被发现，而在使用过程中的一定期限内逐渐暴露出来的，施工企业则应当负责无偿修复，以维护用户的利益。根据《建设工程质量管理条例》第三十九条规定："建设工程实行质量保修制度。建设工程承包单位在向建设单位提交工程竣工验收报告时，应当向建设单位出具质量保修书。质量保修书中应当明确建设工程的保修范围、保修期限和保修责任等。"《建设工程质量保修书》具有承诺性质，是承包合同所约定双方权利义务的延续，是施工企业对竣工验收的建设工程承担保修责任的法律文本。建设工程质量保修书的实施是建设工程质量责任完善的体现，建设工程承包单位（通常指施工单位）在竣工验收时，向建设单位出具工程质量保修书，是落实竣工后质量责任的有效措施。对于涉及国计民生的公共建筑，特别是住宅工程的质量保修，《城市房地产开发经营管理条例》第三十条第一款规定："房地产开发企业应当在商品房交付使用时，向购买人提供住宅质量保证书和住宅使用说明书"，对住宅工程质量保修制度的执行提出了更高的要求。

按照《建筑法》的相关规定，对建筑工程实行质量保修的范围包括：（1）地基基础工程和主体结构工程。建筑物的地基基础工程和主体结构质量问题直接关系建筑物的安危，规定对地基基础工程和主体结构工程实行保修制度，实际上是要求施工企业必须确保地基基础工程和主体结构的质量。对使用中发现的地基基础工程或主体结构工程的质量问题，如果能够通过加固等确保建筑物安全的技术措施予以修复的，施工企业应当负责修复；不能修复造成建筑物无法继续使用的，有关责任者应当依法承担赔偿责任。（2）屋面防水工程。鉴于目前房屋建筑工程中的屋面漏水问题突出，本条将屋面防水工程的保修问题单独列出。对屋顶、墙壁出现漏水现象的，施工企业应当负责保修；（3）其他土建工程。指除屋面防水工程以外的其他土建工程。包括地面与楼面工程、门窗工程等。如对正常使用中发现的室内地坪空鼓、开裂、起砂，墙皮、面砖、油漆等饰面脱落，厕所、厨房、盥洗室地面泛水、积水，阳台积水漏水等土建工程中的质量问题，应属建筑工程的质量保修范围，由施工企业负责修复。(4) 电气管线、上下水管线的安装工程，包括电气线路、开关、电表的安装，电气照明器具的安装，给水管道、排水管道的安装等。建筑物在正常使用过程中如出现电器、电线漏电，照明灯具坠落，上下水管道漏水、堵塞等属于电气管线、上下水管线的安装工程的质量问题的，施工企业应当承担保修责任。(6) 供热、供冷系统工程，包括暖气设备、中央空调设备等的安装工程等，施工企业也应对其质量承担保修责任。(7) 国务院规定和合同约定应由施工企业承担保修责任的其他应当保修项目，施工企业都应当负责保修。需要注意的是，根据《房屋建筑工程质量保修办法》第十七条的规定："下列情况不属于本办法规定的保修范围：(一) 因使用不当或者第三方造成的质量缺陷；(二) 不可抗力造成的质量缺陷。"

因各类建筑工程存在不同情况，《建筑法》并未对建筑工程的保修期限作具体规定，而是授权国务院建设行政主管部门对最低保修期限问题作出具体规定。确定建筑物保修的具体期限，应当遵循《建筑法》第六十二条规定的原则：(1) 保证建筑物合理使用年限内正常使用，对危及建筑物在合理使用年限内安全使用的质量缺陷，建筑施工企业应当负责保修。建筑物在合理使用寿命内，必须确保地基基础工程和主体结构的质量的规定，建筑施工企业对地基基础工程和主体结构工程的保修责任期，应当延及建筑物的合理寿命期间。(2) 维护使用者的合法权益。建筑产品是以高额投资取得的长期使用的特殊产品，建筑工程的保修期限，应当与建筑产品的特点相适应，不能过短。否则，用户以高额投资取得的建筑产品在短期内即出现质量问题而无人负责，势必损害用户的利益。《房屋建筑工程质量保修办法》第七条根据建设工程的质量按不同部位设定了不同年限的保修义务，即"在正常使用条件下，房屋建筑工程的最低保修期限为：(一) 地基基础工程和主体结构工程，为设计文件规定的该工程的合理使用年限；(二) 屋面防水工程、有防水要求的卫生间、房间和外墙面的防渗漏，为5年；(三) 供热与供冷系统，为2个采暖期、供冷期；(四) 电气管线、给排水管道、设备安装为2年;(五)装修工程为2年。其他项目的保修期限由建设单位和施工单位约定。”原建设部于2002年5月1日起施行的《住宅室内装饰装修管理办法》第三十二条规定了住宅室内装修工程的保修年限:“在正常使用条件下,住宅室内装饰装修工程的最低保修期限为二年,有防水要求的厨房、卫生间和外墙面的防渗漏为五年。保修期自住宅室内装饰装修工程竣工验收合格之日起计算。”《房屋建筑工程质量保修办法》第八条规定了保修期限的起算时间:“房屋建筑工程保修期从工程竣工验收合格之日起计算。”竣工验收合格之日的确定,是指建设单位收到建设工程竣工报告后,组织设计、施工、工程监理等有关单位进行竣工验收,验收合格并各方签署竣工验收之文本的日期。《建设工程质量管理条例》第四十九条第二款规定:“建设行政主管部门或者其他有关部门发现建设单位在竣工验收过程中有违反国家有关建设工程质量管理规定行为的,责任停止使用,重新组织竣工验收。”那时的保修期为各方都认可的重新组织竣工验收的日期。但是,住宅工程售房单位对用户的保修期要从房屋交付之日起计算。[①] 需要注意的是,上述规定是关于建筑工程最低保修期限的具体规定,建筑施工企业对其施工的建筑工程的质量保修期不能低于这一期限。此外,建筑产品是以高额投资取得的长期使用的一种特殊产品,处于维护建筑物使用者合法权益的角度考量,建筑工程的保修期限应当与建筑产品的特点相适应。国家也鼓励施工企业提高其施工工程的质量保修期限,实践中,有一些施工企业就建筑工程的保修期限问题作出了自己的规定,这些规定与现行的建设行政主管部门关于工程质量保修期限的规定相比,有了较大幅度的延长,受到社会的普遍欢迎与认可,也应予以鼓励。

保修期间的质量责任划分原则是:施工单位未按国家有关规范、标准和设计要求施工造成的质量缺陷,由施工单位负责返修并承担经济责任;属于设计方面的原因造成的质量缺陷,由施工单位负责返修,

---

① 回沪明主编:《建筑法及配套规定新释新解》,人民法院出版社2003年版,第2059页。

其费用通过建设单位向设计单位索赔；因建筑材料、构配件和设备质量不合格引起的质量缺陷，属于施工单位负责采购的，施工单位承担经济责任。属于建设单位采购，但施工单位提出异议而建设单位坚持使用的，由建设单位承担经济责任；因建设单位或建筑物所有人使用不当造成的质量缺陷，由建设单位或建筑物所有人自行负责；因地震、洪水、台风等不可抗力或自然灾害造成的质量事故，施工单位、设计单位、监理单位不承担经济责任。[①] 当出现在保修期限和保修范围内发生质量问题的情形，一般先由建设单位组织勘察、设计、施工等单位分析质量问题的原因，确定保修方案，由施工单位负责保修。赔偿损失既包括因工程质量造成的直接损失，即用于返修的费用，也包括间接损失，如给使用人或第三人造成的财产或非财产损失等。

瑕疵担保，是指有偿合同中的债务人，对其所提出的给付应担保其权利完整和物的质量合格。如果债务人违反此种担保义务，则应付瑕疵担保责任。瑕疵担保责任分为权利的瑕疵担保和物的瑕疵担保两种类型。本条中，施工单位承担的保修责任实际上是对建设工程质量的瑕疵担保责任，在工程质量保修期内，发包方或者使用人发现工程瑕疵的，有权直接请求承包人修理或者返工、改建。施工单位是建设工程的直接加工、生产者，对工程质量负有直接的责任。而有些建筑施工企业在工程交付之后被关停并转，工程保修问题无法保证。建设工程涉及面广，使用期限长，直接涉及国家财产和公民人身财产安全问题，故对建设工程质量不合格造成损害的情况，必须规定严格的质量责任。《民法典》第八百零二条明确规定："因承包人的原因致使建设工程在合理使用期限内造成人身损害和财产损失的，承包人应当承担赔偿责任。"《房屋建筑工程质量保修办法》第十四条规定："在保修期内，因房屋建筑工程质量缺陷造成房屋所有人、使用人或者第三方人身、财产损害的，房屋所有人、使用人或者第三方可以向建设单位提出赔偿要求。建设单位向造成房屋建筑工程质量缺陷的责任方追

① 孙镇平：《建设工程承包合同》，中国政法大学出版社1996年版，第96页。

偿。”《房屋建筑工程质量保修办法》第十五条同时规定：“因保修不及时造成新的人身、财产损害，由造成拖延的责任方承担赔偿责任。”本条是根据上述规定的精神制定的，其包含两个方面的内容：（1）规定了保修人未及时履行保修义务造成损害的赔偿责任，（2）规定了混合责任情形下保修人与建筑物所有人或者发包人各自应承担的相应责任。保修人的赔偿责任虽然是侵权责任，但有其特殊性，有时可能是侵权责任和违约责任的竞合。《建筑法》第八十条对此也有相关规定。

此外，关于保修人的概念，在最初制定《2004 年解释》时，有观点认为，采用“承担保修义务的单位”或“保修义务人”的提法更妥。我们认为，在一般情况下，建设工程在保修范围和保修期限内出现质量缺陷，施工单位应当履行保修义务。如果施工单位不按工程质量保修书约定保修的，建设单位可以另行委托其他单位保修，由原施工单位承担相应责任。对于已经售出的商品房，原建设部 2001 年 6 月 1 日起施行的《商品房销售管理办法》第三十三条第一款规定：“房地产开发企业应当对所售商品房承担质量保修责任。当事人应当在合同中就保修范围、保修期限、保修责任等内容作出约定。保修期从交付之日起计算。”当房屋出现质量问题时，如果房地产开发企业、施工单位、设计单位、监理单位互相推诿扯皮，购房者的权益就会受到损害，故与购房者具有直接合同关系的开发商当然应当首先承担保修责任。有的房地产开发商将自己对购房人承担的房屋保修义务委托给了房屋修缮公司或物业管理公司进行保修。鉴于以上种种情况，本条规定用了“保修人”这个词，其实也就是负有保修义务的人。当建设工程出现质量问题时，负有直接保修义务的人应当在第一时间履行其保修义务，绝不能故意拖延、怠于履行其应尽的职责。至于什么情况下可以认定保修人未及时履行保修义务，要结合相关规定和实际情况进行分析。原建设部《房屋建筑工程质量保修办法》第九条规定：“房屋建筑工程在保修期限内出现质量缺陷，建设单位或者房屋建筑所有人应当向施工单位发出保修通知。施工单位接到保修通知后，应当到现场核查情况，在保修书约定的时间内予以保修。发生涉及结构安全或者严重影响使用功能的紧急抢修事故，施工单位接到保修通知后，应当立即到达现场抢修。”该办法第十条规定：“发生涉及结构安全的质量缺陷，建设单位或者房屋建筑所有人应当立即向当地建设行政主管部门报告，采取安全防范措施；由原设计单位或者具有相应资质等级的设计单位提出保修方案，施工单位实施保修，原工程质量监督机构负责监督。”各地也根据《房屋建筑工程质量保修办法》第六十四条第一款第三项的规定，制定了符合当地实际情况的具体规定，如《深圳市建设工程质量管理条例》规定：“施工单位应当自接到保修通知之日起五日内到达现场核查情况，并予以保修。发生涉及结构安全或者严重影响使用功能的紧急事故的，应当立即抢修。”

如果在竣工结算后承包方已经拿到了全部工程款，承包方有可能在保修期内逃避保修责任，合同条款对此没有更好的制约手段。而在支付工程款或工程进度款时扣留 5% ~10% 的保留金，在工程竣工时支付给承包方一半的保留金，缺陷责任期（及保修期）结束后再支付另一半的保留金，这样就可迫使其履行保修责任。建设工程未经验收，发包人擅自使用的，承包方应在法定或者设计文件规定的期限内对工程地基基础、主体结构承担责任。对于该工程的其他部位的质量问题，自发包人提前使用之日未超过法定保修期限的，承包人仍应承担责任。另外，建设工程在保修期内，发包人将该工程转让给第三人的，承包人仍应向受让第三人承担工程的保修责任，不能因建设工程合同主体的变更而免除保修责任。

因保修人拖延履行保修义务，导致建筑物毁损或者造成人身损害、财产损失的，保修人应当承担赔偿责任。建筑物的所有人或发包人对损害的发生及扩大有过错的，也应承担相应的赔偿责任，比如，建筑物的所有人或发包人使用不当或擅自改动结构、设备位置或不当装修等，《建设工程质量管理条例》第十五条第二款对此规定为：“房屋建筑使用者在装修过程中，不得擅自变动房屋建筑主体和承重结构。”如果建筑物的所有人或发包人有类似的过错行为，其对造成建筑物毁损也应根据实际情况承担相应的过错责任。如果建筑物的所有人或发包人没有在发现质量缺陷以后及时采取必要的措施减轻损失，则其应当对扩大的损失承担相应责任。当然，要求建筑物的所有人或发包人采取的措施必须是合理的，不能要求其作出特别的努力，去做其力所不及的不合理、不可能的事情；不能要求其为防止损失扩大用自己的金钱去冒险，或者采取会危害自身商业信誉的措施；不能要求其对第三人提起一起既复杂又困难的诉讼；也不能要求其为减少损失而牺牲自己的财产或权利。

当保修义务人是建设工程的承包人时，由于其未及时履行保修义务，导致建筑物毁损或者人身、财产损害的，对发包人而言，承包人既违反了合同约定的保证工程质量的义务，其应承担违约责任，同时承包人还应当承担因此造成的侵权责任。发包人可以侵权责任要求赔偿发包人的人身和财产损失，对此部分的损失赔偿权，是侵权责任和违约责任的竞合，发包人可以选择其一来要求承包人承担赔偿责任。但是，对第三人造成的损失而言，因第三人与承包人并无合同关系，而在侵权行为发生之前，当事人之间存在一种合同关系，是违约责任与侵权责任竞合的主要原因，所以，第三人只能以侵权责任请求予以赔偿。也就是说，承包方不仅要对发包方承担侵权责任，而且要对经转手后的未来建筑物的主人负责，即使承包方同未来建筑物的主人没有任何关系，甚至在承建过程中，承包方根本不知道未来的主人是谁。他们也必须对其所承建的建筑物的缺陷承担责任。总而言之，侵权责任是不受合同关系的限制的。在发生损害赔偿责任时，第三人作为受害人可以基于两种理由提出赔偿请求：（1）承包人建设工程不合格的侵权责任，不过，作为受害人对此举证比较困难，不利于维护自己的权益。（2）建筑物的特殊侵权责任，这种侵权责任对受害人来说，不负有举证责任，只要证明自己有损害的事实即可。[①]《民法典》第一千二百五十三条规定："建筑物、构筑物或者其他设施及其搁置物、悬挂物发生脱落、坠落造成他人损害，所有人、管理人或者使用人不能

① 王红亮：《承揽合同·建设工程合同》，中国法制出版社2000年版，第195页。

证明自己没有过错的，应当承担侵权责任。所有人、管理人或者使用人赔偿后，有其他责任人的，有权向其他责任人追偿。”根据上述规定，建筑物在施工中的质量缺陷不能作为所有人或者管理人的免责条件，所有人或者管理人应当先承担赔偿责任，然后再向有过错的施工单位追偿。

【审判实践中应注意的问题】

一般而言，侵权责任和违约责任的区别在于：（1）侵权责任一般是由法律直接规定的；（2）侵权责任不能自行排除；（3）在履行一个承诺过程中的不当和疏忽行为将导致行为者对受害者的有形损失和身体伤害既可能承担侵权责任，也可能承担违约责任；（4）对无形的经济损失的赔偿一般应由合同约定；（5）如果除了约定的要履行行为没有其他义务，则违反该义务不能构成侵权；（6）作为的义务一般是由法律规定而不是由承诺确定的；（7）如果被承诺方由于信赖承诺方的承诺而作出的相应行为导致了损失，则该损失可以通过追究侵权责任得到赔偿。[①] 合同责任和侵权责任各有利弊，对于保修人未及时履行保修义务导致建筑物毁损或者人身、财产损害时当事人应如何通过诉讼维护自身合法权益问题，应根据当事人提起不同诉讼而有不同的处理方法。根据合同起诉，当事人非常明确，权利义务关系在合同中有明确的约定。但根据合同起诉也有一些弊端：建设工程施工合同中通常包括的合同条款往往限制合同当事人的潜在赔偿责任，间接损失可能更不容易获得赔偿。原告为了避免这些不利的合同条款经常根据侵权责任来进行诉讼。

① 王天翊：《建筑合同与索赔法律实务》，人民法院出版社2003年版，第237页。

第十九条

当事人对建设工程的计价标准或者计价方法有约定的，按照约定结算工程价款。

因设计变更导致建设工程的工程量或者质量标准发生变化，当事人对该部分工程价款不能协商一致的，可以参照签订建设工程施工合同时当地建设行政主管部门发布的计价方法或者计价标准结算工程价款。

建设工程施工合同有效，但建设工程经竣工验收不合格的，依照民法典第五百七十七条规定处理。

【条文主旨】

本条是关于建设工程的工程价款结算方法和标准以及在建设工程验收不合格的情况下如何处理的规定。

【条文理解】

针对建设工程价款解释方法和标准问题，本条总体上并未出现实质性变化。该条规定变化较大的是，在建设工程施工合同有效的情况下，工程验收不合格相关价款和费用的承担问题。在之前的司法解释中，对于该种情况是参照建设工程施工合同无效的情况处理。但在本解释中，对于此类情况则是参照《民法典》违约责任一章关于违约责任承担的方式处理。这种变化体现了立法者对于在建设施工合同有效但工程验收不合格情况处理理念的转变，实质上对违约当事人课以相对更加严厉的责任。

一、有合同约定的工程价款处理

建设工程造价包括建筑、安装、设备及税费等建设所需的全部费用。建筑造价计算的准确性是由建筑设计的进度和深度决定的。按造价计算的准确程度，依设计进度可分为投资估算、设计概算和施工图预算三种。投资估算是在项目开发前期对建设投资最粗略的估计，仅可以作为编制可行性研究的依据。设计概算是在项目初步设计阶段，根据概算定额编制的、初步确定工程造价的依据。施工图预算则是在施工图设计阶段根据施工图反映的工程量按预算定额编制的确定工程预算造价的依据。①

《建筑法》第十八条规定："建筑工程造价应当按照国家有关规定，由发包单位与承包单位在合同中约定。公开招标发包的，其造价的约定，须遵守招标投标法律的规定。发包单位应当按照合同的约定，及时拨付工程款项。"2014 年 2 月 1 日起施行的《建筑工程施工发包与承包计价管理办法》第三条规定："建筑工程施工发包与承包价在政府宏观调控下，由市场竞争形成。工程发承包计价应当遵循公平、合法和诚实信用的原则。"同时第十三条还规定："发承包双方在确定合同价款时，应当考虑市场环境和生产要素价格变化对合同价款的影响。实行工程量清单计价的建筑工程，鼓励发承包双方采用单价方式确定合同价款。建设规模较小、技术难度较低、工期较短的建筑工程，发承包双方可以采用总价方式确定合同价款。紧急抢险、救灾以及施工技术特别复杂的建筑工程，发承包双方可以采用成本加酬金方式确定合同价款。"是故，就建设工程价款结算问题，首先应当依照双方合同约定的计价标准和计价方法进行结算，一般来说，价款结算方式属于建设工程合同的重要条款，不会存在遗漏问题，所以建设工程价款的结算一般均依照合同约定进行。如果存在约定不明，或者约定存在歧义的，双方应协商解决，协商不成的，可以通过诉讼方式解决。

---

① 朱树英：《建设工程法律实务》，法律出版社 2001 年版，第 37 页。

在建设工程施工合同纠纷中，经常遇到当事人在合同中有特别约定，有的约定是明显高于或低于定额计价标准或市场价格的，在发生争议后，一方当事人会提出撤销或改变原有约定。根据《民法典》的自愿和诚信原则，只要当事人的约定不违反法律和行政法规的强制性规定，不管双方签订的合同或具体条款是否合理，均应遵从当事人自己的约定。建设工程施工合同约定的工程款结算标准与建筑行业主管部门颁布的工程定额标准和造价计价办法不一致的，应以合同约定为准。当事人以合同约定与定额标准不一致为由，请求按照工程定额标准结算的，人民法院不予支持。因为建设工程定额标准是各地建设主管部门根据本地建筑市场建安成本的平均值确定的，可以理解为完成单位工程量所消耗的劳动、材料，以及机械台班等的标准额度，属于政府指导价范畴，也是任意性规范而非强制性规范，应当允许合同当事人随行就市订立与定额标准不一致的工程结算价格。同样道理，当事人签订低于承包人企业类别、资质等级定额标准的建设工程合同也属市场经营行为，应当认定双方签订的建设工程施工合同有效。

二、设计变更的工程价款处理

当建设工程因设计变更导致建设工程的工程量或者质量标准发生变化的，建设工程价款结算标准和方式也会随之发生变化，原先合同约定的价款计价方式和标准并非法定适用，双方可以就价款结算方式进行协商。通过补充协议等方式，以新的合同代替原先关于价款结算方式和标准的内容。但双方就设计变更后的建设工程价款结算方式协商不能达成一致的，可以“参照签订建设工程施工合同时当地建设行政主管部门发布的计价方法或者计价标准结算工程价款”。对该规定的理解，应当明确以下几点：

（一）在审理过程中，法官就因设计变更导致建设工程量或质量发生变化的，是可以参照而非必须参照

不同的建设工程因设计变更，一般会导致工程量或者工程质量的变化。工程量的变化有两种即工程量增加或者工程量减少，工程量的

变化属于“量”的增减，当建设工程合同中就价款结算标准和方式的约定并不会因为工程量的增减发生实质性影响时，法官在审理时可以参照原合同约定的价款结算方式和标准进行裁判；当原合同中约定的价款结算方式和标准会随着工程量的增减发生实质性影响时，法官则不能参照原合同约定内容适用，此时可以考虑参照当地主管部门发布计价方法或者计价标准结算工程价款或者参考其他相关因素予以综合考量。

因设计变更导致工程量的变化在实践中属于常见情形，价款结算存在以下几种情况：（1）合同内工程量的增减。对于这种情况，法院应当审查该增减部分是否属于计价规则的可调整范围，对此可以采取司法鉴定的方式解决。如果是建设工程子项目施工的工艺发生变化导致工程量增减，一般不予调整价款，但如果是因设计变更、增加或者取消某子项目导致工程量的增减，则根据增减项目所对应的合同报价在总价中予以调整，如无此对应报价，则可参照当地建设行政主管部门发布的计价方法和标准处理。（2）合同外工程量的增加。对于这种情况，由于超出了固定总价的范围，所以应当另行计算。关于如何计算，有观点认为可采取“按比例折算”的方式，即由鉴定机构在同一取费标准下计算出增加工程量占合同内工程量的比重，再乘以合同的总价确定；还有观点认为可参照合同约定的相同或类似报价和标准计算；第三种观点认为应参照当地建设行政主管部门发布的价款结算计价方法和标准处理。对于合同外工程量的增加，可以依据财政部、原建设部发布的《建设工程价款结算暂行办法》的规定，首先应参照其他相似工程部分价款结算的合同约定处理，如果合同中无约定的或者约定不明的，可以参照当地建设行政主管部门发布的价款结算计价方法和标准处理。

同时，建设工程质量的变化，属于“质”的变化，一般与工程价款结算方法和标准具有重要关联。质量标准的提升，意味着承包人需要付出更多努力和辛劳，则其在建设工程中投入的成本必然有所增加，适用原合同约定的计价方法和标准明显不当；质量标准的降低，则意味着承包人可能投入的成本降低，这就导致整个建设工程成本减少，继续适用原合同约定，可能导致发包人利益受损。故当因设计变更导致建设工程质量变化的，法院在审理时，均不能随意参照原合同约定条款裁判，此时可以参照当地主管部门发布计价方法或者计价标准结算工程价款或者参考其他相关因素予以综合考量。

（二）可以参照“合同签订时”当地主管部门发布计价方法或者计价标准结算工程价款

由于主管建设工程的国家机关会根据市场、国家政策等因素，在不同时期内发布不同的建设工程结算计价方法和标准，都会对合同双方当事人的利益具有重大影响，故以什么时期主管部门发布的结算计价方法和标准为参照具有重大意义。一般来说，从合同履行过程来看，合同签订时、合同履行时、合同履行完毕时（验收合格或者交付工程时）是三个重要节点。为什么选择以合同签订时发布的计价方法和标准作为参照适用的内容，其主要价值考量在于公平。第一，建设工程施工合同是双方当事人就建设工程施工的相关内容达成的一致。从合同签订时，双方的权利义务以及预期利益和风险均已明确，双方对各自的利益均存在可预期，司法应当保证这种可预期的利益。第二，建设工程量或质量的变化是工程设计变更所致。对此，双方当事人均不存在过错，特别对承包人一方来说，完全没有过错，不存在违约行为，故双方仍应按照原生效合同继续履行。从合同履行的必要性和稳定性来看，价款计价方式和标准按照合同签订时主管部门发布的标准和方法结算，不影响合同的履行和当事人对预期利益的期待。

（三）参照结算工程价款的是因设计变更导致工程量和质量发生变化的部分工程价款

在审判中，需要特别注意区分工程量和工程质量发生变化而产生的价款和未发生变化部分工程的价款。对于因设计变更导致部分工程量或工程质量发生变化的，对该部分工程的价款结算方法和标准，才可以参照当地主管部门发布的方法和标准处理，对于工程量和质量未发生变化的工程，应当依照原合同约定处理。建设工程一般分为不同部分，不同部分的建设工程可能存在不同的工程量和工程质量要求，虽然建设工程可能作为一个整体发包，但是由于建设工程中，不同部分工程的作用不同，所以其验收标准并非完全一致，故参照当地主管部门发布的价款结算方法和标准应当仅指因设计变更导致工程量和工程质量发生变化的工程部分。

（四）参照的是该“工程所在地（当地）”的建设主管部门发布的计价方法和标准

此处的当地建设主管部门，一般有三个选择，即原告所在地、被告所在地和建设工程所在地。在审理中，法院应当明确该处的“当地”应当指建设工程所在地。理由有二：第一，根据法律体系解释原则，涉及不动产的案件均以不动产所在地的相关机关处理。如不动产案件管辖、不动产案件执行等均可以不动产所在地法院管辖，不动产专属管辖已经成为司法处理的惯用原则。第二，不同地方的建设主管部门发布的价款结算计价方法和标准存在差异，切实影响合同双方当事人的利益，不论以哪方当事人所在地的建设主管部门发布的计价标准和方法都有失公正之嫌，而以建设工程所在地的建设主管部门发布的计价标准和方法则可以实现相对的公平。当地建设行政主管部门一般是指省、自治区、直辖市等省级建设行政主管部门，按照省级辖区范围，由省级建设行政主管部门统一发布的工程价款计价结算方法和标准，对于单列市或者较大市具有单独发布工程价款结算方法和标准的建设行政主管部门或其他相关部门也应当注意。

三、验收不合格的工程价款处理

《民法典》第七百九十三条规定：“建设工程施工合同无效，但是建设工程经验收合格的，可以参照合同关于工程价款的约定折价补偿承包人。建设工程施工合同无效，且建设工程经验收不合格的，按照以下情形处理：（一）修复后的建设工程经验收合格的，发包人可以请求承包人承担修复费用；（二）修复后的建设工程经验收不合格的，承包人无权请求参照合同关于工程价款的约定折价补偿。发包人对因建设工程不合格造成的损失有过错的，应当承担相应的责任。”同时，《民法典》第五百七十七条规定：“当事人一方不履行合同义务或者履行合同义务不符合约定的，应当承担继续履行、采取补救措施或者赔偿损失等违约责任。”对于建设施工合同有效，但建设工程验收不合格的情况，如何处理工程价款结算问题，以前是参照建设合同无效且建设工程验收不合格的解决方案处理。但是建设合同有效和无效是截然不同的法律认定，合同有效，应当按照有效合同的方式予以履行，合同无效也同样应按照无效合同的处理方式解决，两者在性质上存在显著差别。而建设工程验收是否合格则是履行合同内容，换言之，当事人是否依照合同约定全面地履行合同，建设工程验收是否合格就是当事人是否全部履行合同的重要体现。若建设工程经验收不合格，则其应当依照合同约定承担相应的违约责任，包括继续履行、采取补救措施或者赔偿损失的责任；若建设工程经验收合格，则说明当事人全面地履行合同，合同另一方当事人应当对等履行工程价款结算和给付义务。从这条规定的变更来看，在实践中主要存在以下几种情况：首先，建设工程合同有效，工程验收不合格的，发包人可以要求承包人采取补救措施，修复其中存在的瑕疵，达到工程验收标准。承包人因其违约行为产生修复费用需要自行承担且因修复工程导致延期交付对发包人造成损失的应当赔偿相应的损失。其次，建设工程合同有效，工程验收不合格的，承包人拒不采取补救措施或其无能力采取补救措施的，发包人可以寻找其他具有修复能力和资质的企业承担修复工程义务，该修复费用应由原承包人承担，逾期造成的损失亦由原承包人承担。最后，建设工程合同有效，但工程验收不合格且无法通过修复方式使得工程达到验收标准的，则该工程属于严重质量不合格工程，应当予以拆除，由此造成的工程损失应由承包人承担。

在审判实践中，对于该工程验收不合格的原因应当查明，同时要区分合同当事人双方的过错和过错程度，适当划分双方应承担的违约责任。对于验收不合格的工程，根据违约行为和过错程度，应先行裁判责令当事人采取修补措施，修补建设工程使得达到验收标准，对于客观上确实无法通过修补达到验收标准可能的，应当根据双方过错程度和违约行为，作出赔偿损失的公正裁判。当然，如果发包人对于该工程验收不合格也存在一定过错的，同时也应当承担相应的责任。

【审判实践中应注意的问题】

按照本条的规定，因设计变更导致建设工程的工程量或质量标准发生变化时，如果当事人之间不能协商一致，则可以参照签订建设工程施工合同时当地建设行政主管部门发布的计价标准或计价方法结算工程价款。这里包含了两层含义，也就是说，当事人自己可以按照这个原则结算工程价款，也可以委托有审价资质的机构按照此原则审定最终工程造价。审价主要是根据建设工程施工合同、国家定额以及有关文件对施工过程中形成的工程量变化资料、技术变更、核定资料和施工图纸等资料进行全面、综合地核对、评估和计算，并最终审定工程造价的过程。审价结论应在庭审中出示并经过质证。当事人对审价结论有异议并有证据证明的，审价机构应对审价结论据实调整并重新出具补充审价结论，并再次进行庭审质证。经质证的审价结论，是确定工程造价最主要的依据。

对于因设计变更导致工程量和质量变化的部分工程价款的结算，也可以参照合同中其他部分工程价款结算方法和标准处理。在有的建设工程合同中，不同部分的工程价款结算方法和标准存在区别，所以当部分工程价款结算约定不明或者无法协商一致时，法院可以参照合同其他部分工程关于价款结算方法和标准处理，特别是管理费率、利润率等来确定该部分价款的结算方法和标准。

第二十条

当事人对工程量有争议的，按照施工过程中形成的签证等书面文件确认。承包人能够证明发包人同意其施工，但未能提供签证文件证明工程量发生的，可以按照当事人提供的其他证据确认实际发生的工程量。

【条文主旨】

本条是关于以签证等书面文件或者其他能够证明实际工程量发生的证据作为确认工程量依据的规定。

【条文理解】

一、本条规定的历史沿革及制定背景

本条规定承自《2004 年解释》第十九条，对文字和内容均未作修改。

在人民法院审理的建设工程施工合同纠纷案件中，工程量的计算作为一个专门性、技术性问题，当事人之间由此产生争议的比例相当大。工程量计算准确与否，直接影响到承包人和发包人双方的切身利益，亦是案件的处理结果是否公正的重要表现。发包人和承包人作为建设工程施工合同的双方当事人，属于独立的法人主体，具有各自的经济利益，为了自身的发展和业务需要，必然都要追求经济利益的最大化，这是市场经济的必然要求，也属于竞争中的合理现象。故而在计算工程量时，双方往往都只强调对自身有利的情况，最终导致工程

量计算和确认上出现争议。在多数情况下，发包人已经根据建设施工合同约定向承包人支付了一定的工程款，但对余下的工程款拒绝支付，理由是对承包人已经完成的工程量存在或多或少的争议。如何处理这种情况，以什么证据作为认定双方争议工程量的依据，很有必要作出明确的规定。本条规定就是适应这种需要而制定的。

二、我国工程计价的主要方法及比较

我国工程造价计价模式主要有工程定额计价和工程量清单计价两种方法，目前处于并行适用阶段。

（一）定额计价法

建设工程定额是指在正常施工生产条件下，完成一定计量单位产品的人工、材料、机械和资金消费的规定额度。定额计价法的特点可以归纳为一个字“套”，即套定额。工程造价从业人员根据工程图纸计算出工程量，然后套定额单价，求得直接费，再以直接费为基数，套用有关定额取费费率，计算各项费用、利润、税金，求得工程造价。目前，建设行政主管部门和各省、自治区、直辖市在建设信息网或造价信息网上会公布相应的定额标准，但性质上属于国家指导价，不具有强制执行力，当事人在施工合同中可以约定选择适用定额标准，也可以约定选择其他计价标准。

（二）工程量清单计价法

为了适应市场经济发展的需要，我国于2003年7月1日开始推行《建设工程工程量清单计价规范》。2008年12月1日正式施行《建设工程工程量清单计价规范》（GB50500－2008）。2012年12月25日住房和城乡建设部又下发了《建设工程工程量清单计价规范》（GB50500－2013），自2013年7月1日起实施。工程量清单是建设工程的分部分项工程项目、措施项目、其他项目和税金的名称和相应数量等的明细清单。工程量清单计价时，造价由工程量清单费用、措施项目清单费用、其他项目清单费用、规费、税金五部分组成，将施工过程中的实体性消耗和措施性消耗分开，对于措施性消耗只列出项目名称，由投标人根据招标文件要求和施工现场、施工方案自行确定，以体现以施工方案为基础的造价竞争，对于实体性消耗费用，则列出具体的工程数量，投标人列出每个清单项目的综合单价。

实行工程量清单计价模式是工程造价管理领域的一项重大变革，从本质上讲，工程量清单计价模式是一种与市场经济相适应，允许施工单位自主报价、通过市场竞争确定价格，与国际惯例接轨的计价模式，有利于在公开、公正、公平的竞争环境中合理确定工程造价，提高投资效益。我国建设主管部门已将工程量清单计价模式作为当事人约定计价模式的推荐模式。为此，住房和城乡建设部2013年出台的《建设工程工程量清单计价规范》（GB50500－2013）第3.1条“计价方式”中规定：使用国有资金投资的建设工程发承包，必须采用工程量清单计价；非国有资金投资的建设工程，宜采用工程量清单计价。

为了在司法实践中体现行业规范，本条规定对在确定基本以工程量清单作为确定工程量依据的前提下，当事人就工程量计算发生争议时，如何计算工程量问题作出了规定。主要涉及以下几个方面的内容：(1）对于工程量的种类、范围和计算方法，建设工程施工合同中有明确约定的，按照合同约定进行计算和确认。(2）在合同履行过程中，发生工程设计变更的，以双方当事人之间达成的补充协议、会议纪要、工程变更单、工程对账签证等书面文件形式作为载体的证据，都可以作为结算工程量并进而作为当事人结算工程款的依据。(3）如果当事人对工程量的多少存有争议，又没有签证等书面文件，在承包人能够证明发包人同意其施工时，其他非书面的旨在证明工程量的证据，在经过举证、质证等程序后足以证明该证据所证明的实际工程量事实的真实性、合法性和关联性的情况下，在一定条件下也可以作为计算工程量的依据。

三、工程量计算的依据

（一）签证是工程量发生争议时确定工程量的基本依据

作为行业标准，在原建设部制定的建设工程施工合同格式文本中，工程量清单是施工合同组成部分的重要文件之一。实际施工中，工程量清单大多是以发包人和承包人双方工地代表形成的签证体现出来的。

（二）签证的概念和构成要件

签证是发承包人或其代理人就施工过程中涉及的影响双方当事人权利义务的责任事件所作的补充协议。2013 年《建设工程工程量清单计价规范》（GB50500－2013）《工程造价术语标准》（GB/T50875－2013）中将“现场签证”定义为“发包人现场代表（或其授权的监理人、工程造价咨询人）与承包人现场代表就施工过程中涉及的责任事件所作的签认证明。”现场签证又称工程签证、施工签证、技术核定单等。[①] 签证的构成要件至少应包括以下三项：（1）工程签证的主体为发承包人及其代理人，其他主体签发的有关文件不属于工程签证；（2）工程签证的性质为发承包人之间达成的补充协议，其成立并生效应满足一般合同成立并生效的要件；（3）工程签证的内容是施工过程中涉及的影响当事人权利义务的责任事件，包括工程量、工程款、工期等核心要素。

（三）签证主体对签证效力的影响

发承包人法定代表人签证效力的问题依法定代表人制度解决，除非相对人知道或应当知道法定代表人超越权限，否则其作出的签证应依法确认有效。

关于发包人代表签证效力的问题，依据《建设工程施工合同（示范文本）》（GF－2017－0201）通用合同条款 2.2 规定，发包人专用条款中一般需要明确发包人代表的姓名、职务、联系方式及职权范围等事项，发包人代表在授权范围内的签证具有法律效力。

关于项目经理签证效力的问题，项目经理是承包人在施工工程项目上的代表，其在职权范围内作出的签证具有法律效力。

发包人代表、承包人项目经理在其职权范围内的签证是职务行为，

---

① 规范编制组：《2013 建设工程计价计量规范辅导》，中国计划出版社 2013 年版，第 26 页。

其效果分别归于发承包人，但在超越其内部授权时，需要考虑表见代理的问题。

关于监理人员签证的效力问题，依据《建筑法》三十二条第一款规定，“建筑工程监理应当依照法律、行政法规及有关的技术标准、设计文件和建筑工程承包合同，对承包单位在施工质量、建设工期和建设资金使用等方面，代表建设单位实施监督”。监理人代表建设单位对承包单位在施工质量、建设工期和建设资金使用等方面实施监督，监理对技术签证的签认属于其职权范畴，应为有效；但对经济签证的签认没有明确授权的，应当认定为无效。

（四）签证内容对签证效力及工程款结算的影响

签证是建设工程发承包双方就施工过程中某一问题的补充协议，构成对之前签订的建设工程施工合同内容的变更，而且往往变更的是工程量、工程价款、工期等核心内容。如《江苏省高级人民法院建设工程施工合同案件审判指南》中规定，法官应从签证的内容来判断当事人是否通过签证改变了合同中的约定，如果签证中涉及工程量或对某些项目计价方式的确定与合同约定不符，可以认为是对合同的变更，法官应根据变更的签证对当事人之间的争议进行认定。

在建设工程施工合同是通过招投标签订的情况下，依据《招标投标法》第四十六条规定，虽然签证内容有可能构成建设工程施工合同“背离实质性内容”，但因为我国签证金额在合同总造价中的占比在3%以下，[①] 对双方当事人的主要合同权利义务产生的影响有限，所以签证内容不会构成“背离实质性内容”，也不会对签证效力产生影响。

签证内容无论涉及费用、工期还是工程量，都是对双方当事人权利义务的重新确定，最终都是指向工程款结算。而作为补充协议，虽然是在当事人意思表示一致的情况下成立的，但基于各种现实因素的影响，合同内容的确定性一直是合同纠纷产生的重要原因。根据签证

① 陈宽山主编：《建筑施工企业工程合同风险管理法律实务》，法律出版社2009年版，第141页。

内容的确定性，可以大致将其分为以下两类：[①]

1. 不仅对于发生的变更事实予以肯定，而且对于发生变更的费用也直接予以确定的工程签证，该类签证最有利于维护承包人利益，直接依签证约定计入结算即可，除非在规定的时期内，对方以“重大误解或者显失公平”为理由主张撤销并得到支持；

2. 仅对变更的事实予以定性的肯定，但未对变更的费用予以定量确认的工程签证，在结算工程款时需按合同约定的变更估价和价格调整方法确定变更所涉及的费用。

（五）其他可以作为确定工程量依据的书面文件的范围和种类

在建设工程施工合同履行期间，双方当事人根据施工合同发生的手写、打印、复写、印刷的各种通知、证明、证书、工程变更单、工程对账签证、签证、补充协议、备忘录、函件以及经过确认的会议纪要、电报、电传等书面文件形式作为载体的证据，都可以作为结算工程量并进而作为当事人结算工程款的依据。

司法实践中，当事人之间发生工程量的变化争议，绝大多数情况下是因为工程设计变更，虽然也有一部分是因为承包人超范围在设计图纸之外进行施工造成工程量发生变化，或者因为自身原因需要返工造成工程量增加，但这两部分所占的比例较小，而且只要发包人不予认可该部分，就不成为工程量争议的问题之列。根据《建设工程施工合同（示范文本）》（GF－2017－0201）10.2 第二款规定：“涉及设计变更的，应由设计人提供变更后的图纸和说明。如变更超过原设计标准或批准的建设规模时，发包人应及时办理规划、设计变更等审批手续。”

对于发包人提出变更的，应通过监理人向承包人发出变更指示；变更指示应说明计划变更的工程范围和变更的内容。对于监理人提出变更建议的，需要向发包人以书面形式提出变更计划，说明计划变更

① 常设中国建设工程法律论坛第五工作组：《建设工程施工合同纠纷证据指引理解与适用》，法律出版社 2018 年版，第 130～131 页。

工程范围和变更的内容、理由，以及实施该变更对合同价格和工期的影响。发包人同意变更的，由监理人向承包人发出变更指示；发包人不同意变更的，监理人无权擅自发出变更指示。承包人收到监理人下达的变更指示后，认为不能执行，应立即提出不能执行该变更指示的理由；承包人认为可以执行变更的，应当书面说明实施该变更指示对合同价格和工期的影响，且合同当事人应当按照约定确定变更估价。只有履行完这些手续的工程量变更，才产生法律后果。承包人按照发包人的变更通知和有关要求，可以进行下列变更：（1）改变工程的基线、标高、位置和尺寸；（2）增减合同中约定的工程量；（3）改变工程的时间安排或实施顺序；（4）其他有关工程变更需要的附加工作。因设计变更导致工程量变化，双方可以通过多种书面形式予以确认。经双方签字认可的证明工程量变化的书面文件，经过举证、质证和认证后，都可以作为认定工程量变化的证据。

反映工程量变化的载体还有以下几种：（1）会议纪要。双方商量工程量方面的会谈形成的纪要，都是对某些问题作出决定，可视为对合同有关内容的一种补充。只有经过双方签字认可的会议纪要才能作为直接证据使用，单方起草没有经过双方签字的会议纪要只有再经过对方认可后，才可以作为证据使用。（2）工程检验记录。如建筑定位放线验收单、基础验槽记录、钎探记录、轴线检查记录、设备开箱验收记录、水电消防实验、试压记录等，都能在一定程度上反映出工程量的变化。（3）来往电报、函件等。这些书面文件往往可以证明发生变化的时间、原因等情况。而且，这些文件还可以说明双方就一些问题的交流信息，可以评价双方当事人对事情的观点和看法。（4）工程洽商记录。工程洽商记录中记载了工程施工中地下障碍的处理、工程局部尺寸材料的改换、增加或者减少某项工程内容的情况。（5）工程通知资料。发包人提供的场地范围、水、电接通位置、水准点、施工作业时间限定、施工道路指定等，都是通过通知书的方式告知承包人。

四、承包人未提供签证证明文件时，工程量应如何认定

根据《建设工程施工合同（示范文本）》（GF－2017－0201）

10.2 第一款规定，“发包人和监理人均可以提出变更。变更指示均通过监理人发出，监理人发出变更指示前应征得发包人同意。承包人收到经发包人签认的变更指示后，方可实施变更。未经许可，承包人不得擅自对工程的任何部分进行变更”。由此可见，工程量变更主要来自发包方，承包人不能擅自增减工程量，所以签证是解决工程量争议最有效的证据。但是司法实践中，由于签证的取得可能存在现实困难或障碍，如果承包人通过提供其他证据，可以证明增加了工程量，且该增量是发包人要求或者同意的，那么增量部分就应当纳入工程量结算范围，人民法院可以按照承包人提供的其他证据认定实际发生的工程量。本条规定第二句就是从发生工程量争议时的举证责任角度予以明确。举证责任问题素有“民事诉讼的脊梁”之称，其在民事诉讼中的地位和作用非常重要。司法实践中，建设工程的承包人受交易地位所限，完整的签证保全存在实际困难，工程量变更的证据在表现形式上也较为简单和随意，这就要求人民法院在查明案件事实时充分审查承包人提供的证据，不能简单地将签证文件作为工程量计算的唯一证据。

关于当事人的举证责任，《民事诉讼法》第六十四条第一款规定，当事人对自己提出的主张，有责任提供证据。《最高人民法院关于适用〈中华人民共和国民事诉讼法〉的解释》第九十条规定，当事人对自己提出的诉讼请求所依据的事实或者反驳对方诉讼请求所依据的事实，应当提供证据加以证明，但法律另有规定的除外。在作出判决前，当事人未能提供证据或者证据不足以证明其事实主张的，由负有举证证明责任的当事人承担不利的后果。第九十一条规定，人民法院应当依照下列原则确定举证证明责任的承担，但法律另有规定的除外：（1）主张法律关系存在的当事人，应当对产生该法律关系的基本事实承担举证证明责任；（2）主张法律关系变更、消灭或者权利受到妨害的当事人，应当对该法律关系变更、消灭或者权利受到妨害的基本事实承担举证证明责任。具体到建设工程施工合同纠纷案件中，在工程量发生争议时，举证责任分配原则是：对于工程量发生增加的事实，承包人应承担举证责任，即如果承包人未能提供实际发生工程量变化的证据，只是提出要求按增加工程量结算工程价款的，在诉讼中不会得到人民法院的支持；对工程量减少的事实，发包人应承担举证责任，即发包人认为承包人实际施工的工程量少于合同或者合同附件中列明的工程量清单数量的，应当承担举证责任。

具体到本条规定而言，承包人未能提供签证文件，但能够提供其他证据证明发包人同意其施工，如何确认工程量？我们认为，承包人作为主张工程量变更（主要是增加）的一方当事人，应当承担结果意义上的举证责任（即不能证明其主张时，承担相应不利后果），并在行为意义上的举证责任分担中，负有提供证据证明其主张的责任。《最高人民法院关于适用〈中华人民共和国民事诉讼法〉的解释》第一百零五条规定，人民法院应当按照法定程序，全面、客观地审核证据，依照法律规定，运用逻辑推理和日常生活经验法则，对证据有无证明力和证明力大小进行判断，并公开判断的理由和结果。在承包人提供初步证据后，人民法院要结合证据形式、证据内容等判断，行为意义上的举证责任是否发生移转，即发包人是否应提供证据予以否认，如果发包人提供证据可以反驳承包人证据的，承包人还需进一步进行举证。最后法官可以综合双方提供证据情况判断，承包人所主张的经发包人要求或同意的工程增量事实是否真实存在。该证明对象包括发包人同意和承包人实际施工两个方面。除本条规定外，关于承包人就工程量争议的举证责任问题，地方高院亦有类似规定。例如，《北京市高级人民法院关于审理建设工程施工合同纠纷案件若干疑难问题的解答》第十三条第二款规定："当事人就已完工程的工程量存在争议的，应当根据双方在撤场交接时签订的会议纪要、交接记录以及监理材料、后续施工资料等文件予以确定；不能确定的，应根据工程撤场时未能办理交接及工程未能完工的原因等因素合理分配举证责任。"又如，《浙江省高级人民法院民事审判第一庭关于审理建设工程施工合同纠纷案件若干疑难问题的解答》第十条规定："双方当事人在建设工程施工过程中形成的补充协议、会议纪要、工程联系单、工程变更单、工程对账签证以及其他往来函件、记录等书面证据，可以作为工程量计算和认定工程价款的依据。”

需要注意的是，在承包人提出工程量变化不以工程量清单中列明的工程量作为结算工程价款依据时，所举出的证据原则上应当是书面文件等书证，但在发包人自己认可（比如在诉讼中自认）的涉及工程量变化事实的情形，也可以作为认定工程量变化的依据之一。

工程量发生变化后的总量确定，是一个事实认定问题。当承包人与发包人双方发生争执时，根据承包人在施工中实际付出的人工费和原材料费用以及实际支出的其他费用，应当按照订立合同时履行地的市场价格确定。

【审判实践中应注意的问题】

一、程序性瑕疵的签证的效力

签证与索赔息息相关，涉及发承包人之间的责任分配事宜，为了确保签证准确，发承包人一般会在建设工程施工合同中对签证主体、时间等程序事项进行约定。《建设工程价款结算暂行办法》规定签证及索赔的审批主体是发承包双方授权的现场代表，工程设计变更导致价款调整的情况下需要承包人在设计变更后 14 天内提出签证，发包人在 14 天内予以确认或提出协商意见。江苏省《关于工程量清单计算施工合同价款确定与调整的指导意见》规定，在发承包人未明确约定工程变更签证审批程序的情况下，签证单上必须有发包人代表、监理工程师、承包人（项目部）三方的签字和盖章，方可作为竣工结算的依据。《四川省〈建设工程工程量清单计价规范〉实施办法》则为一般事件、停工索赔、不可抗力索赔等签证事项规定了不同的签证提出及答复时间。

但建设工程施工过程受外部因素影响很大，加之工程施工管理粗放，操作不规范，致使签证往往存在程序性的瑕疵。司法实践中，签证首先是被作为证明文件对待的，用以证明其记载的事实与责任分配内容是否成立，程序性瑕疵的签证自身效力往往不是争议焦点。

二、逾期签证的法律后果

根据《建设工程工程量清单计价规范》（GB50500－2013）的规定，承包人应在收到发包人指令后的7天内向发包人提交现场签证报告，发包人应在收到现场签证报告后的48小时内对报告内容进行核实，予以确认或提出修改意见。发包人在收到承包人现场签证报告后的48小时内未确认也未提出修改意见的，应视为承包人提交的现场签证报告已被发包人认可。合同工程发生现场签证事项，未经发包人签证确认，承包人便擅自施工的，除非征得发包人书面同意，否则发生的费用应由承包人承担。现场签证工作完成后的7天内，承包人应按照现场签证内容计算价款，报送发包人确认后，作为增加合同价款，与进度款同期支付。

实践中，发包人一般都不愿意给承包人签证，承包人多利用合同签证条款中“逾期视为认可”的规定保护自己的权利。如果采用示范文本订立合同的，承包人只要能够证明向发包人发出签证通知或提供资料即可利用“逾期视为认可”原则。所以承包人只要在合同约定的时间内提交签证单，并在法律意义上完成送达即可。发包人不按照合同约定的时间给予承包人书面意见，发包人将承担对其不利的法律后果。

三、工程量变化超过约定或规定范围的，可导致计价标准变化

原则上，固定总价合同中工程量变化的风险应由承包人承担，在合同包死价的情况下，应按合同约定进行价款结算。但是因承包人在建筑市场中处于相对弱势的地位，如果需要承担工程量变更的风险超出其合理的承受范围，则明显违背公平原则。《建设工程工程量清单计价规范》（GB50500－2013）9.6“工程量偏差”章节即明确规定：

“9.6.1 合同履行期间，当应予计算的实际工程量与招标工程量清单出现偏差，且符合本规范第 9.6.2 条、9.6.3 条规定时，发承包双方应调整合同价款。

“9.6.2 对于任一招标工程量清单项目，当因本节规定的工程量偏差和第 9.3 节规定的工程变更等原因导致工程量偏差超过 15% 时，可进行调整。当工程量增加 15% 以上时，增加部分的工程量的综合单价应予调低；当工程量减少 15% 以上时，减少后剩余部分的工程量的综合单价应予调高。

“9.6.3 当工程量出现本规范第 9.6.2 条的变化，且该变化引起相关措施项目相应发生变化时，按系数或单一总价方式计价的，工程量增加的措施项目费调增，工程量减少的措施项目费适当调减。”

另外，对于因设计变更而产生的工程量变更，即便价格包死，承包人亦可以参照签订建设工程施工合同时当地建设行政主管部门发布的计价方法或者计价标准结算工程款。本解释第十九条规定：“当事人对建设工程的计价标准或者计价方法有约定的，按照约定结算工程价款。因设计变更导致建设工程的工程量或者质量标准发生变化，当事人对该部分工程价款不能协商一致的，可以参照签订建设工程施工合同时当地建设行政主管部门发布的计价方法或者计价标准结算工程价款。建设工程施工合同有效，但建设工程经竣工验收不合格的，依照民法典第五百七十七条规定处理。”

第二十一条

当事人约定，发包人收到竣工结算文件后，在约定期限内不予答复，视为认可竣工结算文件的，按照约定处理。承包人请求按照竣工结算文件结算工程价款的，人民法院应予支持。

【条文主旨】

本条是关于发包人违反合同约定逾期不结算工程价款时应承担的不利后果的规定。

【条文理解】

一、起草背景

在审判实践中，工程价款支付问题是引发建设工程施工合同纠纷案件的主要矛盾之一，发包人、承包人往往由于合同约定不明或者对是否达到约定支付工程价款条件存在争议等原因，围绕工程价款数额的确定、是否逾期支付、应否支付违约金等发生诉讼。可以说，有90%以上的建设工程案件都不同程度地围绕着上述问题展开。具体而言，建设工程案件中的工程价款支付纠纷可以细分为以下几种情况：一是从结算依据来看，发包人、承包人对结算文件是否达成合意、结算文件的支付条款是否合理等有争议；二是从支付节点上来看，发包人、承包人对案涉建设工程是否达到法定、约定的工程价款支付条件等有争议；三是从支付数额上来看，发包人、承包人对应付价款、已付价款、应扣价款等数额有争议；四是其他有关工程价款的问题，如发包人主张承包人的递交结算文件手续不完备、不规范，发包人未能及时收到结算文件导致工程价款支付延迟等，也是支付工程价款时的高发争议。

如果将上述问题按照先后顺序排序，结算文件应该是其他矛盾产生的源头，因为如果没有发包人、承包人一致认可的结算文件，双方就无从谈起工程价款支付与否，而只有存在发包人、承包人大致认可的结算文件时，双方才能结合实际施工情况就结算文件中的各项细节条款进行辩驳。事实也的确如此，在建设工程施工合同案件审理过程中，人民法院依职权委托第三方鉴定机构对建设工程的全部或者部分进行造价鉴定的频率很高，这往往是由于承包人持建设工程施工合同中约定的鉴定报告、审计报告等结算文件，请求人民法院按照结算文件中记载的工程价款数额，判令发包人承担支付工程款及相应违约金、利息等其他金额的责任时，发包人首先提出的异议就是，竣工结算文件是承包人单方作出或者委托的，没有经过双方共同委托的第三方中介机构的评估和鉴定，不能作为支付工程款的依据，需要对工程价款重新进行评估鉴定，从而拒绝依照承包人提供的结算文件对建设工程进行结算。等鉴定机构出具鉴定报告并经发包人和承包人提出异议、鉴定机构根据异议对鉴定报告进行修改、鉴定人员出庭接受质询、鉴定机构形成最终鉴定报告后，人民法院才能主持双方当事人进行下一步庭审程序。从另一个角度来讲，重新鉴定以及结算文件的采信问题不仅增加了发包人、承包人的举证证明责任和诉讼成本，也使人民法院增加了工作量，案件审结时间大幅增加，审判效率有所下降。特别是部分发包人为了达到逃避支付工程价款、拖延诉讼的不正当目的，反复纠缠鉴定机构的资质、结算文件结论准确性或在已有符合建设工程合同约定的结算文件时仍要求再次委托鉴定，导致承包人的合法权益无法得到及时有效保护。因此，为了加强对发包人以拖延结算方式规避支付工程价款行为的规制，维护承包人特别是农民工群体及时取得劳动报酬的合法权益，法律法规首先要对结算文件的有关问题予以规定。

在立法层面，我国法律对于发包人逾期付款的处理有规定，如《合同法》第二百八十六条（《民法典》第八百零七条）规定，发包人未按照约定支付价款的，承包人可以催告发包人在合理期限内支付价款。发包人逾期不支付的，除按照建设工程的性质不宜折价、拍卖的以外，承包人可以与发包人协议将该工程折价，也可以申请人民法院将该工程依法拍卖。建设工程的价款就该工程折价或者拍卖的价款优先受偿。不过，其适用前提除了条文本身所明示的，发包人未按照建设工程施工合同约定支付建设工程价款、发包人经承包人催告后在合理期限内仍未支付建设工程价款、建设工程依其性质宜折价或拍卖、承包人与发包人协议将该工程折价或者请求人民法院将该工程依法拍卖之外，还应包括双方当事人已就建设工程价款以合意协商、第三方鉴定等方式达成一致意见，也就是工程价款数额是确定的，如果双方当事人尚未就建设工程进行竣工结算，则除建设工程施工合同已约定工程价款是固定包死的等情况之外，发包人、承包人之间的债权债务将处于不确定的状态，承包人就难以通过主张建设工程价款优先受偿权保护自身利益。当然，实践中，承包人也并非严格按照上述程序或者条件行使建设工程价款优先受偿权，而是在请求发包人支付欠付工程款时，通常一并主张享有或者行使建设工程价款优先受偿权。对此，司法实践一般予以认可。

二、编纂过程及意见

本条是对发包人应及时结算工程价款的原则性规定，发包人不得凭借自身的优势地位借故拖延和拒付，例如，不得以需要领导或上级批准为借口，不得以所谓廉政协议或廉政合同为理由，更不得以需要等待审计部门审计或以审计结论为借口否定原合同的约定。

在本条文初次起草时，条文内容几经变更，如："建设工程已经验收合格，发包方收到竣工结算文件后，在合同约定的期限内经承包方书面催告无正当理由未予答复，承包方主张按照竣工结算文件结算工程款的，人民法院应予支持"，"建设工程施工合同约定，发包人收到竣工结算文件后，在合同约定期限内不予答复，视为认可竣工结算条件，承包人主张按照竣工结算文件作为结算依据的，应予支持”，等。对于如何确定发包人的付款责任问题，也曾有过比较大的争论，主要意见分为以下几种：第一种意见认为，建设工程价款计算涉及专门性、技术性的问题，承包人提出的竣工结算文件是依据单方统计数据计算出的工程价款凭证，可能将不属于经双方合意产生的款项纳入计算范围，故单方结算文件不能作为工程款结算的依据，还是应当通过中介机构出具鉴定报告的形式确定工程款的依据；第二种意见认为，按照建设工程施工合同约定，承包人提出竣工结算文件并通知发包人后，发包人在一定期限内没有提出异议的，应当视为其同意该结算文件内容，应该以承包人提交的结算文件作为确定诉争工程款项的依据，这也符合民事法律关系主体平等以及意思自治的原则；第三种意见认为，在审判实践中，经常遇到承包人主张其已经向发包人提出了工程竣工结算文件，而发包人主张没有收到承包人提出的工程竣工结算文件的情况，由于认定双方就工程竣工结算事项往来行为的事实存在一定困难，故建议明确增加承包人的表示义务，如在承包人提出竣工结算文件后还要发出催告等。后来，综合考虑到催告程序不是法律规定的必经程序，在双方当事人未合意约定催告行为的情况下，司法解释中添加该条件缺乏法律依据，在民事法律行为中应当尊重当事人的意思自治，故在条文定稿时未采纳催告一说，而是从正面明确了发包人逾期不答复也不结算的法律后果，即按照双方当事人的约定以承包人提交的竣工结算文件为计算工程价款的依据。

由于本条在实践中对于工程价款结算依据的确定具有较好的指导作用，故在本次修改过程中本条继续保留《2004 年解释》第二十条的内容，仅在文字表述上作了修改。在征求各级人民法院对本解释意见的过程中，有法院认为，目前建设工程施工合同广泛使用的示范文本中，通常通用条款部分有与本条内容类似的约定。但在制定示范文本时，示范文本的通用条款更多体现的是建筑企业的利益，而且示范文本体量较大，此类关乎结算程序与结算依据的重要条款很容易被淹没在其他条款之中，而发包人对于建设工程施工合同示范文本中的通用条款可能并不熟悉。并且从实践来看，承包人提交的结算价款往往偏高，不符合实际情况。因此，此类条款对双方当事人利益影响巨大，应当经过双方当事人充分协商一致。如果当事人只是在建设工程施工合同的通用条款中作此类约定，则不宜直接适用，只有在当事人在专用条款部分作出约定或者另行专门作出约定的情况下才能适用。还有法院建议，在该条中增加财政评审中心或者审计部门对工程造价评审或审计结果是否能够被运用进行评估的相关内容。考虑到反馈的意见建议，本条曾变更为“当事人在建设工程施工合同专用条款，或在签订建设工程施工合同后另行约定，发包人收到竣工结算文件后，在约定期限内不予答复，视为认可竣工结算文件的，按照约定处理。承包人请求按照竣工结算文件结算工程价款的，应予支持。”后经过多次研讨论证，最终本条还是保持了原内容形式，没有作其他修改，这主要考虑了以下几点原因：（1）关于是否明确双方当事人必须在建设工程施工合同的专用条款或以其他方式另行约定的问题，尽管还有部分人民法院在审判过程中把握尺度不一，但最高人民法院其实已就该问题作出了方向性指引，《最高人民法院关于如何理解和适用〈最高人民法院关于审理建设工程施工合同纠纷案件适用法律问题的解释〉第二十条的复函》（〔2005〕民一他字第23号）指出：“你院渝高法〔2005〕154号《关于如何理解和适用最高人民法院〈关于审理建设工程施工合同纠纷案件适用法律问题的解释〉第二十条的请示》收悉。经研究，答复如下：同意你院审委会的第二种意见，即：适用该司法解释第二十条的前提条件是当事人之间约定了发包人收到竣工结算文件后，在约定期限内不予答复，则视为认可竣工结算文件。承包人提交的竣工结算文件可以作为工程款结算的依据。建设部制定的建设工程施工合同格式文本中的通用条款第33条第3款的规定，不能简单地推论出，双方当事人具有发包人收到竣工结算文件一定期限内不予答复，则视为认可承包人提交的竣工结算文件的一致意思表示，承包人提交的竣工结算文件不能作为工程款结算的依据。”因此，何种情况下适用本条应当已经比较清楚了，无须赘述。（2）当与本条内容类似的条款出现在建设工程合同通用条款部分时，我们也不能完全否认其对当事人的约束力。因为，双方当事人可能在专用条款部分约定结算事项以通用条款约定为准，即通用条款中的约定符合双方意思表示。（3）双方当事人对竣工结算文件的递交、答复及据此结算作出约定后，应视为双方当事人对实现自身权利的实现形成合意，至于实现权利过程中出现的矛盾纠纷则各有其特殊性，司法解释中尚不宜对竣工结算文件的作出、适用等进行强制性规定，故亦未采纳对结算文件进行审核的观点。

三、条文主要内容

（一）竣工结算文件的形成和提出

根据2017年住房和城乡建设部、原国家工商行政管理总局《建设工程施工合同（示范文本）》（GF－2017－0201）关于建设工程竣工结算的规定，工程价款结算的大致过程如下：

1. 关于竣工结算申请

除专用合同条款另有约定外，承包人应在工程竣工验收合格后28天内向发包人和监理人提交竣工结算申请单，并提交完整的结算资料，有关竣工结算申请单的资料清单和份数等要求由合同当事人在专用合同条款中约定。

除专用合同条款另有约定外，竣工结算申请单应包括以下内容：（1）竣工结算合同价格；（2）发包人已支付承包人的款项；（3）应扣留的质量保证金。已缴纳履约保证金的或提供其他工程质量担保方式的除外；（4）发包人应支付承包人的合同价款。

2. 关于竣工结算审核

（1）除专用合同条款另有约定外，监理人应在收到竣工结算申请单后14天内完成核查并报送发包人。发包人应在收到监理人提交的经审核的竣工结算申请单后14天内完成审批，并由监理人向承包人签发经发包人签认的竣工付款证书。监理人或发包人对竣工结算申请单有异议的，有权要求承包人进行修正和提供补充资料，承包人应提交修正后的竣工结算申请单。

发包人在收到承包人提交竣工结算申请书后28天内未完成审批且未提出异议的，视为发包人认可承包人提交的竣工结算申请单，并自发包人收到承包人提交的竣工结算申请单后第29天起视为已签发竣工付款证书。

（2）除专用合同条款另有约定外，发包人应在签发竣工付款证书后的14天内，完成对承包人的竣工付款。发包人逾期支付的，按照中国人民银行发布的同期同类贷款基准利率支付违约金；逾期支付超过56天的，按照中国人民银行发布的同期同类贷款基准利率的两倍支付违约金。

（3）承包人对发包人签认的竣工付款证书有异议的，对于有异议部分应在收到发包人签认的竣工付款证书后7天内提出异议，并由合同当事人按照专用合同条款约定的方式和程序进行复核，或按照争议解决条款约定处理。对于无异议部分，发包人应签发临时竣工付款证书，并按本款第（2）项完成付款。承包人逾期未提出异议的，视为认可发包人的审批结果。

住房和城乡建设部上述示范文本规定了发包人逾期未对承包人提交的竣工结算申请书完成审批且未提出异议时所应承担的法律后果，但格式文本不能完全替代双方当事人直接作出自主意思表示。换言之，该项责任是由发包人、承包人双方约定而产生，不是法律或者行业规范强加给发包人的，本条的作用仅在于将实践中可能存在的操作确定下来。如果双方当事人就此并未特别约定的，承包人不得依据格式文本条款主张应将其提交的结算文件作为结算依据。

（二）本条规定适用的条件

一是明确了该条文的适用前提。本条的适用前提是发包人、承包人在建设工程施工合同中特别约定了以承包人提交的结算文件为结算依据，发包人的答复期限是明确的，当发包人未在约定的答复期限内提出异议或者作出答复的，则应当按照承包人提交的结算文件为建设工程价款的结算依据。如果发包人、承包人未就建设工程价款的结算依据问题作出约定，则承包人即使自行作出结算文件并送交到发包人处，也不得引用该条主张依据结算文件进行结算。

二是明确了结算文件成就的条件。以承包人提交的结算文件为结算依据的，需要满足两项条件：（1）发包人收到承包人递交的结算文件，是导致承包人提出的结算文件作为结算依据的基本条件。按照建设工程施工合同约定，承包人递交结算文件应当以书面方式进行，发包人收到竣工结算文件也必须向承包人出具书面的凭证。承包人仅以口头等形式告知发包人有关结算文件的内容等，因日后发生工程款结算纠纷时存在举证困难，难以产生本条规定的法律后果。承包人向发包人递交结算文件时，接收结算文件的主体如果是法人或者其他组织的，应当是该法人的法定代表人、其他组织的主要负责人，或者法人或其他组织内部具有收发责任和义务的部门，如办公室、收发室、值班室等负责收件的人，并通过签字或者盖章留下证据。承包人不能举出证据证明自己已经向发包人递交了结算文件的，不能产生本条规定的法律后果。（2）发包人接到承包人提出的结算文件后，在建设工程施工合同约定的期限内不予答复，是导致结算文件作为结算依据的必要条件，发包人应当及时对所接收的结算文件作出答复，即使不同意结算文件的某项内容，也应当向承包人作出相应的意思表示，以免因怠于履行义务承担不利后果。

三是明确了结算文件的递交方式。结算文件不适用留置递交方式，承包人主张系发包人不接收结算文件的，应当提供视频、照片、拒收回执单等证据，经发包人质证后，由人民法院综合认定。

四是明确了该项责任的产生方式。该项责任并非由法律、司法解释确定的新的责任承担，它是从承包人与发包人签订的建设工程施工合同中派生出来的，是发包人、承包人对双方当事人之间权利义务的自主确定。对于人民法院而言，对于本条的运用实际上更多是涉及对一方当事人举出的证据如何采信等相关问题。只要发包人、承包人双方按照法律约定在建设工程施工合同中该项责任予以明确规定，且承包人举出的证据能够证明属于发包人认可结算文件的情形，人民法院应当采信该证据，基于承包人的请求将该结算文件作为确定结算工程价款的依据。

【审判实践中应注意的问题】

一、履行催告是否属于需要承包人履行的义务问题

虽然，催告往往是产生一定法律后果的前提，但必须有法律明确规定或者合同明确约定时方可将其作为前置程序。因此，承包人向发包人进行催告并不是产生本条规定的法律后果的必经程序，发包人不得以承包人没有进行催告而提出抗辩。发包人收到竣工结算文件后，在一定期限内不予答复，本条未要求承包人予以催告。

二、发包人针对竣工结算文件提出的异议是否应当具备合理性的问题

关于发包人针对竣工结算文件提出的异议是否应当具备合理性的问题，实践中存在两种观点：一种观点认为，本条只是对于发包人就竣工结算文件及时答复承包人的行为作出规定，因此，只要发包人在约定期限内作出答复即可，即使其提出的异议不具合理性，也可以免于承担本条所规定的不利后果。否则，如何判断发包人所提异议具备合理性将成为人民法院审理案件中的又一必要内容。考虑到法官通常不具备建设工程造价的专业知识，一般需要以鉴定等方式进行判断，则无论是诉讼程序还是诉讼效果上都和直接对建设工程造价进行鉴定无太大差别。另一种观点则认为，发包人应当本着诚信的原则对竣工结算文件进行审核并作出合理答复，如果其对竣工结算文件提出了异议，则具体异议理由需具有合理性。否则，发包人就会为了实现自身目的，不管竣工结算文件客观与否，一概胡乱地提出异议，导致本条和当事人的约定成为一纸空文。我们认为第一种观点更具合理性，从

本条的制定本意出发，就是要使发包人、承包人能够就建设工程价款的有关问题迅速取得结果，如果双方对建设工程价款均无异议，则可依据该竣工结算文件执行；如果有争议，考虑到工程价款结算涉及双方当事人重大利益，发包人提出的异议是否合理，人民法院往往难以准确界定，在发包人、承包人就工程价款未达成一致意见需进一步结算情形下，不宜对本条款扩大适用。因此，只要发包人在约定期限内提出异议即可。

第二十二条

当事人签订的建设工程施工合同与招标文件、投标文件、中标通知书载明的工程范围、建设工期、工程质量、工程价款不一致，一方当事人请求将招标文件、投标文件、中标通知书作为结算工程价款的依据的，人民法院应予支持。

【条文主旨】

本条是关于建设工程施工合同与招标投标文件不一致时以招标投标文件作为结算工程价款依据的规定。

【条文理解】

同一建设工程施工合同关系，当事人之间的合同文本可能包含招投标文件、中标合同、另行订立并实际履行的合同等文本。如何确定这些合同文本的效力，当事人产生争议时应以哪份合同为依据确定当事人之间的权利义务，是司法实践中争议较大、亟待解决的问题。尤其是招标文件、投标文件以及中标通知书所构成的书面文件在当事人之间是否成立合同、是否成立有效的合同的问题，一直存有争议。

一、关于发包人、承包人之间合同文本的不同分类

（一）招标投标文件、中标通知书

招标文件是建设单位向投标单位发出的供其参加投标所需要的一切情况，是工程建设的大纲，也是工程建设的依据。招标文件一般包括三部分：（1）招标公告或投标邀请书、投标人须知、评标办法、投

标文件格式等，主要介绍招标项目的基本情况及招投标活动的程序规则；（2）工程量清单、设计图纸、技术标准和要求、合同条款等；（3）其他供投标人了解的项目信息，如项目的地理信息、水文、地质、气象、交通等资料。招标文件包括：（1）招标公告（或投标邀请书）；（2）投标人须知；（3）评标办法；（4）合同条款及格式；（5）工程量清单；（6）图纸；（7）技术标准和要求；（8）投标文件格式；（9）投标人须知前附表规定的其他材料。投标文件应包括下列内容：（1）投标函及投标函附录；（2）法定代表人身份证明或附有法定代表人身份证明的授权委托书；（3）联合体协议书；（4）投标保证金；（5）已标价工程量清单；（6）施工组织设计；（7）项目管理机构；（8）拟分包项目情况表；（9）资格审查资料；（10）投标人须知前附表规定的其他材料。

中标通知书是在投标有效期内，招标人以书面形式向中标人发出中标的通知文件，在向中标人发出中标通知书同时，招标人亦须将中标结果通知未中标的投标人。中标通知书的内容包括中标人名称、项目名称、中标价、工期、工程质量、签订合同时间等内容。

（二）中标合同

中标合同是招标人确定中标人后与中标人按照法律规定签订的合同。

《招标投标法》第四十六条第一款规定："招标人和中标人应当自中标通知书发出之日起三十日内，按照招标文件和中标人的投标文件订立书面合同。招标人和中标人不得再行订立背离合同实质性内容的其他协议。"以上条款中所涉及的"合同"概念，特别是"订立书面合同"这一概念，一般应当理解为是"中标合同"。中标合同并非一个严格的法律概念，《招标投标法》并未出现"中标合同"这一概念，但《招标投标法实施条例》第五十八条使用了"中标合同"这一概念，该条规定："招标文件要求中标人提交履约保证金的，中标人应当按照招标文件的要求提交。履约保证金不得超过中标合同金额的10%。"《招标投标法实施条例》其他条款也均直接使用"合同"这一概念。从文义角度理解，《招标投标法》《招标投标法实施条例》中所出现的“合同”一词，应专指招标人与投标人按照招标文件、投标文件订立的合同书。虽然《招标投标法》仅规定招标人投标人应当自中标通知书发出之日订立书面合同，并未指明是合同书，但将该“书面合同”一词理解为“合同书”殆无异议。

（三）实际履行的合同

实际履行的合同一般是指招标人、投标人违反《招标投标法》第四十六条规定，另行订立的背离合同实质性内容的协议。实际履行的合同在实际中也称之为“阴合同”“黑合同”，往往是招标人、投标人为了规避行政主管部门的管理而签订的。但对于非必招标工程项目，当事人因客观情况发生了招标投标时难以预见的变化另行订立合同的，不能认为属于“黑合同”，这在本解释第二十三条已有说明。实际履行的合同与招标文件、投标文件以及中标合同具有很大的不同，特别是在工程范围、工程造价等方面显著区别于后者。

二、招标投标程序中合同的成立时间

招标投标程序中中标通知书为招标人作出的承诺，中标通知书一经发出即生效，也即承诺生效，那么根据《民法典》第四百八十三条规定，承诺生效时合同成立，但是法律另有规定或者当事人另有约定的除外。但《招标投标法》第四十六条中规定，招标人和中标人应当自中标通知书发出之日起三十日内，按照招标文件和中标人的投标文件订立书面合同。按照该规定，招标人和中标人还应当订立书面合同，此处的“书面合同”一般理解为合同书，当事人采用合同书形式订立合同的，自双方当事人签字或者盖章时合同成立。围绕《招标投标法》第四十六条的规定，理论界及实务界对中标通知书发出后合同的成立生效时间产生了巨大争议。主要存在以下四种观点：（1）发出中标通知书时合同尚未成立，在招标人和中标人签署书面合同之后，合同才成立并同时生效；（2）中标通知书发出后合同成立但未生效，招标人、中标人签订书面合同后合同生效，合同书是合同关系成立的有效证据；（3）通过招标投标以及发出中标通知书，招标人和投标人在要约和承诺方面已经达成一致，书面合同成立并生效；（4）发出中标通知书后，招标人和投标人之间已经成立书面合同并生效，但双方成立的是预约合同，违反合同应承担预约合同的违约责任。

对于招标投标程序中合同的成立时间，首先需要明确此处“合同”所指，即招标投标程序中招标人、中标人之间通过招投标文件等各种书面文件所形成的当事人之间的合意。如果认定当事人通过招投标程序订立了合同，那么该合同与之后订立的合同书的关系如何？如何理解当事人在通过招标投标程序成立合同后还应当订立合同书的规定？各种观点争论的根源就在于对《招标投标法》第四十六条理解的不同。主要体现为以下几点：

1. 合同未成立说认为通过招标投标程序双方的合同未成立，不产生拘束招标人、中标人的后果。该观点难以成立，如果通过招标投标和中标，最终的结果是在招标人、中标人之间不产生任何合意，那么招标、投标程序就失去了存在的意义。

2. 合同成立未生效的观点认为招标人、中标人签订书面合同是合同的生效要件，通过招投标程序招标人和中标人成立了书面合同，但双方按照招标文件、投标文件签订合同书后，通过招投标程序成立的合同方才生效。问题是招标人、中标人签订合同书自然可以产生合同书成立生效的法律后果，但该合同书的签订是否就是招标人、中标人通过招标投标程序成立的合同的生效要件？对此，在《招标投标法》中并没有明确的法律依据，强行将签订合同书作为在前已成立的书面合同的生效要件，未免牵强。从《招标投标法》的立法原意来看，该法主要在于规范招标投标活动，法律规定招标人、中标人签订合同书的目的在于通过对招标文件、投标文件的梳理、整合以明晰双方的权利义务关系，达到方便合同履行以及监管的目的。招标人、中标人订立的合同书与通过招标投标程序成立的合同在实质性条款上应当一致，如不一致应当承担相应的法律责任。如未按规定订立书面合同书，按照《招标投标法》第五十九条规定，首先是责令改正，其次是可以处中标项目金额一定比例的罚款。如此规定，主要目的是督促当事人按照招标文件、投标文件确立的基本内容履行，同时也实现行政主管部门的监管需要。招标人、中标人订立的合同书可以在履行细节方面进行不背离实质性条款的约定，同时主要内容与招标、中标文件内容保持一致，这对于招标人、中标人之间已经成立的合同效力并无影响。

3. 预约合同的观点认为招标人、中标人之间已经成立书面合同，但该合同并不能构成本约合同，乃预约合同，是在招标人、中标人之间约定将来订立特定合同的合同。

关于预约合同的法律效力，理论上主要存在两种观点：一种是必须磋商说，另一种是必须缔约说。必须磋商说是指当事人之间一旦订立预约合同，则当事人即负有为达成本约而进行磋商的义务，只要进行了磋商就视为履行合同义务，至于本约最终有无达成在所不问。必须缔约说则认为当事人订立预约合同的目的在于达成本约合同，如果没有达成本约则预约合同没有其价值。两种学说在不同的情况下都有其合理性，在预约合同仅是当事人之间的意向尚不具备本约的主要条款时，必须磋商说有其适用余地，而如果预约合同已经基本具备本约主要条款，则可视为当事人就缔约已基本达成一致，必须缔约说比较合理，当事人不履行缔约义务的可以适用强制履行。

4. 关于招标投标过程在招标人、中标人之间合同成立并生效的观点认为，《民法典》明确规定了招标人发出的招标公告属于要约邀请，而投标行为属于要约、中标通知书属于承诺的观点在要约承诺理论框架内并无太大障碍，因而招标人发出中标通知书后能够产生承诺生效的后果，也即合同成立的后果，合同成立后即生效。至于《招标投标法》规定当事人应当按照招标文件、投标文件订立书面合同是行政管理的需要，也是对于招标文件、投标文件的细化和确认，不能影响当事人之间成立合法有效的合同。即使招标人、投标人没有签订书面合同，也应当按照招标文件、投标文件实际履行，当然其后果是受到行政监督部门的处罚以及责令改正，严重情况下中标人有可能被取消中标资格。

《招标投标法》之所以要求招标人与中标人在合同成立后再行签订书面的合同，是考虑到招标项目的重要性、复杂性、特殊性而对合同的形式和合同生效时间提出的要求，书面合同实际上是生效的要件，而非合同成立生效的证明。法律既然明确规定通过招投标活动订立合同必须是书面形式且同时规定了其生效时间，那么认为发出中标通知书后合同即成立并生效的论据显然不足。①

我们倾向于认为，招标人发出中标通知书后，即产生在招标人、中标人之间成立书面合同的效力。理由在于：（1）招标投标过程符合《民法典》关于通过要约、承诺方式成立合同的基本理论，前文已经述及，不再赘述；（2）合同未成立说、合同成立未生效说都有其自身缺陷，合同未成立说的缺陷自不待言，合同成立未生效说将招标投标过程视为效力待定的合同，完全没有法律依据；（3）招标投标过程究竟是成立本约合同还是预约合同是目前最具争议的问题。预约合同理论确实可以在很大程度上解决《招标投标法》第四十六条给理论和实践中造成的困惑，但其代价是将当事人之间通过严肃的招投标程序订立合同的行为解释为约定订立合同的合同，从而使招投标程序给予当事人的约束力大为下降。按照预约合同理论，在预约合同具备本约合同主要条款时，一方不履行订立合同义务的，另一方可以诉请强制执行，也即当事人必须先通过诉讼确认双方成立本约合同，然后才能根据本约合同要求对方进一步履行本约的合同义务。这种复杂的法律结构无疑使得当事人之间的交易成本大为增加，也极大地增加了当事人之间的交易风险，任何一方当事人均可以在中标通知书发出后拒绝订约，其后果最多是构成预约合同的违约，而非本约合同的违约，这绝非《招标投标法》的立法原意。实践中，中标通知书发出后，招标人、中标人未签订书面合同，中标人经招标人同意便会开始进场履行义务，如果认为当事人之间只是构成预约合同，那么中标人完全没有必要进场，因为其义务也不过是按照招标文件、投标文件订立合同而

① 参见陈川生、王倩、李显冬：《关于中标通知书法律效力的研究》，载《中国政府采购》2011 年第 1 期。

已。在深化审批制度改革、取消施工合同备案的大背景下，招标过程中确定当事人权利义务依据最重要的文件是招标文件、投标文件和中标通知书，而非备案合同。中标通知书发出后，确定当事人权利义务依据的应当是招标文件、投标文件以及中标通知书，这些文件即构成当事人之间的书面合同，而《招标投标法》第四十六条规定的书面合同只是对招投标文件以及中标通知书的进一步确认、明确和规范化。招标人、中标人通过招投标过程成立并生效的合同与《招标投标法》第四十六条规定的书面合同可以并行，二者从《招标投标法》的立法意旨上并不矛盾，且《招标投标法》亦未要求后者与招标文件、投标文件完全保持一致。《招标投标法》只是规定招标人、中标人不得再行订立背离合同实质性内容的其他协议，当事人就同一工程成立多个合同，在实践中有其现实需要，在法律法规中亦无禁止性规定。本条规范的正是招标人、中标人签订的合同与招投标文件不一致时如何结算工程价款的问题，如果将招投标过程理解为成立预约合同，则合同与招投标文件不一致时，合同因欠缺合法有效的内容而无法在当事人之间产生权利义务关系，又不能依据招投标文件确定合同内容，那么对于当事人权利义务的保护是极为不利的。而将招投标过程认定为在当事人之间成立本约，则一旦合同与招投标文件相背离，完全可以根据招投标文件确定当事人之间的权利义务关系，当事人之间的权利义务就不会存在真空地带。

需要强调的是，随着商品经济的发展和当事人之间缔约能力的提高，实践性合同有式微之势，而诺成性合同则成为经济生活中的主流。预约合同理论对解决实践性合同或要物合同未成立时对于当事人权利保护力度不足的问题作用巨大，但建设工程施工合同并非要物合同，属诺成性合同，无须通过引入预约合同理论对当事人之间的权利义务关系进行干预。至于《招标投标法》第四十六条的规定属管理性、倡导性规定，对合同成立并无影响，招标人、中标人未按规定执行的，相关部门可以给予行政处罚，当事人一方亦可根据合同约定行使权利进行救济。

三、以招投标文件作为结算工程价款根据的法理依据

本条规定当事人签订的合同与招投标文件不一致时应将招投标文件作为结算工程价款的根据。前已述及，招投标文件以及中标通知书已经在招标人、中标人之间成立书面合同，该合同对招标人、中标人具有法律约束力。根据《招标投标法》规定，招标人、中标人应当根据招标文件、中标文件订立书面合同，该书面合同一般指合同书，也称为中标合同。原则上，中标合同应与招投标文件保持一致，特别是在合同的实质性条款包括工期、工程范围、工程质量、工程价款方面不能背离招投标文件，否则不能产生法律效力，应以招投标文件为准。因此，在合同与招投标文件不一致时以招投标文件作为结算工程价款的根据是严格贯彻执行《招标投标法》、维护招标投标秩序严肃性的必然要求，也是根据招标人、中标人之间成立的合同还原当事人真实意思表示的应有之义。

【审判实践中应注意的问题】

在适用本条规定时，实践中需要注意以下问题：

一、参照招投标文件结算工程价款的前提是招投标活动合法有效

建设工程市场上，“明招暗定”“先定后招”“串标”等违法行为时有发生，这些行为，严重干扰了招投标市场秩序，损害了其他合法投标人的正当权益。招投标无效而签订的合同包括中标合同、招投标文件以及其他另行订立并实际履行的合同一般应当被认定为无效合同。在当事人就同一建设工程订立的合同均被认定无效的情况下，虽然当事人之间存在形式上的招投标文件，但这些文件不具有合法性，不能反映当事人的真实意思或违反了法律、法规的强制性规定，依法不应采信。因此，即使当事人之间存在招投标文件，但如果招标本身是违

法的，也不应适用本条款，不能将招投标文件作为结算工程价款的根据。在当事人之间就同一建设工程订立的合同均被认定无效的情况下，工程价款的结算应当适用本解释第二十四条的规定。

二、中标通知书发出后，招标人、中标人因在工程实施的细节方面没有达成一致或者其他原因最终没有签订书面合同，如何确定当事人结算工程款的依据

对此问题要区分不同的情况。首先，当事人未签订书面合同，但中标人已经实际进场施工，招标人亦接受的，那么根据前述分析，当事人事实已经在履行双方根据招投标文件订立的合同，招投标文件的内容对于当事人具有约束力。虽然当事人之间不存在中标合同，但这并不影响当事人根据招投标文件履行各自的权利义务，故当事人请求将招投标文件作为结算工程价款根据的，人民法院应予支持。其次，如果当事人因为在工程实施细节方面没有达成一致或者一方当事人悔标而不愿意签订建设工程施工合同，那么当事人尚未开始履行招投标文件确定的权利义务内容，对此则不存在结算工程价款的问题。

三、当事人在合同中约定了合同文件优先顺序导致合同与招投标文件不一致的，能否尊重当事人约定适用合同约定结算工程价款

根据《标准施工招标文件》的规定，解释合同文件的优先顺序如下：（1）合同协议书；（2）中标通知书；（3）投标函及投标函附录；（4）专用合同条款；（5）通用合同条款；（6）技术标准和要求；（7）图纸；（8）已标价工程量清单；（9）其他合同文件。在《建设工程施工合同（示范文本）》第二部分通用合同条款“合同文件的优先顺序”也有基本一致的规定。在这两份比较有示范意义的合同文本中，将“合同”的含义界定为是根据法律规定和合同当事人约定具有约束力的所有文件，构成合同的文件包括合同协议书、中标通知书（如果有）、投标函及其附录（如果有）、专用合同条款及其附件、通用合同条款、技术标准和要求、图纸、已标价工程量清单或预算书以及其他合同文件。这两个在实践中极具示范意义的文本将招标人、中标人之间的合同定义为包括招投标文件以及其他文件在内的对当事人有约束力的文件，应当说这个定义是比较符合法律规定和客观情况的。招标人、中标人之间的权利义务关系绝非中标合同文本就能确定，凡是经当事人意思确定的有约束力的文件均为合同的组成部分，中标合同为合同当中一部分。如何协调这些组成合同的不同文件效力，一方面要考虑当事人的意思自治，另一方面也必须考虑《招标投标法》等法律的规定。一旦招投标文件与合同不一致时，是否可以上述示范文本确定的合同文件优先顺序来确定合同的权利义务？在上述示范文本中，合同协议书的优先级是最高的，其次是中标通知书、投标函及投标函附录，即招投标文件。正常情况下，合同协议书与招投标文件在工程价款、工程范围、工程质量、工期这些实质性条款上是一致的，合同协议书也主要是关于实质性条款的约定。因此，只要合同协议书不背离招投标文件的实质性条款，将合同协议书作为第一优先顺序是可以的，应尊重当事人意思自治。但如果合同协议书在实质性条款方面与招投标文件不一致，那么显然这些条款因为违反了《招标投标法》的规定应属无效，不能产生约束当事人的法律效力，仍然应当以招投标文件作为结算工程价款的根据。

四、审判实践中，能否将招投标文件作为当事人全部权利义务的依据

在本解释制定过程中，有意见提出，既然招投标文件可以在招标人、中标人之间成立有效的合同，那么招投标文件与合同不一致时，是否可以完全以招投标文件作为当事人权利义务的依据？对此问题，我们认为，本解释已经明确规定当工程范围、工程质量、工程价款、工期不一致时，以招投标文件作为结算工程价款的根据。也即在合同的实质性条款不一致时，招投标文件可以作为结算工程价款的根据。至于能否作为其他权利义务的根据，比如，能否作为主张违约的根据、

能否作为赔偿损失的根据、能否作为确定纠纷管辖的根据等问题，要结合当事人对于合同的约定以及合同文件解释的优先顺序来确定当事人之间的权利义务关系。如果招投标文件与合同在非实质性条款上不一致时，应根据上述原则来确定当事人之间的权利义务关系。故对于招投标文件与合同不一致时能否作为当事人全部权利义务关系依据的问题，应具体情况具体分析，不能一概而论。

第二十三条

发包人将依法不属于必须招标的建设工程进行招标后，与承包人另行订立的建设工程施工合同背离中标合同的实质性内容，当事人请求以中标合同作为结算建设工程价款依据的，人民法院应予支持，但发包人与承包人因客观情况发生了在招标投标时难以预见的变化而另行订立建设工程施工合同的除外。

【条文主旨】

本条是关于发包人将依法不属于必须招标的建设工程进行招标后，与承包人另行订立的建设工程施工合同背离中标合同实质性内容时如何结算工程价款的规定。

【条文理解】

一、关于非必须招标工程项目的相关背景

《招标投标法》是在我国进行招标投标活动的基本法律，凡在中华人民共和国境内进行招标投标活动，必须适用该法的规定。该法对于必须招标的工程项目范围进行了原则性规定，规定任何单位和个人不得将依法必须招标的工程项目化整为零或者以其他任何方式规避招标。但是对于非必须招标工程项目进行招标后当事人另行订立了背离中标合同实质性内容的工程合同，是否必须按照中标合同结算工程价款，实践中有一定争议。另外对于工程项目是属于必须招标还是非必须招标的国家相关政策也在不断变化，这也给此类问题的解决增加了难度。

关于非必须招标工程项目范围，首先应确定必须招标的工程项目范围，必须招标的工程项目范围之外的工程项目应属于非必须招标工程项目。2018 年 3 月 27 日，国家发展和改革委员会公布了《必须招标的工程项目规定》，2018 年 6 月 6 日又发布了《必须招标的基础设施和公用事业项目范围规定》，这两个规定对于必须招标的工程项目范围进行了明确的界定。上述两个规定公布后，2000 年 5 月 1 日原国家发展计划委员会发布的《工程建设项目招标范围和规模标准规定》同时废止。相比于原国家发展计划委员会的规定，上述两规定大幅缩减了必须招标的工程项目范围，如将原规定中民间资本投资较多的商品住宅项目、科教文卫体和旅游项目、市政工程项目、生态环境保护项目等从必须招标的工程项目范围中删除，将原规定中“其他基础设施项目”“其他公用事业项目”兜底条款删除，避免造成适用中的扩大。另外还将必须招标的工程规模标准予以提高，从而进一步扩大了民营企业的经营自主权。这对于充分发挥市场配置资源的决定性作用、推动切实放宽市场准入、破除隐性壁垒、优化营商环境具有积极意义。实际上，建筑行业中很多公司为了杜绝腐败、保证项目的廉洁，对于非必须招标的工程项目，进行了招标。如果选择了适用招标方式，就必须遵守《招标投标法》及相关法规的要求，依法合规地开展各项活动。

二、非必须招标工程项目招标后当事人另行订立合同的原因分析

对于非必须招标工程项目，发包人本可以不招标而是自行决定对外发包，但实践中往往产生发包人将非必须招标工程项目招标后又与承包人另行签订合同背离中标合同实质性内容的情况。发包人与承包人另行签订合同有很多方面的原因：一方面是建设单位强迫施工单位压价、垫资、压缩工期或者另行将工程肢解分包，由于建设工程施工合同长期以来采用备案制度，如果将上述条款写入合同则无法通过备案，发包人、施工人于是另行签订合同以规避行政管理部门的监管，

这种情况即属于典型的“黑白合同”；另一方面可能是客观情况或工程实际情况发生了较大变化，当事人通过协商对中标合同予以变更。一般情况下当事人签订的“黑合同”均背离中标合同或备案合同的实质性内容，当事人通过签订“黑合同”寻求其非法利益的实现。

三、本解释制定过程中的不同意见

本条来源于《2018 年解释》第九条，主要是为了明确非必须招标工程项目另行订立的建设工程施工合同与中标合同实质性内容不一致的，应当如何确定结算工程价款的依据。本解释征求意见稿中本条没有但书的规定，公布后争议很大，不少意见认为应当以实际履行的合同作为结算工程价款的依据。因此，讨论中又增加了方案二，即对于非必须招标工程项目进行招标程序后，以实际履行的合同作为结算工程价款的依据。

赞成方案一的理由如下：（1）《招标投标法》第四十六条第一款规定：“招标人和中标人应当自中标通知书发出之日起三十日内，按照招标文件和中标人的投标文件订立书面合同。招标人和中标人不得再行订立背离合同实质性内容的其他协议。”本条规定并未区分依法必须招标的工程和自主招标工程，而是适用于一切招标投标行为。（2）当事人对非必须招标工程项目通过招标投标程序订立建设工程施工合同，不仅涉及招标人与中标人的利益，还涉及其他投标人利益及招标投标市场秩序。故不允许当事人另行订立与中标合同实质性内容不同的合同。

赞成方案二的理由如下：（1）通过招标投标程序订立建设工程施工合同，根本目的是为促进建筑市场公开、公平竞争，确保建设工程质量，保护社会公共利益。非必须招标工程项目，不涉及社会公共利益，应交由当事人自主决策。（2）合同法以合同自由为原则，合同自由原则一项重要内容就是缔约自由，包括缔约方式自由。对于非必须招标工程项目，当事人有权选择通过招标投标的方式或者其他方式缔结契约。（3）对招标人和中标人滥用招标投标程序损害他人合法权益的担心是多余的，因为当事人选择招标投标程序订立合同也会给自己带来高昂的缔约成本，任何一个理性的当事人都不会做这种损人更损己的事情。即使招标人和中标人因过错造成了其他投标人的损失，受损失方可以要求其承担赔偿责任，不必通过限制当事人契约自由来规制。（4）对于非必须招标工程项目，当事人本就有私下订立合同的自由，其在中标合同订立之外另行订立其他合同，对市场秩序并无损害。（5）建筑市场变化较大，如果在订立中标合同之后，当事人的情况或者市场条件发生变化，不允许当事人在中标合同之外另行订立新的合同或者要求当事人只能通过新的招标投标程序订立新的合同，会对交易造成实质性阻碍，提高交易成本，与民事法律鼓励交易、保护交易的价值取向相悖。（6）从有关职能部门最新的规定和中央“放管服”的改革方向来看，压缩必须招标投标工程范围、弱化招标投标程序对建设工程施工合同的规制作用是未来发展的方向。如国家发展和改革委员会颁布的《必须招标的工程项目规定》大幅度提高了必须招标工程项目的金额。《国务院办公厅关于开展工程建设项目审批制度改革试点的通知》规定，社会投资的房屋建筑工程，试行由建设单位自主决定发包方式。本解释应顺应这一改革方向，为降低企业经营成本提供服务和保障。

本解释最终规定对于非必须招标工程项目，以中标合同作为结算工程价款的一般原则，另外还增加了但书条款，主要是出于维护招标投标市场秩序、保护其他投标人利益的考虑。

四、对于非必须招标工程项目以中标合同作为结算建设工程价款依据的理解

（一）本解释规定非必须招标工程项目招标后以中标合同作为结算工程价款依据

1. 从《招标投标法》的管辖范围来讲，该法第二条规定，在中华人民共和国境内进行招标投标活动，适用本法。该条规定并未区分依法必须招标的工程项目的招标投标活动和非必须招标工程项目的招标

投标活动，而是从管辖的地域范围上进行限定，规定清楚明确，不存在其他解释。

2. 从《招标投标法》的具体规范条款来讲，并未区分依法必须招标的工程项目和非必须招标工程项目，而是统一对招标投标活动进行规范。特别是在涉及签订合同这一重要事项时，《招标投标法》第四十六条未明确不适用于非必须招标工程项目。此处的未明确并非立法的不严谨或疏漏，从立法技术上讲，法律已经明确规定招标投标活动应遵循该规范，招标人、中标人当然应当根据招标文件、投标文件订立书面合同，而不得再行订立背离合同实质性内容的其他协议。

3. 从招标投标活动的价值和意义来讲，《招标投标法》第一条开宗明义提出，《招标投标法》的制定是为了规范招标投标活动，保护国家利益、社会公共利益和招标投标活动当事人的合法权益，提高经济效益，保证项目质量。对于非必须招标工程项目而言，虽然在一定程度上与社会公共利益的关系不是特别明显，但这并不代表非必须招标工程项目与社会公共利益无关，并不代表行政管理机关对其依法不需要监管，也当然不能得出其不适用《招标投标法》的结论。非必须招标工程项目适用《招标投标法》，接受行政管理机关的监督与当事人缔约自由并不矛盾。

4. 对于非必须招标工程项目按照中标合同结算工程价款并未侵犯当事人的合同自由。社会主义市场经济条件下，尊重合同自由当然是一项基本原则，当事人选择通过何种方式缔结合同是一项基本的民事权利。对于非必须招标工程项目，当事人可以选择通过谈判直接发包的方式缔结合同，可以选择通过中介人从中协调的方式缔结合同，也可以选择通过招标投标的方式缔结合同，该项自由法律并未加以限制。当事人选择通过招标投标方式缔结合同，则自然必须遵守法律确定的规则，而不能将招标投标程序视为可有可无的存在，一旦违反了法律规定，就必须承担法律规定的后果。签订中标合同后另行订立背离中标合同实质性内容的协议，表面上看是合同自由，但其背后却是对法律的违背。合同自由虽然是合同法的基本原则，但自由并不是没有边界的，自由必须在法律规定的权限、范围内才有其意义。因此，不能以合同自由作为签订背离中标合同实质性内容的借口。

5. 订立中标合同后客观情况如果没有发生重大变化，招标人、中标人另行订立背离中标合同实质性内容的协议对于其他投标人以及招标投标秩序均产生相应的损害。有观点认为其他投标人有损失的可以要求招标人、中标人承担赔偿责任，而不必限制当事人的契约自由，当事人另行订立合同对市场秩序并无损害。这种观点是前后矛盾的，既然承认招标人、中标人另行订立合同有可能造成其他投标人的损失，那么产生损失的后果实质上就是对招投标秩序的破坏，对于市场秩序的破坏。从这一角度理解也不应以当事人另行订立的合同作为结算价款的根据。

（二）对本条但书条款的理解

本条规定发包人、承包人因客观情况发生了在招标投标时难以预见的变化而另行订立合同的属例外情况，可以按照另行订立的合同结算工程价款。那么，对于客观情况发生难以预见的变化该作如何理解就成为关键。

原则上发包人、承包人不得另行订立背离中标合同实质性内容的协议，但是建设工程是一项具有高度复杂性、长期协调性的工作，合同履行过程中不可避免地要对工程建设的方案、细节进行或多或少的调整。无论是必须招标的工程项目，还是非必须招标工程项目，在工程变更方面都不会例外。合同的适当履行原则也要求当事人在履行合同过程中既履行自己的义务，同时又能根据合同履行的具体情况通过协商对履行方式、履行期限进行适当调整。合同内变更属于发包人、承包人主动对建设工程进行的变更，属于发包人、承包人意志范畴以内的变更，符合合同约定的，当事人有权变更，此种变更一般不会背离中标合同的实质性内容，不属于本条规范的情形。

本条对于当事人在中标合同之外另行订立建设工程合同，另行订立的合同即使实质性内容与中标合同存在不同，并未采取完全否定的态度，这主要是因为《民法典》已经明确规定了情势变更原则。情势变更制度是指合同依法成立后，客观情况发生了无法预见的重大变化，致使原来订立合同的基础丧失或者动摇，如继续履行合同则对一方当事人明显不公平，因此允许变更或者解除合同以维持当事人之间的公平。① 本条规定的“客观情况发生了在招标投标时难以预见的变化”实质上属于情势变更的范畴。从条文的表述看，《2018 年解释》规定的此种情形与《最高人民法院关于适用〈中华人民共和国合同法〉若干问题的解释（二）》（已失效）第二十六条规定的情势变更制度非常类似，均强调需要有客观情发生变化、变化须为当事人不能预见、变化须发生在合同履行过程中。需要注意的，《民法典》规定的情势变更制度与《最高人民法院关于适用〈中华人民共和国合同法〉若干问题的解释（二）》（已失效）第二十六条的规定存在不同，《民法典》对于情势变更制度的界定主要限于基础条件发生重大变化、当事人无法预见、不属于商业风险以及继续履行合同对于当事人一方明显不公平几个条件，而《最高人民法院关于适用〈中华人民共和国合同法〉若干问题的解释（二）》（已失效）第二十六条规定除上述几个条件外，还排除了不可抗力的适用，将情势变更与不可抗力区分开来。不可抗力制度和情势变更制度既具有相同之处，也有很多不同之处，在适用《民法典》规定的情势变更制度时要注意与不可抗力制度加以区别：一是制度价值不同，不可抗力制度主要是一种免责事由，而情势变更制度的法律效果是合同变更或者解除；二是适用范围不同，不可抗力制度作为民事责任的一般免责事由，适用于所有民事责任领域，而情势变更制度仅为合同领域的一项特殊制度；三是对合同的影响方式和程度不同，不可抗力制度的适用前提是不可抗力造成当事人不能履行合同的后果，情势变更制度中的基础条件发生重大变化对合同履行也造成了重大影响，但是一般来说合同仍有继续履行的可能，只是继续履行合同对一方当事人明显不公平；四是法律效果不同，适用不可抗力制度体现为免责，但其不导致变更合同内容，合同部分不能履

① 黄薇主编：《中华人民共和国民法典合同编释义》，法律出版社 2020 年版，第 1017 页。

行的，其他部分继续履行，合同一时不能履行的，影响消除后继续履行，情势变更制度则体现为合同的解除或者变更，不直接具有免责效果；五是当事人权利行使方式和程序不同，当不可抗力导致不能履行合同时，受不可抗力影响的一方应及时向对方发出通知并在合理期限内提供证明，适用情势变更制度时则应当首先与对方协商，协商不成可通过法院或者仲裁机构对合同进行变更或者解除。① 虽然不可抗力制度与情势变更制度存在较多的不同，但二者的前提均属非商业风险的客观情况变化，当事人均事先无法预见不可归责，此种变化都属于在一定条件下能够导致当事人之间民事法律关系发生变化的法律事实。当某一法律事实发生时，有可能可以适用不可抗力制度对一方当事人进行免责，也有可能适用情势变更制度调整当事人之间的权利义务关系，当事人可以根据具体情况选择合适的法律路径。

就本条的规定而言，当事人因客观情况发生了在招标投标时难以预见的变化而另行订立建设工程施工合同，属于适用情势变更制度规定的程序和方式对于合同的变更和调整，也即在合同基础条件发生重大变化的情况下对于合同的重新协商。这与当事人根据合同约定对工程进行变更的情况不同，非必须招标工程招标后客观情况发生变化是指当事人意志以外的与建设工程有关的客观事实，客观情况发生变化会导致当事人之间的等价关系发生一定的变化。客观情况发生的变化还必须是当事人在招标投标时难以预见的，如果客观情况的变化是当事人能够预见或应当预见的正常的商业风险，那么即使是客观情况发生变化，也不能适用本款规定。

我们认为，本条规定的非必须招标合同当事人将工程进行招标后基于客观情况发生重大变化而另行订立合同一般包括如下情形：

1. 招标投标后建设工程的原材料、工程设备价格变化超出了正常的市场价格涨跌幅度

建设工程的原材料、工程设备价格变化在正常幅度内涨跌时，当

① 黄薇主编：《中华人民共和国民法典合同编释义》，法律出版社 2020 年版，第 1021～1022 页。

事人各方一般没有必要对价格进行调整，但在施工过程中发生了当事人不能预见的外部因素导致原材料价格发生大幅波动，继续履行合同对当事人一方明显不公平或明显困难时，当事人可以另行订立合同，合理分担风险。参照《建设工程施工合同（示范文本）》的规定，承包人在已标价工程量清单或预算书中载明材料单价低于基准价格的情况下，除专用合同条款另有约定外，合同履行期间材料单价涨幅以基准价格为基础超过5%时，或材料单价跌幅以在已标价工程量清单或预算书中载明材料单价为基础超过5%时，其超过部分据实调整；承包人在已标价工程量清单或预算书中载明材料单价高于基准价格的情况下，除专用合同条款另有约定外，合同履行期间材料单价跌幅以基准价格为基础超过5%时，材料单价涨幅以在已标价工程量清单或预算书中载明材料单价为基础超过5%时，其超过部分据实调整；承包人在已标价工程量清单或预算书中载明材料单价等于基准价格的情况下，除专用合同条款另有约定外，合同履行期间材料单价涨跌幅以基准价格为基础超过5%时，其超过部分据实调整。严格来讲，材料价格、工程设备价格的变化属于市场风险，当事人应有一定的风险承担意识，但如果价格变化超出了正常情况下当事人能够承受的幅度，发生了重大变化，继续履行合同会导致当事人等价关系发生动摇，出于公平原则，应当允许当事人在此种情况下另行订立合同对合同相关条款进行变更。需要指出的是，原材料或工程设备价格的范围应当有所限制，原材料的范围通常应当为主要材料，是在建设工程中用量较大，占工程造价比例较高的材料。原材料价格发生重大变化对于工程造价的影响比较大，应当允许当事人在招标后另行订立合同对工程价款进行调整，这不属于背离中标合同。

2. 招标投标后人工单价发生了重大变化

人工单价的重大变化对工程造价的影响也比较大，人工单价通常由各地省级或行业建设主管部门发布的人工费调整文件进行规范。建设工程施工周期长，人工单价在某些地方、某个时间可能会经历多次调整，一概不允许当事人对人工单价发生的波动进行调整既不符合建设工程实际情况，亦有悖于公平原则。与原材料价格发生重大变化类似，人工单价变化在一定幅度内应视为正常的市场风险，超过各地规定的涨跌幅度或当事人约定的涨跌幅度时可认为属于客观情况发生了重大变化。

3. 建设工程的规划、设计发生了重大变化

建设工程规划许可证是建设工程规划合法性的凭证，未经主管部门批准不得变更，建设单位必须按照规划许可证的要求进行工程建设。特殊情况下，如果由于政府区域总体规划发生变化、用地规划进行调整或者其他原因导致土地、工程的规划和设计发生重大变化时，当事人可根据变化的情况重新确定双方的权利义务。此种情况下当事人另行订立建设工程施工合同的标的、范围均发生了重大改变，属于客观情况发生了招标投标时难以预见的变化，不能按照原中标合同履行，应以另行订立的合同作为结算工程价款的根据。

4. 其他客观情况发生重大变化的情形

现实生活中的情势复杂多变，司法实践应根据具体个案对于是否构成情势变更作出合法合理的判断。以下情形一般可以认定为情势变更：（1）物价飞涨（需要量化）；（2）合同基础丧失（如合同标的物灭失）；（3）汇率大幅度变化；（4）国家经济贸易政策变化。当然，上述情形只是可能适用情势变更制度的典型，具体还应当结合个案在在审判过程中不断丰富和总结。①

【审判实践中应注意的问题】

《招标投标法》第十条规定招标分为公开招标和邀请招标，实践中还存在一种叫作“内部招标”的情形。内部招标活动中招标人的自主性强，一般招标人自己编制招标文件并组织评标，不在公共交易市场进行，很多情况下招投标活动也不在招投标行政主管部门备案。内

① 孙礼海主编：《〈中华人民共和国合同法〉立法资料选》，法律出版社1999年版，第162页。

部招标一般包括场外招标、分包或转包中的招标、自行组织的招标、自愿招标以及内部单位之间的竞争性招标等类型。[①] 那么，对于企业通过内部招标方式签订的建设工程施工合同，随后又另行签订背离“中标合同”的实质性内容，应否适用本条款的规定？

一种观点认为《招标投标法》以及本解释规定的招投标是指公共交易平台进行的“场内招标”，企业内部组织的招投标系企业内部行为，并非招标投标法意义上的公开招标行为，当事人可以自由协商变更相关合同条款，即使背离“中标合同”实质性内容，也不必然要以中标合同作为结算建设工程价款。另一种观点认为，《招标投标法》规定在中华人民共和国境内进行的招标投标活动，适用本法。虽然内部招标在业界被广泛使用，然而何为内部招标，内部招标与《招标投标法》规定的招标有何区别，在立法以及相关行政管理法规、规章中都没有明确规定，以至于内部招标成为很多招投标单位逃避监管、滥用招标、不规范操作的惯用术语。因此，此种情形下，内部招标应当适用《招标投标法》和本条的规定。

我们倾向性认为，所谓内部招标在多数情况下并非限于企业内部，有一定的公开性，投标人也具有一定的不特定性，只是招标人自认为其招标行为属于内部行为、不应受到《招标投标法》以及监管部门约束。由于内部招标并不是严谨的法律术语，实践中无论内部招标冠以何种名称，都要严格审查其是否属于《招标投标法》规定的招投标活动，在符合《招标投标法》规定的情况下，内部招标中的自主招标、场外招标等活动属于《招标投标法》规范的招投标活动，发生相关争议时应适用《招标投标法》及本解释的规定。但是，对于招投标活动完全局限于企业或单位内部，不涉及企业之外第三人信赖利益，未扰乱基本的招投标市场秩序，一般不适用本条款的规定。

① 刘瑾、张剑虹：《内部招标灰色地带的危害及对策》，载《中国工程咨询》2012 年第 5 期。

第二十四条

当事人就同一建设工程订立的数份建设工程施工合同均无效，但建设工程质量合格，一方当事人请求参照实际履行的合同关于工程价款的约定折价补偿承包人的，人民法院应予支持。

实际履行的合同难以确定，当事人请求参照最后签订的合同关于工程价款的约定折价补偿承包人的，人民法院应予支持。

【条文主旨】

本条是关于就同一建设工程签订的数份施工合同均被认定无效但建设工程质量合格时，以哪份合同作为折价补偿承包人依据的规定。

【条文理解】

一、本条规定的历史沿革及制定背景

一般而言，合同成立只是事实判断，即合同双方当事人就特定交易事项达成意思一致。而合同效力则涉及价值判断。也即合同是否有效要看该合同是否违反国家利益、社会公共利益等依法应予保护的法益。根据当时有效的《合同法》第五十八条（已被《民法典》第一百五十七条替代）规定，合同无效或者被撤销后，因该合同取得的财产，应当予以返还；不能返还或者没有必要返还的，应当折价补偿。有过错的一方应当赔偿对方因此所受到的损失，双方都有过错的，应当各自承担相应的责任。可见，合同无效的后果是财产返还或折价补偿、赔偿损失，而不是按照合同约定履行。但早在《2004 年解释》第

二条中就明确规定，建设工程施工合同无效，但建设工程经竣工验收合格，承包人请求参照合同约定支付工程价款的，应予支持。当时之所以如此规定，是因为在建设工程施工领域，承包人的投入都已被物化为建设工程组成部分，客观上已经不能返还，只能折价补偿。至于折价补偿标准，该条采纳参照合同约定结算工程价款的标准。该标准的优点主要有：提高诉讼效率、快速结案；遵从当事人真意；更好体现利益衡量等。从15年来的司法实践情况看，该条的适用取得了积极效果，获得了各方认同，也已被《民法典》第七百九十三条第一款升格为法律条文。但不可否认，司法实践的复杂性和法条文义的有限性也决定了该条的适用不可避免会出现调整对象的缺漏。例如，对于就同一建设工程存在数份无效建设工程施工合同的情形，应参照哪份合同约定对承包人折价补偿分歧较大。实务中，之所以就同一建设工程存在多份合同，有以下原因：一方面是签订中标合同后，建筑市场受到限购等监管政策、主材价格不正常波动、市政规划要求变更等签订建设工程施工合同时不可预见因素的影响而签订数份合同；另一方面则是为了规避强制招投标、中标合同等的约束，当事人恶意串通，签订多份合同。例如，当事人在招标投标过程中事前串标、对必须招标的建设工程未经招标而签订数份建设工程施工合同。显然，对于恶意串通签订多份建设工程施工合同，损害社会公共利益和公正、公平、公开的招投标市场秩序的行为，应对其效力依法作出否定性评价。数份合同被认定无效后，应参照哪份合同折价补偿，过往司法实践中至少有以下几种处理：（1）以中标价为准。理由在于，经过公开招标投标程序确定的中标价是公平公正的，最符合招投标各方的真实意思；（2）以中标合同为准。鉴于中标后签订的中标合同经过备案，已取得主管部门认可，具有正式性；（3）以最后签订合同为准。从常理而言，当事人先后签订数份合同，存在多个意思表示一致，最后签订的合同才是当事人最新合意；（4）以实际履行合同为准。考虑到当事人之间存在通谋虚伪意思表示的可能，应以当事人实际履行行为判断哪份合同才是其真实意思表示。

为了统一裁判尺度，在之前的《2018 年解释》起草过程中，本条规定内容曾出现多次反复。最早在 2013 年 1 月“征求意见稿”第十二条中规定：当事人就同一建设工程订立的数份施工合同均被认定无效，应当参照当事人实际履行的合同约定结算工程价款。不能确定实际履行合同的，可以参照后订立的合同约定结算工程价款。2017 年“社会征求意见稿”相比之前的几稿最大区别则是增加了第三项“依照第二项确定的工程价款与工程实际价款差距较大，按照签约时的市场价格信息确定工程价款”的规定。也即，该条采用了市场价格信息兜底的起草模式。本条款保留了《2018 年解释》的规定，并根据《民法典》第七百九十三条第一款规定进行了文字修改，即将“结算建设工程价款的”修改为“关于工程价款的约定折价补偿承包人的”。

二、对“当事人就同一建设工程订立的数份建设工程施工合同均无效，但建设工程质量合格”的理解

（一）数份施工合同的主体和内容

一般而言，这里的“当事人”是指同一建设工程的发包人与承包人。但没有资质的实际施工人借用有资质的建筑施工企业名义与他人签订的建设工程施工合同，也属于本条所指无效建设工程施工合同当事人。还有一种情形即发包人将建设工程发包给承包人以后，承包人将其转包给第三人或违法分包给第三人。此时，在承包人与转包第三人或违法分包第三人之间也存在无效建设工程施工合同。该无效建设工程施工合同中的发包人是原建设工程施工合同中的承包人，该无效建设工程施工合同中的承包人是转包第三人或者违法分包第三人。故转包或者违法分包都有可能成立无效建设工程施工合同，属于本条规范对象。至于转包第三人或违法分包第三人则因与原建设工程施工合同发包人没有直接关系，不具有合同相对性，彼此之间不成立无效建设工程施工合同。另外，在建设工程施工合同纠纷实务中，还存在建设工程施工合同履行过程中，承包人一方中途退场后，新承包人进场就同一建设工程签订新的建设工程施工合同情形。此情形不属于本条

规范对象范围。理由是，本条针对的仅仅是双方当事人不变的前提下，就同一建设工程签订多份施工合同的情形。如果承包人一方退场，新进场承包人要么承担修复已施工工程不合格部分任务，要么在原承包人已施工建设工程基础上，就该建设工程剩余未施工部分与发包人达成新的建设工程施工合同。显然，后达成的建设工程施工合同承包人与之前中途退场的承包人并非同一人，且施工建设工程范围也不一致。故不符合本条所指“当事人就同一建设工程订立的数份建设施工合同”中当事人在数份合同中都是相同的这一要求。

关于本条第一款中的“同一建设工程”则一般是指当事人签订数份建设工程施工合同共同指向的施工内容。也即“同一建设工程”首先强调的是建设工程具有同一性。这里的同一是从广义角度而言的，只要不涉及位置、主体、框架等基础性部分的根本性变化，即便该建设工程发生了个别规划指标等的变化，仍可被视为本条所指同一建设工程。具体而言，同一性主要表现为该建设工程的设计、规划、质量等内容未发生变化。例如，建设工程的建设用地规划许可、四至、面积、容积率、建筑密度、层高、绿化率等控制性详细规划指标均没有发生变化等。除了建设工程未发生变化之外，实践中还存在当事人基于各种主客观因素影响，就建设工程作出非实质性内容变化的约定情形。此时，即便建设工程发生了非实质性内容变化，也可纳入本条所指同一建设工程范畴。至于当事人的新约定背离了原建设工程施工合同实质性内容的情形，建设工程因设计、规划等不可控因素影响发生实质性变化调整，不影响本条中所指建设工程的“同一性”。考虑到建设工程施工多为户外作业，受政府规划调整、相关房地产、施工政策变化、天气骤变等当事人不可控因素影响，当事人经常会根据变化的情况，通过签订新的建设工程施工合同，适当调整建设工程的具体施工内容、工期和工程价款等。此时仍可将调整前后的施工对象——建设工程视为本条所指“同一建设工程”。这是因为，虽然规划审批手续确定的建设工程个别指标发生了变化，但该规划审批手续确定的建设工程基本属性并未发生变化，仍属于广义的“同一建设工程”。

至于本条所称“数份建设工程施工合同”既可能是经过招投标程序根据招投标文件签订的中标合同、备案合同、备案合同之后私自签订的其他合同，也可能是未经招投标程序签订的合同等。

（二）建设工程质量合格

从本条起草本意而言，主要是解决当事人之间多份施工合同无效情形下参照哪份合同对承包人折价补偿的问题。至于要参照合同约定而不通过工程造价鉴定的理由，主要是为了与《民法典》第七百九十三条的起草精神保持一致。合同无效，就自始无效，对合同当事人不产生约束力。相应地，合同约定价款本不应对当事人有任何约束，但《民法典》第七百九十三条仍规定了合同无效，可以参照合同约定折价补偿。对此，不少人认为，这是无效合同按有效对待。我们不同意这种观点。事实上，这种处理只是对合同无效折价补偿问题确定了参照标准。根据《民法典》第一百五十七条规定，民事法律行为无效、被撤销或者确定不发生效力后，行为人因该行为取得的财产，应当予以返还；不能返还或者没有必要返还的，应当折价补偿。有过错的一方应当赔偿对方由此所受到的损失；各方都有过错的，应当各自承担相应的责任。法律另有规定的，依照其规定。由该条可知，建设工程施工合同无效，但承包人已通过施工行为将人工、材料和机械等费用物化到建设工程上。这些已经物化的部分，事实上已不可能返还给承包人，故发包人应当折价返还。至于确定折价的标准，当时有一种观点认为，既然约定无效，就应通过工程造价鉴定更为科学。但众所周知的是，工程造价鉴定所依据的定额标准、当时市场信息价，一般都高于双方约定的工程造价。如果选择通过工程造价鉴定确定工程价款，一则会违背当事人签订合同时就工程价款作出的真实意思表示；二则会人为造成审理时间拖延，额外增加当事人诉讼成本；三则会变相激励当事人尤其是承包人千方百计主张合同无效，从而获得更多非法利益。有基于此，《民法典》第七百九十三条第一款规定了参照无效合同约定对承包人折价补偿。同样情况同样处理，当事人签订多份建设工程施工合同均为无效时，人民法院也应参照实际履行的无效合同结算折价补偿款。除了参照实际履行合同约定处理之外，关于无效合同折价补偿款的结算，还需要注意建设工程应为质量合格。显然，本条所指承包人请求折价补偿款的基础法律关系并不是有效建设工程施工合同而是建设工程施工合同无效后的不当得利返还。根据《民法典》第一百二十二条规定，因他人没有法律根据，取得不当利益，受损失的人有权请求其返还不当利益。也即承包人请求发包人折价补偿是基于其自身利益受损，而发包人因此而受益且没有合法依据。既然强调发包人因承包人的施工行为而受益，则承包人施工的物化行为应让发包人确实客观上已经受益。具体而言，承包人施工物化的结果应为建设工程质量合格。这里的建设工程质量合格，根据建设工程完工程度，可以分为在建工程质量合格和竣工工程质量合格。《2004 年解释》第二条只写了竣工验收合格一种情形，并未考虑建设工程施工领域中常见的建设工程尚未完工承包人就中途退场情况。对于后者情形，如果机械、绝对地理解为按该条规定，承包人一定要等到建设工程竣工验收合格才能拿到已施工部分的折价补偿价款，则一方面承包人折价补偿的实现将被迫延后；另一方面还存在因建设工程停工烂尾，工程竣工验收合格无限期拖延，承包人的折价补偿款遥不可及的风险。因此，本条规范对象既包括建设工程竣工验收合格情形也包括尚未竣工但已完成建设工程质量合格两种情形。当然后者前提是实际履行的合同中对承包人中途退场后的在建工程折价补偿款结算方式已作出明确约定。

三、对“实际履行的合同难以确定，当事人请求参照最后签订的合同关于工程价款的约定折价补偿承包人的，人民法院应予支持”的理解

虽然司法实践中，当事人就同一建设工程订立数份建设工程施工合同的情形较多，但是双方当事人对实际履行的究竟是哪份合同一般并无争议。而根据实际履行的合同就可以推断出双方真正想要订立的是哪份合同以及期待从合同中可得的利益。具体而言，通过实际履行，

我们可判断发包人、承包人彼此之间所期待的对方在建设工程施工合同中权利义务。故本条第一款规定当事人请求参照实际履行的合同结算工程价款的，符合当事人的合同预期。

（一）实际履行的合同难以确定

固然，一般情况下，判断实际履行的建设工程施工合同争议很少，但一旦产生争议，特别是针对尚未履行完毕的建设工程施工合同，就会出现难以判断的情形。我们认为，根据施工过程中发包人、承包人以及监理等的往来签证、会议纪要、通知、函件、工程款收支凭证等证据，对比几份建设工程施工合同约定不同之处，可以用来综合判断当事人究竟履行的是哪份建设工程施工合同。这里的建设工程施工合同约定不同，主要表现在以下几方面：（1）不同建设工程施工合同可能存在施工范围不同。这里的施工范围不同，多是后期设计变更、规划调整等原因导致。如果承包人对某份建设工程施工合同特别约定的施工范围工程进行了施工，即意味着实际履行的施工合同被锁定。（2）不同建设工程施工合同可能存在建设工期不同。建设工期约定的变更意味着工程进度也要随之调整，故可根据当事人双方往来建设工程进度签证情况来判断当事人究竟是按哪份施工合同约定的工期在履行。（3）不同建设工程施工合同可能存在质量标准要求不同。工程质量标准必须符合现行国家有关工程施工质量验收规范和标准的要求。有关工程质量的特殊标准或要求由合同当事人在专用合同条款中约定。如果承包人按某份施工合同约定的质量标准进行施工，发包人知道或应当知道但没有及时提出异议，则基本可以认定该份合同为实际履行的合同。（4）不同建设工程施工合同可能存在工程价款约定不同。这里的不同主要表现为合同价格形式不同、付款方式和数额不同等。现行合同价格形式主要有单价合同、总价合同和其他价格形式。单价合同是指合同当事人约定以工程量清单及其综合单价进行合同价格计算、调整和确认的建设工程施工合同，在约定的范围内合同单价不作调整。合同当事人应在专用合同条款中约定综合单价包含的风险范围和风险费用的计算方法，并约定风险范围以外的合同价格的调整方法。总价合同是指合同当事人约定以施工图、已标价工程量清单或预算书及有关条件进行合同价格计算、调整和确认的建设工程施工合同，在约定的范围内合同总价不作调整。合同当事人应在专用合同条款中约定总价包含的风险范围和风险费用的计算方法，并约定风险范围以外的合同价格的调整方法。其他价格形式是指合同当事人可在专用合同条款中约定其他合同价格形式。如果当事人在施工过程中涉及工程款计算采用的是以施工图、已标价工程量清单或预算书及有关条件进行合同价格计算、调整和确认的，则其实际履行的是总价合同形式的建设工程施工合同。如果当事人在施工过程中涉及工程款计算采用的是以工程量清单及其综合单价进行合同价格计算、调整和确认的，是单价合同形式的建设工程施工合同。除以上两者，剩下的都可归入其他价格形式合同。至于工程价款给付方式则大体分为工程预付款、工程进度款和竣工结算款三种。根据《建设工程价款结算暂行办法》第七条规定，发包人、承包人应当在合同条款中对涉及工程价款结算的下列事项进行约定：(1) 预付工程款的数额、支付时限及抵扣方式；(2) 工程进度款的支付方式、数额及时限；(3) 工程施工中发生变更时，工程价款的调整方法、索赔方式、时限要求及金额支付方式；(4) 发生工程价款纠纷的解决方法；(5) 约定承担风险的范围及幅度以及超出约定范围和幅度的调整办法；(6) 工程竣工价款的结算与支付方式、数额及时限；(7) 工程质量保证（保修）金的数额、预扣方式及时限；(8) 安全措施和意外伤害保险费用；(9) 工期及工期提前或延后的奖惩办法；(10) 与履行合同、支付价款相关的担保事项。如果当事人提供的涉及合同价款的收付款凭证、会议纪要、签证等与特定建设工程施工合同约定保持一致的，则可作为认定该特定建设工程施工合同为实际履行合同的证据。以上从建设工程施工合同常见主要条款角度简述了如何确认实际履行的建设工程施工合同。考虑到建设工程施工领域复杂性，在确定实际履行的建设工程施工合同时，不宜采用简单划一标准，直接单就某一个方面因素进行比较。

（二）参照最后签订的合同

在漫长的施工周期内，发包人、承包人之间就实际履行哪份合同可能出现反复，甚至可能出现同时符合履行两份合同特征的情形。例如，发包人、承包人因设计变更或规划调整导致施工范围发生变化。为此，发包人、承包人先后签订了A、B两份施工合同。两份施工合同的施工范围、工期、进度款给付等约定均不相同。诉讼中，当事人既提交了施工范围符合A合同但不符合B合同约定的证据，又同时提交了预付款给付符合B合同但不符合A合同约定的证据。人民法院经审查发现，两组证据的证明力大致相同，都能用于证明待证事实。此时，如果当事人就双方实际履行的是A合同抑或B合同各执一词时，该如何处理？从起草本条时调研收集情况看，有以下几种观点：第一种观点认为，当事人双方履行的是一份兼具A、B两份合同约定特征的新合同。理由在于，既然当事人双方实际履行的合同内容与现有A、B两份合同都不一样，那么其行为足以证明双方当事人已经事实上修改了原有建设工程施工合同，就建设工程施工合同达成了新的一致，该一致应被视为新的建设工程施工合同，只不过没有书面化而已。第二种观点认为，既然当事人履行施工合同时存在不同合同内容之间的交叉，无法区分明确当事人到底是履行哪一份合同，那么就应该结合缔约过错、已完工程质量、利益平衡等因素分配两份或以上合同间的差价确定折价补偿款。第三种意见认为，在同意第二种意见基础上，如果依照第二种意见确定的折价补偿款与工程实际价款差距较大，按照签约时的市场价格信息确定折价补偿款。也即采用了市场价格信息兜底的模式。我们认为，以上三种意见均有瑕疵，不足以取。首先，第一种意见只是根据当事人存在交叉履行不同合同约定的行为，就得出双方达成新施工合同的结论过于绝对。至少不能排除基于重大误解等原因导致当事人在履行建设工程施工合同义务时交叉履行不同施工合同的情形。其次，第二种意见采用结合缔约过错、已完工程质量、利益平衡等因素分配两份或以上合同间的差价方式确定折价补偿款。该处理方式通过过错衡量、利益平衡等方式赋予了人民法院充分的自由裁量权，但也正是因为上述几个衡量因素本身就相对空泛，主观性强，故有可能导致人民法院裁量权过大，裁判标准不统一，影响司法权威。此外，由于按合同间的差价计算相对客观，好操作，故也不排除走入另一个极端：一律采用所有合同平均价的形式。这样就反映不出个案中的过错因素和已完工程质量因素等。再次，第三种意见是用市场信息价兜底。但该兜底可能因市场信息价高于合同约定价而使得承包人获得更高收益，会诱使承包人主动放弃对过错大小、工程质量等的举证，直接以依照第二项确定的折价补偿款与工程实际价款差距较大为由，请求直接套用前述签约时的市场价格信息确定折价补偿款。鉴于上述三种意见存在的问题，虽然我们在起草本条过程中，曾将上述三种意见均写入不同征求意见稿中，但司法解释专班经认真讨论后仍建议删除了上述三种意见，而代之以“参照最后签订的合同”。也即，本条定稿时选择了时间标准。以当事人最后签订的合同作为当事人签订合同的最新意思表示，并以此推定其实际履行的合同应是符合其最新意思表示的合同。这样处理虽然存在因当事人可能倒签合同签订时间而导致所谓最后签订的合同并非当事人最新的意思表示，但其好处在于符合日常生活经验、相对比较客观，更便于统一司法裁量尺度。

（三）折价补偿

一般而言，在建设工程施工合同有效情形下，承包人最主要的权利就是要求发包人结算并给付工程价款。这里的结算工程价款一般是指对建设工程的发承包合同价款进行约定和依据合同约定进行工程预付款、工程进度款、工程竣工价款结算的活动。在之前的《2018 年解释》第十一条中，并没有区分建设工程施工合同是否有效而是一律规定承包人可以向发包人主张结算建设工程价款。但《民法典》第七百九十三条则严格根据该法第一百五十七条规定，将建设工程施工合同无效情形下，承包人可以向发包人请求的对象由工程价款修正为折价补偿价款。这样就将合同有效与无效的不同法律效果予以明确区分，有助于避免实务中常见的将参照合同约定结算工程价款扩张解释为可以直接参照合同约定主张工期损失、逾期付款等违约责任的误解。

【审判实践中应注意的问题】

在适用本条规定时，实践中需要注意以下几个方面：

从文义解释而言，本条规范的对象是当事人之间签订多份建设工程施工合同引发的折价补偿争议。但从司法实践情况看，由于条文文义表述局限性，折价补偿价款远不止本条规范对象所涉及的争议问题。我们认为，司法实务中至少有以下问题还需要进一步厘清：

一、如何理解本条中的“当事人请求参照……折价补偿承包人的”

前已述及，本条关于对承包人折价补偿的标准的起草理念与《民法典》第七百九十三条第一款（《2004年解释》第二条）基本一致。但本条在文字表述上与前者有所不同。例如，《2004年解释》第二条规定：“承包人请求参照合同约定支付工程价款的，应予支持”，而《民法典》第七百九十三条第一款规定的是“可以参照合同关于工程价款的约定折价补偿承包人”。而本条的两款规定中也分别出现了“当事人请求参照……关于工程价款的约定折价补偿承包人”的表述。但两者对比细究之，则会发现表述上的两点不同：一是“承包人”和“当事人”；二是“支付”和“补偿”。关于第一点主体表述的不同。我们认为，《2004年解释》将请求主体限定为承包人，是从承包人作为原告主张工程款角度而言的。但从近年来的司法实务情况看，曾出现承包人认为既然该条规定的请求前面没有应当二字，故应理解为承包人对折价补偿的方式具有选择权，也即当事人可以另行选择通过申请鉴定等方式主张折价补偿。而实践中，一旦原告承包人不按合同约定主张折价补偿，则被告发包人则往往以其只承担按合同约定给付折价补偿款义务为由提出抗辩。最终，人民法院一般会认定发包人抗辩成立，判决仍是支持按合同约定的折价补偿款。这次起草过程中，我们将承包人主张参照合同约定主张折价补偿款和发包人抗辩应参照合同约定给付折价补偿价款两种情况均纳入本条规范对象，以当事人称谓加以统称。如果承包人主张折价补偿款的诉讼请求不是参照合同约定计算得出，而是主张进行建设工程造价鉴定，人民法院一般应对其鉴定申请不予准许，并告知其不予准许的原因，以便承包人变更诉讼请求以符合本解释规定。相应地，作为被告的发包人也可以主张适用本条作为对原告承包人折价补偿款请求的抗辩。

二、如建设工程质量不合格，应如何结算折价补偿款

前面已述，建设工程竣工验收合格（工程质量合格）或已施工部分工程质量合格，发包人才有受益。相应地，承包人才能主张不当得利返还。如果建设工程质量不合格，说明该工程质量存在严重问题，发包人即便接收了该建设工程也无法加以利用。如果该建设工程质量不合格是由于承包人原因所致，此时，如果还要发包人为一个不能使用的建设工程向承包人支付折价补偿款，对发包人而言有失公平。对此，《民法典》第七百九十三条第二款规定，建设工程施工合同无效，且建设工程经验收不合格的，按照以下情形处理：（1）修复后的建设工程经验收合格的，发包人可以请求承包人承担修复费用；（2）修复后的建设工程经验收不合格的，承包人无权请求参照合同关于工程价款的约定折价补偿。发包人对因建设工程不合格造成的损失有过错的，应当承担相应的责任。故发包人可以请求承包人对该工程进行修复，如果修复后的建设工程经验收合格，承包人可以请求参照合同关于工程价款的约定折价补偿，发包人也可以反诉承包人因修复建设工程导致的工期延误损失。如果修复后的建设工程经验收不合格，承包人请求参照合同关于工程价款的约定折价补偿的，不予支持。如果承包人拒绝修复，发包人可以另找他人修复该建设工程达到验收合格。相应地，发包人可反诉承包人承担修复费用。另外，即便发包人另找人修复该建设工程最终经验收仍不合格，承包人不能主张折价补偿款，发包人仍可反诉承包人承担修复费用等。

第二十五条

当事人对垫资和垫资利息有约定，承包人请求按照约定返还垫资及其利息的，人民法院应予支持，但是约定的利息计算标准高于垫资时的同类贷款利率或者同期贷款市场报价利率的部分除外。

当事人对垫资没有约定的，按照工程欠款处理。

当事人对垫资利息没有约定，承包人请求支付利息的，人民法院不予支持。

【条文主旨】

本条是关于垫资约定的效力及未对垫资进行约定的处理原则的规定。

【条文理解】

一、本条规定的制定背景

长期以来，我国工程建设领域承包人垫资的情形较为常见。在《2004 年解释》出台以前，我国无论是在学术界还是在实务界都对当事人约定垫资的行为效力持否定态度。一方面，因为垫资承包虽然是建设工程实务中的常见现象，但如果垫资承包逐渐成为订立建设工程施工合同的条件，将会助长建筑市场不正当竞争的风气，极有可能引发工程拖欠款问题，会严重损害建筑市场秩序，最终影响建筑工程质量或者施工安全，导致各种社会问题。因此，我国建筑行业主管部门多次作出规定，严格禁止建设工程施工中的垫资行为，其中以 1996 年原国家计划委员会、原建设部和财政部联合发布的《关于严格禁止在工程建设中带资承包的通知》（已失效）是为著例。① 另一方面，有观点认为，垫资包含有发包人向承包人融资的内容，工程垫资行为从性质上讲属于企业之间的资金拆借，违反我国金融监管政策，应当认定为无效。综上，人民法院在审理建设工程施工合同纠纷案件时，一般都以1996年原国家计划委员会、原建设部和财政部联合发布的《关于严格禁止在工程建设中带资承包的通知》关于禁止建筑施工企业垫资或者带资施工建设工程施工合同中的垫资条款或者另行签订的垫资合同的相关规定为依据，认定垫资行为无效并另行制作民事制裁决定书对垫资及利息予以收缴。

但是，理论和实务界对垫资行为的态度与工程建筑市场中的实际情况几乎南辕北辙，有关禁止性规定一直面临着无法实施的尴尬局面，工程垫资问题没有得到解决，反而愈演愈烈。为了规避相关规定，承包人和发包人采取订立“阴阳合同”（又称“黑白合同”）实施垫资行为的变通方式更是十分常见。故在《2004年解释》的起草过程中，鉴于我国建筑市场垫资行为比较普遍，甚至可以说是建筑市场上的交易惯例，发包人要求承包人垫资，如果承包人不带资、垫资将难以承揽到工程。而垫资一旦发生，如又不承认垫资有效，将十分不利于保护承包人的合法权益。同时，我国已经加入WTO，建筑市场是开放的，建筑市场的主体既可能是本国的企业，也可能是外国的企业，而国际建筑市场是允许垫资的，如果我们认定垫资一律无效，违反国际惯例，这与建筑市场的发展潮流相悖。并且建设工程施工合同中的垫资是由合同性质决定的，是不可避免的，在履行建设工程施工合同时，由于施工合同在性质上属于承包合同，而承包合同具有复合性，在建设工程施工合同中通常会约定按照工程建设的形象进度付款，但形象

① 该通知第四条中规定：“任何建设单位都不得以要求施工单位带资承包作为招标投标条件，更不得强行要求施工单位将此类内容写入工程承包合同。”第五条中规定：“施工单位不得以带资承包作为竞争手段承揽工程，也不得用拖欠建材和设备生产厂家货款的方法转嫁由此造成的资金缺口。”

进度并不是一个准确的时间点，履行合同中必然存在施工与付款的时间差，这个时间差在本质上就是一种垫资。另外，依据《合同法》以及《最高人民法院关于适用〈中华人民共和国合同法〉若干问题的解释（一）》关于“必须是违反法律、行政法规的强制性规定，才能认定合同无效”“合同法实施以后，人民法院确认合同无效，应当以全国人大及其常委会制定的法律和国务院制定的行政法规为依据，不得以地方性法规、行政规章为依据”的相关规定，《关于严格禁止在工程建设中带资承包的通知》并不属于法律、行政法规，至多归为部颁规章范畴，不能成为人民法院认定合同条款无效的法律依据。严格来讲，垫资行为是建设工程施工合同双方自愿达成的约定，并未违反法律、行政法规的强制性规定，不应直接认定为无效。

依比较法的观点，在国外立法例中，通常明文规定保护垫资本金也保护垫资利息。例如，依据《德国民法典》第648条之规定，建筑工程或者建筑工程的一部分承揽人，就其由契约所产生的债权，对定作人的建筑用地得请求让与保全抵押权；如加工尚未完成，承揽人得为了与给付的劳务相符的一部分报酬中未计算在内的垫资，请求让与保全抵押权。我国《民法典》以典型合同的形式专章规定了“建设工程合同”，但也在第八百零八条中明确规定了该章没有规定的建设工程合同可以参照适用承揽合同的相关规定。因我国民法受到大陆法系尤其是德国民法的深远影响，《德国民法典》对垫资行为规定内容值得我国借鉴与参考。同时，从国际工程建设实务看，虽然我国建筑市场拖欠工程款现象依然十分严峻，并且很多情况下都与垫资问题连在一起，但是二者之间并不具有广泛的必然联系。在国外垫资施工早已成为惯例的情况下，也未必然伴随着拖欠工程款的问题。由此可见，垫资行为本身并不是问题，问题在于市场机制和企业体制。要真正解决拖欠工程款和由此带来的一系列问题，重要的不是禁止垫资行为，而是应建立完善的企业管理制度和建设资金监督管理机制。目前我国建筑市场正在推行国际通行的工程保证金制度及工程款商业保险制度，随着这些制度的逐步完善，将从根本上解决拖欠工程款问题，垫资合法化不会导致发生大量拖欠工程款。此外，是否垫资和垫资多少，也是建筑施工企业综合实力的体现，通过竞争可以实现建筑施工企业的优化组合。正是基于以上考虑，《2004年解释》对垫资施工问题的认定和处理作出突破性规定，在其第六条的规定中，原则性地认可了垫资合同的效力，从而确立了垫资既不同于企业间资金拆借，又不同于一般工程欠款的处理原则。在垫资合同或者合同中的垫资条款中对垫资及利息有明确约定的，如双方发生纠纷，应按照合同的约定处理本金及利息的问题；如果仅对垫资有约定，对利息没有约定，则承包人请求返还利息的请求不应支持；如果虽有垫资的行为，但合同中没有关于垫资的约定，则发生纠纷后，已经发生的垫资按照一般的工程欠款处理。

随着我国市场经济的迅速发展以及金融改革的进一步深化，理论和实务界对于企业间借贷行为的效力问题也产生了进一步的认识。2015年，最高人民法院颁行《关于审理民间借贷案件适用法律若干问题的规定》①，对企业间为生产、经营需要而开展的民间借贷行为的效力作出认可，即便垫资施工的行为具有企业间资金拆借的性质，认可垫资行为的效力也不存在法律和法理上的障碍。据此，为贯彻落实《民法典》，本解释仍然保留了《2004年解释》对合同中约定垫资作出认定和处理的相关规定。

值得注意的是，鉴于中国人民银行发布公告决定改革完善贷款市场报价利率（LPR）形成机制，自2019年8月20日起，中国人民银行授权全国银行间同业拆借中心每月公布贷款市场报价利率（LPR），中国人民银行贷款基准利率这一标准已经取消。最高人民法院《全国法院民商事审判工作会议纪要》明确规定，自此人民法院裁判贷款利息的基本标准改为全国银行间同业拆借中心公布的贷款市场报价利率。为统一裁判表述，结合审判工作实践，本条规定对约定垫资利息的表述方式作出进一步规范，将《2004年解释》关于“中国人民银行发布

① 已被修改。

的同期同类贷款利率”改为“高于垫资时的同类贷款利率或者同期贷款市场报价利率”，并以行为是否越过2019年8月19日为界，采取不同的表述方式。

二、本条规定的理解与适用

（一）工程垫资的实践现状

所谓垫资，是指承包人在签订合同后，不要求发包人先支付工程款或支付部分工程款，而是利用自有资金先进场进行施工，待工程施工到一定阶段或者工程全部完成后，再由发包人支付承包人垫付的工程款。[①] 如果工程垫资是建设单位与施工单位之间的真实意思表示，施工单位违反垫资约定，无法继续提供建设资金的，应当承担违约责任。但客观地讲，在我国建筑市场尚不成熟、完善的情况下，承包方的垫资行为很难说是基于真实的意思表示，往往是因为处于相对弱势地位而不得不为之，部分中小建筑施工企业甚至迫于竞争压力，不惜以向银行贷款、对外借款来垫资承包建设工程，获得合同机会。建设单位的商业风险因为工程垫资的存在而不合理、不公平地转移给施工单位，极易引发一系列问题。施工单位拖欠农民工工资，拖欠货款、材料款，无力偿还银行贷款等情形频频出现，大量纠纷相伴而来。人民法院要准确把握审理工程垫资纠纷案件的裁判理念，妥善审理工程垫资有关案件，有必要对垫资产生的原因、垫资的性质及后果等作出深入了解和正确认识。

1. 垫资产生的原因

（1）建筑市场供求关系失衡是垫资产生的根本原因。由于我国房地产业的迅速发展，该行业又属于门槛相对较低的行业，吸引了大量资金和人员涌入房地产市场，建筑市场中的施工企业和人员供过于求现象凸显。但是，因为我国房地产市场尚不成熟，金融市场化尚不完

---

① 参见最高人民法院民事审判第一庭编著：《最高人民法院建设工程施工合同司法解释的理解与适用》，人民法院出版社2004年版，第62页。

善，我国建筑市场资金缺口长期存在，建设单位以其优势地位，要求施工单位垫资施工，降低项目开发的前期成本，以缓解建设资金的压力屡见不鲜。一些资金不足的开发商，仅凭有关部门批准的立项、规划手续，就可以通过施工单位垫资方式进行施工。有些开发商完全是以房屋的预售、销售款来支付工程款，将市场风险全部转嫁给施工一方。对建筑施工企业来说，则是进退两难、处境尴尬。

（2）法律体系不完善是垫资产生的重要原因。从立法层面看，我国《建筑法》《招标投标法》等涉及工程建设领域的法律法规不断出台，有效地规范了建筑市场主体行为，促进了建筑行业的良性发展。但随着我国建筑市场的环境已经发生重大的变化，许多新情况新问题相继产生，相关法律法规已经明显不适应建筑市场发展需求，缺乏某些必要问题的解决方案。施工单位为了在竞争中击败对方，不惜以低价、垫资、带资方式来争取合同，对建筑市场正常的经济秩序，工程质量和施工安全是一种潜在威胁，极易引发社会问题。

（3）行政监管缺位也是导致工程垫资愈发普遍的重要原因。根据国家有关规定，基本建设项目必须经过有关部门审批合格后方可开工，而资金到位正是审批的重要条件之一。建筑工程开工前，建设单位应当按照国家有关规定向工程所在地县级以上人民政府建设行政主管部门申请领取施工许可证，而根据《建筑法》的相关规定，建设单位申请领取施工许可证的必备条件之一是建设项目资金已经落实。但实践中经常出现的情况是，政府未对建设项目的资金来源进行实质性的调查，致使一些资金未到位，未达到立项要求的建设项目通过了审批，助长了建筑市场的不良风气，扰乱了正常的市场秩序。

2. 垫资的主要形式

目前，实践中的垫资施工主要采取以下三种形式：一是全额垫资，即发包人在工程建设过程中不向承包人支付任何工程价款，而是等工程项目建设完毕经竣工验收合格后，发包人才向承包人按照约定支付工程价款。当前建筑市场上的 BT 建设模式（也称“建设—移交”模式），通常指政府利用非政府资金来进行基础非经营性设施建设项目的一种融资模式，成为一些市场化的主体开展融资和工程建设的重要模式。从本质上看，这类 BT 建设模式就是典型的承包人全额垫资施工的建设模式。[①] 二是通过按工程施工进度付款的方式垫资。按工程施工进度支付工程款是实践中最为常见的工程支付方式，通常是由承包人施工到一定进度后，由发包人或者监理人对工程量和工程款进行审核，并向承包人支付相应的工程款。如果发包人没有约定预付该部分工程款，承包人在获得工程进度款之前，属于垫资进行施工。此外，有的建设工程施工合同还约定，承包人施工到一定进度后，发包人只支付一定比例的工程进度款，未支付部分属于承包人垫资施工。三是有的建设工程施工合同约定，承包人要向发包人支付保证金，等到建设工程竣工验收合格后才返还，该保证金虽然具有履约担保的功能，但实际由发包人作为工程建设的各项费用支出，在本质上也具有承包人垫资的属性。

（二）垫资纠纷的认定和处理

合同顺利履行是建设工程施工合同的各方当事人获得期待利益的保证，因诉讼导致合同停止履行，对建设单位而言，不能按时交付工程可能导致房产不能如期投入市场以获取利益；对于施工单位而言，难免要产生本项目上的停工损失，还可能影响其他项目顺利开展。因此，人民法院应当按照及时审理的原则要求，合理采取保全措施，减少当事人诉累，充分维护当事人的合法权益。对于垫资纠纷的认定和处理，应注意以下两个方面：

1. 垫资的法律性质

关于工程垫资的法律性质，实践中存在较大争议。有观点认为，从工程垫资的目的上看，建设单位要求垫资，一方面是为了掩盖建设资金不足的事实，另一方面是为了不合理地转嫁商业风险；而施工单位自愿垫资施工，是为了在市场竞争中取得相对于其他建筑施工企业

① 参见最高人民法院民法典贯彻实施工作领导小组主编：《中华人民共和国民法典合同编理解与适用》（三），人民法院出版社 2020 年版，第 2017 页。

的优势，争取合同机会。无论双方基于何种目的，均是扰乱建筑市场秩序的不正当竞争行为。也有观点认为，从工程垫资的行为模式看，施工单位自行出资完成工程建设后再将建设工程移交给建设单位，建设单位支付工程款的行为，符合买卖合同的行为模式，只是买卖的标的物是特殊的建设工程。还有观点认为，施工单位预先利用自有资金进行工程建设，待工程建设完成或者房屋销售完成后，由建设单位支付工程款偿还施工单位垫资，属于企业间的融资借贷行为。

我们认为，首先，不能将垫资狭义地认为是建筑市场的不正当竞争行为。能否垫资施工也是承包人承揽工程实力的体现，承包方资金及技术等施工实力的加强，更有利于工程的施工建设，有利于房地产市场的发展，并不一定成为建设施工中的不利因素。其次，约定垫资也不应属于买卖合同的范畴。这主要是因为，建设方因拥有土地使用权而对建设项目自始享有所有权，并非在按约支付相应款项后才拥有所有权。正是基于所有权人的身份，建设单位才能将房屋予以预售或者将在建工程予以抵押。尽管是施工单位垫资施工，但是一旦其将购买的建筑材料用于工程建设，施工单位就不再简单地拥有该建筑材料的所有权，否则势必造成建筑市场的混乱局面。再者，在建设工程施工合同中约定垫资所通常采取两种方式：一是在建设工程施工合同中约定垫资条款，二是在建设工程施工合同之外另行签订垫资合同，均应视为建设工程施工合同的组成部分。从合同解释的角度，建设工程施工合同中关于承包人垫资的约定，不能直接认定为借款合同的性质。即便当事人双方未在施工合同中作出有关垫资的明确约定，承包人垫资施工的行为根本上也以履行双方建设工程施工合同为目的，与工程建设密不可分，不宜认定为单纯的借款行为。

2. 垫资本金与利息的处理

人民法院在审理有关工程垫资纠纷案件时，应当结合垫资的特殊法律性质，对承包人主张垫资的本金和利息作出认定与处理。建设工程施工合同订立后，尚未实际履行（具体是指施工单位尚未进场开工，或仅仅是办理了开工手续），双方当事人即发生纠纷的，人民法院首先应对合同效力进行认定。如建设工程施工合同中的无效原因可以消除，合同效力可以补正，双方对继续履行建设工程施工合同达成共识，法院可以要求双方变更或重新修订原合同，使合同符合国家法律的规定。如果已无继续履行建设工程施工合同的可能性，法院可以对该合同在实际履行之前双方的投入进行审核，一般建设单位会提出办理开工手续、合同签证等费用；施工单位会发生进场或进场前的准备费用等。对双方的上述费用，根据无效合同的过错原则由双方按比例承担。对于已履行完毕（具体是指施工单位承建的工程确已竣工，而建设单位拒不履行验收或验收后拒不结算义务的阶段，对于工程本身而言，已经具备了投入使用的条件）的建设工程施工合同，审判实务中对于垫资纠纷的裁判尺度尚不统一。我们认为，此时应将垫资本金和利息的处理重点放在工程价款的结算上。如双方已对垫资作出明确约定的，可以根据合同的约定处理垫资的本金问题，但如当事人之间的建设工程施工合同没有对垫资作出明确约定，应将承包人的垫资作为工程欠款处理。对于部分履行的合同，如果合同有效继续履行或者合同解除，则垫资问题从合同约定；如果合同被确认为无效，则垫资问题亦应按照无效处理，垫资本金作为返还财产的内容，利息可作为无效合同的损失，根据过错原则处理。

值得注意的是，依据本条规定，人民法院按照合同约定认定承包人的垫资利息时，应对当事人约定的垫资利息超过规定标准的部分，不予保护。关于本条规定“保护标准”的问题，在起草过程中曾有意见认为，根据最高人民法院与国家发展和改革委员会联合下发的《关于为新时代加快完善社会主义市场经济体制提供司法服务和保障的意见》（法发〔2020〕25 号）文件关于“抓紧修改完善关于审理民间借贷案件适用法律问题的司法解释，大幅降低民间借贷利率的司法保护上限”的精神，鉴于工程垫资具有民间借贷的性质，建议比照《最高人民法院关于审理民间借贷案件适用法律若干问题的规定》的相关规定，划定垫资利息的保护标准。① 我们认为，当事人约定垫资的法律性质与民间借贷相近，但仍非完全的民间借贷性质，不宜将《最高人民法院关于审理民间借贷案件适用法律若干问题的规定》划定利率的司法保护上限直接适用于工程垫资行为。具体而言，当事人在约定垫资的同时，还明确约定了按照一定的利率支付垫资利息的，人民法院还应结合发包人返还垫资的期间长短确定垫资利息的保护标准。例如，发包人在承包人垫资后一年内返还垫资的，人民法院应以一年期同类贷款利率或者一年期贷款市场报价利率为标准计算的利息金额作为保护垫资利息上限。同理，如发包人在五年内仍未能返还承包人垫资的，应以五年期同类贷款利率或者五年期贷款市场报价利率为标准计算受保护的垫资利息。这一规则，一方面体现了垫资的特殊法律性质，另一方面更有利于平等保护施工合同双方主体的合法权益。

【审判实践中应注意的问题】

实践中，对于承包人的垫资是否属于建设工程价款优先受偿的范围，一度存在较大争议。有观点认为，工程垫资是一种违法行为，垫资行为被认定无效后，发包人仍应向承包人返还垫资款及利息，但此项债权并不属于建设工程价款债权的性质，不应当就建设工程折价或者拍卖的价款优先受偿。也有观点认为，建设工程施工垫资款可就建设工程折价或者拍卖的价款优先受偿：一方面，垫资行为不宜一律认定无效；另一方面，在建设工程施工过程中，承包人的垫资是其实际付出的成本，与劳务成本等一样，已经物化到了建设工程之中，形成建筑物的一部分，应当予以同等保护。还有观点认为，承包人的垫资因已物化到建筑中，原则上应属于建设工程价款优先受偿的范围，但

① 《最高人民法院关于审理民间借贷案件适用法律若干问题的规定》第二十五条规定："出借人请求借款人按照合同约定利率支付利息的，人民法院应予支持，但是双方约定的利率超过合同成立时一年期贷款市场报价利率四倍的除外。前款所称'一年期贷款市场报价利率'，是指中国人民银行授权全国银行间同业拆借中心自2019年8月20日起每月发布的一年期贷款市场报价利率。"

在承包人虽然垫付了资金，但实际上并未用于工程建设（名为垫资实为借贷），或者合同约定承包人垫付一定的建设资金，但同时分配一定的房屋（名为垫资实为承包人的投资行为）的情形下，承包人的垫资不应属于建设工程价款优先受偿权的保护范围。就此问题本解释未作明确规定，我们认为，不宜直接将承包人的垫资认定为建设工程价款优先受偿的范围，主要是基于以下几方面的考虑：（1）有关垫资施工的法律法规以及配套制度尚不完善，存在一定社会风险，不宜提倡。（2）承包人对于建设工程价款优先受偿的范围，应依照建筑行政主管部门关于建设工程价款范围的规定而确定。目前看来，发包人应付的全部建设工程价款都可就建设工程折价或者拍卖的价款优先受偿，足以偿付承包人的垫资。（3）实践中的情况较为复杂，即便承包人垫资施工，但完成的建设工程质量不合格的，无权请求发包人支付工程价款。①

① 参见谢勇：《论建设工程价款优先受偿的范围》，载最高人民法院民事审判第一庭编：《民事审判指导与参考》2019年第1期（总第77辑），人民法院出版社2019年版。

第二十六条

当事人对欠付工程价款利息计付标准有约定的，按照约定处理。没有约定的，按照同期同类贷款利率或者同期贷款市场报价利率计息。

【条文主旨】

本条是关于欠付工程款利息计付标准的规定。

【条文理解】

一、关于欠付工程款利息的性质

（一）支付工程价款及欠付工程价款利息是发包人的法定或合同义务

法律规定支付工程价款是发包人的义务，发包人不按照合同约定的时间和数额支付工程价款的行为属违约行为，发包人应承担违约责任。《民法典》第七百八十八条第一款规定："建设工程合同是承包人进行工程建设，发包人支付价款的合同。"第八百零七条中明确规定："发包人未按照约定支付价款的，承包人可以催告发包人在合理期限内支付价款。"《建筑法》第十八条第二款规定："发包单位应当按照合同约定，及时拨付工程款项。"依据上述法律规定，支付工程款是发包人的法定义务，不履行义务时，应承担法律规定的相应民事责任。

根据《住房和城乡建设部、国家工商行政管理总局①关于印发建

① 现为国家市场监督管理总局。

设工程施工合同（示范文本）的通知》（建市〔2017〕214号）以及《住房和城乡建设部、国家市场监督管理总局关于印发建设项目工程总承包合同（示范文本）的通知》（建市〔2020〕96号），建设工程施工制式合同分别对预付工程款、工程进度款、工程竣工结算款作出了约定。有关预付款支付部分约定：按照专用合同条款约定执行，但至迟应在开工通知载明的开工日期7天前支付。预付款在进度付款中同比例扣回。在颁发工程接收证书前，提前解除合同的，尚未扣完的预付款应与合同价款一并结算。有关工程款（进度款）支付部分约定：发包人应在进度款支付证书或临时进度款支付证书签发后14天内完成支付，发包人逾期支付进度款的，应按照中国人民银行发布的同期同类贷款基准利率或者贷款市场报价利率（LPR）支付利息；逾期支付超过56天的，按照同期同类贷款基准利率或者贷款市场报价利率（LPR）的两倍支付利息。有关竣工结算部分约定：发包人应在签发竣工付款证书后的14天内，完成对承包人的竣工付款。发包人逾期支付的，按照中国人民银行发布的同期同类贷款基准利率或者贷款市场报价利率（LPR）支付违约金；逾期支付超过56天的，按照中国人民银行发布的同期同类贷款基准利率或者贷款市场报价利率（LPR）的两倍支付违约金。此外，支付工程欠款的利息也可加入建设工程施工合同的索赔条款内容中。“合同中应有支付工程款的时间限制及拖欠付款计息的利率。承包人应据此规定，在每次中期付款单中将以前的拖欠款及利息单独列出，促请发包人支付。对于严重拖欠应付款可能导致承包人资金周转困难而影响工程进度的，应及时申明这属于发包人的违约行为，可能产生中止合同的严重后果，并严肃地提出索赔”。①

综上，在发包人欠付预付工程款、工程进度款、竣工结算的工程尾款时应当按照同期同类贷款基准利率或者贷款市场报价利率（LPR）向承包人支付利息。由此可见，建设工程施工合同范本进一步细化了法律规定，不仅明确发包人足额支付工程价款是合同义务，同时还明

① 何伯洲、周显峰、王彤宙主编：《建设工程合同实务指南》，知识产权出版社2002年版，第248页。

确支付欠付工程价款利息也是发包人义务，除承担支付欠付工程价款义务之外，发包人还应承担欠付工程价款的违约责任。从实务情况看，绝大多数当事人都采用制式合同文本签订建设工程施工合同，也就是说，绝大多数的合同对支付欠付工程款的利息结算标准是有约定的。结合本条规定，建设工程合同对欠付工程价款的利息结算标准有约定的，应当按照约定办理。

（二）发包人支付欠付工程款利息的性质是法定孳息

何为法定孳息？孳息，称为母物所生之收益，在民法包括天然孳息与法定孳息。法定孳息谓因法律关系所得之收益也。关于法定孳息之定义，学说亦不一致。《德国民法典》第99条第3项规定，因法律关系（物或者权利）所生之收益为孳息，德国学者多称为拟制的孳息。日本民法则规定为物之使用对价之金钱及他物。我国台湾地区“民法”第六十九条第二项规定，称法定孳息者，唯利息、租金及其他因法律关系所得之收益，系仿德国民法之例。然其范围较德国民法为广。其应说明者，有以下四点：（1）母物不以物为限，即由权利所生之收益，亦为孳息。此点与泰国、日本法律所称母物必须为物者不同。（2）法定孳息为因法律关系之收益。所谓法律关系，指一切法律关系而言，其基于法律行为或基于法律之规定，在所不问。故因租赁关系所得之租金，故为孳息，即因履行迟延所得请求之迟延利息，亦不失为孳息。（3）因法律关系所得之收益。所谓收益，一般称以物或权利之使用之收益，委以他人所得之对价。收益多为定期，其非为定期者，以非可视为母物之代价者为限。（4）物之使用后，须有所受取之物或其同种同物之返还请求权。使用非消费物时，应当返还原物。消费使用时，应返还同种同量之物。[①] 我国台湾地区有关学者的观点是“即因履行迟延所得请求之迟延利息，亦不失为孳息”，发包人拖欠工程价款产生的利息亦属于“因履行迟延所得请求之迟延利息”，应属于法定孳息范畴。认为拖欠工程价款利息为法定孳息的理由还有

① 史尚宽：《民法总论》，中国政法大学出版社2000年版。

以下几点：

（1）建设工程施工合同与房地产开发经营合同相比较而言，前者属于加工承揽合同，后者多为引起物权变化的债权合同，在性质上存在一定的差异。定作人（建设工程施工合同中的发包人）欠付承揽人（建设工程施工合同中的承包人）加工费用（工程价款）时，从欠付工程价款的利息与本金之间关系上看，其更具有随附性；与房地产开发经营合同相比较而言，显得更为紧密。开发商欠付投资款的行为是违约行为，通常应向相对人支付约定违约金而不是欠付投资款利息，而工程结算后发包人仍然不向承包人支付工程价款，此时欠付的工程价款通常认为已经转化为类似借款合同的性质，只是一个简单的债权债务关系，在这种情形下发包人应当向承包人支付欠付工程价款的利息。

（2）国外的立法例对定作人欠付承揽人报酬时应当支付报酬及利息也有相应规定。国际通行的 FIDIC 土木工程施工条件规定：雇主未能在合同约定的付款期内支付工程款的，雇主应当按照投标书附件中规定的利率，从应付之日起向承包人支付全部未付款利息。由于建设工程施工合同属于特殊的加工承揽合同，在大多数国外立法例中，并不将承揽合同与建设工程合同划分为两种不同类型的合同，建设工程合同原则适用承揽合同的规定。针对不能适用的情形，相关法律法规也作出特殊规定。我国《民法典》第八百零八条规定："本章没有规定的，适用承揽合同的有关规定。"可见，我国立法也是将建设工程合同作为一种特殊的承揽合同看待。故此，在发包人欠付工程款时，发包人应当向承包人支付欠付工程价款利息，国外立法例规定也表明利息与本金之间存在随附性，应当从欠付本金时支付利息。规定的本质在于利息属法定孳息，而不是违约金。

（3）工程欠款利息与垫资利息的异同。本解释第二十五条规定："当事人对垫资和垫资利息有约定，承包人请求按照约定返还垫资及其利息的，人民法院应予支持，但是约定的利息计算标准高于垫资时的同类贷款利率或者同期贷款市场报价利率的部分除外。当事人对垫资没有约定的，按照工程欠款处理。当事人对垫资利息没有约定，承包人请求支付利息的，人民法院不予支持。”由此规定可以看出，是否支付垫资利息服从于当事人的约定，只要约定在中央银行规定的基准利率的法定幅度范围内，就应认定约定有效。同样，承包人与发包人在垫资合同或者施工合同中未约定垫资利息的，承包人请求返还利息的，人民法院也不予支持。垫资是承包人先代发包人垫付的工程价款，其本质也是工程价款，只不过不是发包人支付的而已，有买卖合同的赊销的意味。垫资款与工程价款在内涵上并无区别，区别在于垫资是承包人自愿的，而欠付工程价款则是发包人的违约行为。既然垫资是自愿行为，在承揽工程时承包人主动要求垫资，以达到承接建设工程的目的；如果在诉讼中人民法院支持承包人请求返还垫资款利息的请求，则显然与诚信原则相悖，故本解释作出了“当事人对垫资没有约定，承包人请求支付垫资利息的，不予支持”的规定。国外的立法例也多将垫资与工程欠款区分开来，如《德国民法典》[①] 第645条规定：（1）工作在验收前因定作人供给的材料的瑕疵，或因定作人对工作进行所为的指示，致工作灭失或毁损或不能完成，而无可归责于承揽人的事由参与其中时，承揽人得请求已服劳务的报酬以及偿还不包括在报酬之内的垫资。第648条规定：如工作尚未完成，承揽人得为了与给付的劳务相符的一部分报酬和在报酬中未计算在内的垫资，请求让与保全抵押权……由此看出，《德国民法典》对“已付劳务的报酬”即加工承揽合同中的加工报酬与垫资款是区别对待的，适用不同的规定。

（4）工程欠款利息与借款合同的利息比较。借款合同是转让货币所有权的合同，标的物是金钱，可以为有偿或者无偿，借款合同大多为诺成合同、要式合同；利息为本金的资金成本，除无偿借款合同外，借款人应当向贷款人支付利息。而在建设工程施工合同中，工程欠款的本质是定作人欠付承揽人的加工报酬，报酬在建设工程施工合同中

① 上海社会科学院法学研究所译：《德意志联邦共和国民法典》，法律出版社1984年版，第170页。

体现为工程价款，包括材料费、人工费、机械的消耗量及其相应的价格、管理费、利润和税金等。《最高人民法院关于审理民间借贷案件适用法律若干问题的规定》（2020年第二次修正）第二十五条第一款规定："出借人请求借款人按照合同约定利率支付利息的，人民法院应予支持，但是双方约定的利率超过合同成立时一年期贷款市场报价利率四倍的除外。"建设工程施工合同中发包人欠付承包人工程价款，许多情况下特别是在建设工程已经完工发包人欠付工程价款数额确定的情况下，双方关系已经转化为简单的债权债务关系，与借款合同关系中的债权债务并无本质上的区别，故本条规定在发包人欠付工程价款情况下，即使合同没有欠付工程款利息的约定，发包人也应当支付利息。

综上，我们认为，本条规定的利息性质为法定孳息。

二、条文编纂过程与解析

在本解释编纂和征求意见的过程中，考虑到中国人民银行贷款基准利率这一标准已经于2019年8月20日被取消，自2019年8月20日起，中国人民银行授权全国银行间同业拆借中心于每月20日（遇节假日顺延）9时30分公布贷款市场报价利率，故应对《2004年解释》第十七条进行技术性调整，参照《全国法院民商事审判工作会议纪要》（2019年11月8日印发）和《最高人民法院关于审理民间借贷案件适用法律若干问题的规定》，2019年8月20日之前欠付的工程价款仍然按照中国人民银行发布的同期同类贷款利率计息，2019年8月20日之后欠付的工程价款按照全国银行间同业拆借中心发布的一年期贷款市场报价利率计息。同时，考虑到贷款市场报价利率存在一年期、五年期以上两个期限品种，今后在适用本解释时，需要分情况选择计息，而"同期"指的是分段动态计算，表述更为妥当。为了避免在适用本条规定时产生歧义和缺漏，进一步规范和精简语言表述，最后的定稿表述为"按照同期同类贷款利率或者同期贷款市场报价利率计息。"

本条分为三层意思：

第一层意思，欠付工程价款的本金的数额应当是明确的，其中既包括工程在施工过程中双方当事人解除合同的情形，也包括合同已经履行完毕的情形。但不论哪一种情形，发包人欠付承包人工程价款的数额都应当通过法院审理或者当事人自行达成协议明确欠付工程价款本金数额。只有本金数额确定的情况下，才能谈得到支付利息问题，本金不确定，利息就无法计算。

第二层意思，当事人对欠付工程价款利息计付标准有约定的，按照约定处理。当事人对欠付工程款利息的起算时间、利率等事项有约定的，从其约定，充分遵照当事人在合同中作出的真实意思表示。

第三层意思，“利息支付标准”是指利率。如前所述，既然欠付工程价款的利息性质为法定孳息，合同约定的利率应当在国家法定利率上下限内才予以保护，当约定的利率违反国家规定时，则不予保护。当事人没有约定利息结算标准的，应当按照同期同类贷款利率或者同期贷款市场报价利率计息，本质上也是按照法定利率计息。法定利率也叫作基准利率，由中国人民银行发布。

当前的审判实践中，各地法院已普遍认为在判决发包人偿还欠付工程款时，可支持发包人请求支付工程欠款利息的诉讼请求。《中国人民银行法》第二十三条第一款第二项规定：“中国人民银行为执行货币政策，可以运用下列货币政策工具：……（二）确定中央银行基准利率。”《商业银行法》第三十八条规定：“商业银行应当按照中国人民银行规定的贷款利率的上下限，确定贷款利率。”按照上述规定，当事人对偿还欠付工程款利息没有约定时，对于2019年8月20日之前的欠付工程款，因中国人民银行尚未授权全国银行间同业拆借中心公布贷款市场报价利率，仍应沿用中国人民银行发布的同期同类贷款利率。

由于建设工程施工合同纠纷具有时间跨度久的特点，可以预见一定时期内诉讼案件所涉利息多涉及前述两阶段，因此，工程欠款利息存在两种不同的计算标准。对于2019年8月20日之后的欠付工程款应当如何计息的问题。《中国人民银行法》第二十三条第二款规定："中国人民银行为执行货币政策，运用前款所列货币政策工具时，可以规定具体的条件和程序。"依照此款规定，中国人民银行发布的《关于中国人民银行决定改革完善贷款市场报价利率（LPR）形成机制有关事宜的公告》(〔2019〕第15号）明确提出："一、自2019年8月20日起，中国人民银行授权全国银行间同业拆借中心于每月20日（遇节假日顺延）9时30分公布贷款市场报价利率……四、将贷款市场报价利率由原有1年期一个期限品种扩大至1年期和5年期以上两个期限品种……"最高人民法院于2019年11月8日发布的《全国法院民商事审判工作会议纪要》也载明："为深化利率市场化改革，推动降低实体利率水平，自2019年8月20日起，中国人民银行已经授权全国银行间同业拆借中心于每月20日（遇节假日顺延）9时30分公布贷款市场报价利率（LPR），中国人民银行贷款基准利率这一标准已经取消。因此，自此之后人民法院裁判贷款利息的基本标准应改为全国银行间同业拆借中心公布的贷款市场报价利率。"《最高人民法院关于审理民间借贷案件适用法律若干问题的规定》（2020年第二次修正）第二十五条第二款规定："前款所称'一年期贷款市场报价利率'，是指中国人民银行授权全国银行间同业拆借中心自2019年8月20日起每月发布的一年期贷款市场报价利率。"综上，对于2019年8月20日之后欠付的工程价款，应当按照全国银行间同业拆借中心发布的同期贷款市场报价利率计息。

【审判实践中应注意的问题】

本条规定的第二种情形，即当事人对欠付工程价款利息计付标准没有约定的，按照同期同类贷款利率或者同期贷款市场报价利率计息，在适用时应当注意：

按照"同期同类贷款利率"或者"同期贷款市场报价利率"计息，二者为或然关系，应当依照法律关系存在的不同时间段进行区分并选择适用。具体而言，对于 2019 年 8 月 20 日之前的工程欠款，仍然应当按照中国人民银行发布的同期同类贷款利率计息；对于 2019 年 8 月 20 日之后的工程欠款，则应按照全国银行间同业拆借中心发布的同期贷款市场报价利率计息。按照“同期贷款市场报价利率计息”，采用分段、动态的利息计付方式，指的是全国银行间同业拆借中心发布的、与工程欠款同期的贷款市场报价利率，包含一年期和五年期以上两个期限品种。在选择期限品种时，如工程欠款未超过五年，则统一按照与工程欠款同期的一年期以上贷款市场报价利率计息；如工程欠款超过五年，则应按照与工程欠款同期的五年期以上的贷款市场报价利率计息。

第二十七条

利息从应付工程价款之日开始计付。当事人对付款时间没有约定或者约定不明的，下列时间视为应付款时间：

（一）建设工程已实际交付的，为交付之日；

（二）建设工程没有交付的，为提交竣工结算文件之日；

（三）建设工程未交付，工程价款也未结算的，为当事人起诉之日。

【条文主旨】

本条是关于发包人向承包人支付欠付工程价款利息起算时间的规定。

【条文理解】

一、起草背景及依据

利息属于法定孳息，应当自工程欠款发生时起算，但是建设工程大多数是按照形象进度付款或未结算工程价款，许多案件难以锚定实际的工程欠款发生之日，在当事人对付款时间没有约定或约定不明的情况下，对拖欠工程价款的利息应当从何时计付，司法实践中有多种不同的观点，比较有代表性的有以下观点：

第一种观点认为，当事人对付款时间没有约定或者约定不明，工程价款通过工程造价鉴定确定的，应当以工程造价鉴定结论作出时为应付款时间。理由为：双方当事人对工程价款有争议，可能是合同约定不明确，还可能是合同约定明确但在履行合同过程中，当事人通过签证等形式变更原合同约定的工程价款支付标准或支付方式，进而变更合同约定的工程价款数额。在诉讼中由于原合同有关工程价款的约定不具备适用条件，工程价款只能通过工程造价鉴定确定，工程造价鉴定结论作出时，即为应付款时间，利息应当从此时计付。法院应当采信的鉴定结论一般是指诉前当事人双方委托鉴定机构作出的。或者一方委托，双方认可的；诉讼期间一方或者双方申请，或者人民法院依职权委托鉴定机构作出的。据此，人民法院对上述鉴定结论应当认可。如果诉前一方当事人单方委托作出的鉴定，一般不予认可。应当说，这一观点有一定的合理性，合同有关的工程价款结算约定不明或者没有约定时，造价鉴定作为一种拟制的工程决算方式有其存在的合理性，将鉴定结论作出的时间为应付款时间也是合理的。但实务中，存在一审、二审甚至再审对讼争的一个工程项目作出两个或者两个以上的工程造价鉴定，且鉴定结论不一致，应以哪个工程造价鉴定意见作为应付款时间，难以确定。且在通常情况下，当事人会对工程造价鉴定意见出现争议，鉴定机构需要对当事人提出的异议作出说明或进行补充鉴定。还有很多鉴定机构无法确定的争议项，最终应由法院进行认定。因此，以工程造价鉴定结论作出之时作为应付款时间，容易在司法实践中造成适用混乱，故没有采纳这一观点。

第二种观点认为，当事人对付款时间没有约定或者约定不明的，工程价款未结算，建设工程也未交付的，应当以判决确定的支付工程价款之日为应付款时间。理由为：当事人对应否给付以及给付多少工程价款有争议，诉请法院裁判，工程价款利息应自法院裁判文书确定的付款日期起算，因为法院裁判文书确定的工程价款给付时间即为工程价款的结算时间。上述说法是有一定的道理的。但也存在明显不足，建设工程施工合同纠纷案件的审理较为复杂，审理周期长，诉讼期间的利息不计算在发包人应付工程价款履行范围内，对作为弱势一方的承包人而言似不公平。

第三种观点认为，当事人对付款时间没有约定或者约定不明的，建设工程经竣工验收合格的，应当以竣工验收合格之日为应付款时间，同时也就是欠付工程款利息起算时间。理由为：《民法典》第七百九十九条规定，建设工程竣工后，发包人应当根据施工图纸及说明书、国家颁发的施工验收规范和质量检验标准及时进行验收。验收合格的，发包人应当按照约定支付价款，并接收该建设工程。建设工程竣工经验收合格后，方可交付使用；未经验收或者验收不合格的，不得交付使用。《建筑法》第六十一条也对此作出类似规定。验收合格是建设工程交付使用的前提条件，在合同对支付工程价款没有约定或者约定不明的情况下，承包人承包建设的工程经验收合格本身说明承包人已经完成合同约定的建设义务，建设产品合格；发包人应当对等履行支付工程价款义务，故建设工程经验收合格时为发包人应当支付工程价款的时间，也是支付欠付工程价款利息的时间。采用这种方案缺点是：竣工验收合格的时间不好确定。法律和其他规范性文件没有对建设工程竣工验收合格的时间点和标准作出规定，如开工应以取得施工许可证为开工标志，竣工的建设工程经验收合格的，何时为竣工时间，缺少一个标志性文件确定竣工时间点。实务中，一般以建设工程质量监督管理站在竣工验收文件签章的时间为工程竣工时间。由于实务操作存在诸多不规范的情况，许多案件竣工时间很难确定。建设工程竣工验收合格仅是支付发包人支付工程款及接收工程的条件，如以此时间作为应付款时间，在审理一些案件时法院会有难度，故此方案也未采纳。

综上，为了统一拖欠工程价款的利息计付时间，维护合同当事人的合法权益，结合民事审判的实际情况，综合考虑社会各界提出的各种观点，在平衡双方当事人利益的基础上，《2004 年解释》第十八条规定了三种计息的方法。本解释沿用了《2004 年解释》第十八条的规定，仅作了少量的文字表述修改。从司法实践来看，本条规定的三种计算利息的时间点符合建筑业的实际情况，是公平、合理的。

二、利息起算时间的基本原则

发包人向承包人支付工程款是其主要合同义务。如前所述，发包人向承包人支付欠付工程款利息，在法律性质上讲属于法定孳息，利息与其对应的本金之间具有附随性。承担或支付工程款利息作为法律规定的一项附随义务，与发包人负有的付款责任同时产生，发包人未按照合同约定的时间和数额支付工程价款时，应当支付工程欠款利息。因此，本条规定将支付利息和支付工程款确定在同一时点，即工程款利息的计算以欠付工程款本金为基数，以应当支付工程款发生的时间为起算时点，以支付工程款的消灭时间为计算终点。

三、利息起算的具体规定

（一）合同有约定的，应当遵从当事人约定

尊重当事人的真实意思表示，体现了合同应当全面实际履行的原则，这是合同履行的常态。建设工程施工合同与借款合同有相类之处。《民法典》第六百七十六条规定："借款人未按照约定的期限返还借款的，应当按照约定或者国家有关规定支付逾期利息。"逾期利息在法律性质上讲是违约金，一般称为罚息。借款合同中，借款人自支付借款本金之日，即自借款行为发生之日，借款人就应当向贷款人支付借款利息，支付利息不以借款人逾期还款的违约行为为前提条件。利息在借款合同中具有随附性，利息为本金的成本，支付借款本金时，就应当支付利息；借款人未按照合同约定的期限偿还借款，应当支付罚息。欠付工程价款与借款的情况有所不同，欠付工程款利息起算时间为合同约定的支付工程价款届满之日，即欠款发生时。在建设工程施工合同或补充协议中，承、发包人往往对工程款及其利息等重要问题进行明确约定。双方关于利息的计算标准、起算时间等约定是双方真实意思的体现，具有约束力，双方应当共同遵守。具体来说，如果建设工程施工合同约定了工程款支付的具体日期，则应以该日期届满之日起算工程款利息。如果建设工程施工合同约定承包人提交结算资料后发包人应当于一定期限内审核完毕并支付工程款，发包人在合同约定的审核结算期内无正当理由拒绝结算或故意拖延结算的，如在审核期限届满后又以承包人提交的竣工结算文件不完整为由拒绝结算的，

则应自发包人的审核期限届满之日起算欠付工程款利息。但如果承包人提供的竣工结算文件不完整，且发包人有证据证明其已经在审核期限内提出异议，说明发包人未支付工程款是因为对结算工程款数额有异议，双方没有对工程款数额达成一致，发包人并非未按照合同约定逾期不审核结算文件或无正当理由不支付工程款，则不应从审核期限届满之日起算工程款利息，而应根据建设工程能否竣工验收、工程质量是否合格、有没有交付使用等不同的实际情况分别予以处理。同时，如果建设工程施工合同仅约定待承包人递交结算资料、发包方审核完毕后付款而未明确具体期限的，应视为当事人对付款时间约定不明，应依照本条规定的三种情况予以处理。

（二）合同对支付欠付工程价款没有约定或者约定不明的，按照本条规定的三种情况处理

当事人对付款时间没有约定或者约定不明确的，下列时间视为应付款时间：（1）建设工程实际交付的，建设工程交付之日；（2）建设工程没有交付的，承包人提交竣工结算文件之日；（3）建设工程价款未结算，建设工程也未交付的，当事人起诉之日。上述时间是本解释规定的支付工程欠款利息的起算时间，而不是当事人约定时间。如前所述，利息应当从应付工程价款之日计付。建设工程施工合同不同于买卖合同，买卖合同可以约定货到付款，付款时间十分明确。由于建设工程施工合同性质决定无法确定确切的付款时间点，此类合同大多约定按照建设工程施工的形象进度支付工程款，如合同约定施工到完成地基基础工程或者主体结构的时间点作为支付工程款的时间，由于施工资料不完善、施工中存在工期顺延、设计变更等多种原因造成合同约定的付款时间点很难确定，绝大多数合同在履行中难以按照原合同约定确定实际付款时间。履行施工合同的变数很大，需要划分几种情况分别确定大体公平的时间点作为支付工程款利息的起算时间，这正是制定本条规定的背景。具体来讲：

1. 建设工程实际交付的，以建设工程交付之日为应付款时间。此规定系参照《民法典》合同编中买卖合同的规定而制定。《民法典》

第六百二十八条规定：“买受人应当按照约定的时间支付价款。对支付时间没有约定或者约定不明确的，依据本法第五百一十条的规定仍不能确定的，买受人应当在收到标的物或者提取标的物单证的同时支付。”当建设工程已经交付时，对讼争建设工程实际控制已经由承包人转变为发包人，发包人有权依据法律规定对建设工程行使占有、使用、收益的权利。在这种情况下，发包人已经受益，应当支付承包人工程款，但仍然欠付承包人工程价款，双方的权利义务显然不对等，从此时开始发包人应当向承包人支付欠付的工程款利息。实践中，建设工程交付之日存在多重含义，包括承、发包双方交接手续证明的交付之日、建设工程投入使用之日以及根据相关证据材料可以推定交付之日等，在审理案件的过程中，法院应对建设工程的交付时间作出认定，如果没有明确的交接手续，则双方认可的或有证据证明的建设工程投入使用之日，可作为交付之日。

2. 建设工程没有交付，讼争建设工程仍由承包人掌管，但承包人已经在建设工程竣工验收合格后按照合同约定的时间提交了竣工结算文件，发包人如在合同约定的期限内不予答复的，以承包人提交竣工结算文件的时间作为应付款时间。提交竣工结算文件的时间点较为容易确认，承包人向发包人提交竣工结算文件时，一般会要求对方签字确认，并载明收件日期。此规定是根据建设工程实际情况而制定的，通常情况下，发包人在施工合同约定的审核结算期限内无正当理由拒绝结算或故意拖延结算，应视为其认可了竣工结算文件，按照承包人提交的竣工结算文件结算工程价款。根据建设工程的行业惯例及原建设部发布的建设工程制式合同的约定，建设工程经竣工验收后，承包人提交竣工结算书，发包人应当在合同约定的时间内（一般为28天）完成审批，对支付工程款及应当支付的工程款数额予以答复，合同没有约定答复期限的，可认定审价期限为28天。有观点认为应将合同约定发包人审核承包人提交的工程竣工结算报告期限届满时作为计付欠付工程价款利息的时间起算点，理由为：审核期限届满时，如发包人未予答复，次日应为应付工程价款时间，应从此时支付欠付工程价款。

如发包人对承包人提交的工程价款提出修改意见，承包人提交的竣工结算报告还不能作为工程价款结算的依据。我们认为，建设工程已经竣工验收合格，应当认定承包人完成了合同的主要义务，实务中，许多发包人故意推延审核承包人提交的竣工结算报告以达到推延支付工程价款的目的，以承包人提交竣工结算文件的时间作为工程价款结算的时间，有利于督促发包人行使权利，尽快审核工程竣工结算报告，及时支付工程价款。平衡利弊后，最终确定了现行条款内容。

3. 建设工程价款未结算，建设工程也未交付的，大多为工程未完工或者完工后未经竣工验收的情形。很多时候，承、发包双方根本没有就建设工程竣工验收进行过沟通，而是直接起诉至法院，这种情况下，合同约定的工程价款结算条件尚未成就，无法确定应付工程价款之日，应当规定一个拟制的应付款时间，并以此时间点作为计息时间。之所以选择以起诉时间作为应付款时间，主要考虑起诉为权利人向司法机关正式主张权利的时间点，当事人起诉时间在起诉状及法院的立案登记表上均有明确记载，操作性很强，人民法院经过审理最终认定了发包人欠付承包人工程价款的事实，如诉讼期间不计息，实际上扩大了承包人的损失，降低了发包人的成本，这对承包人来讲是不公平的。由于合同约定的工程价款结算条件未成就，找不到起诉前的应付款时间点，平衡双方利益后最终确定以一审原告起诉时间作为应付款时间。

需要注意的是，本条规定的工程款利息起算的时间点在逻辑上具有先后顺序，只有前一个条件不满足时才适用后一个条件，法院裁判时应当对相关条件进行严格审查。本条规定为特定情形下确定工程款利息的起算时间提供了裁判依据，应当在正确理解的基础上妥当适用。

【审判实践中应注意的问题】

在合同无效的情形下，能否适用本解释第二十六条、第二十七条规定对欠付工程款利息进行裁判，争议很大。有的认为，合同无效，但工程经竣工验收合格的，可参照《民法典》第七百九十三条第一款“建设工程施工合同无效，但是建设工程经验收合格的，可以参照合同关于工程价款的约定折价补偿承包人”的规定，依据合同约定计付欠付工程款利息及起算时间；有的认为，因建设工程施工合同无效，故有关欠付工程款利息的约定条款也无效，但鉴于欠付工程款所产生的利息属工程款的法定孳息，可按照中国人民银行同期同类贷款利率计算欠付工程款利息，自欠付工程款之日起算；还有的认为，因建设工程施工合同无效，故合同关于利息的约定亦无效，对承包人关于支付欠付工程款利息的请求不应支持。

我们认为，首先，如果无效合同存在工程款支付期限的约定，基于该约定仍是当事人真实意思表示，应以合同约定的支付工程款时间作为利息的起算时间，此外，承、发包双方可能在施工合同之外另行订立结算协议，或发包人以出具承诺书的形式重新确定支付工程款的时间及利息标准，属于对双方既存债权债务关系的清理和结算，结算协议或承诺书效力独立于无效的施工合同，在不违反法律强制性规定的情况下，应认定对双方具有约束力，可作为认定工程款利息计算标准及起算时间的依据。其次，如果合同没有约定或者约定不明，应根据建设工程的实际情况，分别从建设工程实际交付之日、提交竣工结算文件之日以及当事人起诉之日作为应当支付工程款及利息的时间。

第二十八条

当事人约定按照固定价结算工程价款，一方当事人请求对建设工程造价进行鉴定的，人民法院不予支持。

【条文主旨】

本条是关于建设工程施工合同约定按照固定价格结算工程款，限制当事人申请工程造价鉴定的规定。

【条文理解】

在我国实践中，因建设工程涉及的种类不同，双方当事人约定工程款结算方式也有多种不同。当事人在建设工程施工合同中约定不同的结算方式，会导致不同的法律后果。合同中约定按照固定价结算工程款的，一般是指按施工图预算包干，即以经审查后的施工图总概算或者综合预算为准，有的是以固定总价格包干或者以平方米包干等方式结算工程款。所有这些方式结算工程款，都可以不通过中介机构的鉴定或者评估就可以确定出工程的总价款。承包人和发包人在履行建设工程施工合同过程中，如果没有发生合同修改或者变更等情况导致工程量发生变化时，就应该按照合同约定的包干总价格结算工程款。

在审判实践中，有不少建设工程施工合同纠纷案件当事人认为，合同中约定的固定的工程价款与工程量不符，需要委托中介机构对工程价款进行鉴定、评估、审计或者审价；另一方当事人则认为合同中已经约定了固定的工程价款总额，不需要再进行鉴定、评估、审计或者审价等。我们认为，此时，既然承包人与发包人双方通过合同约定了工程价款的确定形式为固定价格，表明双方对建设施工的风险是有预知的，同时考虑到合同履行中的引起价格变动的诸种因素，应当尊重当事人的意思自治。按照固定价结算工程款，体现了公平原则，有利于防止出现不正当竞争的行为。如果一方当事人提出对工程造价进行鉴定的申请，按照工程造价进行结算的，不管是基于什么样的理由，都不应予以支持。如果发生双方当事人均同意鉴定的情形，考虑到当事人约定的固定价结算工程款，属于合同的权利义务条款，对双方都具有法律约束力，在没有证据和事实推翻合同约定的情况下，应当按照合同约定执行，即使双方当事人同意通过鉴定的方式确定工程款，也不应予以支持。

对于因设计变更等原因导致工程款数额发生增减变化的，在可以区分合同约定部分和设计变更部分的工程时，也不应导致对整个工程造价进行鉴定，而只是根据公平原则对增减部分按合同约定的结算方法和结算标准计算工程款。本条规定强调的是从正面突出合同约定按固定价格结算工程款的，当事人一方主张对工程价款进行鉴定的，人民法院不予支持。考虑到当事人要求鉴定是提出不按合同约定的固定价结算工程款的最基本、最具有代表性的方式，在本解释中明确不支持当事人提出通过鉴定方式确定结算工程款的意思，当然包括不支持当事人一方采取其他方式结算工程款的要求。一方当事人提出对建设工程价款进行鉴定、评估、审计、审价的，都属于要求不按固定价结算工程款的行为，当事人为此提出相应的申请的，人民法院一律都不予支持。

根据原建设部《建筑工程施工发包与承包计价管理办法》（已失效）第十二条规定，建设工程合同价可以采用固定价、可调价和成本加酬金这三种形式。住房和城乡建设部2013年发布的《建筑工程施工发包与承包计价管理办法》第十三条在鼓励采用工程量清单计价的情形下，对确定合同价款规定了单价、总价、成本加酬金这三种方式。对于实行工程量清单计价的建筑工程，鼓励发包方与承包方采用单价方式确定合同价款；对于建设规模较小、技术难度较低、工期较短的建筑工程，发包方与承包方可以采用总价方式确定合同价款；对于紧急抢险、救灾以及施工技术特别复杂的建筑工程，发包方与承包方可以采用成本加酬金方式确定合同价款。在实践中，上述规定均为倡导性规范，具体采取何种结算方式，应根据当事人的约定确定。

一、建设工程固定价的表现形式

承包人与发包人双方在合同中约定采用固定价结算的形式一般有两种，一种是固定总价，如就某一工程固定价款为1000万元；另一种是面积固定单价包干，如每平方米600元、总面积10000平方米等。在实践中，约定合同包干的内容多样，但无论采用哪种形式，合同总价或者单价在合同约定的风险范围和风险费用内不再调整，或者是约定的工程总价款还是通过约定的单位面积平方米包干，这些都可以通过当事人双方举证、质证、认证等过程计算出来，可以不通过专门委托中介机构的鉴定或者评估就可以确定总价款。

二、工程造价的构成和确定

建设工程造价，是指进行某项工程建设所花费的费用，即从筹建到竣工验收交付使用的全部建设费用。建设工程造价由建筑安装工程费，设备、工器具购置费、工程建设其他费用和预备费以及税金组成。工程造价可分为单位工程造价、单项工程综合造价和建设项目总造价；从阶段划分，工程造价又可分为可行性研究的投资估价、初步设计的概算造价、施工图设计的预算造价、合同实施的结算造价、竣工验收的决策造价。建设工程施工合同中，对于确定工程价款的方式，一般有以下三种形式：（1）采用固定价格合同。双方在合同专用条款内约定合同价款包含的风险范围和风险费用的计算方法，在约定的风险范围内合同价款不再调整。风险范围以外的合同价款调整方法，应当在专用条款内约定。（2）可调价格合同。合同价款可根据双方的约定而调整，双方在专用条款内约定合同价款调整方法。（3）成本加酬金合同。合同价款包括成本和酬金两部分，双方在专用条款内约定成本构成和酬金的计算方法。在可调价格合同中合同价款的调整因素包括：（1）法律、行政法规和国家有关政策变化影响合同价款；（2）工程造价管理部门公布的价格调整；（3）一周内非承包人原因停水、停电、停气造成停工累计超过8小时；（4）双方约定的其他因素。双方在合同中需要对工程价款的计算问题作出明确约定。在不同的工程种类中，工程造价的计算方式是不一样的。如工程为招标工程，则应以中标时确定的中标金额作为工程造价，如按初步设计总概算投资包干的，应以经审批的概算投资中与承包内容相应部分的投资（包括相应的不可预见费）作为工程造价；如按施工图预算包干，则以经审查后的施工图总概算或者综合预算价作为工程价款；如果一时不能计算出工程价款，尤其是按照施工图预算加现场签证以及据实结算的工程，即使不能事先确定工程价款，也需要在合同中明确规定工程价款的计算原则，如执行哪一年的定额，适用什么样的计算标准，如何签证和审定工程款等。

三、按固定价结算与分配利益风险的关系

实践中，经常有一方当事人在诉讼中提出，基于种种原因和情况，当初签订建设工程施工合同时约定的固定价格的条件已经发生了重大变化，如果继续按照合同约定的固定价格结算工程款，明显不公平。承包人认为这样不但不能赚得利润，而且在干完一个工程后可能还会入不敷出，导致赔本；大多数发包人认为，按照合同约定的固定价格已经足够了，而且合同约定的条款属于双方的真实意思表示，也有的发包人认为，原来合同约定的固定价格偏高，实际履行合同过程中工程量发生了变化，承包人所做的工程比合同约定的要少，故应该通过鉴定等方式确定据实结算工程价款。

有观点认为，当事人一方提出履行合同的价格基础条件发生了变化，应该允许当事人提出按照情势变更原则免除超过合同约定的固定价的付款责任。实际上，这种风险分配与情势变更是不同的。情势变更原则是由法律规定的，当事人一方请求人民法院根据情势变更原则

主张变更或者解除合同的，须由人民法院具体判定当事人所提的请求是否符合情势变更的条件。情势变更适用于变更或者解除合同的事由。在英美法中，情势变更原则适用的条件是，在合同订立后，因发生情势变更导致合同目的受挫，应确定当事人之间所约定的条件不成就，从而使当事人的债务被免除。在大陆法中，一般承认情势变更原则，认为情势变更可导致变更或者解除合同的效力。在我国，根据《民法典》第五百三十三条规定，情势变更原则旨在解决合同成立后，合同的基础条件发生了当事人在订立合同时无法预见的、不属于商业风险的重大变化，继续履行合同对于当事人一方明显不公平的，受不利影响的当事人在合理期限内与对方重新协商成的情况，消除合同履行过程中出现的显失公平现象，从而使合同得以在公平的基础上得到实际履行，或者根据公平原则变更或者解除合同。因此，适用情势变更原则是有严格的条件限制的，一般不宜适用情势变更原则来调整承包人与发包人双方当事人的利益和风险分配。如果出现了导致承包人与发包人之间利益的重大失衡，可以慎重适用公平原则进行调整，使当事人的利益得到平衡。从双方当事人提出改变合同约定的工程固定价格意思表示来看，都是认为利益发生了偏颇、产生了严重失衡。当事人在建设工程施工合同中约定的固定价格条款，实际上是起着分配风险的作用，由此决定着谁在实际上防御风险和承担风险。如果不承认这类合同条款的法律效力，那么实际上建设工程施工合同约定的工程价款就很可能是另外一种状况，实际上的合同当事人也会发生变化。因此，对于当事人双方来说，利益和风险分配的结果是一样的。作这样规定，可以最大限度地防止和限制不正当竞争行为的发生和蔓延，有利于建立和发展健康的建筑市场秩序。

司法解释清理过程中，有观点认为在发生当事人约定固定价结算的同时，发生了合同外工程的施工，建议本条增加关于当事人可就合同外增加工程的价款申请鉴定的规定。还有观点认为，根据当事人合同约定的固定价结算工程价款符合《民法典》的一般原则，但建设工程施工合同实际履行情况十分复杂，实践中可能存在客观情况发生难以预见的变化，按照固定价结算工程价款可能会出现显失公平的情况，应根据《民法典》第五百三十三条规定的情势变更原则，作出但书规定，这样更有利于应对实践中的复杂情况。对此，我们认为，考虑到当承包人与发包人在履行合同过程中发生了工程设计变更的情况时，确实需要确定一个原则来调整双方当事人的利益，但从目前的实际情况出发，还是考虑适用公平原则来调整双方当事人的利益为宜。

四、一方当事人提出对建设工程价款进行鉴定、评估、审计、审价的，应当如何处理

承包人或者发包人认为合同约定的固定价格结算不公平，提出通过其他方式确定工程价款的，有多种途径。有的申请鉴定机构进行鉴定，有的要求由评估部门进行评估，有的申请审计部门进行审计，有的地方还有审价方式等。上述情况，都是不同的价格确定部门采用不同的方法，确定同一事项，即工程价款。因此，不管是什么称谓，只要是当事人不同意按照合同约定的固定价结算工程价款的，都属于本条规定排除的情形。当然，对于因发包人方面提出设计变更等原因导致工程款数额发生增减变化的，需要对该增加的超出原合同约定的部分工程款进行确定，也是必要的，这与整个合同约定的按固定价结算工程款的原则并不矛盾。在这里需要注意的是，这并不是认可对整个工程造价进行鉴定、评估、审计，而只是对增减部分按合同约定的结算方法和结算标准计算工程款。

【审判实践中应注意的问题】

在审判实践中，出现了如果双方当事人在合同中约定了按照固定价格结算工程价款，但工程尚未完工双方发生纠纷致使合同无法继续履行时，对于已经完成的工程部分的价款如何计算的问题。

在当事人约定按照固定价结算工程价款的情形下，表明双方对建设施工的风险有预知，应当尊重当事人的意思自治，一方当事人请求

不采用固定价、申请对工程造价进行鉴定的，不管是基于什么理由，都不应予以支持，本条对此有明确规定。对已经完全履行完毕情形下的工程价款结算，上述规定的适用不存在争议。但在约定采用固定价结算而工程又没有完成的情况下，对于已完工部分价款如何结算，则存在争议。固定价款确定的依据是工程全部完工，对于未完工程，则无法直接适用固定价款。如在约定每平方米包干的情形下，对于已完工程部分，虽然面积可以确定，但因约定的平方米包干价格针对的是全部完工的完整工程，是根据预估的工程整体造价而得出的均价，在未完工情形下，因各个部分的成本不同，如地下基础工程的成本一般要高于地上部分，主体工程的建设成本一般要高于装修工程等，无法采取直接测量面积再乘以单价的方式确定工程款，此时，对工程价款的确定只有通过鉴定进行。但是在实务中，存在两种不同的鉴定及计算方式：一是根据实际完成的工程量，以建设行政管理部门颁发的定额取费核定工程价款；二是通过鉴定确定已完工程的工程量占全部工程量的比例，再乘以合同约定的固定总价款得出已完工程的工程价款。这两种确定工程价款的方式所产生的结果是不同的。

上述两种方式哪种方式更为合理，我们认为，需要结合当事人的诉求及具体案情确定。如果双方当事人均同意对工程造价进行鉴定的，则应允许进行造价鉴定；如果有一方当事人坚持按照合同约定计算工程价款，则应尽量按照合同约定处理，在固定总价款可以计算得出的情形下，可通过鉴定确定已完工程与全部工程的比例，再乘以固定总价款即可得出已完工程价款。这样的做法，一方面实践中比较具有可操作性，另一方面以同一标准确定已完工程占全部工程的比例，也比较科学。这种计算方式既能反映当事人通过合同表达出的真实意思，也能反映施工的客观情况。

第二十九条

当事人在诉讼前已经对建设工程价款结算达成协议，诉讼中一方当事人申请对工程造价进行鉴定的，人民法院不予准许。

【条文主旨】

本条是关于当事人诉前达成的工程价款结算协议效力的规定。

【条文理解】

一、本条规定的历史沿革及制定背景

本条规定承自《2018年解释》第十二条，对文字和内容均未作修改。《民事诉讼法》第十三条第一款规定："民事诉讼应当遵循诚实信用原则。"诚信原则被称为现代民法的"帝王原则"，就是要求人们在市场经济活动中讲究信用，恪守诺言，诚实不欺，在不损害他人利益和社会利益的前提下追求自己的利益。[①] 具体到建设工程领域，如果当事人已经就建设工程施工合同的价款结算达成协议，则应恪守承诺，不能事后反悔企图通过造价鉴定推翻自己已认可的工程价款结算协议。对于当事人违背诚信原则的造价鉴定申请，人民法院当然不能支持。

一般而言，民事诉讼领域中的诚信原则大致可分为两类：一类是行为意义上的诚实信用；另一类是实质意义上的诚实信用。行为意义上的诚实信用是指当事人及其他诉讼参与人在诉讼中实施诉讼行为、

① 参见梁慧星：《民法解释学》，中国政法大学出版社1999年版，第301页。

行使诉讼权利或履行诉讼义务，以及法官行使国家审判权进行裁判，应当诚实、信用。实质意义上的诚实信用是指法官、当事人以及其他诉讼参与人在诉讼过程中须维持双方当事人利益平衡、当事人利益与社会利益的平衡，其实质是公平与衡平。① 自2012年《民事诉讼法》新增规定民事诉讼应当遵循诚信原则以来，当事人参与诉讼的诚信意识不断增强，诉讼秩序大为改观。但不可否认的是，在司法实践中仍有部分当事人在巨大经济利益面前，出尔反尔，不讲诚信，滥用申请鉴定的诉讼权利。《民事诉讼法》第七十六条虽然规定"当事人可以就查明事实的专门性问题向人民法院申请鉴定"，但该款并未明确如果当事人滥用申请鉴定权利时，人民法院是否准许其鉴定申请。对此，《最高人民法院关于适用〈中华人民共和国民事诉讼法〉的解释》第一百二十一条作出了回应。该条第一款规定："当事人申请鉴定，可以在举证期限届满前提出。申请鉴定的事项与待证事实无关联，或者对证明待证事实无意义的，人民法院不予准许。"

具体到本条规范对象，当事人在诉讼前已经达成了工程价款结算协议，应视为双方已认可工程价款结算方式及结算金额，之后当事人一方又申请工程造价鉴定试图否定之前的协议，显然是一种不诚信诉讼行为。而且，在当事人已经就结算工程价款达成协议的情形下，按照双方协议约定处理，既尊重了当事人的意思自治，也节约了司法资源，对争议解决显然更加有利。因此，当事人一方再申请鉴定，人民法院可将其归入上述司法解释中的"对证明待证事实无意义的"情形，不予准许。

二、关于"诉讼前建设工程价款结算达成协议"的理解

(一)"建设工程价款结算"的概念

所谓建设工程价款结算，是指对建设工程施工合同中的价款进行

① 参见最高人民法院民事诉讼法修改研究小组编著：《中华人民共和国民事诉讼法修改条文理解与适用》，人民法院出版社2012年版，第13页。

约定和依据合同约定进行工程预付款、工程进度款、工程竣工价款结算的活动。一般而言，建设工程价款结算根据建设工程的行业惯例可分为工程预付款结算、工程进度款结算、工程竣工价款结算三类。具体到本条规范对象，司法实践中发包方和承包方主要是针对工程进度款结算和竣工价款结算达成协议。本条规定所涉最常见的争议是发包人和承包人在就建设工程竣工结算事项达成协议后，一方反悔，不按协议履行，在诉讼中申请对工程造价进行鉴定的情形。但除此之外，司法实践中也有发包人与承包人解除建设工程施工合同后，承包人中途退场，在建设工程尚未竣工情形下，双方当事人进行建设工程价款结算的情形。此种情况属于建设工程进度款结算。另外，司法实务中还偶见双方当事人解除建设工程施工合同时，发包方只给付了建设工程预付款，还未具备约定给付工程进度款条件的情形。此时，双方当事人只能进行建设工程预付款结算。

（二）如何理解“达成协议”

根据建筑行业惯例，发包人、承包人一般都会在合同条款中对涉及工程价款结算的事项进行全面约定。但建设工程施工合同因履行期限长，受国家政策、市场变化以及规划调整等诸多条件影响，很难完全按照施工合同既定条款执行。故应允许并尊重当事人在履行合同出现重大变化时，对工程价款结算约定进行相应调整。本条规定中的“对建设工程价款结算达成协议”即是双方在履行施工合同过程中就工程价款结算达成的新协议。该协议多数依赖于施工合同中已有的相关约定，但不排除双方当事人达成新的约定条款。此外，本条规定所指的协议，通常是发包人与承包人就了结双方之间因施工合同产生的权利义务关系，而达成的工程价款结算协议。从司法实践看，多数工程款结算协议并非单指结算工程价款内容，而是对违约责任、损失赔偿等事项所达成的一揽子解决协议。因此，本条规定所称“结算达成协议”，更类似于事后清算协议，与建设工程施工合同中事先约定的结算条款完全不同。

与此同时，实践中还有以继续履行施工合同为前提的工程价款结算。例如，发包人和承包人结算工程进度款后，发包人未按约定支付工程进度款，承包人在继续履行建设工程施工合同的前提下，起诉要求发包人支付工程进度款。另外，本条起草过程中也曾提出协议对象是否还包括对其他专门性问题，最终未作规定，但留下的问题仍待回应：当事人对工程质量、停工窝工损失、工期损失等事项事后达成协议，当事人一方不服申请人民法院进行鉴定的，人民法院是否准许？我们认为，司法实务中确实存在对上述专门性问题达成协议后，当事人一方不服又申请鉴定的情形。但这些情形都与应支付工程价款数额直接相关，已经作为达成工程价款结算协议的考量因素，在工程价款结算中一并考虑。既然本条规定已经明确在当事人就工程价款结算达成协议情形下，当事人不得事后申请鉴定，作为构成工程价款结算考量因素的工程质量等其他专门性问题，自然一般没有必要再允许当事人申请鉴定。但不可否认的是，司法实践中确实存在基于欺诈、重大误解或恶意串通等原因，双方当事人签订涉及工程质量等协议的情形。此时，如果当事人一方在诉讼中提出的证据足以证明建设工程质量等存在不实情形，应允许当事人一方申请人民法院委托进行相关鉴定。

（三）如何理解“诉讼前”

关于本条中“诉讼前”的条件，在司法解释起草征求意见过程中，也有不同观点。一种观点认为，本条规定所适用的案件中，多数情况下，当事人都是在友好协商气氛下自愿签订的建设工程价款结算协议。至于少数情况下，在诉讼中达成的建设工程价款结算协议，则多有法院介入成分，更多应被看作诉讼和解。另一种观点则认为，虽然多数情况下建设工程价款结算协议都是在诉讼前达成，但不能因此而忽略少数诉讼中当事人达成建设工程价款结算协议的情形。此类建设工程价款结算协议未必有法院的介入，甚至很多时候法院事先都不知情。诉讼中当事人就建设工程价款达成结算协议与诉讼前达成同类协议，两者只有时间先后区别，内容都是当事人对结算价款的真实意思表示，都应予以尊重和保护。因此，人民法院也应秉持同样情况同样处理原则，对诉讼中达成建设工程价款结算协议的情形，类推适用本条规定处理。我们认为，第二种观点更可取。虽然本条规定起草时只是对本条所涉最常见情形作了规定，并没有涉及诉讼中达成建设工程价款结算协议，但这并不表示当事人在诉讼中达成建设工程价款结算协议、当事人一方又申请工程造价鉴定的，人民法院应对该鉴定申请予以准许。

还需说明的是，本条所指当事人的范围不限于发包人与承包人，从司法实践看，还包括发包人与实际施工人之间、专业分包工程发包人与专业分包工程承包人之间、承包人与转包人之间等。

三、如何理解本条中“诉讼中一方当事人申请对工程造价进行鉴定的，人民法院不予准许”

司法实践中，当事人在诉讼前已经对建设工程价款结算达成协议后，诉讼中一方当事人不承认结算协议，试图通过申请工程造价鉴定推翻结算协议的情形并不罕见。对此，本解释第二十八条明确规定，“当事人约定按照固定价结算工程价款，一方当事人请求对建设工程造价进行鉴定的，人民法院不予支持”，这也是禁止反言和诚信原则的表现。根据《民事诉讼法》第七十六条第一款规定，“当事人可以就查明事实的专门性问题向人民法院申请鉴定。当事人申请鉴定的，由双方当事人协商确定具备资格的鉴定人；协商不成的，由人民法院指定”。显然，工程造价属于本款所指专门性问题，当事人依法可以申请鉴定。而所谓工程造价鉴定，是指鉴定机构接受人民法院或者仲裁机构委托，在诉讼或者仲裁案件中，鉴定人运用工程造价方面的科学技术和专业知识，对工程造价争议中涉及的专门性问题进行鉴别、判断并提供鉴定意见的活动。依照我国民事诉讼中，对于涉及专门性问题的事实的判断也是通过鉴定的方法得出的鉴定意见，同样只有人民法院委托的鉴定人出具鉴定意见的诉讼活动，才是民事诉讼法上的鉴定。①

① 参见江必新主编：《最高人民法院民事诉讼法司法解释专题讲座》，中国法制出版社 2015 年版，第 107 页。

1. 鉴定程序启动的条件

通常而言，启动鉴定程序需要满足以下要求：（1）须是案件事实认定问题。鉴定程序的启动必须是针对存在着争议的案件事实中的问题。至于法律适用问题，则属于法院依法裁判的范围，不应纳入鉴定的范围。（2）须是专门性问题。《全国人民代表大会常务委员会关于司法鉴定管理问题的决定》第一条规定："司法鉴定是指在诉讼活动中鉴定人运用科学技术或者专门知识对诉讼涉及的专门性问题进行鉴别和判断并提供鉴定意见的活动。"基于事实认定属于法院行使审判权的职责范畴，鉴定程序的启动对于诉讼进程、诉讼效率的影响等因素的考虑，对于一般性的事实认定问题应当由法官根据举证责任的有关要求，通过法庭调查等程序来予以认定，不可由鉴定程序越俎代庖。（3）须符合必要性的要求。鉴定所要解决的问题应当是通过其他方式不能解决，只有通过鉴定才能解决的或者说应当排除以其他低诉讼成本方法查明案件的可能性。①

2. 鉴定程序的启动方式

根据《民事诉讼法》第七十六条规定，鉴定程序的启动方式有两种：当事人申请启动和人民法院依职权启动。前者是当事人可以就查明事实的专门性问题向人民法院申请鉴定，后者是当事人未申请鉴定，人民法院对专门性问题认为需要鉴定的，应当委托具备资质的鉴定人进行鉴定。两种鉴定启动方式之间的关系为，当事人申请鉴定为主，法院依职权委托鉴定为辅。理由在于，鉴定意见属于法定证据形式，申请鉴定是当事人履行其举证责任的内容，在其需要运用鉴定意见证明自己提出的事实主张时，应申请鉴定。

3. 申请鉴定的时间限制

《最高人民法院关于民事诉讼证据的若干规定》第三十一条第一款规定："当事人申请鉴定，应当在人民法院指定期间内提出，并预交鉴定费用。逾期不提出申请或者不预交鉴定费用的，视为放弃申

① 陈龙业、宋韦韦：《民事诉讼鉴定程序启动若干问题的理解与适用》，载《人民司法》2013 年第 15 期。

请。”当事人申请鉴定的期限，应当综合考虑具体案情，包括当事人不申请鉴定有无正当理由，案件处理结果的法律效果、社会效果及司法公正与效率的平衡等因素，不能简单以举证时限内申请鉴定为原则。司法实践中，许多鉴定申请是针对另一方当事人在庭审中出示的证据而提出的，但在未组织证据交换的情况下，当事人并不知道对方当事人在庭审中将出示哪些证据，如果当事人对另一方出示的证据的真实性存有异议，只能在质证过程中提出鉴定申请。遇有此种情况如果硬性要求申请人在庭审前的举证时限内提出鉴定申请，会脱离审判实际。我们认为，对举证时限届满前，当事人申请鉴定的事项属于提出反驳证据、相反证据、新的证据范围内的，另一方当事人需要对此问题有无必要进行鉴定有一定的考虑时间，硬性要求其在举证时限内申请鉴定可能会给其造成不必要的经济负担，有违诚信原则的要求。对于这种情况，提出鉴定申请的时间应当不受有关举证时限的限制。此外，对申请鉴定的事项涉及重大利益的，为了解决矛盾、平衡双方利益，也有必要由法院在法律规定的框架下，综合考虑各种因素，对鉴定申请的时间做灵活处理。鉴于上述原因，当事人申请鉴定的，规定在法院指定期间内提出较为适宜。

4. 不予准许的鉴定申请

必须指出的是，不是所有鉴定申请，人民法院都应当准许并对外进行委托鉴定。事实上，当事人基于主观认识错误或恶意拖延诉讼等动因，经常会对与案件处理没有关联或没有意义的事项申请鉴定。根据《最高人民法院关于民事诉讼证据的若干规定》第三十一条规定：“当事人申请鉴定，应当在人民法院指定期间内提出，并预交鉴定费用。逾期不提出申请或者不预交鉴定费用的，视为放弃申请。对需要鉴定的待证事实负有举证责任的当事人，在人民法院指定期间内无正当理由不提出鉴定申请或者不预交鉴定费用，或者拒不提供相关材料，致使待证事实无法查明的，应当承担举证不能的法律后果。”由该规定可知，至少在以下方面对申请鉴定作出限制：（1）申请鉴定的时间应在指定期限内提出；（2）当事人预交了鉴定费用；（3）对需要鉴定事项负有举证责任的当事人在人民法院指定期限内提出鉴定申请；(4) 对需要鉴定事项负有举证责任的当事人提供了相关材料。而《最高人民法院关于适用〈中华人民共和国民事诉讼法〉的解释》第一百二十一条第一款则规定了当事人申请鉴定，人民法院不予准许的两种情形：一是申请鉴定的事项与待证事实无关联；二是申请鉴定的事项对证明待证事实无意义的。具体到本条规范对象，既然当事人已经就工程价款结算达成协议，应当视为工程造价已经确定。结算协议足以证明当事人认可了工程造价数额及其结算方式，此时再进行鉴定没有任何意义。因此，本条规定比照《最高人民法院关于适用〈中华人民共和国民事诉讼法〉的解释》第一百二十一条规定，对诉讼中一方当事人申请对建设工程造价进行鉴定的，人民法院不予准许。与之相关的是，如果当事人在诉讼前已经对工期索赔、工程质量索赔等其他事项达成协议，诉讼中一方当事人申请对工期、工程质量等事项进行鉴定的，人民法院应否准许？对专门问题进行鉴定的目的是查明事实，通过法院委托专业司法鉴定机构作出的结论，具有权威、客观、可信度高等特点，易于被当事人接受。但在当事人已经通过签订协议认可并接受相关事实的基础上，再委托鉴定已经没有必要，更有变相激励当事人不诚信诉讼的负面导向，故同样不应予以准许。

如果当事人达成工程价款结算协议后，当事人又共同申请对工程造价进行鉴定的，应当如何处理？显然，此时双方当事人均不认可之前签订的工程价款结算协议，都认为应当把鉴定机构作出的工程造价司法鉴定意见作为确定工程价款的依据。此种情况下，依据工程价款结算协议已不能得出真实的工程价款金额，司法鉴定意见对工程价款金额就具有重要意义，故应允许当事人双方共同申请进行工程造价鉴定。事实上，发包人、承包人达成工程价款结算协议，只是明确了双方当事人对依据协议约定得出的工程价款并无争议，但并不等于对施工合同其他事项已经达成了一致，除非结算协议已明确双方就其他事项没有争议或从结算协议可推知双方已经就工程质量、工期、停窝工损失等达成合意。相应地，当承包人作为原告起诉发包人请求给付工程款时，发包人一方就可以反诉或另行起诉承包人进行工期索赔、工程质量索赔以吞并其本诉请求。同样，当发包人作为原告起诉承包人请求赔偿工期损失或工程质量损失，而承包人作为被告可以反诉或者另行起诉发包人请求赔偿停窝工损失。上述情形中，即便发包人、承包人之前达成结算协议，也不影响当事人在之后的诉讼中就相关专门问题申请鉴定。

【审判实践中应注意的问题】

一、建设工程施工合同效力是否影响结算协议效力

当事人基于无效建设工程施工合同签订的建设工程价款结算协议是否无效，在实务中存在争议。我们认为，本条规定所指建设工程价款结算协议是与建设工程施工合同相互联系但彼此独立的协议。一方面，当事人是以建设工程施工合同为基础签订的建设工程价款结算协议，两者具有关联性；另一方面，随着施工进程的推移，可能出现设计变更、工程范围变化、规划指标调整、建筑主材价格大幅波动等新情况，建设工程施工合同会逐渐呈现出滞后性，故当事人签订的建设工程结算协议往往不会严格遵循建设工程施工合同约定，具有其自身的独立性。因此，建设工程价款结算协议源自建设工程施工合同，但又不同于后者。其应被视为独立协议，而非指建设工程施工合同的结算和清理条款。根据《民法典》第一百四十三条规定，如当事人签订的建设工程价款结算协议满足上述构成要件，应认定其有效。进而，建设工程施工合同即便被认为无效，建设工程价款结算协议也不随之当然无效。退一步而言，即便建设工程价款结算协议无效，也涉及不当得利的返还，根据《民法典》第七百九十三条的规定，应参照最符合当事人关于价款真实意思表示的建设工程价款结算协议进行结算。

二、本条规定适用是否以建设工程竣工或质量合格为前提

发包人、承包人签订建设工程施工合同的目的是完成达到约定质

量要求的建设工程。但现实中，基于发包人资金链断裂、设计施工图纸缺陷、承包人资质欠缺、政府规划调整等各种主客观原因，建设工程中途停工烂尾情况相当常见，甚至司法实践中还出现建设工程完工但竣工验收不合格的情形。在此情形下，当事人双方可能因退场、解除合同等达成建设工程价款结算协议，事后，一方当事人又以建设工程未经竣工验收或验收不合格为由申请鉴定，试图否认已达成的建设工程结算协议。我们认为，建设工程竣工验收合格是建设工程施工合同中承包人的主要义务。一般情况下，发包人自然可以以建设工程未竣工验收合格来抗辩承包人的工程款给付请求。但在建设工程施工合同尚未履行完毕，就被中途认定无效或被解除的情形下，承包人就不再存在完成建设工程并综合竣工验收合格的可能。此时，只要已施工工程部分质量合格，承包人就可以主张相应工程价款，当无异议。相应地，发包人也可以主张已施工工程部分质量不合格，拒绝相应工程价款给付。由上，发包人原则上可以以建设工程未竣工或质量不合格为由，抗辩承包人的工程价款请求。但在建设工程未竣工或质量可能不合格情形下，一旦发包人同意与承包人签订工程价款结算协议，就可以推定发包人已经认可建设工程现状并愿意支付相应工程价款以结束与承包人之间的建设工程施工合同关系。这是发包人对自身权利的处分，应予尊重，对当事人申请建设工程造价鉴定不予准许。

三、建设工程价款结算协议无效或被撤销后，申请工程造价鉴定应依情形而定

司法实践中，当事人为了摆脱建设工程价款结算协议的约束，经常会在诉讼中主张该协议无效或撤销该协议。对此，人民法院应结合相关法律法规，区分情况对待：一则，如果当事人主张撤销结算协议时已符合法定撤销权消灭情形，则其因撤销权消灭而撤销结算协议的主张不能得到支持。进而，结算协议因没有被撤销仍然有效。故当事人一方在诉讼中申请鉴定，人民法院依据本条规定不予准许。二则，如果当事人主张撤销结算协议能够成立，则结算协议将因被撤销而不

存在。此时，当事人能否参照结算协议计算建设工程价款？依据《民法典》第一百四十八条至第一百五十一条有关民事法律行为可以撤销的事由规定，结算协议被撤销的原因通常应是结算协议违背了当事人的真实意思，所以，一旦结算协议被撤销，当事人关于工程价款的真实意思表示就无法确定。相应地，当事人如以工程价款这一基本事实问题不清为由申请鉴定，人民法院通常应予准许。

至于结算协议无效的情形，也应区分具体情况对待。无效的建设工程价款结算协议没有法律约束力，但并不一定等于结算协议内容均不是当事人真实意思表示。在结算协议不损害他人合法权益的情形下，只要当事人关于工程价款结算达成了真实意思表示，应当认为可以类推适用《民法典》第七百九十三条的规定，参照结算协议约定，计算工程价款。在此情形下，当事人申请工程造价鉴定的，同样不应予以准许。而当结算协议系因行为人与相对人以虚假的意思表示实施而被认定为无效的情况下，与前述撤销情形相类似，不能认为结算协议的内容系双方真实意思表示，除非存在其他证据，不能认定双方对结算价款数额的合意，当事人申请就诉争工程造价进行鉴定的，人民法院应予准许。

第三十条

当事人在诉讼前共同委托有关机构、人员对建设工程造价出具咨询意见，诉讼中一方当事人不认可该咨询意见申请鉴定的，人民法院应予准许，但双方当事人明确表示受该咨询意见约束的除外。

【条文主旨】

本条是关于诉讼中一方当事人不认可当事人共同委托有关机构、人员对建设工程造价出具的咨询意见，向人民法院申请鉴定，应如何处理的规定。

【条文理解】

在建设工程施工领域，虽然发包人和承包人在签订建设工程施工合同时，一般都会明确约定建设工程价款金额或计算方式，但由于建设工程施工时间长、工序多、参与主体多、标的金额大且受设计变更、材料、人工价格波动以及天气、政策变化等不确定因素影响，事实上很难就建设工程最终造价进行事先锁定。由此，发包方和承包方在建设工程施工合同履行过程中可能出现的最主要争议就是建设工程的造价争议。为促进争议协商解决和避免诉讼高昂成本，发包方、承包方均有通过委托相关机构、人员出具咨询意见核实建设工程造价的意愿。当事人共同委托工程造价咨询机构出具工程造价咨询意见与诉讼中当事人申请人民法院委托鉴定机构鉴定或者人民法院依职权委托鉴定机构出具鉴定意见性质不同、内容有异，彼此之间不能直接替代。前者是工程造价咨询机构与当事人签订建设工程造价咨询合同，接受当事人委托，对建设项目投资、工程造价的确定与控制提供专业咨询服务所出具的咨询意见。也即，咨询意见本质上是作为受托人的咨询机构按约定向作为委托人的当事人交付的工作成果。而鉴定是指在诉讼活动中鉴定人运用科学技术或者专门知识对诉讼涉及的专门性问题进行鉴别和判断并提供鉴定意见的活动。具体到工程造价鉴定则是指鉴定机构接受人民法院委托，在诉讼案件中，鉴定人运用工程造价方面的科学技术和专业知识，对工程造价争议中涉及的专门性问题进行鉴别、判断并提供鉴定意见的活动。可见，鉴定意见本质上是司法机关委托鉴定机构就专门性问题进行鉴定得出的鉴定结果，其证明力明显高于当事人自行委托他人出具的工程造价咨询意见。当然，如果双方已明确表示接受该咨询意见结果，则意味着双方都认可该咨询意见作为证据具有足够的真实性、合法性、关联性。如当事人一方事后再申请鉴定，则有违诉讼诚信原则。人民法院从诉讼诚信角度出发，可以鉴定没有意义为由，对其鉴定申请不予准许。

本条源自《2018年解释》第十三条，在起草过程中，对其规范对象和处理方式基本未变，但在个别表述上存在反复情况。本条最早出现在2013年1月《2018年解释》征求意见稿第十四条：当事人在提起诉讼前，共同委托的鉴定单位已经对建设工程造价出具鉴定意见，诉讼中一方当事人申请重新鉴定的，不予支持。但当事人有证据证明鉴定结论具有2002年实施的《最高人民法院关于民事诉讼证据的若干规定》第二十七条第一款规定情形，且不能通过该条第二款规定方法解决的除外。该但书条款中所指第二十七条第一款内容为：当事人对人民法院委托的鉴定部门作出的鉴定结论有异议申请重新鉴定，提出证据证明存在下列情形之一的，人民法院应予准许：（一）鉴定机构或者鉴定人员不具备相关的鉴定资格的；（二）鉴定程序严重违法的；（三）鉴定结论明显依据不足的；（四）经过质证认定不能作为证据使用的其他情形。第二款规定，对有缺陷的鉴定结论，可以通过补充鉴定、重新质证或者补充质证等方法解决的，不予重新鉴定。直到2016年10月征求意见稿才将本条内容修改为第十五条：具有下列情形之一，当事人申请鉴定的，不予准许：（一）当事人双方在提起诉讼前，共同委托的鉴定单位已经对建设工程造价等专门性问题出具鉴定意见，当事人未提供充分证据否定鉴定意见证据效力的……两相对比，后者将委托鉴定的对象扩张到了“等专门性问题”，将但书条款修改为“当事人未提供充分证据否定鉴定意见证据效力的”。

鉴于鉴定意见与咨询意见最大的不同在于前者委托人是司法机关或仲裁机构，鉴定机构的鉴定行为发生在诉讼过程中，所形成的鉴定意见本身就是《民事诉讼法》规定的八种证据形式之一；而咨询意见委托人是当事人等民事主体，咨询机构的咨询行为发生在诉讼程序之外，所形成的咨询意见本身并非鉴定意见，属于民事委托合同中受托人完成的工作成果。故不宜将该工作成果也表述为鉴定意见，也不能仅以有咨询意见为由，剥夺当事人申请鉴定的程序权利。后本条内容又修改为：当事人在诉讼前，共同委托的建设工程造价中介机构对建设工程造价出具造价咨询意见，人民法院经质证认为该咨询意见客观、真实、程序合法的，一方当事人申请鉴定的，人民法院不予准许。

相比之前表述有两处最大不同：一是对于当事人自行委托他人出具的造价咨询意见，不再以鉴定单位表述而代之以造价咨询机构；二是对人民法院不予准许加上前置条件：人民法院经质证认为该咨询意见客观、真实、程序合法的。随后，本条内容进一步修改为 2018 年 7 月 5 日讨论稿第十四条：当事人在诉讼前，共同委托建设工程造价中介机构对建设工程造价出具造价咨询意见，诉讼中一方当事人申请鉴定的，人民法院应予准许，但是当事人双方事前明确表示受该咨询意见约束的除外。该条将之前历次修改稿均坚持的一方当事人申请鉴定的，人民法院原则上不予准许，例外准许鉴定变更为原则上应予准许，除非当事人事先明确表示接受该咨询意见约束。在此基础上，笔者进一步建议，将“建设工程造价中介机构”调整为“有关机构、人员”，理由在于，从证据角度而言，能够提供造价相关咨询的并非仅有工程造价咨询企业，还包括注册造价工程师以及其他对建设工程造价有专门知识的人员等提供的供法院参考的专门意见。后该条在根据审委会讨论情况进行文字修改后，形成了《2018 年解释》第十三条规定内容。《民法典》施行后，为与《民法典》保持一致，我们将此前颁布的《2004 年解释》《2018 年解释》进行了整合修改。其中，对《2018 年解释》第十三条未作任何改动，直接将该条内容转为本条规定。

一、如何理解本条中的“诉讼前共同委托有关机构、人员对建设工程造价出具咨询意见”

工程造价咨询是咨询企业接受委托方的委托提供的一种有偿服务。一般要通过工程造价专业人员运用工程造价的专业技能，为建设项目决策、设计、发承包、实施、竣工等各个阶段进行工程计价，或者为委托方提供建设项目的工程造价管理。在决策和设计阶段，建设项目的估价与决策需要一定的专业知识，这是一般的开发商或投资人所不具备的；在工程发承包和实施阶段，发包人与承包人相比，处于信息不对称的弱势，为解决这些不足，投资人或发包人一般会聘请工程造价咨询企业提供专业服务。另外，在工程建设过程中，也需要委托工程造价咨询企业进行工程造价鉴定、争议解决、工程审计等经济鉴证服务。这里的工程造价咨询企业，是指接受委托，对建设项目投资、工程造价的确定与控制提供专业咨询服务的企业。根据原建设部《关于工程造价咨询机构与政府部门实行脱钩改制的通知》（建标〔2000〕208 号）规定，脱钩后的工程造价咨询机构要按照该通知和国家有关法律、法规规定的组织形式，改制成为由造价工程师发起设立的合伙制或有限责任制的社会中介机构。

目前，工程造价咨询企业资质等级分为甲级、乙级。一般而言，工程造价咨询业务范围包括：（1）建设项目建议书及可行性研究投资估算、项目经济评价报告的编制和审核；（2）建设项目概预算的编制与审核，并配合设计方案比选、优化设计、限额设计等工作进行工程造价分析与控制；（3）建设项目合同价款的确定（包括招标工程工程量清单和标底、投标报价的编制和审核）；合同价款的签订与调整（包括工程变更、工程洽商和索赔费用的计算）及工程款支付，工程结算及竣工结（决）算报告的编制与审核等；（4）工程造价经济纠纷的鉴定和仲裁的咨询；（5）提供工程造价信息服务等。从现实情况看，目前上述业务类型各自创收能力差别较大。工程造价咨询机构工程造价咨询业务收入主要来源并非接受法院委托的司法鉴定业务，而更多的是基于当事人在诉讼之外单方或共同委托所得。就本条文义表述而言，并未明确对上述工程造价咨询业务范围作出限制，故可以认为本条中的咨询意见可以包括上述所有业务范围。

（一）当事人在诉讼前共同委托

从司法实践情况看，往往是发包人委托工程造价咨询机构编审工程竣工结算，出具竣工结算报告经发、承包双方签字后生效。如果发包人对报告有异议的，可对工程结算中有异议部分，与承包人协商共同委托工程造价咨询机构出具咨询意见。除了这种常见情形之外，实践中还存在承包人与分包人、承包人与转包人之间发生工程价款争议的情形。此时，承包人与分包人之间、承包人与转包人之间也有可能在委托工程造价咨询机构就工程造价出具咨询意见。有鉴于此，如仍采用发包人、承包人的表述，则未免失之过窄，故本条最后定稿时，以当事人的称谓统一指代发包人、承包人、分包人、转包人等。

本条除了主体用当事人指代之外，还对委托工程造价咨询机构限定了时间期限。即在诉讼前委托。这主要是因为从司法解释调研收集的情况看，工程造价咨询机构接受委托，出具工程造价咨询意见多数都在诉讼发生之前。故本条仅就常见的当事人诉讼前委托工程造价咨询机构出具咨询意见情形写入条文，但有必要强调的是，这并不意味着当事人不可以在诉讼后自行委托工程造价咨询等有关机构、人员出具咨询意见，更不意味着出现当事人一方或双方诉讼后自行委托工程造价咨询时，当事人不能在诉讼中向人民法院申请鉴定。事实上，无论是当事人在诉讼前抑或诉讼后委托工程造价咨询机构等有关机构或人员出具造价咨询意见，都属于本条文规范对象的范畴，当事人都可以主张适用本条。

至于共同委托的问题，2004 年施行的《建设工程价款结算暂行办法》第十八条规定：“工程造价咨询机构接受发包人或承包人委托，编审工程竣工结算，应按合同约定和实际履约事项认真办理，出具的竣工结算报告经发、承包双方签字后生效。当事人一方对报告有异议的，可对工程结算中有异议部分，向有关部门申请咨询后协商处理，若不能达成一致的，双方可按合同约定的争议或纠纷解决程序办理。”据此可知，行业规范性文件所记载的委托，是指发包人或承包人的单方委托。且造价咨询机构出具的竣工结算报告应经双方签字后才生效。但从起草司法解释调研收集的情况来看，发包人或承包人单方委托有关机构、人员出具的咨询意见，另一方当事人在诉讼中基本不予认可，甚至可能因此向法院申请鉴定。就此而言，2019 年修正的《最高人民法院关于民事诉讼证据的若干规定》第四十一条也规定：“对于一方当事人就专门性问题自行委托有关机构或者人员出具的意见，另一方当事人有证据或者理由足以反驳并申请鉴定的，人民法院应予准许。”也即，不管在诉讼前抑或诉讼中，对于一方当事人单方委托有关机构或人员出具的意见，另一方当事人申请鉴定的，人民法院准许应以“另一方当事人有证据或者理由足以反驳”为前提。既然已有司法解释对一方当事人单方委托有关机构、人员出具意见的情形作出规定，故没有必要通过本解释特别予以明确。

反而，当双方当事人共同委托有关机构、人员出具的咨询意见，人民法院能否以双方合意为由直接认可，从而不准许当事人一方在诉讼中就此问题申请鉴定，则存在争议：一种观点认为，既然该咨询意见是由双方当事人共同委托的有关机构、人员出具，那么相应地咨询意见就是受托人完成的工作成果。作为委托人的双方当事人应当接受该成果。除非有证据证明该咨询意见存在严重瑕疵；另一种观点认为，咨询意见本身并非鉴定意见，本质上只是一种类似书证的证据，对于受托人是个人而言，则类似于专家证人的证言。其在诉讼法上作为证据证明力较弱，不管咨询意见是否由双方共同委托所致，当事人任何一方都可以基于合理怀疑而单方申请鉴定，且人民法院一般都应准许。从本条起草过程可以清楚看出，在早期的版本中表述为“当事人在提起诉讼前，共同委托的鉴定单位已经对建设工程造价出具鉴定意见”。可见，当时并没有区分鉴定意见和咨询意见。在随后的起草中，我们注意到了鉴定意见和咨询意见在性质、证明力等方面的差别，将当事人共同委托有关机构、人员出具咨询意见的行为定性为民事委托合同。也即，双方当事人只是就共同委托有关机构、人员出具咨询意见这一事项本身达成了一致，但并不等于双方当事人订约时已经同意接受将来的工作成果　　咨询意见的约束。基于此，如果当事人一方事后对咨询意见不服，申请工程造价鉴定的，从保护当事人合法权益出发，一般应予准许。这里需要注意的是，本条所指“共同委托”既包括发包人、承包人共同作为一方与受托机构或人员签订委托合同情形，也包括发包人或承包人一方与受托机构或人员签订委托合同，另一方事先或事后以行为或其他意思表示予以追认的情形。这里的委托，能否理解为基于这种委托关系之上的造价计量与确认行为本质上是一种委托代理行为？根据《民法典》第一百六十一条规定，民事主体可以通过代理人实施民事法律行为。依照法律规定、当事人约定或者民事法律行为的性质，应当由本人亲自实施的民事法律行为，不得代理。《民法典》第一百六十二条同时规定，代理人在代理权限内，以被代理人名义实施的民事法律行为，对被代理人发生效力。从该规定可知，代理行为是一种民事法律行为，以意思表示为核心，而在造价委托关系中，接受委托的机构、人员从事的行为并不是意思表示行为，而是以提供成果为目的的劳务活动。而且，代理人在代理行为中是以被代理人名义实施民事法律行为，而咨询机构、人员则是以自己名义进行造价计量，并以自己名义出具审计报告。另外，代理行为中，由被代理人承担民事责任，而造价咨询委托中，咨询机构、人员有独立的民事权利能力和行为能力，由其自己承担相应民事责任，而不是由委托方建设单位来承担。故本条所指当事人共同委托有关机构、人员所形成的关系，并不是委托代理关系。我们认为，本条中共同委托所形成的关系，更符合承揽合同的特征。理由在于，本条所指当事人共同委托有关机构、人员的目的是得到有关机构、人员利用专业知识和技能完成的工程造价成果，而受托方则取得相应工作报酬，这符合承揽合同的目的是定作人取得工作成果，承揽人获得相应报酬这一根本特征。

（二）有关机构、人员

从建设施工领域行业惯例而言，鉴于工程造价事项的复杂性、专业性，委托人或承包人通常都委托专业的工程造价咨询机构作出咨询意见。2000年，原建设部发布《关于工程造价咨询机构与政府部门实行脱钩改制的通知（建标〔2000〕208号）》之后，全国的工程造价咨询机构都从体制内脱离，改制为有限公司或者合伙企业形式，成为真正的市场竞争主体。有关部门也出台了《工程造价咨询企业管理办法》《关于贯彻〈关于工程造价咨询机构与政府部门实行脱钩改制的通知〉的若干意见》等一系列规章制度，对从事工程造价咨询的主体资质作出明确规范和要求。从司法实践情况看，除了具有工程造价咨询业务资质的机构之外，其他没有该资质的社会中介组织也偶有超越资质出具工程造价咨询意见的行为。例如，资产评估机构不具备工程造价资质，仍利用当事人信息不对称，出具不适格的工程造价咨询意见。对此，《工程造价咨询企业管理办法》第三十六条规定，未取得工程造价咨询企业资质从事工程造价咨询活动或者超越资质等级承接工程造价咨询业务的，出具的工程造价成果文件无效，由县级以上地方人民政府建设主管部门或者有关专业部门给予警告，责令限期改正，并处以一万元以上三万元以下的罚款。既然工程造价成果无效，那么当事人当然可以不认可该咨询意见并申请鉴定。

除了不具有工程造价咨询资质的其他组织之外，市场竞争中，还有发包人或承包人基于对工程造价领域内特定权威专家学者的信赖，委托特定专家学者出具专业咨询意见的情形。显然，此时出具专业咨询意见的专家学者并非我国现行法律法规规范性文件所确定的有权从事工程造价咨询的主体，故其出具的专业咨询意见，任何一方当事人都可以不予认可并向法院申请对工程造价作司法鉴定。

二、如何理解本条中"诉讼中一方当事人不认可该咨询意见申请鉴定的，人民法院应予准许，但双方当事人明确表示受该咨询意见约束的除外"

（一）如何理解"诉讼中一方当事人不认可该咨询意见申请鉴定的，人民法院应予准许"

诉讼法理论中，广义上的鉴定按鉴定的时间不同，分为诉讼内鉴定和诉讼外鉴定两种。其中诉讼内鉴定是指在诉讼过程中，经当事人申请，由法院直接指定或委托专门的鉴定机构或具有专门知识的人对诉讼中争议的专门性问题进行的鉴定；反之，诉讼外鉴定，则是未经法院委托和指定所进行的鉴定。在国外，非经法院委托的鉴定也称为"私鉴定"。诉讼外鉴定，既可能在诉讼发生前，也可能在诉讼过程中，是由当事人自行委托有关机构或人员所进行的鉴定，多数情况下是在诉讼发生前进行，例如，关于工伤事故的鉴定。诉讼外的鉴定是否可以作为证据使用，需要得到法院认可。对于诉讼外的鉴定意见或私鉴定意见的证据适格及效力，《民事诉讼法》没有规定，但一般认为诉讼外的鉴定意见不属于《民事诉讼法》规定的鉴定意见，也不属于书证，而是当事人陈述的一种特殊情形。《最高人民法院关于适用〈中华人民共和国民事诉讼法〉的解释》第一百二十二条第二款规定，具有专门知识的人在法庭上就专业问题提出的意见，视为当事人的陈述，同样是鉴定意见，属于鉴定意见中的诉讼外鉴定意见。只不过这种诉讼外的鉴定意见作为证据，其证据的证明力不及诉讼内鉴定意见。是否具有证明力应该由法院自由裁量，如果法律有明确规定予以排除时，该鉴定意见不具有证据能力。具体到本条规定，当事人共同委托有关机构、人员对建设工程造价出具咨询意见，只要不是通过诉讼中人民法院委托鉴定机构的方式进行，其所形成的意见，都属于上述诉讼外鉴定范畴，不属于民事诉讼法规定的鉴定意见，一般不具备鉴定意见这种证据形式的证明力。这是因为：首先，有关机构、人员未必具有从事司法鉴定业务的主体资格。根据《全国人民代表大会常务委员会关于司法鉴定管理问题的决定》第五条规定，司法鉴定机构应具备四个条件和第六条规定的三项程序。而从事工程造价鉴定的机构大多不具备上述条件，也未经历上述程序，故其不是一个司法鉴定机构，只是一个鉴定咨询组织。而根据《司法鉴定机构登记管理办法》第三条、第三十八条规定，法人或其他组织未经登记，从事司法鉴定业务的，属于违法行为。其次，咨询意见的具体实施主体并非都是具有法定资格的鉴定人。虽然从事工程造价的有关机构内从业人员部分具有造价工程师注册证书，或具有工程或工程经济类高级专业技术职称，但其未必已取得司法鉴定人资格并编入国家名册，其鉴定主体资格合法性存在瑕疵，相应地，形成的咨询意见证明力也较低。

由上可知，当事人自行委托有关机构、人员出具咨询意见时，供后者使用的基础材料都是双方当事人自己提供的，难免作有利于自己的取舍，或导致咨询意见不能客观、完全地体现争议事实的真实面貌。同时，有关机构、人员的专业资格、计算工程造价的程序和方法等也没有接受人民法院的监督，使得其出具的咨询意见不具有权威性，当事人事后质疑也在所难免。进而，如果诉讼中一方当事人不认可该咨询意见申请鉴定的，人民法院应予准许。

（二）如何理解“但双方当事人明确表示受该咨询意见约束的除外”

虽然本条规定一方当事人不认可该咨询意见原则上就可申请鉴定，但鉴于司法实务中，确实存在不少当事人通过恶意申请鉴定拖延诉讼进程的情形。故《最高人民法院关于适用〈中华人民共和国民事诉讼法〉的解释》第一百二十一条第一款规定：“申请鉴定的事项与待证事实无关联，或者对证明待证事实无意义的，人民法院不予准许。”具体到本条规范情形，如果双方已通过委托合同或者其他方式明确表示接受咨询意见约束，则意味着该咨询意见及其证明的事实已经得到双方当事人的认可。进而，当事人再申请鉴定证明该事实已无意义。

【审判实践中应注意的问题】

从审判实践情况看，本条的规范对象在具体实务中，至少还存在以下问题有待厘清：

一、工程造价鉴定与资产评估的关系

基于业务竞争原因，一些不具备工程造价鉴定职业资格的中介机构，也在以资产评估报告形式为工程造价鉴定出具文件，一些法院也在指定工程造价鉴定机构时不考虑是否具备专门执业资格问题。实务中有观点认为，对于建设工程的计价，资产评估与工程造价鉴定属于同一种类，没有本质区别。其结论或意见均可作为建设工程造价的依据。我们认为，区别很大：（1）两者在价格估算时点上有区别。工程造价鉴定仅以工程建设行为发生时的合同条件或其他计价条件（如政府公布的调价文件）作为依据。工程项目建造期间或工程项目完工交付后的时间持续，不影响计价对象价格。而资产评估中，财产形成和存续期间是影响其价格的重要因素，其估算必须以财产的存续时间为计价参数。随着财产存续期间的延续，其价格也随之发生变化。（2）两者在可利用状况上有区别。工程造价的鉴定，仅以建造行为发生或工程项目形成为条件，此后因自然和物理上的原因所产生的有形或无形损耗，不影响工程造价的价格估算。而资产评估中，所谓被评估对象的使用年限、折旧情况是对财产已经丧失的使用价值的会计表述。资产评估不具有工程造价鉴定活动的属性，尤其是资产评估报告在计价结论中必须申明所采用的评估原则和假定条件（如财产的继续使用原则、替代原则和逾期收益原则等）与工程造价鉴定性质相抵触，两者不能互相代替。

二、当事人不认可咨询意见申请鉴定，是否需要举证证明该咨询意见存在瑕疵

司法实务中，关于当事人就专门问题自行委托有关机构出具意见

的规定还有2019年修正的《最高人民法院关于民事诉讼证据的若干规定》第四十一条，该条规定："对于一方当事人就专门性问题自行委托有关机构或者人员出具的意见，另一方当事人有证据或者理由足以反驳并申请鉴定的，人民法院应予准许。"由该条文义可知，一方当事人自行委托有关机构或者人员出具的意见，另一方当事人不认可该咨询意见，申请人民法院鉴定，人民法院准予其鉴定申请的前提是另一方当事人有证据或理由足以反驳该咨询意见。需要注意的是，一方当事人对另一方当事人自行委托有关机构或者人员出具的意见的反驳要么提供证据，要么有正当理由。反驳的证据应当围绕机构、人员资质、咨询程序、咨询依据的真实性、合法性、科学性、公正性来进行证明，只要能证明自行委托有关机构或者人员出具的意见在上述某一个方面存在疑点，或者另一方当事人反驳理由具有正当性，该咨询意见就不具有可采性，如果另一方当事人同时申请鉴定的，人民法院应当予以鉴定。

将该条与本条对比可知，至少有以下几点不同：首先，委托主体不同。《最高人民法院关于民事诉讼证据的若干规定》第四十一条规定的是一方当事人自行委托，而本条针对的是双方当事人共同委托。其次，委托的时间不同。《最高人民法院关于民事诉讼证据的若干规定》第四十一条没有限定当事人自行委托的时间，理论上可以是任何时间点。但本条主要针对的是诉讼前共同委托。再次，是否以提出反驳意见为前提不同。《最高人民法院关于民事诉讼证据的若干规定》第四十一条明确规定"另一方当事人有证据或者理由足以反驳"，也即强调申请鉴定的前提是必须举证证明该咨询意见足以反驳或有正当理由足以反驳。而本条则没有该要求。从文义表述而言，本条只需当事人表示不接受该咨询意见即可，不需要当事人另行举证证明该咨询意见存在瑕疵。

第三十一条

当事人对部分案件事实有争议的，仅对有争议的事实进行鉴定，但争议事实范围不能确定，或者双方当事人请求对全部事实鉴定的除外。

【条文主旨】

本条是关于当事人对案件事实有争议时如何确定鉴定范围的规定。

【条文理解】

一、与鉴定相关的概念

1. 关于鉴定

鉴定为大陆法系国家和地区以及受大陆法系影响较深的国家对于诉讼中的专门性问题所采取的辅助法官发现事实的手段。大陆法系国家和地区一般从证据方法角度对鉴定进行描述。“鉴定系为辅助法官对事物之判断能力，命有特别学识经验之第三人，本于其专门知识、技能经验，陈述特别经验法则依据一定证据法则而对某事物关系为判断结果之证据调查程序。亦即乃以鉴定人为证据方法，而以鉴定人之鉴定意见为证据资料，以证明待证事实者。”

在我国，从行业界定的角度讲，鉴定是鉴定人运用专门的知识和技能，辅之以必要的技术手段，对案件中发生争议的专门性问题进行检测、分析、鉴别的活动。从民事诉讼的角度讲，司法鉴定是人民法院对案件争议的某些专门性问题，指定具有专门知识和技能的人员，按照法律规定的条件和程序，运用一定的科学知识、技术手段对其进行鉴别和评定，并作出书面结论意见的活动。最高人民法院在2001年11月16日发布的《人民法院司法鉴定工作暂行规定》中，将司法鉴定界定为“在诉讼过程中为查明案件事实，人民法院依据职权，或者应当事人及其他诉讼参与人的申请，指派或者委托具有专门知识的人，对专门性问题进行检验、鉴别和评定的活动”。

2. 关于启动鉴定程序的主体

《民事诉讼法》第七十六条规定：“当事人可以就查明事实的专门性问题向人民法院申请鉴定。当事人申请鉴定的，由双方当事人协商确定具备资格的鉴定人；协商不成的，由人民法院指定。当事人未申请鉴定，人民法院对专门性问题认为需要鉴定的，应当委托具备资格的鉴定人进行鉴定。”即鉴定程序可以分为因当事人申请而启动和人民法院依职权启动两种方式。《最高人民法院关于民事诉讼证据的若干规定》第三十一条规定：“当事人申请鉴定，应当在人民法院指定期间内提出，并预交鉴定费用。逾期不提出申请或者不预交鉴定费用的，视为放弃申请。对需要鉴定的待证事实负有举证责任的当事人，在人民法院指定期间内无正当理由不提出鉴定申请或者不预交鉴定费用，或者拒不提供相关材料，致使待证事实无法查明的，应当承担举证不能的法律后果。”也就是说，对于待证事实负有举证责任的当事人，待证事实涉及专门性问题需要鉴定的，则该当事人负有申请的义务。如果该当事人未提出鉴定申请或者未在人民法院指定的期限内提出鉴定申请，以及虽提出鉴定申请却不预交鉴定费用的，应视为放弃申请，导致待证事实无法借助鉴定意见进行判断而真伪不明的，由该当事人承担不利后果。

《最高人民法院关于适用〈中华人民共和国民事诉讼法〉的解释》第一百二十一条第三款规定：“符合依职权调查收集证据条件的，人民法院应当依职权委托鉴定，在询问当事人的意见后，指定具备相应资格的鉴定人。”该条明确了人民法院启动鉴定程序应符合法定条件，并不是所有当事人未对涉及专业性问题的待证事实申请鉴定的，人民法院都要依职权委托鉴定。但何为“符合依职权调查收集证据”的条件，这随着法律法规的修订、完善而愈加明确。该司法解释出台时，因为没有其他对人民法院委托鉴定条件直接予以规定的条文，所以一般依据该司法解释第九十六条人民法院认为审理案件需要的证据，来判断人民法院是否需要依职权委托鉴定，这主要包括五项，即涉及可能损害国家利益、社会公共利益的、涉及身份关系的、涉及《民事诉讼法》第五十五条规定诉讼的、当事人有恶意串通损害他人合法权益可能的以及涉及依职权追加当事人、中止诉讼、终结诉讼、回避等程序性事项的。2019 年《最高人民法院关于民事诉讼证据的若干规定》修正后，人民法院委托鉴定的条件更加明确。该规定第三十条第二款规定：“符合《最高人民法院关于适用〈中华人民共和国民事诉讼法〉的解释》第九十六条第一款规定情形的，人民法院应当依职权委托鉴定。”也即，只有当待证事实可能损害国家利益、社会公共利益的，人民法院才需依职权委托鉴定。

在过往的审判实践中曾有意见认为，对于属于当事人举证范围内的相关专门性问题的证明，如果对该待证事实负有举证责任的当事人拒不申请鉴定该如何处理的问题，若该相关专门性问题确属案件必须查明的基本事实的，可以由人民法院依职权启动鉴定，并预交相关鉴定费用。那么，基于上述规定，我们可以发现该意见是明显有悖于法律规定的，而且也与当事人申请鉴定这一诉讼权利与诉讼负担的基本设定有根本矛盾，更因人民法院无此项财政支出缺乏操作基础。

3. 关于鉴定意见

鉴定意见是指具备资格的鉴定人对民事案件中出现的专门性问题，通过鉴别和判断后作出的书面意见，鉴定意见是鉴定的成果。由于鉴定意见是运用专业知识、专门技术与方法对案件事实涉及的某一专门问题所作出的鉴别和判断，具有科学性，进而对相关专门问题有着较强的证明力，往往成为审查和鉴别其他证据的重要手段。因此，鉴定意见是民事诉讼中十分重要的证据类型，对于涉及专门性问题的案件事实的查明发挥着重要作用。

鉴定意见应以鉴定书为载体，其内容不仅应当符合法理性和逻辑性的基本要求，还要符合与司法鉴定就专门性问题作出专门意见的科学性属性的要求。《最高人民法院关于民事诉讼证据的若干规定》对此予以明晰，该规定第三十六条规定："人民法院对鉴定人出具的鉴定书，应当审查是否具有下列内容：（一）委托法院的名称；（二）委托鉴定的内容、要求；（三）鉴定材料；（四）鉴定所依据的原理、方法；（五）对鉴定过程的说明；（六）鉴定意见；（七）承诺书。鉴定书应当由鉴定人签名或者盖章，并附鉴定人的相应资格证明。委托机构鉴定的，鉴定书应当由鉴定机构盖章，并由从事鉴定的人员签名。"《司法部关于印发司法鉴定文书格式的通知》也从形式、表达等方面进一步对司法鉴定文书的格式提出了规范化要求。

需要注意的是，在民事诉讼法上，鉴定意见与当事人的陈述、书证、物证、视听资料、电子数据、证人证言、勘验笔录等其他证据一样，均是法定的证据形式之一。因此，本质上鉴定意见有着强烈的法律属性，对其是否采信并作为认定案件事实的根据仍需要经过与其他证据一样的论证过程。一般而言，鉴定意见需通过在法庭上展示，并经过当事人充分发表质证意见后，由法官根据日常生活经验及一般逻辑，通过结合案件其他证据进行全面、客观、综合分析以便确定其证明力大小，从而决定是否依据鉴定意见确定案件相关专业性问题的事实。

二、本条制定背景

在建设工程施工合同纠纷案件审理过程中，由于工程量认定、工程价款计算、工程质量验收等问题具有很强的专业性、技术性，审判人员缺乏相关知识背景，导致双方当事人对于某一案件事实产生争议时，往往习惯于向人民法院申请委托鉴定，通过第三方鉴定机构出具鉴定意见的方式对争议事实作出判断。但结合以往的审判实践经验来看，鉴定意见仍然可能存在诸多不规范的问题，从而对法官预判审判结果造成偏差，降低诉讼效率，增加当事人诉累，这些问题主要体现在以下几方面。

1. 鉴定机构和鉴定人员等鉴定主体不具备相应资质

关于鉴定主体资格，住房和城乡建设部已出台了相应部门规章予以明确，如于2020年2月19日修改颁布的《工程造价咨询企业管理办法》和《注册造价工程师管理办法》对工程造价方面的鉴定机构和鉴定人员资质进行了详细规定。《工程造价咨询企业管理办法》将工程造价咨询企业定义为“接受委托，对建设项目投资、工程造价的确定与控制提供专业咨询服务的企业”，明确工程造价咨询企业应当依法取得工程造价咨询企业资质，并在其资质等级许可的范围内从事工程造价咨询活动。该办法将工程造价咨询企业的资质等级分为甲级、乙级两种，分别规定了两级鉴定机构的标准，并明确了其业务范围、承接业务流程、禁止行为等事项。《注册造价工程师管理办法》第一条规定，注册造价工程师是指通过土木建筑工程或者安装工程专业造价工程师职业资格考试取得造价工程师职业资格证书或者通过资格认定、资格互认，并按照该办法注册后，从事工程造价活动的专业人员。注册造价工程师分为一级注册造价工程师和二级注册造价工程师。该办法亦对注册造价工程师的注册、执业、监督管理等事项予以明确。然而，尽管相关管理办法对建设工程领域的鉴定机构和鉴定人员进行规范，部分案件中仍然出现了鉴定机构或者鉴定人员不具备鉴定资质、鉴定机构超越本鉴定机构的资质等级许可的经营范围、没有鉴定资格的鉴定机构或鉴定人员借用具有法定资质的鉴定机构或者鉴定人员的名义从事鉴定活动等情况，导致鉴定意见难以被采信，需要另行委托鉴定。

2. 鉴定程序不规范

鉴定机构应当依照双方当事人已经质证的证据材料作出鉴定意见，有必要的还应委派鉴定机构工作人员出庭接受当事人及人民法院的询问、对有疑问的地方予以说明等。但在部分案件中，仍有鉴定机构不履行相应义务，如鉴定适用的标准或者方法与合同约定的不符、鉴定适用的标准或者方法与法院委托鉴定书确定的标准或者方法不符、鉴定存在重大漏项、鉴定适用的标准违反国家规定的强制性标准、直接接受单方当事人递交的证据材料作为鉴定依据以及鉴定意见上签章、签字的鉴定单位或者鉴定人员没有参与鉴定活动等。鉴定的程序公正是实体公正的前提和基础，程序上的缺陷往往导致鉴定意见缺乏公正性。

3. 过度依赖鉴定意见

在部分案件中，有些过于依赖鉴定意见的做法，客观上使得审判权难以发挥应有作用，当事人也更加信赖鉴定机构而非人民法院的职能作用，从而容易导致当事人为谋取自身利益最大化，而向鉴定机构行贿等不良现象。

此外，委托鉴定还存在鉴定时间长、鉴定成本高等特点，不必要的鉴定行为本身也会进一步扩大当事人的损失。因此，人民法院在审理建设工程施工合同纠纷案件过程中应当谨慎启动鉴定程序，不鉴定即可以查清事实的，不应进行鉴定；对部分事实进行鉴定即可查清事实，不应对全部事实鉴定。本条即基于上述观点制定形成。

首先，本条确定的鉴定原则是，根据案件实际需要尽量缩小鉴定范围。一般情况下，人民法院能够依照现有证据材料认定案件事实的，可以不再委托鉴定。因此，并不是一方当事人自认为有争议的事实均为需要鉴定的事实，人民法院对于一方当事人的委托鉴定申请，应该结合案件实际情况予以审核，的确难以通过现有证据材料理清事实，或者人民法院难以自行判断双方当事人所述事实的，应当委托专业机构进行鉴定；如果现有证据足以认定事实，而一方当事人对此有异议的，应责成该当事人另行提交证据证明其主张，如确有必要则仅对有争议的事实进行鉴定，不必对所有案件事实委托鉴定。当然，如果无法明确争议事实范围的，或者双方当事人一致意见请求对全部案件事实进行鉴定的，人民法院应予准许。

需要注意的是，根据《民事诉讼法》第七十七条规定，鉴定人有权了解进行鉴定所需要的案件材料，必要时可以询问当事人、证人。第七十八条规定，当事人对鉴定意见有异议或者人民法院认为鉴定人有必要出庭的，鉴定人应当出庭作证。经人民法院通知，鉴定人拒不出庭作证的，鉴定意见不得作为认定事实的根据；支付鉴定费用的当事人可以要求返还鉴定费用。上述规定表明，鉴定意见是八种法定证据形式中的一种，依法产生的鉴定意见具有证据效力，鉴定机构和鉴定人在接受人民法院委托进行鉴定时享有相应的诉讼权利，也要履行相应的诉讼义务。人民法院法官应在诉讼活动中居于主导地位，认真履行把握和保障鉴定程序合法有效的职责，保证程序的公平正义。

其次，本条只是对鉴定范围予以适当限制，而非抬高委托鉴定的门槛和条件。建设工程施工合同纠纷案件中，双方当事人对于建设工程质量或者应付工程价款数额等部分案件事实经常存在争议，如建设工程质量争议主要包括工程质量竣工验收是否合格、施工过程中已完工程是否存在质量缺陷、是否存在将不合格的建设工程作为合格工程验收、已经验收合格的建设工程是否存在工程质量缺陷等，工程价款争议主要包括发包人是否欠付承包人工程价款、欠付的数额等。而建设工程质量的确认需要实地调查检验、施工图纸与建筑建材比对、专业测试等过程，审判人员不具备相应的专业知识和检测手段，工程建设过程中的各项资金往来、价款垫付、费用扣抵等数目繁杂、金额巨大，审判人员也难以有足够的时间和精力组织每一个案件当事人进行对账，这时候有必要就双方当事人有争议的事实委托鉴定，而不必由人民法院主持相关工程质量的认定和工程价款的计算。

同时，在审判实践中，人民法院需要对一方当事人的委托鉴定申请进行审慎核查，既不能出现前文中所提到的，只要有当事人申请鉴定就予以通过，以鉴定代替裁判；也不能简单以合同有约定固定价款或已做了其他鉴定等为由，一律拒绝当事人的委托鉴定请求，造成事实的不公。如在个别案件中，承包人主张在工程建设过程中，施工范围与工程量与建设工程施工合同中原约定条款不符，发生实际变更，向人民法院申请重新鉴定工程量及工程价款时，人民法院以建设工程施工合同中约定了固定价款为由，对承包人的请求不予认可，要求承包人另行提交其他有效证据证明其主张。当承包人提交了自行委托第三方机构出具的鉴定意见时，发包人对该鉴定持有异议，人民法院亦认为该单方委托出具的鉴定意见不足以推翻原合同约定，从而驳回承包人的该部分请求。虽然人民法院在说理部分中也对承包人日后主张权益留了口子，即如有证明其主张的新证据可另行提起诉讼，但从后续的二审、再审、重新一审、重新二审的结果来看，虽然人民法院依照承包人提供的第三方鉴定意见酌情增加了工程价款，但显然“留口子”的裁判方式并不是帮助双方当事人解决工程量及工程价款争议的有效方法，因为承包人但凡能够找到证明施工量发生实际变更的充分有效的证据，也不会再三地以自行委托第三方鉴定机构进行鉴定的方式证明主张并寻求进一步司法救济。如果人民法院能够结合案情，在承包人明确主张施工量和施工范围发生实际变更的情况下，在第一次一审中就能够针对双方当事人存在争议的工程量及施工范进行鉴定，而不是机械地以建设工程合同约定了固定价款，单方加重承包人的举证责任，该案也不必反反复复经历多年审判程序，这在客观上有利于双方当事人矛盾纠纷的化解。因此，人民法院要审慎行使司法裁量权，充分考虑案件已有证据及审判效果，不能将该条司法解释理解为绝对限制当事人申请委托鉴定。

再次，如难以将争议事实从整体案件中剥离出来，或者双方当事人同意对全部事实鉴定的，人民法院应当对全部案件事实委托鉴定，这是对第一层意思的但书部分。虽然大多数案件对争议事实鉴定即可查清案件争议事实，无需对案件的全部事实鉴定；但少数案件只对争议事实鉴定，还不能查清案件争议事实，需要对全案事实进行鉴定。如本解释第十二条规定：“因承包人的原因造成建设工程质量不符合约定，承包人拒绝修理、返工或者改建，发包人请求减少支付工程价款的，人民法院应予支持。”即建设工程质量是否合格是发包人应否支付全部工程价款的前提条件，只对部分工程质量鉴定无法确定全部工程是否合格、应否支付全部工程价款。如没有其他证据证实建设工程质量合格，应对全部工程鉴定：如合格，按照约定支付相应工程价款；如不合格，可以就发包人提出的承包人支付违约金或者赔偿修理、返工、改建的合理费用等损失一并审理。据此，这种情况下，应当对全部工程质量是否合格进行鉴定。另一种情况是，双方当事人同意对全部案件进行鉴定的，应当尊重当事人的意思表示。如上所述，本条倡导的是“只对争议事实进行鉴定”，其目的在于降低诉讼成本，缩短诉讼时间，充分保护当事人权益，避免给当事人造成讼累；但如果当事人愿意对全部案件事实鉴定，愿意承担诉讼成本及诉讼风险，人民法院应当充分尊重当事人的意见，按照双方当事人的真实意思对全部案件事实鉴定。

【审判实践中应注意的问题】

本条重心在于“非必要，不全部鉴定”，不倡导对全部案件事实进行鉴定。但是，如果双方当事人一致意见请求对全部案件事实进行鉴定，愿意负担相应的时间成本和金钱成本的，人民法院应当尊重双方当事人的自主意思表示，启动鉴定程序。不能片面从人民法院提高办案效率角度出发，驳回当事人的委托鉴定请求。同时，在具备条件时才能启动鉴定程序。对不具备鉴定条件的相关案件事实不应鉴定，而应当通过本解释的其他规定解决。例如，对于建设工程价款认定问题，如果建设工程施工合同中已经通过特别约定，明确当发包人收到承包人提交的结算文件后，未在合理期间内作出答复的，应当按照结算文件计算工程价款的，发包人未按照合同约定作出答复，又在案件审理过程中以结算文件系承包人单方制作为由申请鉴定的，人民法院不应支持。

第三十二条

当事人对工程造价、质量、修复费用等专门性问题有争议，人民法院认为需要鉴定的，应当向负有举证责任的当事人释明。当事人经释明未申请鉴定，虽申请鉴定但未支付鉴定费用或者拒不提供相关材料的，应当承担举证不能的法律后果。

一审诉讼中负有举证责任的当事人未申请鉴定，虽申请鉴定但未支付鉴定费用或者拒不提供相关材料，二审诉讼中申请鉴定，人民法院认为确有必要的，应当依照民事诉讼法第一百七十条第一款第三项的规定处理。

【条文主旨】

本条是关于一审程序中，人民法院对于鉴定何种情形下应当进行释明、当事人未申请鉴定应当承担何种法律后果以及二审程序中当事人又申请鉴定时人民法院应如何处理的规定。

【条文理解】

建设工程施工合同纠纷案件在建设工程合同纠纷案件中一直占比很高。从最高人民法院受理案件的情况来看，最高人民法院本部及巡回法庭受理的各类案件中，建设工程施工合同纠纷案件为主要的案件类型之一。也就是说，建设工程施工合同纠纷案件上诉、申请再审直至申请检察机关抗诉（检察建议）的案件数量和比例都很大。[1] 建设

① 参见冯小光：《建设工程施工合同纠纷案件法律适用的有关问题》，载最高人民法院民事审判第一庭编：《民事审判指导与参考》2018年第3辑，人民法院出版社2018年版。

工程施工合同纠纷案件较为突出的特点有两个：一是标的额大，几千万甚至上亿的工程较多。二是专业性强、证据材料繁杂，事实认定往往涉及专门性、技术性问题，比如建设工程造价、质量、修复费用等，需要借助司法鉴定的比例更高。很多时候，是否需要鉴定、实施何种鉴定以及鉴定意见如何，直接影响案件的裁判结果。因此，司法鉴定在建设工程案件审理中具有十分重要的地位，鉴定已成为审理此类案件的常态程序。以江苏省高级人民法院2011年至2015年审结的700件建设工程案件为例，涉及工程司法鉴定案件共364件，占全部案件的52%，其中工程造价鉴定比重最大，共328件，占全部鉴定案件的90%。工程质量鉴定36件，材料费或修复费用鉴定30件，工期鉴定9件。[①]

建设工程鉴定作为司法鉴定的一种类型，具有司法鉴定的一般性特点，同时相比较于其他司法鉴定，建设工程鉴定涉及的知识面更广、专业跨度更大、业务知识综合性更强。比如，由于建设工程建设过程中参与单位的多元性，使用过程中受损影响因素的多样性，同一案件的建设工程司法鉴定，往往涉及对外界因素和自身因素的分析、受损程度的评定、拆除重建或加固维修设计方案的确定、造价和损失的计算以及加固和维修后对使用功能和寿命的影响评估等。涉及的专业知识内容，可能既包括《民法典》《建筑法》《产品质量法》等法律方面的知识，又包括工业与民用建筑设计、施工、工程造价等专业基础知识，还包括工程设计、施工、测绘、工程造价、房地产估计、资产评估等专业技能。在诉讼中，法官和当事人很难全面掌握上述知识，故在工程质量、工程造价等专门性问题的认定上，需要依赖于鉴定人。上述特点决定了在建设工程施工合同纠纷案件中，建设工程鉴定占有非常重要的地位。实践中，建设工程施工合同纠纷案件经常涉及的鉴定主要有工程造价鉴定、工程质量鉴定、工期鉴定、修复方案鉴定和修复费用鉴定。其中，工程造价鉴定和工程质量鉴定最为常用。

根据《民事诉讼法》第六十四条第一款、第七十六条第一款和

---

① 参见江苏省高级人民法院民一庭课题组：《建设工程司法鉴定疑难问题研究》，载《法律适用》2016年第4期。

《最高人民法院关于民事诉讼证据的若干规定》第三十一条规定，鉴定申请应当由负有举证责任的当事人提出。若其不申请，应当承担举证不能的法律后果。实践中，有的当事人囿于法律知识不足、不愿交纳鉴定费用等原因，不申请鉴定。此种情形下，人民法院应否进行释明，实践中存在不同看法。有观点认为，是否申请司法鉴定属于当事人举证范畴，人民法院不应介入。我们认为，因建设工程案件十分复杂，往往存在不通过鉴定就无法确定争议事实、案结事不了的情形，为了更为妥善彻底地解决纠纷，人民法院应当向当事人释明，告知鉴定的必要性以及不申请鉴定的法律后果，如果承包人经释明后仍不申请鉴定的，再依据证据规则判令其承担举证不能的法律后果。基于上述考虑，本条第一款作了上述规定。

关于提出鉴定申请的期限，根据《民事诉讼法》第六十五条有关当事人及时提供证据的规定，当事人应当在举证期限届满前提出。如果当事人在举证期限届满后又提出鉴定申请的，依据《民事诉讼法》第六十五条第二款、《最高人民法院关于适用〈中华人民共和国民事诉讼法〉的解释》第一百零一条和第一百零二条规定，人民法院如果认为相关鉴定事项与案件基本事实有关，不鉴定不能查清案件基本事实的，应对鉴定申请予以准许。但是可依照《民事诉讼法》第六十五条、第一百一十五条第一款的规定，对当事人予以训诫、罚款，对方当事人要求逾期举证方赔偿因逾期提供证据致使其增加的交通、住宿、就餐、误工、证人出庭作证等必要费用的，人民法院可予支持。

若一审诉讼中负有举证责任的当事人未对相关事项申请鉴定，二审诉讼中又申请鉴定的，人民法院应否准许？因《民事诉讼法》第六十五条第二款和《最高人民法院关于适用〈中华人民共和国民事诉讼法〉的解释》第一百零一条、第一百零二条有关逾期提供证据的规定没有限于一审程序中，故二审程序中对于逾期提供的证据也不能一概不予采纳。又考虑到鉴定在建设工程施工合同纠纷案件中的重要意义，故本条第二款规定，一审诉讼中负有举证责任的当事人未申请鉴定，二审诉讼中又申请鉴定的，人民法院认为确有必要的，应予准许。准许后，人民法院应当依照《民事诉讼法》第一百七十条第一款第三项的规定，区分情形，或者直接委托鉴定，查明事实后改判，或者发回一审法院重审。

一、何种情形下人民法院需要就鉴定向当事人进行释明

（一）当事人对专门性问题有争议

司法鉴定的对象应为诉讼涉及的专门性问题。对于建设工程施工合同纠纷案件，专门性问题主要是指工程造价、工程质量、工期、修复方案、修复费用等。(1) 工程造价，又称工程价款，是指进行某项工程建设所花费的费用，即从筹建到竣工验收交付使用的全部建设费用。大多数有关工程款的建设工程施工合同纠纷案件中，双方当事人对工程造价都会存有争议。其中，有的案件工程造价可以通过合同约定确定，有的案件则需要通过工程造价鉴定予以确定。(2) 工程质量，即通常所称的工程是否合格，是衡量工程价值的标准。根据《建设工程司法鉴定程序规范》第3.7规定，建设工程质量，是指反映建设工程满足相关标准规定或合同约定的要求，包括在安全、使用功能及其在耐久性能、环境保护、建筑节能等方面所有明显和隐含能力的特性综合。根据《建筑法》第六十一条第一款规定："交付竣工验收的建筑工程，必须符合规定的建筑工程质量标准，有完整的工程技术经济资料和经签署的工程保修书，并具备国家规定的其他竣工条件。"工程质量是否合格，不仅要看工程质量是否符合双方当事人合同约定标准，还要看是否符合国家对建筑工程质量强制性的规范标准，需要借助工程质量鉴定予以确定。此外，工程质量出现问题，其原因可能是多方面的，其中既可能是勘察、设计、监理方面的原因，也可能是建筑施工企业施工造成的。建设工程项目，具有投资大、规模大、建设周期长、生产环节多、参与方多、影响质量形成的因素多等特点，不论是哪个主体出了问题，哪个环节出了问题，都会导致质量缺陷甚至重大质量事故的产生。譬如，如果建设单位将工程发包给不具备相应资质等级的单位承包，或指示施工单位使用不合格的建筑材料、构

配件和设备，或者勘察单位提供的水文地质资料不准确，或设计单位计算错误、设备选型不准，或者施工单位不按图施工，或者工程监理单位不严格进行隐蔽工程检查等，都会造成工程质量出现缺陷或导致重大事故。因此，建筑工程质量问题涉及的有关责任分担是一个非常复杂的问题，具有很强的技术性和专业性，也需要借助工程质量鉴定予以确定。但是建设工程质量合格与否的结论，只能由建设单位组织建设工程各质量责任主体，通过规定的程序进行竣工验收后才能得出，故《建设工程司法鉴定程序规范》要求，鉴定人对建设工程质量进行司法鉴定，不应作出合格或不合格的鉴定意见，而应作出工程质量是否符合施工图设计文件、相关标准、技术文件的鉴定意见。[①]（3）工期，即工程期限，是指建设工程施工合同中约定的工程完工并交付验收的时间。在涉及建设工程延期责任的案件中，由于建设工程施工周期长、施工工序繁、涉及主体多，往往难以直接认定工期延误的原因。借助工期鉴定，人民法院可以认定工程完工的时间、工期实际天数、工期延误的原因，从而在此基础上进一步认定责任承担主体及应承担的违约金、损失的数额，等等。（4）修复方案和修复费用。因承包人的过错造成建设工程质量不符合约定的，承包人应当负责返修。当其拒绝修理、返工或者改建时，发包人可以请求减少支付工程价款或请求承包人承担修复费用。一般来说，减少的工程价款数额及应承担的合理修复费用就是工程质量修复所实际发生的费用其包括对原不合格工程进行拆除、返工、修复的材料费、设备费和人工费等。在双方对应减少的工程价款数额及应承担的修复费用达不成一致意见时，可采用鉴定的方法予以确定。

（二）对专门性问题，人民法院认为需要鉴定

“人民法院认为需要鉴定”包含两层意思：

（1）并非所有争议都需要鉴定，对鉴定应采取慎用的态度。除非

① 参见周子义、周柯生：《建设工程司法鉴定程序规范解读与行业展望》，载《中国司法鉴定》2014 年第 6 期。

不鉴定不能查明相关事实，否则不能轻易启动鉴定。从实务中看，建设工程鉴定时间长、成本高，对鉴定应当慎用，不鉴定可以查明事实的，就不应进行鉴定；对部分事实进行鉴定即可查明事实的，不应对全部事实进行鉴定。本解释第二十八条有关“当事人约定按照固定价结算工程价款，一方当事人请求对建设工程造价进行鉴定的，人民法院不予支持”的规定以及第三十一条有关“当事人对部分案件事实有争议的，仅对有争议的事实进行鉴定，但争议事实范围不能确定，或者双方当事人请求对全部事实鉴定的除外”的规定，即是慎用鉴定的体现。

（2）是否进行鉴定，应由人民法院决定，并非只要当事人申请鉴定，就一概许可。是否准许，人民法院应结合“申请鉴定的事项与待证事项有无关联、鉴定的事项对证明待证事实有无意义”进行审查。需要说明的是，《民事诉讼法》第七十六条第二款规定，“当事人未申请鉴定，人民法院对专门性问题认为需要鉴定的，应当委托具备资格的鉴定人进行鉴定”，该款也使用了“人民法院认为需要鉴定”的表述，但是该款规定的是人民法院依职权委托鉴定的情形。结合本条规定，应理解为，在当事人未提出鉴定申请，人民法院认为对专门性问题需要鉴定的，应首先向当事人释明，由当事人提出鉴定申请，只有在满足依职权调查收集证据的情形下，才依职权委托鉴定，这也体现了对当事人处分自己诉讼权利的尊重。

（三）当事人未申请，人民法院应向负有举证责任的当事人进行释明

1. 释明的对象为对该专门性问题相关的待证事实负有举证责任的一方当事人

哪一方负有举证责任，应当结合具体案情判断。比如，在承包人诉请工程款的案件中，一般情况下，承包人应当对工程造价承担举证责任，但并不绝对。如承包人以合同约定的固定工程总价的金额主张工程款，但是发包人认为工程没有完工或者发生了设计变更，工程造价应少于约定的固定总价的，发包人应当对是否少于、少多少承担举

证责任。又如，承包人诉请工程款，但是发包人以工程质量问题提出抗辩或者反诉的，发包人应当对工程质量是否存在不合格情形承担举证责任。再如，在逾期竣工的情形下，发包人和承包人就逾期竣工的原因和责任主体存在争议的，因承包人是工程施工方，原则上应保证工期符合合同约定，故其若主张逾期竣工的原因不在己方的，应当对此承担举证责任。确定哪一方负有举证责任，一方面是因为申请鉴定方原则上应预交鉴定费用，更为重要的是负有举证责任的一方，若未完成举证责任的，应承担举证不能的法律后果

2. 人民法院应当进行释明

所谓释明，既是一种权利，也是一种义务，具体是指人民法院应当告知当事人鉴定的必要性以及不鉴定的法律后果，并询问其是否申请鉴定。

二、人民法院释明后，当事人未完成举证应承担举证不能的法律后果

（一）当事人未完成举证包括的情形

经人民法院释明后，当事人未申请鉴定或者虽申请鉴定但未支付鉴定费用、或者拒不提供相关材料的，都属于未完成举证的情形。未申请鉴定，即在人民法院释明后，明确表示不申请，或者在人民法院规定期限内没有提交鉴定申请。申请鉴定但未支付鉴定费用，在实践中比较常见，包括未足额支付的情形。拒不提供相关材料，是指鉴定人据以进行鉴定的材料，比如，对于工程造价鉴定，鉴定人应当以建设工程施工合同所约定的计价方法及法律规定作为造价鉴定依据，以建设工程施工合同、补充协议、变更签证和现场签证，以及经发包人、承包人认可的其他有效文件作为造价鉴定资料，并对下列内容进行审查：工程量、综合单价的应用、定额应用、费用应用、材料量价计取、设计变更手续的齐全性、增减内容签证与实际情况是否相符等。这其中所需的施工合同、补充协议、变更签证、现场签证、施工图等鉴定资料，如果当事人拒不提供材料，致使鉴定无法进行的，则当事人应

就此部分承担举证不能的法律后果。应注意的是，提供相关材料应为双方当事人的义务，因施工材料有的在承包人处，有的在发包人处，无论是哪一方申请鉴定，另一方都有配合的义务。若不配合鉴定、拒不提供自己掌握的相关材料，致使对某一争议事实无法通过鉴定的，则拒不提供材料一方应承担不利后果。《最高人民法院关于民事诉讼证据的若干规定》第九十五条规定："一方当事人控制证据无正当理由拒不提交，对待证事实负有举证责任的当事人主张该证据的内容不利于控制人的，人民法院可以认定该主张成立。"

（二）如何理解举证不能的法律后果

负有举证责任的一方当事人如果未能通过鉴定完成举证的，则其针对鉴定相关的待证事实的主张不能成立。比如，承包人诉请工程款，发包人以工程质量不合格为由提出抗辩的，如果对工程质量需要进行鉴定，而发包人又未申请鉴定的，则发包人的抗辩理由不能成立，不能以此对抗承包人的诉请。再如，在承包人诉请工程款的案件中，如果工程造价通过双方的合同约定、结算过程无法确定，需要进行司法鉴定，则承包人承担举证责任，如果因承包人的原因导致鉴定没有进行，致使对案件争议的事实无法通过鉴定意见予以认定的，承包人应当承担举证不能的法律后果。

在实践中，对该法律后果如何理解存有争议：第一种观点认为，承包人在诉讼请求中对工程造价提出了一个数额，发包人不认可，但主张另外一个数额的，如果承包人不能举证证明自己主张的数额，则应按照发包人认可的数额认定工程造价。第二种观点认为，承包人在诉讼请求中对工程造价提出了一个数额，如果承包人不能举证证明的，属于工程造价无法确定，应驳回承包人的诉讼请求。笔者倾向于第一种观点。按照第二种观点，承包人因证据不足被驳回全部诉讼请求，若承包人就同一事由再次起诉，按照一事不再理原则，不应受理。如此一来，承包人的工程款没有法律救济途径，会造成承包人干了活但拿不到钱的结果。按照第一种观点，发包人认可了一个数额，可按自认处理，一方面使得承包人承担了举证不能的法律后果，同时又不至于双方当事人之间的利益太过失衡。

三、一审程序中未完成举证，二审程序中又申请鉴定，人民法院如何处理

（一）人民法院不能一概不予准许

2012 年《民事诉讼法》修正后，改变了对于证据失权问题的态度，对于逾期提供的证据，并非一概不予采纳。故即使一审诉讼中当事人明确表示不申请鉴定，或者通过不支付鉴定费用、拒不提供相关材料的方式，致使无法通过鉴定查明相关事实的，二审程序中其又提出鉴定申请的，鉴于建设工程的特殊性及工程鉴定的重要性，人民法院应当对是否确有必要进行鉴定予以审查，而不能以其一审时未鉴定为由一概不予准许。

（二）人民法院认为确有必要的，才予以准许

确有必要，一是指鉴定对于查清案件相关事实确有必要，在理解上可以参照本条第一款“认为需要鉴定”。之所以在二审程序中再次审查是否有必要，一则是再次强调慎重启动鉴定的原则，二则是因为一审裁判作出后，可能案件情况有变化，原来一审时需要鉴定的情形可能已经消失，比如，一审裁判作出后，双方当事人通过和解就工程造价达成了协议，或者一方当事人找到了双方曾经就工程造价协商一致的证据，通过现有证据可以确定工程造价。二是指鉴定对于案件处理确有必要。如果当事人在一审时虽然没有申请鉴定，但是已不影响二审处理结果的，则不属于确有必要。比如，一审时虽然双方存在争议，但二审时一方对另一方主张的数额明确表示认可的，则不再需要鉴定；再如，二审经审查认为，案件符合法定情形，应裁定驳回起诉或者需要当事人另行起诉的，也不属于确有必要。三是指当事人不仅申请鉴定，而且表示愿意交纳鉴定费用、提供相关材料。为了防止二审准许鉴定后，当事人又不交纳鉴定费用或者拒不提供相关材料，二审在准许之前，应当确认当事人愿意交纳鉴定费用并提供相关材料。

（三）准许鉴定后，依照《民事诉讼法》第一百七十条第一款第三项的规定处理

人民法院认为鉴定确有必要的，如何处理？实践中通常有两种做法：(1）二审法院直接委托鉴定；（2）二审法院发回一审法院重审。我们认为，应当进行鉴定而没有鉴定，致使基本事实不清的，应当依照《民事诉讼法》第一百七十条第一款第三项规定处理，即“第二审人民法院对上诉案件，经过审理，按照下列情形，分别处理：……（三）原判决认定基本事实不清的，裁定撤销原判决，发回原审人民法院重审，或者查清事实后改判”，具体采用哪种做法，应结合案情判断，并听取当事人的意见。因为二审如果自行委托鉴定并依据鉴定意见作出裁判，涉及当事人的审级利益，相当于对于鉴定意见的质证未经过两审程序，故只有在双方当事人都愿意放弃审级利益并同意二审法院直接委托鉴定的情形下，二审法院才可直接委托鉴定。

【审判实践中应注意的问题】

一、当事人对工程价款约定了固定价的情形下，是否绝对不能申请鉴定

本解释第二十八条规定：“当事人约定按照固定价结算工程价款，一方当事人请求对建设工程造价进行鉴定的，人民法院不予支持”。实践中，对于该条的理解不能机械化，应注意几点：(1）固定价合同分为固定单价合同和固定总价合同，固定总价合同是直接确定工程的总价格，不存在计算问题。但固定单价只是确定单位面积的价格，需要确定工程量后，以单价乘以工程量得出工程价款。故在约定固定单价的情形下，如果双方对工程量未能取得一致，又不能通过现有证据确定的，还是需要进行鉴定。(2）即使约定的是固定总价，若在履行过程中发生合同未约定的设计变更，通过签证等现有证据不能确定变更部分造价的，对变更部分的造价仍需通过鉴定予以认定。如双方无

法准确分清原固定价部分与变更部分，或是甄别的工作量极为巨大，使得双方当事人都不愿意为之，在不得已的情况下只能对整个工程进行鉴定。

二、一审、二审程序中都没有申请鉴定，审判监督程序中又提出申请的，能否准许

《最高人民法院关于适用〈中华人民共和国民事诉讼法〉的解释》第三百九十九条规定，“审查再审申请期间，再审申请人申请人民法院委托鉴定、勘验的，人民法院不予准许”，依据该条规定，本条第二款规定仅适用于二审程序，不适用于审判监督程序。当事人在一审、二审期间均未申请鉴定，未完成举证，在再审审查期间又提出鉴定申请的，人民法院应不予准许。

第三十三条

人民法院准许当事人的鉴定申请后，应当根据当事人申请及查明案件事实的需要，确定委托鉴定的事项、范围、鉴定期限等，并组织当事人对争议的鉴定材料进行质证。

【条文主旨】

本条是关于人民法院准许鉴定申请后应当确定委托鉴定事项及组织当事人就争议的鉴定材料质证的规定。

【条文理解】

由于建设工程施工合同纠纷案件具有专业性强、涉及知识面广的特点，相较于其他民事案件，建设工程施工合同纠纷案件对于司法鉴定的依赖性更强。但由于目前对建设工程司法鉴定管理分散，存在重准入许可、轻日常监管的现象，使得建设工程鉴定中出现了很多不规范的现象，严重影响了建设工程案件的审判效率和审判质量。

当前建设工程司法鉴定中主要存在以下问题：

1. 鉴定周期过长

虽然司法部和最高人民法院相关规定将鉴定时限明确为 15、30、

60 个工作日,[①] 但实践中极少有建设工程案件的司法鉴定能在 60 日内完成。由于工程鉴定涉及环节众多，任何一个环节出现争议，就会影响鉴定周期。从调研情况看，在鉴定中当事人不断补充鉴定材料，是造成鉴定周期拖延的首要因素；而委托鉴定之前通知当事人选定鉴定机构、协商收费、当事人缴费等各个环节也有可能因当事人之间存在争议而花费时间。[②]

2. 工程鉴定机构管理混乱

工程鉴定机构的资质存在多头管理。如工程造价领域的司法鉴定有三套管理体制。一是依据《全国人民代表大会常务委员会关于司法鉴定管理问题的决定》及司法部《司法鉴定程序通则》规定，由司法行政主管部门核准的司法鉴定机构开展的造价司法鉴定。二是依据《人民法院对外委托司法鉴定管理规定》《最高人民法院对外委托鉴定、评估、拍卖等工作管理规定》的规定，由人民法院核准载入名册的鉴定机构和鉴定人做的鉴定。三是依据原建设部 2006 年颁布的《工程造价咨询企业管理办法》（2020 年已修正）规定的造价咨询机构在等级许可范围内作的造价咨询鉴定。另一方面，建设工程施工合同纠纷案件的争议内容往往具有复合性，同一案件，可能既需要造价鉴定，又需要质量鉴定，或者质量鉴定和修复方案、修复费用鉴定综合在一起，需要委托两家或者多家单位分别进行，不同鉴定人之间、鉴定人和法官之间的协调配合非常繁琐，致使鉴定周期不好掌控。

---

① 如司法部《司法鉴定程序通则》第二十八条规定：“司法鉴定机构应当自司法鉴定委托书生效之日起三十个工作日内完成鉴定。鉴定事项涉及复杂、疑难、特殊技术问题或者鉴定过程需要较长时间的，经本机构负责人批准，完成鉴定的时限可以延长，延长时限一般不得超过三十个工作日。鉴定时限延长的，应当及时告知委托人。司法鉴定机构与委托人对鉴定时限另有约定的，从其约定。在鉴定过程中补充或者重新提取鉴定材料所需的时间，不计入鉴定时限。”《最高人民法院对外委托鉴定、评估、拍卖等工作管理规定》第三十四条规定：“专业机构一般应在接受委托后的 30 个工作日内完成工作，重大、疑难、复杂的案件在 60 个工作日内完成。因委托中止在规定期限内不能完成，需要延长期限的，专业机构应当提交书面申请，并按法院重新确定的时间完成受委托工作。”

② 参见江苏省高级人民法院民一庭课题组：《建设工程司法鉴定疑难问题研究》，载《法律适用》2016 年第 4 期。

3. 鉴定范围不准确

鉴定范围，涉及鉴定工作量的确定，对鉴定期限有影响，也影响到案件的实体处理。由于建设工程鉴定周期长、成本高，对于建设工程鉴定应当慎用。但在实践中，有的法官怠于对当事人申请鉴定事项进行审查，直接依照当事人的申请委托鉴定；或者对需要鉴定的事项描述不清，导致鉴定无法实现委托目的。也有的鉴定机构和鉴定人员随意超出鉴定范围，超额收取鉴定费用。

4. 鉴定依据选择不当

如工程造价鉴定中，采取何种计算依据，比如，是否按照定额计算、按照哪一年的定额计算，会直接影响鉴定结果。确定计算依据，应以当事人的约定为基础和前提，当事人没有约定时，参照市场价格。同时，还应考虑双方利益平衡。比如本解释第十九条第一款和第二款规定："当事人对建设工程的计价标准或者计价方法有约定的，按照约定结算工程价款。因设计变更导致建设工程的工程量或者质量标准发生变化，当事人对该部分工程价款不能协商一致的，可以参照签订建设工程施工合同时当地建设行政主管部门发布的计价方法或者计价标准结算工程价款。"但实践中存在对当事人约定理解不准确，或不考虑合同约定一律采用定额进行鉴定的情形。

5. 鉴定材料没有经过充分质证

鉴定材料往往涉及工程量的多少和工程造价的确定。鉴定材料应具有真实性、关联性、合法性，这"三性"只能通过质证由人民法院审核认定。实践中，一个工程鉴定所需要的图纸、签证等证据十分繁杂，往往成百上千份，存在法院未组织当事人质证即将材料交由鉴定机构，鉴定机构直接采用了未经充分质证的证据材料进行鉴定，从而导致鉴定意见出现偏差的问题。

上述问题存在的原因是多方面的，比如，鉴定人能力水平参差不齐、当事人对鉴定程序配合不到位等，其中，法官对鉴定程序的诉讼指挥权弱化是一个重大原因。虽然鉴定意见需要由鉴定机构根据专业的技术和知识分析判断作出，但鉴定程序中涉及大量的法律问题，需要法官及时、有效行使诉讼指挥权。实践中，一些法官缺乏这方面的专业知识，或者缺少主导、掌控鉴定程序的意识，过于依赖鉴定人，没能有效行使对鉴定的控制权。

为了避免和解决实践中存在的上述问题，本条规定强化了鉴定程序中人民法院的司法审判权，从鉴定程序的启动、鉴定事项的确定、鉴定材料的确定等几个方面作出了具体规定。

一、人民法院应从严把握工程鉴定的启动条件

建设工程鉴定时间长、成本高，故除非不鉴定不能查明相关事实，否则不能轻易启动鉴定。不鉴定可以查明事实的，不应进行鉴定；对部分事实进行鉴定即可查明事实的，不应对全部事实进行鉴定。根据《民事诉讼法》第七十六条和《最高人民法院关于适用〈中华人民共和国民事诉讼法〉的解释》第一百二十一条规定，当事人可以向人民法院申请鉴定，但是否准许，人民法院应结合“申请鉴定的事项与待证事项有无关联、鉴定的事项对证明待证事实有无意义”进行审查。

实践中，关于是否启动鉴定，讨论比较多的主要在工程造价鉴定和工程质量鉴定：

（一）工程造价司法鉴定评判标准

对于工程款纠纷案件，工程款数额的高低与工程造价直接相关，而工程造价能否确定，关键看当事人是否提供了合法有效、可以作为认定事实依据的证据。一般认为，下列情形无需进行造价鉴定：

1. 有已完工程造价或者结算造价的书面证据，且双方代表已经签订确认。比如，在工程竣工的情形下，承包人提交了竣工结算报告后，发包人对工程结算数额予以认可，或者发包人进行了核减后，承包人予以认可，或者发包人已经委托第三方进行审核，对于审定文件发包人和承包人均认可的。

2. 合同约定逾期不完成结算审核，视为认可结算结果，或者约定逾期不对审核意见提出异议，视为认可审核意见的，有证据证明合同约定的条件已经成就。

3. 合同约定以审计结论作为结算结果，审计结论已经出具，且审计结论不违反法律规定或合同约定的。

4. 当事人约定了按照固定价结算工程价款的。(1) 若约定的为固定总价，现工程已经竣工，应依约确定工程价款。但如果工程在施工过程中发生了一些变更或索赔，而这些变更或索赔没有包括在施工合同约定的事项范围内的，如果双方对此有争议，应视情形决定是否需要进行鉴定。(2) 约定的为固定单价，现工程已经竣工，且工程量（工程面积）可以确定，应依约以固定单价乘以工程量计算得出工程价款。

（二）工程质量司法鉴定评判标准

工程质量鉴定与案件审理结果直接相关，实践中，对是否准许工程质量司法鉴定存在争议的主要有以下几种情形：

1. 工程竣工验收合格后，承包人起诉要求支付工程价款，发包人对工程质量提出异议并要求鉴定

如果发包人提出异议的目的在于抵消或减少工程价款，对其要求鉴定的申请一般不应准许。原因在于，工程竣工验收通常都是由发包人（建设单位）组织建设工程各质量责任主体，通过规定的程序进行的。竣工验收合格说明包括发包人在内的各方责任主体对工程质量合格是认可的，故在工程质量合格的情形下，承包人有权诉请工程价款。承包人在诉讼中提供了竣工验收合格证明，已经完成了举证责任。

2. 工程虽未竣工，但已由建筑质量监督检验部门出具质量合格的评定文件的

质量合格与否，审核权在建筑质量监督检验部门，如果建筑质量监督检验部门已经出具了质量合格的评定文件，一方又申请工程质量鉴定的，应不予准许。应注意的是，建筑工程施工质量评定标准，分为施工现场质量条件评价、地基及桩基工程质量评价、结构工程质量评价、结构工程观感质量、屋面工程质量评价、装饰装修工程质量评价、安装工程质量评价等几个部分，当事人提交了质量评定文件后，应当审查该文件对应的工程范围。比如，对于地基及桩基工程质量评

价合格，不代表结构工程质量一定是合格的，故不予准许鉴定应仅是就质量评价文件对应的工程范围而言的。

3. 工程竣工验收合格后，发包人起诉要求承包人修复质量缺陷或者要求承担修复费用

工程竣工验收合格后，发包人发现存在一些质量缺陷，要求承包人履行保修义务，但遭承包人拒绝的，这种情况下，发包人就质量问题起诉并申请鉴定，人民法院是否应当准许？根据《建筑法》第六十条和第六十二条规定，承包人对工程负有质量保修义务，故在发包人就质量问题起诉的情形下，人民法院需要审查质量是否存在问题和问题产生的原因及如何修复，而工程经竣工验收合格的事实并不必然表明工程质量没有问题或者承包人无需承担保修责任，因此，这种情况下人民法院应当准许进行司法鉴定。①

二、人民法院准许鉴定后，应当根据当事人申请及查明案件事实的需要，确定委托鉴定的范围、鉴定依据、鉴定期限等事项

在诉讼中委托进行的司法鉴定，无论是当事人申请，还是人民法院依职权启动的，委托人均为人民法院。依据《建设工程司法鉴定程序规范》第4.1.2条约定，司法鉴定机构接受鉴定委托，应要求委托人出具鉴定委托书，委托书应载明委托的司法鉴定机构的名称、委托鉴定的事项和鉴定要求、委托人的名称等内容。通常理解，委托鉴定的事项包括鉴定范围、鉴定依据、鉴定期限等。

（一）人民法院应确定委托鉴定的范围

鉴定范围，是指具体对哪些事项进行鉴定。比如，是对工程造价进行鉴定，还是对工程质量进行鉴定；对于工程造价鉴定，是全面鉴定还是部分鉴定，如果是部分鉴定，应对哪一部分进行鉴定等。本解

① 参见周吉高、赵虎阳：《建设工程司法鉴定若干疑难问题的思考》，载《中国司法鉴定》2014年第6期。

释第三十一条规定，“当事人对部分案件事实有争议的，仅对有争议的事实进行鉴定，但争议事实范围不能确定，或者双方当事人请求对全部事实鉴定的除外”。“有争议的事实”即为鉴定范围。对有争议的事实如何确定，属于司法审判权的内容，应由人民法院行使。

人民法院确定鉴定范围后，应在鉴定委托书中列明。鉴定机构应根据鉴定委托书中列明的鉴定范围进行鉴定，不可擅自扩大或缩小鉴定范围。鉴定机构对鉴定范围有疑问的，应及时与人民法院联系。

人民法院确定鉴定范围，主要根据当事人的申请，如果当事人的申请与待证事项无关联或者对证明待证事实无意义的，人民法院不予准许。比如，某未完工工程，因发包人不按时支付进度款导致停工，承包人诉请工程款提起诉讼，并申请对工程造价进行鉴定。人民法院据此出具《鉴定委托书》，要求鉴定机构对实际完成的工程造价进行鉴定。在诉讼中，承包人不能要求鉴定机构在鉴定工程造价的同时，对停工损失一并鉴定，因为该事项与其诉请无关。

（二）人民法院应确定鉴定依据

鉴定依据，是指鉴定某专门性问题的依据和标准。比如，工程质量鉴定，其鉴定依据是据以判断质量是否符合要求的合同约定或者国家、行业、地方相关质量标准规定。工程造价鉴定，其鉴定依据是据以计算工程造价的计价依据，又称计价标准或计价方法，具体是指“运用科学、合理的调查统计和分析测算方法，从工程建设经济技术活动和市场交易活动中获取的可用于预测、评估、计算工程造价的参数、量值、方法等，具体包括由国家和省、市级有关行政主管部门编制的工程量清单计价规范、工程定额、价格指数、建设市场价格信息等计价依据。”① 在当事人对鉴定依据存在争议的情形下，原则上应由人民法院确定后再委托鉴定机构进行鉴定。如果暂时不能确定，或者双方当事人坚持按照各自的鉴定依据申请进行鉴定，人民法院亦可委托鉴定机构分别按照两种鉴定依据进行鉴定后，再进行取舍。

---

① 见《建设工程司法鉴定程序规范》第3.16规定。

鉴定依据如何确定？根据本解释第十九条规定，计价依据首先应依据当事人的约定确定，因设计变更导致工程量或者质量标准发生变化，当事人对该部分工程价款不能协商一致的，可以参照签订建设工程施工合同时当地建设行政主管部门发布的计价方法或者计价标准结算工程价款。

实践中，以下几种情形下对如何确定计价依据往往存在争议：

1. 固定总价情况下工程量有所增减的，对增减部分如何确定计价依据

合同中约定了固定总价的情况下，一般应以约定的固定总价确定工程造价，一方当事人不得申请鉴定。但是如果实际施工的工程量比约定的工程范围有所增减，比如，发包人变更设计，或者指示要求承包人增减工程量的，如果一方当事人在固定总价之外，对增减部分提出主张的，也只能就增减部分进行结算，再根据结算结果相应增减总价款。对增减部分进行结算时，有约定的，按约定结算，没有约定的，可以参照合同约定标准对工程量增减部分予以单独结算，无法参照约定标准结算的，可以参照当时当地建设行政主管部门发布的计价方法或者计价标准结算。

2. 固定总价情况下“未完工工程”如何确定计价依据

合同中约定了固定总价的情况下，如果工程竣工，按照约定的固定总价确定工程造价即可。但如果工程未完工即停工，对于已经完工的部分如何确定工程造价，审判实践中分歧较大。主要有三种审理思路①：一是，正向计算的方式。即依据定额标准对已完工工程据实结算，并按照一定比例予以下浮；二是，反向计算的方式，即根据定额标准计算未完工工程的价款数额，再用固定总价减去未完工工程价款数额；三是，按比例折算的方式，即由鉴定机构在相应同一取费标准下分别计算出已完工工程部分的价款和整个合同约定工程的总价款，两者对比计算出相应系数，再用合同约定的固定价乘以该系数，确定

① 参见秦旺：《建设工程造价结算前沿问题研究》，载《法律适用》2017年第5期。

发包人应付的工程款。笔者倾向于第三种思路，这种比例折算法尊重了合同约定，相对比较科学。

（1）黑白合同情形下如何确定计价依据

本解释第二条第一款规定："招标人和中标人另行签订的建设工程施工合同约定的工程范围、建设工期、工程质量、工程价款等实质性内容，与中标合同不一致，一方当事人请求按照中标合同确定权利义务的，人民法院应予支持。"在审判实践中，往往将中标合同称为"白合同"，另行订立的合同称为"黑合同"。在黑白合同共存时，上述规定解决了确定结算依据的问题。但该条规定的前提是中标合同有效。当黑白合同均无效时，比如，存在招标人与投标人恶意串通等违法行为影响中标结果致使中标合同无效时，应参照哪份合同对承包人折价补偿？对此，本解释第二十四条规定："当事人就同一建设工程订立的数份建设工程施工合同均无效，但建设工程质量合格，一方当事人请求参照实际履行的合同关于工程价款的约定折价补偿承包人的，人民法院应予支持。实际履行的合同难以确定，当事人请求参照最后签订的合同关于工程价款的约定折价补偿承包人的，人民法院应予支持。"

（2）人民法院应确定鉴定期限

《建设工程司法鉴定程序规范》第5.17.1条规定："司法鉴定机构应在收到委托人出具的鉴定委托书或签订《建设工程司法鉴定协议书》之日起六十个工作日内完成委托事项的鉴定。"此为司法部对司法鉴定机构提出的一般性要求。对于具体案件而言，人民法院作为委托人，应当根据鉴定事项的复杂、疑难程度以及案件审理的需要，对每个鉴定提出具体的期限要求。当鉴定事项涉及复杂、疑难、特殊的技术问题或者检验过程需要较长时间的，鉴定机构如果认为需要延长鉴定期限的，应当与人民法院协商确定。在鉴定过程中，因补充或者重新提取鉴定资料，司法鉴定人复查现场、赴鉴定项目所在地进行检验和调取鉴定资料所需的时间，不计入鉴定时限。

（3）人民法院应确定鉴定中涉及的其他法律问题

鉴定机构在鉴定过程中发现当事人双方对施工合同效力、举证责任分配、应否让利、奖惩、交纳管理费等其他法律问题存在争议时，应及时告知人民法院。人民法院应对上述争议作出认定后，鉴定机构再依据人民法院的认定继续鉴定。

总之，由人民法院委托进行的鉴定，在鉴定之前，人民法院应当确定鉴定范围、鉴定依据、鉴定期限等事项，在确定这些事项时，一是根据当事人的申请，二是根据案件事实，即审查当事人鉴定的事项与待证事实有无关联、有无意义。

3. 有争议的鉴定材料应当经过双方当事人质证

鉴定机构进行鉴定，依赖于双方当事人提交的材料，比如，建设工程施工阶段质量鉴定，要根据施工图设计文件、设计计算书、施工技术资料、检验报告、现场勘验记录及其他相关资料等鉴定资料，按现行相关标准、规范、规程进行复核验算，从勘察、设计、施工、所选用材料设备、环境条件等方面进行分析、查明质量问题的原因。故鉴定资料是否充足、真实，直接影响鉴定结果。为了保证鉴定的中立性，每一方当事人提交的鉴定材料，都应允许对方当事人知悉并发表意见。《建设工程司法鉴定程序规范》第4.1.3条规定，“委托人应向鉴定机构提供真实、充分的鉴定资料，并对鉴定资料的真实性、合法性负责”。即原则上所有的鉴定资料都要由委托人提供，由人民法院委托的鉴定中，当事人应把材料提交给人民法院，人民法院组织进行证据交换、质证后，再把经过当事人证据交换、确认、签字、质证，即确定了真实性、合法性的材料，交给鉴定机构，鉴定机构经过分析、判断，决定哪些材料可作为工程鉴定的根据，用于计算造价、确定质量情况，等等。鉴定机构不能从当事人处直接接收材料。

人民法院在对鉴定材料接收、组织交换和质证过程中应注意以下问题：

（1）要做到全面接收材料。除非能够明显辨别出和鉴定无关，否则不应以和鉴定内容无关为由拒收鉴定材料。确认真实性、合法性后，要向鉴定机构全面提交鉴定材料，以便鉴定机构可以对材料与鉴定事项的相关性、材料的价值大小进一步鉴别和判断。

（2）所有的鉴定材料均应经过交换和质证程序。因鉴定材料可能影响鉴定结果，故所有提交给鉴定机构的鉴定材料，在当事人之间均应进行证据交换和质证。没有经过交换和质证的材料不能作为鉴定材料提交给鉴定机构。

（3）所有材料均需经过质证，不等于所有材料的真实性、合法性均需经过对方当事人确认。一方当事人提交的鉴定材料，另一方当事人对真实性、合法性有异议的，人民法院应当进行审查，最终确定是否可以作为鉴定材料使用。

4. 鉴定材料的质证程序应由人民法院组织进行

组织双方当事人对有争议的鉴定材料进行质证，是人民法院的职权。实践中，由于建设工程鉴定的技术性强、复杂性大，有些项目法官可能无法单独完成证据的质证，这种情形下，人民法院可以邀请鉴定机构派人参加质证程序。一般来说，对于基础性证据，比如合同、开工报告、竣工报告等，应由人民法院直接组织进行质证；对于专业技术资料，比如施工图纸、签证单、预算书等，可邀请鉴定机构派人参加，引导当事人围绕证据的真实性、合法性、关联性和证明力的有无、证明力的大小发表质证意见。实践中，常用的做法为在确定鉴定机构后，召开由法官、鉴定人、当事人共同参加的鉴定准备会，其内容可包括以下几个方面：首先，鉴定人提出需要双方提供的鉴定资料并向法官建议提交的时限，由法官征求双方当事人意见后确定；其次，对于双方存在争议的鉴定材料，法官在组织双方当事人质证后，决定是否作为鉴定资料提交；再次，法官就鉴定范围、鉴定标准和方法听取各方当事人和鉴定人员的意见作出决定；最后，法官要求鉴定人员指定鉴定期限和鉴定步骤，听取各方当事人和鉴定人员意见后作出决定。

【审判实践中应注意的问题】

约定以政府审计为结算依据的案件，能否申请工程造价鉴定

财政部门或审计部门对工程款的审核，是监控财政拨款与使用的行政措施，对民事合同当事人不具有法律约束力。但如果当事人明确约定以政府审核审计结果作为结算依据的，应尊重当事人意思自治，一方当事人又申请工程造价鉴定的，不应准许。但是如果审核审计长期没有结果致使工程无法计算，或者审核审计结果与工程实际情况不符或者与合同约定不符的，当事人可否申请造价鉴定？实践中对此存有争议。笔者认为，在审核审计长期没有结果的情形下，应当区分情况，如果查明政府部门确实无法进行审核审计的，应当允许通过司法鉴定的方式确定工程造价，解决当事人的纠纷。在审核审计结果与工程实际情况或者合同约定不符的情形下，比如，审计结果存在漏项的，或者采用了与合同约定不符的计价依据的，应当允许当事人就不符部分另行通过司法鉴定确定造价，但申请鉴定的一方当事人应当举证证明不符情形的存在。

第三十四条

人民法院应当组织当事人对鉴定意见进行质证。鉴定人将当事人有争议且未经质证的材料作为鉴定依据的，人民法院应当组织当事人就该部分材料进行质证。经质证认为不能作为鉴定依据的，根据该材料作出的鉴定意见不得作为认定案件事实的依据。

【条文主旨】

本条是关于对当事人有争议且未经质证的作为鉴定依据的材料补充质证以及相关鉴定意见应否采纳的规定。

【条文理解】

一、鉴定意见的概述

鉴定意见是鉴定类证据的书面表现形式。所谓鉴定意见，是指鉴定人运用专门的技术、知识、经验和技能，对案件某些专门性问题进行分析、鉴别后所作出的结论性意见。随着社会科学技术的发展，专业门类的增多，案件事实越来越多地涉及复杂的科学知识，需要由具备专业知识的人员根据科学原理、科学方法对案件事实进行鉴别、判断和推论。这使得鉴定意见这种特殊的证据在现代诉讼中也发挥越来越重要的作用，作为法定证据之一，鉴定意见在诉讼活动中，发挥着补充法官认识不足、证明案件事实进而保障诉讼之顺利进行的作用。

根据《民事诉讼法》第六十三条规定，鉴定意见既不属于书证，也不属于证人证言，而是一种独立的证据类型，其中“运用科学技术或专门知识”是鉴定意见区别于其他证据的核心要素。鉴定意见是鉴定人作出的结论性“意见”，体现的是鉴定人对某个专门性问题的鉴别和判断，强调的是中立性、科学性。与其他证据相比，鉴定意见的基本特征还包括科学性与诉讼性的统一。其科学性主要体现在以下三个方面：（1）鉴定对象涉及科学范畴的内容。即诉讼案件所涉及的专门性问题已经超出法官或其他人的知识能力范围，需要借助于“具备专门知识的人”运用科学的原理和方法来作出判断。（2）鉴定意见是依据科学的原理和方法所作的推论、总结。鉴定意见的作出并非基于常识性或经验性判断，而是基于鉴定事项所涉及科学领域的科学原理进行的判断，这种科学原理是各科学领域通过长期的观察、实验、总结而获得，有相对稳定性与可靠性。（3）结果上的科学性。鉴定意见的内容是区别于常识、经验的科学判断，故一般来说，较之于其他证据，鉴定意见具有更高的准确性、可靠性。其诉讼性主要体现在：（1）鉴定对象的诉讼争议性。司法鉴定发生在诉讼中，为诉讼服务，其鉴定对象往往就是诉讼当事人争议的事项。（2）鉴定意见以证据的形式服务于诉讼。（3）鉴定意见受制于诉讼规则。如鉴定意见的出具受到诉讼时限的约束；鉴定意见在取证、举证、采证等问题上遵守法律规定的程序与规则。①

二、鉴定意见的质证与审核

根据《民事诉讼法》第六十八条规定，证据应当在法庭上出示，并由当事人互相质证。《最高人民法院关于适用〈中华人民共和国民事诉讼法〉的解释》第一百零三条第一款规定：“证据应当在法庭上出示，由当事人互相质证。未经当事人质证的证据，不得作为认定案件事实的根据。”质证作为审查判断证据的重要方法之一，是民事诉讼中十分重要的环节。鉴定意见作为《民事诉讼法》第六十三条规定的证据类型之一，也必须经过庭审质证，才能确定其证明效力。一般

① 参见苏青：《鉴定意见概念之比较与界定》，载《法律科学（西北政法大学学报）》2016年第1期。

而言，由于鉴定人在有关专业领域相对于普通人占有智识上的优势地位，相较于其他证据，鉴定意见对某些专门性事项的判断和认定，具有更高的准确性和可靠性。但是，鉴定意见仅属于证据的一种类型，其证明力仍然需要由法官依法作出判断。审判实践中要避免盲目迷信鉴定意见、对鉴定意见不做审查直接采纳的“以鉴代审”的现象。鉴于此，本条规定特别强调鉴定意见必须经过当事人质证。

鉴定意见经质证后，人民法院在当事人所发表的质证意见的基础上，要进一步对鉴定意见的真实性、合法性、关联性作出审核认定。根据《最高人民法院关于民事诉讼证据的若干规定》第八十七条规定，法院可以从“是否原件，复印件是否与原件相符”“与本案事实是否相关”“形式、来源是否符合法律规定”“内容是否真实”“鉴定人与当事人有无利害关系”等方面进行审核认定，在上述审核认定的基础上，对鉴定意见有无证明力和证明力大小进行判断，从而确定能否作为认定事实的根据。也就是说，鉴定意见本身只是证据之一种，法官应当运用审判权对鉴定意见进行审查，除审查鉴定意见的合法性外，还要审查其科学性、客观性与合理性，对于错误的鉴定意见应当予以纠正，而不能简单地依赖鉴定意见，更不能照搬鉴定意见的内容进行裁判。

由于鉴定意见是鉴定人在诉讼中凭借自身特殊的专业能力发现、解释案件事实和证据中涉及的专门性问题而形成的结论性意见，因此，人民法院向鉴定人移送的相关鉴定材料成为其分析、判断的基础。民事诉讼中，当事人申请启动司法鉴定，需由审理案件的人民法院审查许可后进行，并只能由审理相关案件的人民法院作为委托人。当事人除了预交鉴定费用的义务外，还负有提交与鉴定相关证据材料的义务。作为委托人的人民法院，必须对移送司法鉴定的相关材料进行审核，确保鉴定人所接收的鉴定材料已经经过真实性、完整性的确认。鉴定材料作为司法鉴定所根据的基础性信息源，本质上也属于民事诉讼证据的范畴，也应当在法庭上出示并由当事人互相质证，未经质证的材料不能作为鉴定的根据，而根据未经质证的鉴定材料作出的鉴定意见亦不符合证据的要求。

为了确保鉴定意见的中立性和专业性，《最高人民法院关于民事诉讼证据的若干规定》第三十四条第一款规定："人民法院应当组织当事人对鉴定材料进行质证。未经质证的材料，不得作为鉴定的根据。"同时，为了更全面的搜集鉴定所需的相关材料和信息，该条解释第二款规定："经人民法院准许，鉴定人可以调取证据、勘验物证和现场、询问当事人或者证人。"实践中，鉴定材料获取不规范现象时有发生，经常出现鉴定人将自行调取的证据或者根据当事人的陈述直接作为鉴定材料使用，但未对这些调取的证据组织质证，亦未听取对方当事人的陈述，由此所作的鉴定意见，存在以下问题：（1）未质证的材料作为鉴定材料动摇了鉴定意见作出的合法性基础。鉴定人根据未经当事人质证及人民法院认证的鉴定材料出具的鉴定意见，必将导致当事人提出异议，进而否认鉴定意见。鉴定意见的可采性将被大大降低，导致实践中不得不通过补充鉴定、重新鉴定的方式来补救或者改正。不仅拖延了诉讼进程，浪费了大量的司法资源，增加了当事人的诉讼成本，也导致当事人对法院组织诉讼活动的能力和公正性提出质疑，配合程度大大降低。（2）未认证真实性、完整性的材料作为鉴定材料降低了鉴定意见作出的准确性。实践中会出现一些法官为了避免在判决前提前就相关涉及专门性问题的证据材料进行认定，只向鉴定人移送双方当事人均未提出异议的鉴定材料，对于当事人提出异议的鉴定材料一律不移送的情形。这将导致鉴定材料的完整性、充分性不足，大大降低鉴定意见真实性和可靠性，妨碍人民法院对相关专门性问题的查明。（3）法官对待移送鉴定人的鉴定材料不质证不认证，也使得裁判者对于司法鉴定的相关基本原理、需求缺乏基本的了解，甚至推卸鉴定材料的采集责任，对于查明涉及专门性问题的相关事实十分不利。一方面在事实认定中过分依赖鉴定意见，另一方面自身对鉴定意见确实也缺乏必要的审查能力。依据本条规定，首先，人民法院应当组织双方当事人对未经质证的材料进行质证。其次，根据质证后的情况区分不同情形，如果经质证后认为该部分材料可以作为鉴定依据的，该鉴定意见可以作为认定案件事实的根据；如果经质证后认为该部分材料不可以作为鉴定依据的，则根据该材料作出的鉴定意见不能作为认定案件事实的根据。

三、本条规定的具体理解

（一）人民法院应当组织当事人对鉴定意见进行质证

所谓质证，是指当事人围绕证据的真实性、合法性以及与待证事实的关联性，针对证据有无证明力和证明力大小，进行说明和辩论的过程。质证虽然是当事人对对方证据反驳的过程，但也是法官通过诉讼各方的“反驳和攻击”对证据予以审查的过程，从而对案件事实进行判断和裁决。故从诉讼活动的角度来看，质证环节是使法官得以利用司法权对鉴定意见这一证据进行审查，使法官回归为裁判者，防止“以鉴代审”的重要手段。

质证作为一个法定程序，应由人民法院组织进行。只要是当事人提交的证据，人民法院在采纳之前，都应当组织各方当事人进行质证，所以质证不仅发生于一审程序，也可能发生于二审程序。比如，一审程序中没有委托鉴定、二审程序中委托鉴定形成的鉴定意见，二审法院应当组织当事人对鉴定意见进行质证。

关于鉴定意见，实践中存在质证难、采信难这两大难题。鉴定意见质证难，是指当事人很难在质证程序发生前对鉴定过程与鉴定方法深入、有效地了解，在质证程序中很难对已经作出的鉴定意见提出有效的质疑。由于司法鉴定意见是一种特殊的证据形式，涉及专业知识，如果当事人及其代理人缺乏有关专门性问题的相关知识或专业背景，对鉴定意见的质询仅能停留于感性认识层面，基本上仅能针对鉴定意见的合法性提出意见，对鉴定意见的关联性和客观性几乎少有或无法质疑。鉴定意见采信难，是指鉴定意见经过法庭调查与辩论后，法官仍然很难决定是否将该鉴定意见采纳为证据。鉴定意见采信难的原因，主要在于鉴定意见的专业性导致鉴定意见的质证效果有限，质证环节对法庭采信的影响有限，质证如果流于形式，自然对认定案件事实不能发生影响。

为了解决上述问题，《民事诉讼法》规定了专家辅助人制度和鉴定人出庭制度。《民事诉讼法》第七十九条规定，当事人可以申请人民法院通知有专门知识的人出庭，就鉴定人作出的鉴定意见或者专业问题提出意见。《最高人民法院关于适用〈中华人民共和国民事诉讼法〉的解释》第一百二十二条进一步规定，“当事人可以依照民事诉讼法第七十九条的规定，在举证期限届满前申请一至二名具有专门知识的人出庭，代表当事人对鉴定意见进行质证，或者对案件事实所涉及的专业问题提出意见。具有专门知识的人在法庭上就专业问题提出的意见，视为当事人的陈述……”；第一百二十三条规定，“人民法院可以对出庭的具有专门知识的人进行询问。经法庭准许，当事人可以对出庭的具有专门知识的人进行询问，当事人各自申请的具有专门知识的人可以就案件中的有关问题进行对质……”此为《民事诉讼法》于2012年修正时新增加的“专家辅助人”或称“诉讼辅助人”制度，目的是增强当事人的质证能力。专家辅助人参与审判程序属于当事人委托的专业人士，扮演着诉讼参加人的角色，其可以从专业角度对鉴定人进行询问，协助当事人质疑或支持鉴定意见，从而弥补当事人在专门知识领域质证能力的不足，也可为法官准确判断鉴定意见的客观、可靠性提供参考。

言辞原则要求庭审质证活动应该以言辞陈述和辩论的方式展开，未经言辞方式提出和调查的证据均不得作为裁判的根据。只有法官亲自参与并在当事人和其他诉讼参与人到场的情况下，通过这种言辞质证的方式，才能使法官对作为裁判基础的证据保持全面而充分的接触和审查，为法官查明案件事实真相提供保障。因此，对于鉴定意见的质证，亦有赖于鉴定人出庭制度。在鉴定人出庭作证的情况下，民事诉讼中的双方当事人及其代理人能够当庭就鉴定意见中的问题或疑惑，或者鉴定意见中没有反映出来的但与鉴定有关的问题，进行质询或者反驳。如果鉴定人不出庭，当事人无法在法庭上询问鉴定人，对鉴定结论有疑问不能当庭质证，容易导致当事人对鉴定人的公正性和鉴定结论的科学性产生怀疑。另外，鉴定人到庭陈述其鉴定结论，有利于人民法院全面了解案情，正确分析判断鉴定结论的证据价值，从而确定鉴定结论的可靠性和证明力。从国外立法例看，对鉴定人口头陈述也是比较重视的，比如《德国民事诉讼法》第四百一十一条规定："（1）法院命令为书面鉴定书时，鉴定人应将其署名的鉴定书留交书记科。法院可以对鉴定人在此点规定一定期间……（3）为了对鉴定书加以解释，法院可以命令鉴定人到场。（4）双方当事人应在适当的时间内向法院提出他们对鉴定意见的反对意见、有关鉴定的意见以及对鉴定书的补充问题。法院为此可以规定一定期间……"根据上述规定，德国关于鉴定的证据形式有两种：一是鉴定书，二是鉴定人的口头陈述。根据德国学者的解释，鉴定人的口头陈述和书面鉴定书这两种证据形式之间是有区别的，即前者是有关鉴定的主要证据形式，后者则处于次要的地位。前者基于民事诉讼法辩论原则的要求而作出。根据民事诉讼法的辩论原则，鉴定意见应在辩论中口头作出，但法院也可以命令他出具书面鉴定书。如果关于鉴定意见存在疑问或不清楚，则法院应依职权命令口头解释。① 根据《民事诉讼法》第七十八条规定，"当事人对鉴定意见有异议或者人民法院认为鉴定人有必要出庭的，鉴定人应当出庭作证。经人民法院通知，鉴定人拒不出庭作证的，鉴定意见不得作为认定事实的根据；支付鉴定费用的当事人可以要求返还鉴定费用"。即并非所有的案件鉴定人都要出庭，但如果当事人对鉴定意见有异议的，鉴定人应当出庭；虽然当事人对鉴定意见没有异议，但是人民法院认为有必要的，鉴定人也应当出庭。如果拒不出庭的，鉴定意见不得采纳，并且当事人可以请求返还鉴定费用。这一规定对于解决实践中鉴定人不愿出庭的问题有着重要的意义。

综上所述，人民法院在组织当事人对鉴定意见进行质证时，要防止质证程序流于形式，要合理利用专家辅助人制度和鉴定人出庭制度，引导当事人围绕鉴定意见的真实性、合法性、关联性充分发表质证意见。

---

① 参见叶兰：《鉴定意见作为一个独立证据种类的弊端》，载《财经法学》2016 年第 3 期。

（二）人民法院应当按照法定程序，全面、客观地审核证据

鉴定意见经质证后，面临是否被人民法院采纳的问题。人民法院对鉴定意见应进行审核，决定能否作为认定案件事实的根据。《最高人民法院关于适用〈中华人民共和国民事诉讼法〉的解释》第一百零四条第二款规定："能够反映案件真实情况、与待证事实相关联、来源和形式符合法律规定的证据，应当作为认定案件事实的根据。"第一百零五条规定："人民法院应当按照法定程序，全面、客观地审核证据，依照法律规定，运用逻辑推理和日常生活经验法则，对证据有无证明力和证明力大小进行判断，并公开判断的理由和结果。"

根据上述规定，人民法院对鉴定意见的审核，一方面是审核鉴定意见的来源和形式，即鉴定意见的形成是否合法。比如，存在"鉴定人不具备相应资格、鉴定程序严重违法、鉴定意见明显依据不足的"等情形的，鉴定意见不能作为认定事实的根据，当事人可申请重新鉴定。① 另一方面，是对鉴定内容，比如，委托鉴定的材料、鉴定的依据及使用的科学技术手段、鉴定过程、鉴定结论等专门问题进行实质性的审查。

（三）鉴定人根据未经质证的材料作出鉴定意见的，人民法院如何处理

根据前文所述，鉴定意见应具有科学性，人民法院在审核时，亦应对此做审查。审查鉴定意见是否具有科学性，主要依据鉴定原理、鉴定方法是否科学、鉴定分类是否正确、用于鉴定的资料（材料）是否真实可靠、鉴定中采用的特征数量是否充分、质量是否符合标准，

---

① 《最高人民法院关于民事诉讼证据的若干规定》第四十条规定：当事人申请重新鉴定，存在下列情形之一的，人民法院应当准许：（一）鉴定人不具备相应资格的；（二）鉴定程序严重违法的；（三）鉴定意见明显依据不足的；（四）鉴定意见不能作为证据使用的其他情形。存在前款第一项至第三项情形的，鉴定人已经收取的鉴定费用应当退还。拒不退还的，依照本规定第八十一条第二款的规定处理。对鉴定意见的瑕疵，可以通过补正、补充鉴定或者补充质证、重新质证等方法解决的，人民法院不予准许重新鉴定的申请。重新鉴定的，原鉴定意见不得作为认定案件事实的根据。

等等。①

其中，鉴定材料是供鉴定人进行分析、判断，并据此得出鉴定意见的物质条件，是进行直接认识、分析、判断的对象。鉴定材料是否真实客观，直接影响到鉴定意见的准确性及证明力的大小。比如，在工程造价鉴定中，若当事人在合同中约定按实结算，则当事人是否提交工程变更的材料、现场签证材料以及提交多少，直接影响工程造价的数额。为了保证鉴定材料的真实、客观，本解释第三十三条特别规定，人民法院应组织当事人对有争议的鉴定材料进行质证，质证后再提交给鉴定机构。从程序上规范鉴定材料的提交，是为了让各方当事人了解鉴定意见据以作出的资料，防止出现因鉴定材料不真实、不全面导致鉴定意见不客观、不科学的现象。

但是实践中往往存在鉴定材料提交程序不规范的情形，如果鉴定人将当事人有争议且未经质证的材料作为鉴定依据并作出鉴定意见的，人民法院如何处理，对鉴定意见能否采纳？由于鉴定活动系鉴定人运用专门的技术、知识、经验和技能，对案件某些专门性问题进行分析、鉴别和判断后作出结论性意见的过程，鉴定周期往往较长，为了避免重复鉴定增加当事人的诉讼成本，当出现鉴定人直接将当事人有争议且未经质证的材料作为鉴定依据的情形，人民法院首先应采取程序上的补救措施，组织当事人就该部分材料进行质证，听取当事人的质证意见。经质证程序后，如果人民法院认为该部分材料真实合法，能够作为鉴定资料的，则不影响对于鉴定意见的采纳；如果认为该部分材料真实性存疑，或者存在其他情形，不能作为鉴定依据的，则对根据该材料作出的相应的鉴定意见不予采纳，不能作为认定案件事实的根据。

需要说明的是，《最高人民法院关于民事诉讼证据的若干规定》第三十四条第一款规定："人民法院应当组织当事人对鉴定材料进行质证。未经质证的材料，不得作为鉴定的根据。"本条之规定是在鉴

① 参见刘伟平、夏小玲：《如何评价司法鉴定结论的科学性》，载《中国司法鉴定》2005 年第 4 期。

定人将未经质证的鉴定材料作为鉴定依据且已经出具鉴定意见的情形下，采取的程序补救措施，由人民法院组织当事人对该部分材料进行质证。如当事人对鉴定材料无异议，则意味着当事人对该鉴定材料已经发表了“无异议”的意见，人民法院再对当事人无异议的鉴定材料进行质证，没有实际意义；如果当事人对鉴定材料有异议，则应按照本条规定组织当事人进行质证，并根据质证情况，作出是否应采信鉴定意见的判断。

【审判实践中应注意的问题】

审判实践中应注意的是，对于当事人有争议且未经质证的材料进行补充质证后，如认为不能作为鉴定依据的，根据该材料作出的鉴定意见不得作为认定案件事实的依据。但并非鉴定意见整体不可采纳，如果鉴定意见可分，则材料所对应部分不能作为认定案件事实的根据；如果鉴定意见不可分，则整个鉴定意见均不能作为认定案件事实的根据。

第三十五条

与发包人订立建设工程施工合同的承包人，依据民法典第八百零七条的规定请求其承建工程的价款就工程折价或者拍卖的价款优先受偿的，人民法院应予支持。

【条文主旨】

本条是关于享有工程价款优先受偿权主体的规定。

【条文理解】

1999年《合同法》第二百八十六条规定的工程价款优先受偿权是一项新的法律制度。这项制度赋予承包人工程价款债权就该工程折价或者拍卖的价款优先受偿的权利，目的是对农民工等建筑工人的工资权益予以优先保护。由于立法的高度概括及相关配套规定缺乏，该项制度在理论和适用中存在着争议。这些争议包括如何确定享有工程价款优先受偿权的主体。从法律条文看，只有与发包人订立建设工程施工合同的承包人才有权主张建设工程价款优先受偿权。但司法实践中，实际施工人甚至农民工等个人都向法院起诉主张工程价款优先受偿权。由于工程价款优先受偿权涉及承包人、抵押权人、发包人及其他债权人利益，权利主体不明确，既不能真正实现此项法律制度的目的，还会导致恶意诉讼出现。2020年《民法典》编纂时，并未对实务中有关工程价款优先受偿权制度的争议作出回答。《民法典》第八百零七条完全保留了《合同法》第二百八十六条的内容，只是文字表述上将“除按照建设工程的性质不宜折价、拍卖的以外”改为“除根据建设工程的性质不宜折价、拍卖外”以及将“也可以申请人民法院……”改为“也可以请求人民法院……”因而涉及工程价款优先权制度的问题需要理论上深入研究和司法实践的不断摸索。《工程价款优先受偿批复》《2018 年解释》及本解释相关内容都是司法实践经验总结的重要表现。

一、对建设工程合同主体的简要分析

按照《民法典》第七百八十八条的规定，建设工程合同是承包人进行工程建设，发包人支付价款的合同。建设工程合同包括工程勘察、设计、施工合同。《民法典》第七百九十一条进一步规定，发包人可以与总承包人订立建设工程合同，也可以分别与勘察人、设计人、施工人订立勘察、设计、施工承包合同，而且总承包人或者勘察、设计、施工承包人经发包人同意，可以将自己承包的部分工作交由第三人完成。不过，禁止承包人将工程分包给不具备相应资质条件的单位，禁止分包单位将其承包的工程再分包。

基于上述规定，建设工程合同的发包人相对单一，即指建筑法规定的建设单位。按照《建筑法》及相关行政法规的规定，建设单位涵盖除抢险救灾及其他临时性房屋建筑和农民自建低层住宅外的各种土木工程、建筑工程、线路管道和设备安装工程及装修工程的建设单位。

建设工程的承包人较为复杂，包括工程的勘察人、设计人与施工人。承包人依据合同约定，可以承包建设工程的勘察、设计、施工的全部事务，也可以只承包勘察、设计、施工中的某一项。承包工程勘察、设计、施工全部事务的人称为总包人。当然，实务中，工程总包人还包括另一层含义：虽然承包人不负责工程的勘察和设计事务，但负责工程主体结构的施工，其他施工任务依约交由第三人完成。这里的第三人就是分包人。

在建设工程合同关系中，还包括工程监理人。依据《民法典》第七百九十六条的规定，建设工程实行监理的，发包人应当与监理人采用书面形式订立委托监理合同。双方之间的权利义务依照委托合同及相关法律、行政法规规定。依照《建设工程质量管理条例》第三十六条的规定，工程监理单位应当依照法律、法规以及有关技术标准、设计文件和建设工程承包合同，代表建设单位对施工质量实施监理，并对施工质量承担监理责任。因而监理人与发包人是受托与委托的关系，二者共同作为承包人的相对方。不过，住房和城乡建设部与原国家工商行政管理总局2017年发布的《建设工程施工合同》（示范文本）（GF-2017-0201）第1.1.2.4条明确，“监理人，是指在专用合同条款中指明的，受发包人委托按照法律规定进行工程监督管理的法人或者其他组织”。

二、勘察、设计、监理人不享有工程价款优先权

1. 关于勘察人与设计人

尽管工程的勘察人、设计人、施工人皆为建设工程的承包人，但是否所有承包人都是工程价款优先受偿权人呢？有两种理解：第一种观点认为，《民法典》第八百零七条规定的建设工程合同，应作狭义解释，仅指建设工程施工合同，不应包括勘察合同与设计合同。其基本理由是当年《合同法》第二百八十六条的立法初衷是解决长期存在的拖欠工程价款问题。解决施工企业的工程款被拖欠问题在于保障建筑工人的劳动报酬得以实现。尽管勘察费用、设计费用也有可能被拖欠，但远没有拖欠工程价款严重。客观上，勘察人员、设计人员的境遇大大优于建筑工人的境遇。更为重要的一点在于勘察单位、设计单位处于有利的位置，如果发包人拖欠费用，勘察单位、设计单位可以不向发包人“提交有关基础资料和概预算等文件”。另外，由于勘察、设计费用相对有限，开发商都有相应的支付能力，也不愿意在工程施工前就背负不诚实之恶名。故工程价款优先受偿权制度没有适用勘察合同与设计合同的余地。第二种观点认为，《民法典》第七百八十八条第二款明确规定建设工程合同包括勘察、设计、施工合同。同时依字面理解，《民法典》第八百零七条规定的承包人应当包括勘察人、设计人。一旦发包人拖欠勘察费用或者设计费用，赋予勘察人、设计

人工程价款优先受偿权，既有利于勘察人、设计人债权的实现，也符合法律保护智力成果的精神。

前述第一种观点更为合理。(1)《民法典》就勘察人、设计人与施工人应得报酬的表述有明显不同。《民法典》第七百九十四条规定，勘察、设计合同的内容一般提交有关基础资料和概预算等文件的期限、质量、费用以及其他协作条件等条款。该条将勘察人、设计人应得报酬表述为“费用”。《民法典》第八百条亦表述为“勘察、设计费”。《民法典》第七百九十五条规定施工合同的内容一般包括工程范围、建设工期、工程质量、工程造价等条款。《民法典》第七百九十九条规定，建设工程竣工后，验收合格的，发包人应当按照约定支付价款。《民法典》第七百九十三条、第八百零七条表述为“价款”“工程价款”“建设工程的价款”。根据这些表述，《民法典》第八百零七条中的“价款”应针对施工合同而言。(2)勘察人员、设计人员收入一般较高，属于知识分子阶层，不属于工程价款优先权制度要特殊保护的对象。工程价款优先权制度的立法目的主要是优先保护社会的弱势群体——相对低收入的建筑工人的工资报酬，而不是要优先保护勘察人员、设计人员这样的高收入群体。(3)赋予勘察人、设计人费用优先受偿权在工程竣工前不具备实现的可能性，在工程竣工后，与施工人的价款优先受偿权存在冲突。正常情形下，工程建设的顺序是勘察、设计与施工，勘察、设计合同履行完毕，施工合同履行才开始。在工程竣工前，勘察人、设计人不可能与发包人就工程折价或者请求人民法院将工程拍卖。勘察人、设计人亦不可能与发包人就勘察报告、设计图纸等基础资料或者概预算等文件协商折价或者请求人民法院予以拍卖。毕竟这些文件都是针对特定的工程而产生，一般不具备市场交换价值。工程竣工后，若勘察人、设计人享有费用优先受偿权，则与施工人的价款优先受偿权冲突。

不过，值得注意的是工程总承包中勘察与设计费问题。《民法典》第七百九十一条第一款规定：“发包人可以与总承包人订立建设工程合同，也可以分别与勘察人、设计人、施工人订立勘察、设计、施工承包合同。”这表明，同一承包人可以承担工程建设的勘察、设计与施工全部任务。实务中存在的总承包模式包括：（1）设计采购施工总承包或交钥匙总承包。设计采购施工总承包（EPC 模式：即 Engineering 设计、Procurement 采购、Construction 施工的组合）是指工程总承包人按照约定，承担工程项目的设计、采购、施工、试运行服务等工作，并对承包工程的质量、安全、工期、造价全面负责，是我国目前推行总承包模式最主要的一种。交钥匙总承包是设计采购施工总承包业务和责任的延伸，最终是向业主提交一个满足使用功能、具备使用条件的工程项目。（2）设计采购与施工管理总承包（EPCM 模式：即 Engineering 设计、procurement 采购、Construction management 施工管理的组合）是国际建筑市场较为通行的项目支付与管理模式之一，也是我国目前推行总承包模式的一种。EPCM 承包商是通过业主委托或招标而确定的，承包商与业主直接签订合同，对工程的设计、材料设备供应、施工管理进行全面的负责。根据业主提出的投资意图和要求，通过招标为业主选择、推荐最合适的分包商来完成设计、采购、施工任务。设计、采购分包商对 EPCM 承包商负责，而施工分包商则不与 EPCM 承包商签订合同，但其接受 EPCM 承包商的管理，施工分包商直接与业主具有合同关系。因此，EPCM 承包商无需承担施工合同风险和经济风险。（3）设计 + 施工总承包（D + B）模式。设计—施工总承包是指工程总承包企业按照合同约定，承担工程项目设计和施工，并对承包工程的质量、安全、工期、造价全面负责。在上述各种总承包模式中，合同中约定设计费甚至勘察费应属于工程款的范围，而且一般与工程价款同时结算、同时支付。因而承包人可以就相关费用主张优先权。

2. 关于监理人

《建筑法》专门规定了“建筑工程监理”一章，明确国家推行建筑工程监理制度，规定实行监理的建筑工程，由建设单位委托具有相应资质条件的工程监理单位监理。建设单位与其委托的工程监理单位应当订立书面委托监理合同。建筑工程监理应当依照法律、行政法规及有关的技术标准、设计文件和建筑工程承包合同，对承包单位在施工质量、建设工期和建设资金使用等方面，代表建设单位实施监督。《民法典》第七百九十六条规定："建设工程实行监理的，发包人应当与监理人采有面形式订立委托监理合同。发包人与监理人的权利和义务以及法律责任，应当依照本编委托合同以及有关法律、行政法规的规定。"监理人系受托人，发包人系委托人。在工程建设实施中，监理人代表建设人的利益。监理合同，既可表现为发包人与监理人签订的合同，也可在建设工程施工合同就监理制度作出具体约定。《建设工程施工合同》（示范文本）（GF－2017－0201）第4.1条明确，发包人和承包人应在专用合同条款中明确监理人的监理内容及监理权限等事项。监理人应当根据发包人授权及法律规定，代表发包人对工程施工相关事项进行检查、查验、审核、验收，并签发相关指示，但监理人无权修改合同，且无权减轻或免除合同约定的承包人的任何责任与义务。依照上述规定，监理合同不属于建设工程合同，而属于委托合同，因而自然不适用《民法典》第八百零七条的规定。

三、实务中承包人的不同表现形式

前面已经简要地分析了建设工程合同的主体，但就施工合同而言，有必要对承包人范围作进一步的探讨与分析。实务中，建设工程存在总包、分包与转包等情形，因而相应地存在总包人、分包人、转包人等。

1. 总包人

《建筑法》提倡对建筑工程实行总承包。根据《建筑法》的规定，总承包人是指与发包人签订施工合同并实施全部工程总承包、单项或者多项工程总承包的人。工程总承包是国外建设活动中使用较多的发包、承包方式，有利于充分发挥在工程建设方面具有较强技术力量、丰富经验和组织管理能力的建筑企业的专业优势。总承包能够综合协调工程建设中的各种关系，强化对工程建设的统一指挥和组织，从而保证工程质量和进度，提高投资效益，也符合社会化大生产专业分工要求。[①] 根据《建筑法》第二十七条的规定，大型建筑工程或者结构复杂的建筑工程，建筑施工难度大，有时一家大型建筑企业也难以完成，可以有两个以上的承包单位联合共同承包的，共同承包各方对承包合同的履行承担连带责任。

2. 分包人

分包是指工程总承包方将其承包的某一部分工程或者几部分工程再发包给其他人，接受分包工程单位为分承包人，简称分包人。分包包括专业工程分包和劳务作业分包。专业分包也称技术分包。合法分包需符合下列要求：分包方具有相应资质条件；取得发包方的同意；建设工程的主体结构不得分包；分包方不得再分包。根据《民法典》与《建筑法》等规定，分包包括合法分包与违法分包。合法分包是指经发包人同意且符合工程建设本身的需要。违法分包实际上包括两种情形：一是发包人肢解发包。肢解发包是指建设单位将应当由一个承包单位完成的建设工程分解成若干部分发包给不同的承包单位的行为。发包人违法分包导致多个承包人出现。根据《民法典》第七百九十一条第一款的规定，发包人不得将应当由一个承包人完成的建设工程肢解成若干部分发包给若干承包人。《建筑法》同样禁止将建筑工程肢解发包，规定不得将应当由一个承包单位完成的建筑工程肢解成若干部分发包给几个承包单位。工程建设作为一个整体在管理和技术上需要统筹协调，肢解后往往施工秩序混乱、责任不清。作为对自己负责任的业主即建设单位，如果不是因为内部工作人员失职或者徇私舞弊等行为，不会将工程肢解发包不同的承包人。二是承包人违法分包。具体包括以下情形：总承包单位将建设工程分包给不具备相应资质条件的单位的；建设工程总承包合同中未有约定，又未经建设单位认可，承包单位将其承包的部分建设工程交由其他单位完成的；施工总承包单位将建设工程主体结构的施工分包给其他单位的；分包单位将其承

① 参见胡康生主编：《中华人民共和国合同法释义》，法律出版社1999年版，第409页。

包的建设工程再分包的违法分包的承包方。[①]

3. 转包关系的承包人

所谓转包是指承包人承包建筑工程后，不履行合同约定的责任和义务，将其承包的全部建设工程转给他人，或者将其承包的全部建设工程肢解以后以分包的名义逐一转给其他人施工的行为。转包关系中，原承包人表现为发包主体，接受转包的人表现为承包主体。

4. 挂靠关系的承包人

《民法典》第一千二百一十一条对以挂靠形式从事道路运输经营活动的机动车发生交通事故造成损害的责任作了规定，但《民法典》未对建筑行业的挂靠行为作出界定。由于《建筑法》对从事建筑活动的建筑施工企业实行从业资格管理，建筑施工企业按照注册资本、专业技术人员、技术装备和已完成的建筑工程业绩等资质条件，划分为不同的资质等级，经资质审查合格，取得相应等级的资质证书后，方可在其资质等级许可的范围内从事建筑活动。因而实务中产生了挂靠现象。所谓挂靠是指无资质或者资质等级较低的民事主体通过协议依附于有资质或者资质等级较高的民事主体，并以后者名义参与特定行业经营活动的行为。建筑业中的挂靠实质是借用建筑业企业资质。被挂靠人（出借资质人）在与发包人的关系中表现为承包主体，挂靠人（借用资质人）以被挂靠人名义从事实际施工行为。

5. 内部承包人

企业内部承包本属于企业经营管理方式的一种，是企业自主决策的范围。但在建筑业，是真正的内部承包还是以内部承包之名行挂靠、转包或者违法分包之实，得根据"内部承包"协议的约定及实际履行协议的情形予以判断。最基本的判断标准包括：承包人是否属于"发包人"的人员、是否以自己的名义直接向发包人履行义务或者主张权利、"发包人"是否收取管理费等。内部承包人只能以企业名义从事施工行为。

① 参见《建设工程质量管理条例》第七十八条。

四、实际施工人不应享有工程价款优先受偿权

1. 司法解释中实际施工人的范围及其享有的特定权利

转包、违法分包以及借用资质签订的建设工程施工合同依法应当被认定为无效合同。根据《2004 年解释》第一条、第四条与第二十五条、第二十六条等规定，无效施工合同的承包人被称为实际施工人。实际施工人，不是法律概念，而是司法解释创造的一个特定称谓。《2018 年解释》及本解释沿用了实际施工人的提法。根据司法解释，所谓实际施工人，是指建设工程施工合同被认定无效后，具体实施工程建设的人，包括转包关系中的承包方、违法分包关系中的承包方、挂靠或者借用建筑业企业资质的承包方等。实际施工人，不包括承包方的履行辅助人、合法的专业分包工程承包方、劳务作业承包方。不过，根据《2004 年解释》第二十六条和《2018 年解释》第二十四条、第二十五条，只有转包的承包方、违法分包的承包方作为实际施工人，才享有直接向发包人提起诉讼的权利。本解释保留《2018 年解释》的规定。

2. 实际施工人不应享有工程价款优先受偿权

司法解释根据保障建筑工人劳动报酬实现的需要，突破了合同相对性原理，就实际施工人的权利范围作了明确界定。根据本解释第四十三条的规定，实际施工人以向相对方即其直接前手提起诉讼为原则，直接起诉发包人的，必须追加转包人或者违法分包人为第三人，而且发包人只在欠付转包人或者违法分包人工程价款范围内对实施施工人承担责任。根据本解释第四十四条的规定，实际施工人向发包人提起代位诉讼的，以转包人或者违法分包人的懈怠行为影响实际施工人到期债权实现为前提。

《建筑法》第二十八条和第六十六条规定禁止转包并且对转包行为规定了没收违法所得、罚款、责令停业整顿、降低资质等级、吊销资质证书等处罚措施。《民法典》第七百九十一条也明文规定不得转包。这些规定都具有法律的强制性，应当为包括实际施工人在内的所

有人遵守。如果赋予实际施工人工程价款优先受偿权，会导致对其违法行为客观上予以鼓励的现象。

客观上，实际施工人难以行使工程价款优先受偿权。无论是转包还是违法分包，因均未经过发包人同意，发包人不可能认可实际施工人这一主体的存在，更不会同意与之协议将工程折价。在肢解转包或者违法分包的情形下，实际施工人因折价所得款项只占全部工程价款的一部分，其请求拍卖工程不具有合理性。即使全部转包，由于转包人即承包人形式上仍维持与发包人之间的承包关系，实际施工人难以履行行使优先受偿权应有的催告、协商等程序。

依据本解释第四十四条规定，实际施工人可因转包人或者违法分包人怠于行使与工程价款债权有关的从权利而提起代位权诉讼。该“从权利”是否包括工程价款优先受偿权呢？《民法典》第五百三十五条规定的“从权利”指哪些权利，《民法典》未予明确。全国人大常委会法工委民法室编写的《立法工作者权威释义版本民法典释解与适用丛书》中说明“‘与该债权有关的从权利’主要是指担保权利（包括担保物权和保证）。”① 尽管《民法典》第五百三十五条中的“从权利”是否包括工程价款优先受偿权尚无法律规定，在权威释义中也未能找到答案，而且工程价款优先受偿权与担保物权均属于优先受偿权，但将《民法典》第五百三十五条中的“从权利”解释为不包括工程价款优先受偿权更符合《民法典》《建筑法》体现的国家对建筑业加强管理的立法意图。

五、分包人亦不享有工程价款优先受偿权

按照《民法典》和《建筑法》的规定，承包人可以将“部分工作”（如涉及专门技术）交由第三人完成或者将“部分工程”（如劳务）发包给具有相应资质条件的分包单位，而且建设工程的主体结构的施工必须由承包人（即总承包单位）自行完成。这样，一方面分包

---

① 参见石宏主编：《〈中华人民共和国民法典〉释解与适用》[合同编]（上册），人民法院出版社2020年版，第138页。

人与承包人之间产生合同关系，而不与发包人产生直接的权利义务关系，另一方面客观上分包人实际完成的工程量有限，其应得工程价款同样有限。同时承包人依据法律规定及实际施工需要合法分包后，承包人与分包人构成一个整体，承包人通常不会对分包人的利益漠不关心。在分包人只享有部分工程价款情况下，赋予分包人越过承包人与发包人就工程折价或者由请求人民法院拍卖工程以优先实现分包人应得工程价款的债权，对承包人有失公平且不合理。

实务中，存在发包人指定分包人的情形。发包人与承包人签订的施工合同中约定由发包人指定特定项目由第三人作分包人，而且在履行合同过程中，指定分包人完全代替了承包人就特定工程项目履行合同义务，承包人仅承担配合等义务，则在指定分包人与发包人之间形成了事实合同关系。在此种情形下，我们认为被指定的分包人仍不享有工程价款优先受偿权。这是因为承包人承担了建设工程的主体结构的施工任务，被指定的分包人仅承担部分施工任务。

根据上述分析，我们认为只有与发包人签订建设工程施工合同的承包人才有享有工程价款优先受偿权。

【审判实践中应注意的问题】

一、建设工程价款债权转让后，受让人是否应享有优先受偿权在现行解释中尚无定论

有意见基于工程价款优先受偿权系从权利且认可受让人享有优先受偿权有利于承包人权利的实现，认为工程价款债权受让人应当享有工程价款优先受偿权。然而，工程价款优先受偿权制度的目的是保护建筑工人的劳动报酬，承包人转让工程价款债权获得相应对价后，则建筑工人的劳动报酬已经实现，而受让人并不涉及劳动报酬问题。

二、建设工程被转让，承包人的优先受偿权应当仍然存在

首先，建设工程被转让，受让人实际取得发包人的地位。其次，法定优先权具有担保属性，具有一定的追及效力，其功能是担保工程款优先支付，该权利依附于所担保的工程而存在，即使被担保的工程发生转让，也不应影响工程价款优先受偿权的实现。

第三十六条

承包人根据民法典第八百零七条规定享有的建设工程价款优先受偿权优于抵押权和其他债权。

【条文主旨】

本条是关于建设工程价款优先受偿权与其他权利顺位的规定。

【条文理解】

一、本条规定的背景

为了切实解决拖欠工程价款问题，保障承包人工程价款债权的实现，《合同法》第二百八十六条规定了承包人的工程价款优先受偿权。《工程价款优先受偿批复》回答了这一问题。在广泛调研并听取全国人大常委会法工委民法室意见的基础上，该批复第一条规定："人民法院在审理房地产纠纷案件和办理执行案件中，应当依照《中华人民共和国合同法》第二百八十六条的规定，认定建筑工程的承包人的优先受偿权优于抵押权和其他债权。"尽管该批复公布后，有不同的声音，但经过近二十年的司法实践，社会各界逐渐认可了批复的内容。同时《最高人民法院关于人民法院办理执行异议和复议案件若干问题的规定》等司法继续完善该批复的内容。《民法典》第八百零七条基于相同的立法考虑，承继了《合同法》第二百八十六条的规定。① 于

① 参见石宏主编：《〈中华人民共和国民法典〉释解与适用》[合同编]，人民法院出版社2020年版，第627页。

是，最高人民法院借《民法典》实施之良机，在清理并编纂新的涉建设工程施工合同司法解释时，沿用了《工程价款优先受偿批复》第一条的内容。

二、对优先权的基本理解

优先权，按照传统民法理论，是指在某一特殊债权债务关系中某一债权人依照法律的规定对债务人的财产所享有的优先于其他债权人受偿的权利。优先权，可分为一般优先权与特别优先权两大类。罗马法上就已经设立了优先权，如妻之嫁资返还优先权、受监护人的损害赔偿优先权、丧葬费用优先权等。法国①、日本②等国民法都确认了优先权制度。

我国包括《民法典》在内的现行法律尚未建立统一的优先权制度，对特殊法律关系的保护是通过特别法中的规定予以实现。如1991年4月9日公布的《民事诉讼法》第二百零四条（后来被《企业破产法》所替代）就破产企业所欠职工工资和劳动保险费用、破产企业所欠税款作出特殊保护。不过，当年《民事诉讼法》的规定只是明确了少数几种权利受偿的先后次序，而非从一项权利的角度进行界定，难以称为真正意义上的优先权制度。《海商法》第二章第三节是中国立法上有关优先权制度最明确且系统的规定。因而，我们对优先权的理解，只能根据不同的具体法律规定，结合设立优先权制度的目的，把握有关优先权规定的精髓。

我国法律中出现的优先权可分为两大类：

① 《法国民法典》第2095条规定：优先权是指，依据债权的性质，给予某一债权人先予其他债权人，甚至先于抵押权人，受清偿的权利。载《法国民法典》，罗结珍译，中国法制出版社1999年版，第474页。

② 日本民法典物权编第八章“先取特权”皆是有关优先权的规定。参见《日本民法典》，中国法制出版社2000年版，第54~61页。

1. 与优先受偿权基本含义相同

担保物权人、船舶优先权人与民用航空器优先权人等享有的权利就是优先受偿权。不过，担保物权人的优先受偿权与船舶优先权、民用航空器优先权是否系同一概念，可进一步研究。仔细分析这些权利的内涵可以发现存在一定的区别。担保物权人的优先受偿权是指担保物权人基于担保物权的优先清偿效力而享有的就担保财产的价值优先受偿其债权的效力，而船舶优先权、民用航空器优先权是基于法律的规定对特定两种或者两种以上债权优先于一般债权受偿。尽管都属于优先受偿权，但在立法目的、特性、成立要件、基本规则等方面有重大差别，故不宜相提并论。无论何种优先受偿权，虽然表现为清偿顺位的优先，但并非仅具程序意义。

实际上，只要产生优先权的财产能够折价或者拍卖、变卖，优先权人的民事权利即可实现。这种优先权按照法律规定可分为一般优先权与特别优先权。一般优先权是法律规定的特定的债权人对债务人的全部财产享有优先受偿的权利。特别优先权是指对债务人的特定财产享有优先受偿的权利。这种优先受偿权又可分为两类：一是当事人通过约定，债权人对债务人的特定财产享有优先受偿的权利，如担保物权人对担保财产拍卖或变卖的价款享有优先受偿的权利；二是法律规定债权人对于债务人的特定财产享有的优先于其他一切民事请求受偿的权利，如船舶优先权等。后一类优先权具有以下特性：（1）是法律为维护社会公平与正义，维护相对弱者生存权利和社会秩序而赋予特种债权的债权人的一项民事权利，其功能是对特殊种类的债权加以特殊保护。这一特性从法律规定的劳动报酬优先权、劳动者意外死伤补偿费用优先权、丧葬费用优先权、债务人及其家属生活费用优先权、建设工程价款优先权等的内涵即可印证。（2）是法律直接规定的权利，非由当事人约定产生，不同于当事人约定的抵押权、质权，类似于留置权，但不以占有债务人的财产为前提。（3）以债务人的全部财产或特定财产担保特定债权的实现。其标的物可以是债务人的全部财产，也可以是债务人的特定财产，但不能是第三人的财产。（4）优先权是否公示，法律上并没有统一的规定。担保物权的设定原则上以公示为生效要件，如抵押权以登记为公示方法、质权以交付为公示方法。否则，抵押权与质权、担保物权不能设立或者不能产生对抗善意第三人的效力。优先权基于权利的法定性并不都以登记为生效要件，也不以占有债务人的财产为公示要件。（5）设立优先权的目的在于保障优先权人有就特定财产优先受偿其债权的权利，也就是说，债权人通过行使优先权以保障其债权受偿的，因而优先权也是一种价值权或者变价权。

2. 特殊的民事主体享有的机会优先权或者程序优先权

例如，《民法典》规定按份共有人与房屋承租人的优先购买权、职务技术成果的完成人优先受让权、优先抚养权，新修正的《专利法》与新修正的《商标法》规定的优先申请权以及《农村土地承包法》规定的优先承包权、《公司法》规定的股东购买股权优先权、《合伙企业法》规定的合伙人受让合伙财产优先权等。这些优先权是法律基于特殊政策性考虑而赋予某些特种债权或其他权利的一种特殊效力，或者赋予某些民事主体获得某些民事权利或者交易的优先机会，以保障这些民事权利能够较之普通债权而优先实现或者保障这些民事主体的特殊利益。

《民法典》第一编“总则”中的第五章“民事权利”，列举了民事主体享有的各种民事权利，但不包括优先权。《民法典》其他编中规定的各种优先权，似只是体现为取得方式，是对《民法典》第一百二十九条“民事权利可以依据民事法律行为、事实行为、法律规定的事件或者法律规定的方式取得”的具体化。其他法律亦如此。譬如，《税收征收管理法》第四十五条虽然明确“税收优先于无担保债权，法律另有规定的除外”，但这种税收优先权仍只是税款的取得顺序规定。因而无论哪一种优先权，均非单独存在的一类权利，而仅是对某些权利的法律效力的加强，其性质仍未完全脱离其所强化的权利本身的性质。例如，《农村土地承包法》第二十八条与第五十一条规定的“本集体组织经济成员”的优先权是该法第五条规定的农村集体经济组织成员承包权的强化，与其固有的对由本集体经济组织发包的农村土地承包权密切关联。当然，优先权包含某种特定利益。毕竟优先权存在的原因无非两点：一是“资源稀缺”，二是同时存在两个及以上相冲突的权利。优先权的作用在于特定权利优先其他权利行使。在通常情形下，由于资源的稀缺性，优先意味着利益，反之可能意味着无利益甚至利益受损。

三、对建设工程价款优先受偿权性质的基本认识

承包人正确行使工程价款优先受偿权、人民法院准确适用《民法典》第八百零七条的规定的基本前提是对工程价款优先受偿权的准确认识。无论是规定在《合同法》中还是规定在《民法典》合同编，不可否认的是，工程价款优先受偿权的性质不是债权。尽管承包人因履行建设工程施工合同而享有优先受偿权，但该项权利不是依据合同取得，而是直接依据法律规定而享有。自《合同法》颁布以来，如何认识或定位工程价款优先受偿权一直争论不休。

仅就工程价款优先受偿权的性质而言，主要有以下三种观点①：第一种观点认为，工程价款优先受偿权具有留置权性质。在建设工程（包括建筑、安装、装饰工程等工程）中，承包人为工程建设投入了人力、物力与财力，而且工程在交付前通常由承包人控制，若发包人未依合同支付工程价款时，承包人对其所承建的建筑物或其他工程具有控制权。承包人的这种控制行为实际上是对建筑物等工程行使特殊的留置权。法律规定，债务人逾期未履行的，留置权人可以与债务人协议以留置财产折价，也可以就拍卖、变卖留置财产所得的价款优先受偿。这与承包人行使工程价款优先受偿权方式相同。第二种观点认为，工程价款优先受偿权系法定抵押权。法定抵押权是指当事人依据法律的规定而直接取得的抵押权。梁慧星教授曾指出，从立法过程可

① 参见梁慧星：《合同法第二百八十六条的权利性质及其适用》，载《人民法院报》2000年12月1日。还可参见石宏主编：《〈中华人民共和国民法典〉释解与适用》［合同编］，人民法院出版社2020年版，第628～629页。

知，《合同法》第二百八十六条从设计、起草、讨论、修改、审议直到正式通过，始终是指法定抵押权。在历次专家讨论会上，未有人对此表示异议，未有任何人提出过规定承包人优先权的建议。中国人民大学法学院王利明教授也指出，“我国《合同法》所规定的法定抵押权实际上是指承揽人的法定抵押权，它主要是指因为在建筑工程竣工以后，发包人未按照约定支付价款，承揽人对建筑工程可享有法定抵押权，即其工程价款可以通过折价、拍卖等方式而获得的价款优先受偿”。① 第三种观点认为，承包人的优先受偿权的性质就是优先权。这种优先权可称为建筑优先权。如同船舶优先权、航空器优先权一样。

上述第一种、第二种观点似皆不可取。将工程价款优先权理解为留置权与现行法律规定不符。依照《民法典》（包括《民法典》之前的《担保法》《物权法》）的规定，留置权的对象仅限于动产。《民法典》第四百四十七条规定：“债务人不履行到期债务，债权人可以留置已经合法占有的债务人的动产，并有权就该动产优先受偿。前款规定的债权人为留置权人，占有的动产为留置财产。”更重要的是，留置权的存续以留置人占有留置物为条件，实务中承包人往往在未取得建设工程价款的情况下已经丧失了对建设工程的占有。如果将工程价款优先受偿权视同留置权，则在承包人失去对建设工程的占有的情况下就得不到保护，对承包人亦不公平。将承包人的优先受偿权解释为法定抵押权或优先权，就最后结论而言似无本质区别。但现行法律没有出现法定抵押权的概念，也没有对法定抵押权作出具体规定。如果将工程价款优先受偿权解释为法定抵押权，即解释为抵押权的一种，必须说明此种抵押权不需要登记公示的理由，容易引起误会。另外，《民法典》及其他法律只就法律行为设立抵押权作了规定，但没有规定因事实行为产生抵押权的情形。也就是说，根据法律规定，抵押权只有通过约定才能产生。

上述第三种观点是合理的。将工程价款优先受偿权解释为优先权，

① 2001年7月17日《人民法院报》与《建筑时报》、全国律协共同举办的“合同法第二百八十六条专题研讨会”的书面发言。

不仅避免了不必要的概念之争，符合现行法律规定精神，而且与其他国家和地区相关立法例一致。

四、关于工程价款优先受偿权的优先效力

依照本条解释，工程价款优先受偿权优于抵押权，更优于一般债权。具体分析如下：

（一）工程价款优先受偿权优于抵押权

工程价款优先受偿权是否优于抵押权，存在三种意见：一是认为抵押权优先。《民法典》第四百零二条规定，以不动产包括正在建造的建筑物作为抵押物的，抵押权自登记时设立。工程价款优先权没有经过登记，没有公示，善意第三人很难知晓建设工程上存有负担。为保护善意第三人的合法权益和维护正常的交易秩序，故参照《民法典》第四百一十四条关于“抵押权已经登记的先于未登记的受偿”的规定，抵押权应优先。二是认为工程价款优先受偿权优先。三是认为应依成立的先后次序确定优先的顺序。因为工程价款优先受偿权与抵押权很难说哪种权利优先，两种权利应受平等的保护，既然法律没有规定哪种权利优先，只能根据其设立的时间先后顺序确定优先保护哪一种权利。[①] 四是认为抵押权和工程价款优先受偿权应当平等受偿。[②]

上述意见中，第二种意见无疑是正确的。这是因为：

1. 登记不是工程价款优先受偿权产生的条件

优先权是否必须登记应依法律规定。我国《海商法》规定的船舶优先权无需登记，《民用航空法》规定的民用航空器优先权需要向国务院民用航空主管部门登记，但未规定这种登记的效力。不同国家和地区对优先权或者法定抵押权是否必须登记的规定也各有不同，[③] 有不要求登记的，如法国民法。瑞士法将工程价款分为公法上的抵押权与私法上的抵押权：前者不需登记，当法定的事实出现时，抵押权当

---

① 参见谢鸿飞：《承揽合同》，法律出版社 1999 年版，第 38 页。

② 参见王利明：《民法疑难案例研究》，中国法制出版社 2002 年版，第 557 页。

③ 参见许明月：《抵押权制度研究》，法律出版社 1998 年版，第 175 页。

然成立；后者则需登记方可成立。我国台湾地区“民法”规定，法定抵押权不需登记就可成立，但承揽人的法定抵押权若发生转让，在转让之前必须登记。我国《民法典》对工程价款优先受偿权没有规定必须登记，也就是说工程价款优先受偿权不以登记为条件。事实上，承包人在建设工程合同成立时，根本不可能知道发包人是否逾期支付工程款，甚至在工程竣工后，发包人逾期不支付工程款，承包人也不得立即行使优先权，依据法律规定承包人必须首先催告发包人在合理期限内支付价款，只有在催告后，发包人仍不支付工程价款的，承包人才能行使优先权。[①] 更为重要的是，工程价款优先受偿权制度的规定具有强制性，当事人不可通过约定予以排除。工程价款优先受偿权的法律规定实施后，所有当事人特别是接受建设工程作为抵押物的贷款人应当注意此项法律规定的存在。

2. 时间先后不是判断工程价款优先受偿权优先的标准

我们不能根据工程价款优先权的产生时间、抵押权设立的时间判断哪种权利优先。“先来后到”的规则适用于性质完全相同且法律有明确规定的权利，例如，《民法典》第四百一十四条、第四百一十五条就是如此规定。“先来后到”规则不适用于工程价款优先权与抵押权冲突关系。因为发包人在兴建工程的过程中，为了融资借款等目的，经常将土地使用权或者在建工程或建成的工程抵押给他人。建设工程开始前就可能已经设立了抵押权。法律未规定工程价款优先权必须登记，实践中也没有登记。依照本解释，工程价款优先受偿权只在发包人应当支付工程价款（往往是工程结算款）之后才可能产生优先权，则一般情况下抵押权的设立时间必然早于工程价款优先受偿权的产生

---

① 对承包人行使其优先受偿权是否须以催告为前提，有不同的理解。胡康生主编的《中华人民共和国合同法释义》（法律出版社1999年版，第439页）认为：发包人不支付价款的，承包人不能立即将该工程折价、拍卖，而是应当催告发包人在合理期限内支付价款。也就是说，催告是承包人行使其优先权的前提。但是，《合同法》第二百八十六条的表述是：“发包人逾期不支付的，除……”这里“逾期”既可以理解为前面的“合理期限”，也可以理解建设工程合同约定的发包人应当支付价款的期限，而且作后一种理解更合理，因为发包人依合同期限支付价款是其应尽的义务。

时间。因而若以权利发生的时间的先后判断权利优先，则工程价款优先受偿权实际上就没有任何意义了，抵押权人很容易排除工程价款优先受偿权。另外，时间先后并非绝对的权利优先规则。例如，《民法典》第四百一十六条规定的动产价款抵押担保优先权并不以时间先后作为判断优先的标准。该优先权的设立有利于满足抵押人在经营中的融资需求。

3. 与船舶优先权、民用航空器优先权规定保持一致

《海商法》第二十五条第一款规定："船舶优先权先于船舶留置权受偿，船舶抵押权后于船舶留置权受偿。"《民用航空法》第二十二条规定："民用航空器优先权先于民用航空器抵押权受偿。"

4. 与其他司法解释保持一致

《最高人民法院关于办理执行异议和复议案件若干问题的规定》第二十七条规定："申请执行人对执行标的依法享有对抗案外人的担保物权等优先受偿权，人民法院对案外人提出的排除执行异议不予支持，但法律、司法解释另有规定的除外。"

（二）有利于贯彻优先保护劳动报酬的立法目的

在发包人拖欠的工程价款中，相当一部分是承包人应当支付给建筑工人的工资和其他劳务费用。根据《民事诉讼法》《劳动法》以及《保障农民工工资支付条例》等相关法律规定，法律应当优先保护工人工资和其他劳动报酬。这符合法律保护劳动者利益的宗旨。如果承包人应当的工程价款不能实现，则建筑工人的工资和其他劳动报酬将难以保障，显然违反了劳动立法的旨意。原建设部曾给全国人大常委会法工委建议，要求规定建设工程承包人享有工程价款优先受偿权的基本理由有两条：一是建筑施工企业以提供劳务为主，二是现行的《企业破产法》《民事诉讼法》都规定职工的工资优先。①

（三）有利于促进建筑业的健康持续发展

在现代社会中，建筑业属于国民经济的支柱产业之一。自改革开

① 全国人大常委会法制工作委员会民法室编著：《〈中华人民共和国合同法〉立法资料选》，法律出版社1999年版。

放以来，我国的基建投资和建筑业得到了很大发展，不仅建设了世界上最为庞大的基础设施、工业项目和民用建筑，促进了国民经济的发展和人民生活水平的提高，而且吸纳了大量城乡劳动力，对社会的稳定和进步起到了积极作用。如果否定工程价款受偿权优于抵押权，则与促进建筑业发展、保护承包人合法权益的立法目的不相符。另外，承包人通常因为市场竞争及工程性质等原因，垫付大量工程款项，一旦工程款项不得支付，不仅会使血本无归，而且使其无法再从事承包经营活动，甚至导致其破产，这对社会秩序的稳定十分不利。①

（四）符合承揽合同的本质

传统合同理论上，建设工程施工合同属于承揽合同类。《民法典》第八百零八条也规定："本章没有规定的，适用承揽合同的有关规定。"从本质上看，建设工程施工合同仍然是一种承揽关系，它与一般的承揽没有质的差别。在一般的承揽关系中，动产的承揽人可以享有留置权，且此种留置权优先于抵押权。法律赋予承揽人留置权的目的是保障承揽人应得报酬的实现。相比较而言，建设工程的承包人对工程的投入更多，影响更多的建筑工人的报酬。现实中，承包人通常在发包人支付工程价款以前，实际控制、占有其建造的工程，如果抵押权优先受偿，承包人必然不会轻易地交出工程。这样不但容易引起纠纷，而且承包人考虑到其辛苦建造的工程的款项不能得到支付，有可能采取各种方法毁损工程，或者通过改变其建造工程的用途，使建设工程不能发挥应有的作用，从而造成社会财富的损失和浪费。

① 参见汪治平：《建设工程价款优先受偿权的若干问题》，载《人民司法》2002年第8期。

【审判实践中应注意的问题】

一、工程价款优先受偿权与消费者作为商品房买受人权利的比较

本条中的“其他债权”是相对承包人享有的请求发包人支付工程款的债权而言，指工程价款之外的因工程建设而产生的所有债权，包括发包人对外借款、货款或者设备款以及其他需要以建设工程折价或者拍卖、变卖的价款清偿的全部债务。《工程价款优先受偿批复》第二条规定：“消费者交付购买商品房的全部或者大部分款项后，承包人就该商品房享有的优先受偿权不得对抗买受人。”依此规定，确立了消费者作为商品房的买受人的超级优先权。本解释保留了《工程价款优先受偿批复》第二条的内容，但全国人大常委会法工委办公室认为，“法律对此没有作出规定，宜作个案处理”。考虑到这一意见，本解释未就工程价款优先受偿权与消费者作为商品房的买受人的权利关系作出规定。该问题留待执行异议的司法解释处理。

二、工程价款优先受偿权的行使程序

承包人行使工程价款优先受偿权，得以其承建的工程质量合格、发包人未依约支付工程价款、建设工程的性质适宜折价或者拍卖为前提。同时，依据《民法典》第八百零七条的规定，承包人行使优先受偿权的程序如下：（1）催告。《民法典》第八百零七条的表述是：“发包人未按照约定支付价款的，承包人可以催告发包人在合理期限内支付价款。发包人逾期不支付的……承包人可以……”故发包人不支付价款的，承包人不能立即将工程折价或者请求人民法院拍卖，而是应当催告发包人在合理期限内支付价款。如果在该期限内，发包人支付了价款，则承包人只能要求发包人承担违约责任。值得注意的是，实务中，承包人的催告方式可以灵活多样，但向人民法院提起诉讼应当

是最重要的一种催告方式。（2）折价或者拍卖。折价时，发包人、承包人可以共同聘请具有法定资质的评估机构对建设工程的价值作出科学的、符合市场行情的评估，并以该评估为基础确定具体的折价额。同时双方签订协议，将工程的所有权由发包人转移给承包人，从而使承包人的工程价款债权得以实现。折价抵偿工程价款是当事人自行协商解决发包人拖欠工程款的一种方式。折价协议签订后，发包人、承包人之间形成新的合同关系，原有的建设工程施工合同被折价协议替代。发包人应当按照新的协议将建设工程转移给承包人，同时承包人应当将建设工程中超出发包人所欠工程价额度的价款返还发包人。折价协议达成后，如果承包人不履行折价协议，则发包人可诉请人民法院确认承包人违约；如果发包人不履行该协议，承包人可以请求人民法院拍卖建设工程以实现其工程价款权。根据《民法典》第八百零七条的规定，请求人民法院拍卖建设工程是实现工程价款优先受偿权另一种方式，而且是一种最重要、最常见的方式。《民法典》第八百零七条规定："承包人可以与发包人协议将该工程折价，也可以请求人民法院将该工程依法拍卖。"这一规定表明，折价不是拍卖的前提，折价或者拍卖，由承包人根据具体案情作出选择。承包人既可以在折价不成时请求人民法院拍卖，也可以直接请求人民法院予以拍卖。

三、工程价款优先受偿权行使方式

根据《民法典》第八百零七条的规定及司法实践，承包人实现工程价款优先受偿权的途径：一是非诉途径；二是诉讼或者仲裁途径。承包人与发包人通过结算或者判决确定工程价款数额后，如果发包人未及时支付价款，承包人可与发包人直接协议将工程折价。不过，多数情形下，承包人在主张工程价款的诉讼或者仲裁中，会一并要求法院或者仲裁机构确认其工程价款优先权。之后，承包人在执行程序中通过请求法院拍卖工程以实现其优先权。当然，如果给付之诉中，承包人未提出确认工程价款优先权的主张，在执行程序中，承包人仍可主张工程价款优先权。实务中，发包人应付工程价款的时间确定之后，承包人向法院提起诉讼或者向仲裁机构申请仲裁之前，通过发函的形式向发包人主张工程价款优先受偿权。这种方式是否有效，法律与司法解释未予明确。

第三十七条

装饰装修工程具备折价或者拍卖条件，装饰装修工程的承包人请求工程价款就该装饰装修工程折价或者拍卖的价款优先受偿的，人民法院应予支持。

【条文主旨】

本条是关于装饰装修工程的承包人有条件地享有工程价款优先受偿权的规定。

【条文理解】

一、本条解释的由来

最高人民法院于2004年对福建省高级人民法院作出了《关于装修装饰工程款是否享有合同法第二百八十六条规定的优先受偿权的函复》（以下简称14号函复）。该函的主要内容为："装修装饰工程属于建设工程，可以适用《中华人民共和国合同法》第二百八十六条关于优先受偿权的规定，但装修装饰工程的发包人不是该建筑物的所有权人或者承包人与该建筑物的所有权人之间没有合同关系的除外。享有优先权的承包人只能在建筑物因装修装饰而增加价值的范围内优先受偿。"

最高人民法院在起草《2018年解释》过程中，认为14号函复"符合合同法规定，在司法实践中的效果较好，应当为本司法解释所吸收"。于是，14号函复成为该解释的第十八条，只是删除了该复函的“承包人与该建筑物的所有权人之间没有合同关系”的表述。基本考虑是：司法解释只涉及建设工程施工合同关系争议的处理，故14号复函中的“装修装饰工程的发包人不是该建筑物的所有权人”与“承包人与该建筑物的所有权人之间没有合同关系”的限制作用基本相同，而且“承包人与该建筑物的所有权人之间没有合同关系”理解容易出现歧义，毕竟承包人与建筑物的所有权人之间可以存在多种“合同关系”，并非所有合同关系均可导致装饰装修工程所依附的建筑物被折价或者被拍卖。当然，如果装饰装修工程所依附的建筑物的所有权人，与承包人存在其他法律关系，能够导致建筑物被折价或者被拍卖，则可依该种法律关系处理承包人与该建筑物所有权人之间争议。

14号函复所针对的案件是：2001年6月25日，康辉公司与绿叶公司签订了装修合同，合同约定绿叶公司将“天字一号”商场的装修工程发包给康辉公司施工，工期为60天，开工日期以消防部门审批的日期为准；“天字一号”商场的开发商天胜公司对合同承担连带保证责任……天胜公司也在上述合同上盖章确认。工程竣工验收后，经双方决算，装修工程总造价为334万元，扣除绿叶公司已付工程款35万元，绿叶公司尚欠康辉公司工程款299万元。装修合同所约定的施工内容，除了大部分属于室内装修装饰项目外，还包括小部分的线路、管道安装、外墙立面以及商场的外广场项目。康辉公司持有《建筑企业资质证书》，资质等级为“建筑装修装饰工程专业承包二级”。因绿叶公司和天胜公司未能按约支付所欠装修工程的工程款，康辉公司诉至法院，请求判令绿叶公司支付尚欠装修工程款及逾期付款违约金等，天胜公司承担连带责任，并请求对涉案工程进行拍卖，所得款项由原告优先受偿。该案中，发包人绿叶公司虽然不是装修装饰工程所依附的该建筑物的产权人，但产权人天胜公司愿意为该装修装饰工程的发包人绿叶公司承担连带保证责任，足以认定其知道并同意承包人承包其装修装饰工程，且建筑物的所有权人与装修装饰工程的承包人之间已经形成新的合同关系。虽然绿叶公司与康辉公司之间的装修装饰合同对建筑物的所有权人天胜公司不具有约束力。但是，由于该建筑物的所有权人天胜公司自愿为装修装饰工程的发包人绿叶公司承担连带保证责任，从而在装修装饰工程的承包人与建筑物的所有权人之间形成了新的合同关系。因此，如果该担保合同成立，康辉公司作为装修装饰工程的承包人及担保权人，可以要求对担保人天胜公司所有的建筑物予以折价或者拍卖，并就发包人所欠工程价款在建筑物因装修装饰而增加价值的范围内享有优先受偿权。虽然《2018年解释》未完全吸收14号函复的内容，但该函复的精神仍然可以在类似案件中参照。也就是说，只要“承包人与该建筑物的所有权人之间的合同关系”足以导致对该建筑物予以折价或者拍卖，装饰装修工程的承包人就对装饰装修工程折价或者拍卖的价款享有优先受偿权。

2020年下半年最高人民法院为配合《民法典》贯彻实施，落实全国人大常委会的要求，对涉及《民法典》的司法解释进行了清理并制定了新的司法解释。本条解释就是在清理过程中编纂的新的解释。原打算完全吸收《2018年解释》第十八条的内容，只是全国人民代表大会常务委员会法制工作委员会办公室提出：“装饰装修通常具有附属性，仅因装饰装修工程价款未按照合同约定进行支付便对建设工程整体进行处分，是否妥当或者可行，建议再作研究。”经反复研究，本解释采纳法工委意见，在《2018年解释》第十八条的基础上，形成了本条解释。

二、装饰装修工程属于建设工程范围，属于施工工程

按照住房和城乡建设部2018年发布的GB50210—2018《建筑装饰装修工程质量验收标准》的定义，所谓装饰装修，是指为保护建筑物的主体结构、完善建筑物的使用功能和美化建筑物，采用装饰装修材料或饰物，对建筑物的内外表面及空间进行的各种处理过程。通过装饰装修，在已有的建筑主体上覆盖新的装饰表面，对已有的建筑空间效果进一步设计。装饰装修可以使建筑空间不足之处得以改进和弥补，使建筑空间满足使用要求、更具个性，能够使建筑满足人们的视觉、触觉享受，进一步提高了建筑物的空间质量。因此，建筑装饰装修已

成为现代建筑工程不可缺少的部分。

装饰装修，准确的表达应称建筑装饰装修。日常生活中，习惯上还有不同说法，如建筑装饰、建筑装修、建筑装潢等。这些称谓在不同的正式文件中都有使用。《建筑装饰工程施工及验收规范》（JGJ73—91）和《建筑工程质量检验评定标准》（GBJ301—88）沿用了建筑装饰一词。《建设工程质量管理条例》和《建筑内部装修设计防火规范》（GB5022—1995）沿用了“装修”一词。从三个名词的含义来看，“装饰”反映面层处理比较贴切，“装修”一词与基层处理、龙骨设置等工程内容更为符合，而“装潢”一词的本义是指裱画。不过，“装饰装修”一词在实际使用中越来越广泛。由于上述原因，本解释决定采用“装饰装修”一词并对“建筑装饰装修”加以定义。本条所称“装饰装修”术语的含义包括了目前使用的“建筑装饰”“建筑装修”和“建筑装潢”等通常含义。

装饰装修与建筑物、构筑物相联系。广义的建筑物指人工建筑而成的所有产品形式。我国《民法典》《建筑法》等法律中，建筑物与构筑物并列。通常而言，建筑物一般是指供人们进行生产、生活或者其他活动的房屋或者场所，如工业建筑、农业建筑、园林建筑等。构筑物，通常指房屋以外的建筑物，人们一般不在其中进行生活或者生产活动，如桥梁、水坝、水塔、烟囱等。装饰装修，通常是指对建筑物而言，所以常称建筑装饰或者建筑装修。

装饰装修在我国早已发展成为一个庞大且对社会生活有着直接影响的行业。无论是人们居住的建筑物，还是人们从事生产活动的场所，都离不开装饰装修。建筑物的空间类型有多种，但不管室内还是室外，都必须根据生活、生产的不同需要进行装饰装修。缺乏必要的装饰装修，建筑物的功能不能正常发挥或者不能充分发挥。因而装饰装修已经成为工程建设的必然组成部分。法律、行政法规均明确建筑装饰装修属于建筑活动或者工程建设的内容。《建筑法》第二条第二款规定：“本法所称建筑活动，是指各类房屋建筑及其附属设施的建造和与其配套的线路、管道、设备的安装活动。”《建设工程质量管理条例》第二条第二款更是明确指出："本条例所称建设工程，是指土木工程、建筑工程、线路管道和设备安装工程及装修工程。"《招标投标法实施条例》第二条对建设工程的定义进行了界定，该条规定："招标投标法第三条所称工程建设项目，是指工程以及与工程建设有关的货物、服务。""前款所称工程，是指建设工程，包括建筑物和构筑物的新建、改建、扩建及其相关的装修、拆除、修缮等……"结合《民法典》合同编第十八章"建设工程合同"的规定，可以从法律上认定装饰装修工程属于施工工程范围。

三、装饰装修工程的发包人与承包人

装饰装修工程合同的当事人即建设工程施工合同的当事人。发包人是指与承包人签订装饰装修工程合同的人，承包人是指与发包人签订装饰装修工程合同、具有相应工程施工承包资质的人。

建筑物的所有人或者使用人之所以要对建筑物进行装饰装修，既与工程的建设步骤或过程相关，也与建筑物的空间类型各不相同有关。任何建筑物，按施工步骤，包括地基与基础建设、主体结构建设、屋面建设、装饰与装修等。装饰装修与建筑物的使用功能相关。常见的建筑物空间类型包括：家居、办公楼、商场、专卖店、酒店宾馆、餐饮酒吧、歌厅、舞厅、休闲健身厅、体育场馆、会展剧场、博物馆、图书馆、学校、医院、工厂、会所、园林、售楼中心、公园广场、机场、车站、候船厅等。不同的空间类型有不同的装饰装修要求。譬如，同样的建筑空间，其用途为家居还是餐馆，其装饰装修内容差别较大。

装饰装修工程的发包人，可以是建筑物的所有权人，也可以是仅对建筑物享有使用权的人，包括所有权人为国家而使用权人为国家机关、军队、事业单位与国有企业等法人与自然人，也包括因租赁、联营等取得房屋所有权的人。因而装饰装修工程的发包人，既可以是建筑物所有权人，也可以是建筑物所有权人之外的其他人。特别值得注意的是，未依法或者依约取得建筑物的使用权的人不具备装饰装修工程发包人资格。

装饰装修工程的承包人可以是任何依法取得相应施工资质的人。《建筑法》第二十六条规定："承包建筑工程的单位应当持有依法取得的资质证书，并在其资质等级许可的业务范围内承揽工程。禁止建筑施工企业超越本企业资质等级许可的业务范围或者以任何形式用其他建筑施工企业的名义承揽工程。禁止建筑施工企业以任何形式允许其他单位或者个人使用本企业的资质证书、营业执照，以本企业的名义承揽工程。"依此规定，装饰装修工程的承包人，只能是取得相应资的施工企业，不包括自然人。按照《建筑法》和建设行政主管部门的要求，从事装饰装修的施工企业必须"有与其从事的建筑活动相适应的具有法定执业资格的专业技术人员"。

虽然按照《建筑法》第八十三条第三款"抢险救灾及其他临时性房屋建筑和农民自建低层住宅的建筑活动，不适用本法"之规定，只有该条款规定中的三种建筑物的建筑活动不适用《建筑法》的规定，但在实际生活中，城乡家庭居住的房屋大量存在由个人承包装饰装修工程的情形，而且承揽家庭装饰装修工程的人不一定具备相应的执业资质或者资格。对家庭居室装饰装修形成的法律关系后面将另行分析。

四、对装饰装修工程价款优先受偿权的理解

依前述分析，装饰装修工程属于建设工程，应当适用《民法典》第八百零七条有关工程价款优先受偿权的规定。结合《民法典》的规定与装饰装修工程的实际，对此种工程承包人的工程价款优先受偿权可以作如下理解：

（一）装饰装修工程价款适用优先受偿权原则，符合《民法典》第八百零七条的立法本意

优先权是指特定债权人基于法律的直接规定而享有的就债务人的总财产或特定财产的价值优先受偿的权利。优先权具有法定担保权性质，它可以就债务人的全部财产或特定财产出卖所得价款优先于其他有（约定）担保或无（约定）担保的债权而受清偿。优先权的价值在于打破债权平等原则，赋予一些特殊债权人享有以优先于其他债权人

而受偿的权利，最终实现债权人之间的实质平等。在装饰装修工程中，正是因承包人之劳动行为而使原先之不动产增值，故其与其他建筑工程具有相同属性。在发包人拖欠的装饰装修工程价款中，除装修装饰所需要的材料费外，相当一部分是承包人应当支付给劳动者的工资和其他劳务费用。因而将装修装饰工程价款纳入建设工程价款的范围之内，有利于保护广大劳动者及时获得劳动报酬。

其他国家和地区对装修装饰工程款的优先受偿权虽有不同的规定和称谓，但其保护装修装饰工程款优先受偿的原则基本相同。在日本，将这种优先受偿权规定为先取特权，即法律所规定的特殊债权人，可以从债务人的一定财产中得到优先偿还的法定担保物权。建造房屋承包人在得不到其承包费用时，能拍卖其承建的房屋得到优先受偿。《日本民法典》第三百二十七条规定："不动产的先取特权，工匠、工程师及承揽人对债务人不动产所进行的工事费用，存在于该不动产上。"德国和我国台湾地区"民法"将这种优先权划归法定抵押权的范畴之内。《德国民法典》第六百四十八条第一项规定，建筑工程或建筑工程的一部分承揽人，其由契约所生的债权，对定做人的建筑用地得请求让与保全抵押权。我国台湾地区"民法"第五百一十三条规定，承揽之工作为建筑物或其他土地之工作物，或为此等工作物进行重大修缮者，承揽人就承揽关系所生之债权，对于其工作物所附之定做人之不动产，有抵押权。

（二）装饰装修工程价款的优先受偿权仅限于因装饰装修而使该建筑物增加的价值范围

装饰装修工程是以已经建造的建筑物为基础而进行的二次加工和修缮，故其优先权的行使范围应当限定在装饰装修工程使建筑物增加价值的限度之内。在司法实践中，因装饰装修而使建筑物增值的范围一般应当根据当事人双方的约定判断，如果合同中约定了洽商变更的条件及例外情形，则常常需要借助于司法鉴定来综合判定。《日本民法典》第三百二十七条第二款规定，前款先取特权，以不动产因工事而产生的增价现存情形为限，只就该增价额存在。我国台湾地区"民法”第五百一十三条第四项规定，第一项及第二项就修缮所增加之价值限度内，优先于成立在先之抵押权。

当然，因装饰装修而使建筑物增值部分，不等同于装饰装修工程施工合同约定的工程价款，更不等同于整个建筑物的价值。装饰装修工程施工合同约定的工程价款，就发包人而言，只是装饰装修工程的造价，就承包人而言，只是施工成本、利润和税金等。在社会发展的平稳时期，装饰装修使建筑物增加的市场价值通常要高于装饰装修工程的价款数额。整个建筑物的价值或者市场价格，包括土地使用权的价值、建筑物主体的价值和装饰装修增加的价值等。整个建筑物的价值，既与市场环境直接相关，也因装饰装修而相应增加。整个建筑物折价或者拍卖后的价款中，如何确定因装饰装修而增加的部分是一个较为复杂的问题。如果装饰装修工程合同的当事人有约定，依约定处理。当然，目前的司法实务中，尚未见到这种约定。如果当事人没有约定，只能通过技术鉴定而确定。实务中，整个建筑物折价或者拍卖后所得价款中，至少与装饰装修工程价款数额对应的部分应确定为装饰装修人优先受偿的部分。

（三）装饰装修工程折价或者拍卖条件

由于装饰装修工程依附于主体工程，装饰装修工程的价值只有与其依附的主体工程一起使用才能体现出来，而且装饰装修工程通常因主体工程用途的改变而改变，因而工程价款优先受偿权以装饰装修工程具备折价或者拍卖条件为前提，承包人不得仅因装饰装修工程价款未按照合同约定支付便要求对建设工程整体进行处分。

装饰装修工程具备哪些条件可以被折价或者拍卖从而实现装饰装修工程承包人的工程价款优先权呢？本条解释并未作出明确规定。总结实务经验，至少应当理解如下：

1. 工程整体需要折价或者拍卖，同时工程整体变价时包含装饰装修工程的价值且装饰装修工程的价值能够单独计算。譬如，某一房屋为毛坯房，经过装饰装修使房屋具备居住或者生产的基本条件。假若该房屋被变价，则应当计算装饰装修工程的价格或价值。装饰装修工程，既不能单独折价（给承包人），也不能单独拍卖（给他人）。

2. 根据本条解释，未要求装饰装修工程的发包人必须是该建筑物的所有权人。《2018 年解释》第十八条中的但书部分即“但装饰装修工程的发包人不是该建筑物的所有权人的除外”表明装饰装修工程的发包人应当是该建筑物的所有权人。然而，前已述及，实务中存在建设工程的所有权人与使用权人分离的情形。依法享有使用权的人当然有权对建筑物进行装饰装修，对外发包装饰装修工程。

【审判实践中应注意的问题】

司法实践中应当注意的问题：

一、关于如何判断装饰装修工程是否属于建设工程范围

前已提及，“装饰装修”不是法律概念，并无严格的定义。《建设工程质量管理条例》第十五条规定：“涉及建筑主体和承重结构变动的装修工程，建设单位应当在施工前委托原设计单位或者具有相应资质等级的设计单位提出设计方案；没有设计方案的，不得施工。房屋建筑使用者在装修过程中，不得擅自变动房屋建筑主体和承重结构。”这表明装饰装修并不仅仅是对建筑物的内、外墙面及地面简单地处理，而是在建筑物上使用草、木、石、砂、砖、瓦、水泥、石膏、石棉、石灰、玻璃、马赛克、软瓷、陶瓷、油漆涂料、纸、生态木、金属、塑料、织物以及各种复合制品以提高建筑物的使用功能和美观，保护主体结构在各种环境因素下的稳定性和耐久性。那些涉及建筑主体和承重结构的变动的装饰装修工程实际上涉及土建工程施工等。这种情形下的装饰装修工程就不在一般的承揽范围内，与《民法典》合同编规定的建设工程施工没有本质区别。实务中，既可参照住建部 2018 年 2 月 8 日发布的国家标准《建筑装饰装修工程质量验收标准》，亦可参照装饰装修工程价款占整个建筑的价款的比例予以判断装饰装修工程是否属于建设工程施工范围。

装饰装修工程根据实际情况可大体分为家庭居家装饰装修和工业装饰装修。二者有明显区别：（1）指向对象不同。前者针对家庭居室，后者针对工商业及公共场所。（2）规模不同。后者的规模通常要远远大于前者。（3）设计有别。前者偏向于个性化，灵活性高，而后者通常偏向理性，有各种规范要求。（4）施工人资质要求不同。对前者，并无强制性资质性要求，对后者存在强制性资质性要求。

二、关于家庭居室装饰装修的承包人是否享有工程价款优先受偿权的问题

家庭居室装饰装修工程的承包人不享有工程价款的优先受偿权。理由如下：

1. 家庭居室装饰装修工程应适用《民法典》合同编有关承揽合同的规定。自从实行住房制度改革以来，特别是随着人们的物质生活水平不断提升，对改善家庭居家环境的需求越来越高，从而因家庭居室装饰装修引发的纠纷逐渐增多。但此类纠纷如何适用法律一直是司法实践中的难题。家庭居室装饰装修是指城乡居民为改善自己的居住环境，自行或者委托他人对居住的房屋进行修饰处理的工程建设活动。前已述，依现行《建筑法》的规定，家庭居室装饰装修活动不属于《建筑法》的调整范围。原建设部于2002年3月5日发布的《住宅室内装饰装修管理办法》第二条第二款规定："本办法所称住宅室内装饰装修，是指住宅竣工验收合格后，业主或者住宅使用人（以下简称装修人）对住宅室内进行装饰装修的建筑活动。"该办法所称"建筑活动"应理解为广义的建筑活动，而且该办法并未以《建筑法》作为制定依据。同时，该办法并不禁止个人承接家庭居室的装饰装修工程。一些地方高级人民法院有关审理建设工程施工合同纠纷案件的意见明确家庭居室的装饰装修工程引起的纠纷适用合同法有关承揽合同的规定。

2. 认定家庭居室的装饰装修工程承包人不享有工程价款优先受偿权符合最高人民法院司法解释与司法政策的精神。2015年5月5日公

布的《最高人民法院关于人民法院办理执行异议和复议案件若干问题的规定》第二十八条、第二十九条强调了对商品房买受人权利的特殊保护。家庭居室的装饰装修，通常情况下，是居住人已经实际占有将要装饰装修的房屋，更应当受到特殊保护。

三、关于《最高人民法院关于审理城镇房屋租赁合同纠纷案件具体应用法律若干问题的解释》与本条解释的关系问题

《最高人民法院关于审理城镇房屋租赁合同纠纷案件具体应用法律若干问题的解释》未直接规定装饰装修工程价款的优先受偿权问题，但其中有关租赁房屋的装饰装修的处理一些原则值得借鉴。房屋的装饰装修涉及债权和物权两大领域，涉及添附制度、不当得利等民法理论。修正后的该解释第七条至第九条中涉及承租人装饰装修有关附合和未形成附合的装饰装修物分别适用不同的处理规则。未形成附合的装饰装修物，承租人作为所有权人享有处分权；已形成附合的装饰装修物区分合同无效、合同有效解除、合同履行期限届满情形，适用不同的处理规则。因此，凡是未形成附合的装饰装修物均可予以折价或者拍卖，所得价款中，装饰装修工程的承包人享有优先受偿权。由于未形成附合，装饰装修物不属于建筑物（房屋）的组成部分，而是独立之物。于此场合不适用添附规则。该装饰装修物为动产的，在其归属于谁没有约定的情况下，应当归属于出资之人，即承租人，也就是装修人。装饰装修物与建筑物（租赁房屋）附合，成为建筑物（房屋）的组成部分时，即使建筑物（房屋）所有权人因此而获得利益，也不能单独就装饰装修物予以折价或者拍卖。当然承包人在整个建筑物被折价或者拍卖时，有权就形成附合的装饰装修物的价款部分请求优先受偿或者要求建筑物所有权人予以适当补偿。

第三十八条

建设工程质量合格，承包人请求其承建工程的价款就工程折价或者拍卖的价款优先受偿的，人民法院应予支持。

【条文主旨】

本条是关于承包人行使工程价款优先受偿权以工程质量合格为前提条件的规定。

【条文理解】

建设工程价款是承包人对工程建设投入的劳务、建筑材料等转化而来，相对于发包人，承包人的弱势地位对其工程价款的实现较为不利，并会产生一系列的连锁效应，不利于社会和谐稳定，亦不利于建筑业的健康发展。为此，原《合同法》第二百八十六条规定："发包人未按照约定支付价款的，承包人可以催告发包人在合理期限内支付价款。发包人逾期不支付的，除按照建设工程的性质不宜折价、拍卖的以外，承包人可以与发包人协议将该工程折价，也可以申请人民法院将该工程依法拍卖。建设工程的价款就该工程折价或者拍卖的价款优先受偿。"《工程价款优先受偿批复》14 号函复又分别对优先受偿权的适用和装饰工程价款优先受偿权问题进行了细化、明确。

但司法实践中，对承包人行使建设工程价款优先受偿权的条件，一直未能统一认识。建设工程施工合同无效后，承包人对其承建工程的价款是否享有优先受偿权，或者承包人行使优先受偿权是否以合同有效为前提，争议较大，各地高级人民法院出台的相关指导意见也存在分歧。法律适用上的分歧一定程度上出现了“同案不同判”的情形，有损司法公信力。

依照《2018 年解释》第十九条的规定，承包人行使优先受偿权不以合同有效为前提，主要理由大致为：

1. 建设工程领域特有的资质与招标投标管理要求，导致实践中建设施工合同无效的情况较为普遍。若将优先受偿权的行使条件限定为合同有效，会导致大量承包人的建设工程价款优先受偿权落空。

2. 在建筑市场上，承包人整体处于弱势地位，在缔约时缔约地位相对较低，缔约是否遵守招标投标程序、是否选择有资质的承包人，决策权主要在发包人一方。如果以合同有效作为承包人享有建设工程价款优先受偿权的前提条件，不仅无助于缓解建设工程施工合同无效多发的现状，甚至可能增加发包人的道德风险，形成负面激励。

3. 无论是对建设资质的要求还是对招标投标管理的要求，根本目的是要保证建设工程质量，防止建设工程施工领域的道德风险，因此，建设工程价款优先受偿权的享有应当以建设工程质量是否合格为条件，而不应以合同是否有效为条件。

4. 《2004 年解释》第二条规定，建设工程施工合同无效，但建设工程经竣工验收合格，承包人请求参照合同约定支付工程价款的，应予支持。该条解释在司法实践中的效果较好。建设工程价款优先受偿权是为保护承包人的工程价款给付请求权而设，二者的成立条件应当相同，否则建设工程价款优先受偿权制度功能就会落空。

5. 从《民法典》第八百零七条的文义来看，并不能必然得出建设工程价款优先受偿权的享有必须以建设工程施工合同有效为条件。

6. 在适用该条规定时，应当考虑建设工程施工合同纠纷的特点以及我国建筑市场的现状，不能过于机械。司法实践中，几乎没有案件是按“发包人未按照约定支付价款——承包人催告发包人在合理期限内支付价款——发包人逾期不支付 + 按照建设工程的性质宜折价、拍卖——承包人与发包人协议将该工程折价，或者请求人民法院将该工程依法拍卖——建设工程价款就该工程折价或者拍卖的价款优先受偿”的程序处理，而是承包人在起诉请求发包人支付工程价款的同时一并请求行使建设工程价款优先受偿权，人民法院一并作出审判。

7. 建设工程价款优先受偿权一项重要的制度价值是保护农民工工资权益，在建设工程施工合同无效的情形较常见的情况下，如果以合同有效作为承包人享有权利的前提，会影响农民工工资权益保护。本次司法解释清理过程中，对此问题完全保留了《2018 年解释》第十九条的规定。

一、建设工程质量的认定

对建筑工程而言，工程质量涉及广大民众的生命安全，与民生息息相关，是建筑工程的生命。法律、行政法规的相关规定均将保证工程质量作为出发点和落脚点，明确未经验收或者验收不合格的建设工程不得交付使用。建设工程价款优先受偿性质上属于工程价款支付问题，在支付条件上，仍应坚持工程质量合格标准。

然而，何为建设工程质量合格？现行法律、法规规定得较为笼统。如《建筑法》规定，建筑活动应当确保建筑工程质量和安全，符合国家的建筑工程安全标准，并明确建筑工程施工的质量等必须符合国家有关建筑工程安全标准的要求。《建设工程质量管理条例》也明确建设单位、施工单位等依法对建设工程质量负责，国家对建设工程质量实行监督管理制度。对建设工程质量合格涵义，则未见明确涉及。

我们认为，建设工程质量合格，是对已竣工或者未竣工的工程，经相关部门组织竣工验收、相关机构进行工程质量检测后作出符合国家建筑工程质量标准结论的事实。交付竣工验收的建筑工程，必须符合规定的建筑工程质量标准，有完整的技术经济资料和经签署的工程保修书，并具备国家规定的其他竣工条件。建筑工程经验收合格后，方可交付使用；未经验收或验收不合格的，不得交付使用。而建筑工程竣工验收是指由建设单位组织设计、施工、监理、勘察单位并会同有关单位对工程质量进行验收。

司法实践中，对于已竣工验收的工程，当事人对工程质量基本上无较大争议，存在争议的主要是对已完工的、未经竣工验收的工程质量问题。而建设工程质量问题，涉及的专业性、技术性很强，较为复杂。对质量问题的判定，法院通常需借助专业机构、专门知识的人辅助完成。对建设工程质量异议，实务中通常采取对建设工程质量进行司法鉴定以及司法推定的方式予以处理。

（一）司法鉴定

《民事诉讼法》第七十六条规定："当事人可以就查明事实的专门性问题向人民法院申请鉴定。当事人申请鉴定的，由双方当事人协商确定具备鉴定资格的鉴定人；协商不成的，由人民法院指定。当事人未申请鉴定，人民法院对专门性问题认为需要鉴定的，应当委托具备鉴定资格的鉴定人进行鉴定。"而对鉴定程序的启动等程序性操作问题，司法解释亦有相关的规定。由此，对争议的建设工程质量问题，司法鉴定是较为重要的一种途径。

对诉争建设工程的质量问题，属于法院进行事实查明的专门性问题，需人民法院在依法委托具备鉴定资格的鉴定人进行鉴定的基础上进行。鉴定机构作出鉴定意见后，人民法院应当组织当事人在法庭上进行质证，由当事人对作为证据的鉴定意见的证明力及大小进行辩论。在此过程中，当事人应围绕着鉴定意见中是否存在以下情形展开：（1）鉴定机构或者鉴定人员的鉴定资格问题；（2）鉴定程序的合法问题；（3）鉴定结论的依据问题；（4）能否作为证据使用问题。同时，由于鉴定意见的专业性需要由具有专业知识的人进行审查，根据法律规定，当事人可以申请人民法院通知有专门知识的人出庭，就鉴定人作出的鉴定意见进行质证，或者对案件事实涉及的专业问题提出意见。通过庭审活动，法官形成了对建设工程质量问题是否合格的结论判断。

（二）司法推定

司法推定是人民法院进行事实认定的重要方法。根据相关司法解释的规定，依据法律规定推定的事实，属于当事人免证的事实。针对建设工程质量问题的推定，《2004 年解释》第十三条规定："建设工程未经竣工验收，发包人擅自使用后，又以使用部分质量不符合约定为由主张权利的，不予支持；但是承包人应当在建设工程的合理使用寿命内对地基基础工程和主体结构质量承担民事责任。”由此，尽管建设工程未经竣工验收，但如果经发包人擅自使用，则该部分工程质量推定为合格。因为根据《建筑法》的规定，建筑工程竣工验收后，方可交付使用；未经验收或者验收不合格的，不得交付使用。在建设工程未经竣工验收或竣工验收未通过的情况下，发包人擅自使用，可视为发包人对建筑工程质量的认可，或者即使质量不合格，但发包人擅自使用的行为，表明其自愿承担质量责任。

还需注意的是，承包人与发包人在签订建设工程施工合同时，有时会对建设工程质量作出特别的约定。如当事人约定的建设工程项目的质量等级为“获得鲁班奖”“评定优良”等高于国家法定的质量标准。此时“建设工程质量合格”的标准有争议。有意见认为，当事人对工程质量有特别约定的情况下，应依约定，如工程质量不符合约定，则承包人并不享有工程价款优先受偿权。还有意见认为，尽管当事人在合同中对工程质量问题进行了特别约定，但从《民法典》第八百零七条和司法解释的立法目的看，工程质量合格为承包人享有工程价款的条件，并未以其他的质量标准为依据，应以工程质量合格之国家标准作为工程价款优先受偿权的行使条件。

我们认为：（1）建设工程质量合格的标准为国家对建设工程进行竣工验收的法定标准，只要建设工程质量合格，工程即可交付使用，能够保障人民群众的生命、财产安全。采用高于建设工程质量合格的标准，则存在使承包人建设工程价款优先受偿权制度的立法目的难以实现之虞。（2）合同无效后，尽管对工程款的支付要参照合同约定，但工程质量问题为国家的强制性要求，而建设工程价款优先受偿权又为当事人的法定权利，在此问题上不能由当事人进行约定排除适用。在此需强调的是，尽管当事人就质量的约定对承包人建设工程价款优先受偿权并不产生影响，但可能对当事人的民事责任承担产生一定的影响。如当事人的工程质量未达到约定的标准而对发包人造成损失的，发包人可以依法要求承包人承担相应的民事责任。

二、工程价款优先权的效力

从权利效力的角度而言，优先受偿权都具有优先性，即债权人可以优先于无担保的其他债权人，就债务人财产享有优先受偿的权利。工程价款优先受偿权作为民事优先权，理所当然应具有优先受偿性，此也是建设工程价款优先受偿权的核心要义。优先受偿，是特定债权人的债权优先于其他债权人甚至优于其他物权人受偿。就工程价款优先受偿权而言，在发包人的财产存在被担保的特殊债权，又存在没有被担保的普通债权的情况下，建设工程价款优先受偿权不仅优先于普通债权受偿，还优先于抵押权。在此并不需考虑承包人工程价款发生的时间是早于还是迟于其他债权人的发生。在承包人实现工程价款优先权时，也不必考虑发包人的财产是否足以清偿全部的债务，承包人可以就案涉工程进行拍卖或折价的价款优先受偿。

三、建设工程不宜折价、拍卖的情形

一般而言，建设工程优先受偿的对象为可以折价、拍卖的工程，而对不宜折价、拍卖的工程则无法享有优先受偿权。然而，存在争议的是，哪些建设工程不宜折价、拍卖，司法实践中存在较大争议。我们认为，建设工程不宜折价、拍卖的情形包括违章建筑和工程质量不合格且难以修复致使合同目的无法实现的以及法律规定的其他情形。

（一）违章建筑

何为违章建筑，我国法律并未对此进行明确的界定。而学理上，对违章建筑的概念界定，存在不同的看法。有意见认为，违章建筑是违反了《土地管理法》《城乡规划法》等相关法律法规的规定而建造的建筑物和其他工作物。有意见认为，违章建筑是指在城市规划区内，未取得建设工程规划许可证或违反建筑工程规划许可证的规定建设的，或采取欺骗手段骗取批准而占地新建、扩建和改建的建筑物。有意见则把违章建筑分为“程序违建”和“实质违建”。由此可见，对违章建筑的定义，存在不同的认识。尽管上述认识因角度的不同而存在差异，但在内涵上又存在一致性。

我们认为，所谓违章建筑，是指建造人违反国家法律、行政法规关于建筑行为的相关规定所建造的各种建筑物及其附属设施。违章建筑有两个鲜明的特征：一是违章建筑违反了法律、行政法规的规定而建造形成的一种状态；二是违章建筑不仅包括各种建筑物、构筑物，还包括其附属设施。

违章建筑因为建造行为违法，由此导致违章建筑无法完成初始登记。在此情况下，相关权利主体对违章建筑不能进行处分，即使进行了处分，根据《民法典》第二百三十二条的规定，处分行为不发生物权效力。基于违章建筑不能处分之客观情况，亦无法实现通过折价、拍卖的方式予以转让。当然，如导致建筑违章之事由得以消除，使违章建筑成为合法建筑的话，则不属于前文所述的违章建筑之列。

（二）工程质量不合格且难以修复的建筑

《建筑法》《建设工程质量管理条例》等法律、行政法规均明确建设工程必须经过竣工验收合格方可交付使用。《民法典》第七百九十三条对合同无效、工程验收不合格的处理做了规定：（1）建设工程质量虽然不合格，但经过修复，可以使缺陷得到弥补，符合国家或者行业强制性质量标准，发包人可以请求承包人承担修复费用；（2）修复后的建设工程经验收仍不合格的，发包人无法使用，建设工程施工合同的目的无法实现，承包人无权请求参照合同关于工程价款的约定折价补偿。举重以明轻，承包人更不能享有工程价款优先受偿权。

（三）法律、行政法规规定的其他情形

不宜折价、拍卖的建设工程，主要指建设工程不适合以折价、拍卖的规则进行转让。《民法典》第三百九十九条对禁止抵押的财产范围进行了规定。根据该规定，学校、幼儿园、医院等以公益为目的的事业单位、社会团体的教育设施、医疗卫生设施和其他社会公益设施属于不得抵押的财产。

对上述财产进行抵押限制，主要是基于公共利益的角度考虑。设定抵押权的目的是担保特定债权人债权的实现，若以学校、幼儿园、医院等的社会公共利益设施设定抵押，将会损害国家、集体和他人的利益，并且有可能扰乱社会经济秩序、破坏社会稳定。同理，对于不适合抵押的财产，更不适宜通过折价、拍卖的方式进行转让。需要明确的是，对于学校、幼儿园、医院等机构的非公益设施范围内的建设工程，则不属于不宜折价、拍卖的建设工程。如学校开办的宾馆、医院开办的生产基地等非公益设施的建设工程。

【审判实践中应注意的问题】

合同无效的情况下，如何理解承包人的工程价款

对工程价款的理解，基于不同的情形，即在合同有效、无效等情况下，亦存在区分的必要。一般而言，在合同有效的情况下，承包人进行工程建设后，有权要求发包人支付工程价款。而在合同效力为无效的情况下，对工程价款的理解则存在一定的争议，存在将工程价款与对承包人的投入损失赔偿或补偿相混淆之嫌。从《2004 年解释》第二条的规定看，在建设工程施工合同无效，但建设工程经竣工验收合格，承包人请求参照合同约定支付工程价款的，应予支持。参照合同约定支付承包人工程价款，即按照合同约定的工程价款、付款时间、工程款支付进度等进行考量。相反，如果是其他的因素导致的合同无效，例如，发包人未取得建设工程规划许可证，建设工程为违章建筑，发包人无法取得承包人所投入的财产，承包人此时享有的是赔偿损失的问题，而非要求发包人支付工程价款的权利，承包人所享有的权利不具有优先受偿的特性。

合同无效情形下，承包人工程价款优先受偿权之工程价款应有所限定，范围上为因承包人的资质、未遵守特定的程序等参照有效合同处理的无效合同范畴时，发包人对承包人的投入所支付的款项。其他

情形导致的合同无效，例如，发包人未取得建设工程规划许可证的情况下，与承包人签订建设工程施工合同。即使建设工程质量合格，因无法实现工程价款的折价、拍卖等程序的完成，承包人实际享有的为要求发包人对其投入损失赔偿的权利，并不享有要求发包人承担建设工程价款的权利，更不享有工程价款优先受偿的权利。

第三十九条

未竣工的建设工程质量合格，承包人请求其承建工程的价款就其承建工程部分折价或者拍卖的价款优先受偿的，人民法院应予支持。

【条文主旨】

本条是关于承包人就未竣工但建设工程质量合格工程享有工程价款优先受偿权的规定。

【条文理解】

一、未竣工工程承包人工程价款优先权

一般而言，在建设工程施工合同解除后，作为承包人的施工行为并未履行完毕，也即建设工程通常处于未竣工、完工状态。对于竣工工程，承包人根据法律、司法解释的规定，承包人可主张工程价款优先受偿权。存有异议的是，未竣工工程，承包人是否享有建设工程价款优先受偿权。

从实践中的情况看，主要有赞成的和反对的两种观点：赞成的观点认为，虽然通常情况下，承包人只有在建设工程竣工验收之后才享有建设工程价款优先受偿权。工程竣工验收才能交付使用，工程的质量是否符合法定的标准才能明确，承包人的工程价款才能得到确定。发包人如果拖欠工程价款，承包人就行使工程价款优先受偿权，不但使问题的处理陷入复杂的境地，而且也违背常理。但是，实务中建设工程施工合同的履行情况较为复杂，特别是合同解除的原因，既包括

因承包人的原因而致施工合同解除的情况，也存在因发包人的原因导致施工合同解除的情况。特别是在发包人资金链断裂、没有资金继续进行建设，甚至发包人“跑路”的情况下，如果否定承包人对未竣工工程的优先受偿权，对承包人明显不公，且承包人的工程款涉及农民工工资，如处理不当，对社会秩序也会造成很大的影响。反对的观点认为，承包人的工程价款优先受偿权只能在工程竣工验收的情况下享有。因为只有工程竣工验收，发包人才应当按照约定支付工程价款。否则，如果工程在没有竣工验收的情况下或者竣工验收不合格，发包人不但有权拒绝支付工程价款，还有权请求承包人承担相应的民事法律责任。

对未竣工的建设工程，在工程质量合格的情况下，承包人享有优先受偿权，主要基于以下几点考虑：

1. 从建设工程价款优先受偿权的法律规定看，《民法典》第八百零七条规定了承包人的建设工程价款可就工程折价或者拍卖的价款优先受偿。根据该条的规定，承包人的工程价款优先受偿权的条件为：一是承包人的债权是基于建设工程施工合同而产生的权利；二是承包人必须按照合同约定适当履行了义务，但并不以建设工程竣工验收为必要条件；三是承包人在发包人未按照约定支付工程价款时，一般应先进行催告，经催告仍未支付的，可以通过与发包人协议将该工程折价，以及申请人民法院将该工程依法拍卖等方式实现。而从上述法律规定的建设工程价款优先受偿权的条件看，工程完工并经竣工验收并不是承包人工程价款优先受偿权的先决条件，只要符合法定的条件，承包人即对未完工程享有建设工程价款优先受偿权。

2. 从法律上讲，现代民法理论已将未完成的工程视为具备物的独立性特征，未竣工工程列入了物权客体。《民法典》第三百九十五条第五项明确规定正在建造的建筑物可以抵押以及《最高人民法院关于适用〈中华人民共和国民法典〉有关担保制度的解释》第五十一条明确了在建工程抵押问题。即使将建筑工程优先受偿权的性质界定为法定抵押权，也不能必然得出其标的物必须是已竣工的建筑工程的结论。

3. 从工程价款支付的不同阶段看，建设工程价款一般包括预付款、工程进度款、决算款和最终结清款。上述工程价款的实际支付方式，根据《建设工程施工合同（示范文本）》（GF－2017－0201）的规定为：

（1）预付款的支付。预付款的支付按照专用合同条款约定执行，但至迟应在开工通知载明的开工日期7天前支付。

（2）工程进度款的支付。除专用合同条款另有约定外，发包人应在进度款支付证书或临时进度款支付证书签发后14天内完成支付，发包人逾期支付进度款的，应按照中国人民银行发布的同期同类贷款基准利率支付违约金。

（3）决算款的支付。除专用条款另有约定外，承包人应在工程竣工验收合格后28天内向发包人和监理人提交竣工结算申请书单，并提交完整的结算资料，有关竣工结算申请单的资料清单和份数等要求由合同当事人在专用合同条款中约定。除专用合同条款另有约定外，监理人应在收到竣工结算申请单后14天内完成核查并报送发包人。发包人应在收到监理人提交的经审核的竣工结算申请单后14天内完成审批，并由监理人向承包人签发经发包人签认的竣工付款证书。除专用合同条款另有约定外，发包人应在签发竣工付款证书后的14天内，完成对承包人的竣工付款。发包人逾期支付的，按照中国人民银行发布的同期同类贷款基准利率支付违约金；逾期支付超过56天的，按照中国人民银行发布的同期同类贷款基准利率的两倍支付违约金。

（4）最终结清款的支付。除专用合同条款另有约定外，承包人应在缺陷责任期终止证书颁发后7天内，按专用合同条款约定的份数向发包人提交最终结清申请单，并提供相关证明材料。除专用合同条款另有约定外，发包人应在收到承包人提交的最终结清申请单后14天内完成审批并向承包人颁发最终结清证书。除专用合同条款另有约定外，发包人应在颁发最终结清证书后7天内完成支付。发包人逾期支付的，按照中国人民银行发布的同期同类贷款基准利率支付违约金；逾期支付超过56天的，按照中国人民银行发布的同期同类贷款基准利率的两倍支付违约金。根据工程款的不同类别，建设工程价款的支付发生于工程的不同阶段，既可能发生在工程竣工之后，也可能发生在工程的施工过程中，又可能发生在工程停工过程中。将承包人的工程价款优先受偿权限定于已竣工工程，既不符合客观实际，又不利于保护承包人的合法权益。

4. 从工程未竣工的原因看，承包人未能完成施工并竣工验收的原因较为复杂，既有客观原因，又存当事人之主观事由。特别是因发包人的资金问题而导致工程未竣工的情况下，如承包人对此不享有建设工程价款优先受偿权，既与建筑工程优先受偿权之优先保障承包人的工程款债权，尤其是劳动者工资的立法目的相悖，又于情理不容。

5. 从建设工程款的支付要求看，法律、司法解释对支付工程价款的前提条件强调的是工程质量，而非合同效力、工程竣工与否等条件。对于未竣工的工程，只要工程质量合格，承包人就享有要求发包人支付工程价款的权利，且基于承包人工程价款之性质，承包人对工程价款享有优先受偿权。

二、未竣工工程的质量的认定

工程竣工是施工人正常施工状态下的结果。所谓竣工，是工程完工且通过国家有关单位根据国家验收标准对施工结束后的建筑进行的具有法律效果的验收，并且出具有关法律文书。显而易见，未竣工工程则是指工程未能通过国家有关单位根据国家验收标准对施工结束后的建筑进行的具有法律效果的验收的工程。未竣工工程的范畴较为广泛，主要包括以下两种情形：一是工程已完工，但未能通过国家验收的工程；二是工程未完工导致的未能通过国家验收的工程，即通常我们所说的工程停建的“烂尾”工程。对未竣工工程的质量认定，会因不同的情形而在方法上有所不同。

（一）已完工工程的质量认定

对于已完工工程，即使因种种原因未能竣工，但基于承包人已完成施工工作，工程的状态已确定、完整，未因第三人的行为发生形态上的改变，对该工程质量问题的认定，不能仅仅以其未进行竣工验收而直接地认定为工程质量不合格，应结合已完工工程的具体情况而确定。根据前述分析，如当事人对建设工程质量存在异议，可通过采取建设工程质量司法鉴定以及司法推定的方式予以处理。

实践中，存在较大争议的问题是对发包人擅自使用已完工工程的质量问题。发包人基于种种原因，在建设工程未竣工时擅自使用未经验收建设工程的情况也较为常见。根据本解释第十四条规定，建设工程未经竣工验收，发包人擅自使用后，又以使用部分质量不符合约定为由主张权利的，人民法院不予支持；但是承包人应当在建设工程的合理使用寿命内对地基基础工程和主体结构质量承担民事责任。由此，对于已完工的未竣工工程，发包人擅自使用的，出现质量问题，应由其自行承担。因为在工程虽已完工但未竣工验收的情况下，发包人违反法律规定，擅自进行使用，应视为发包人对未竣工验收之已完工工程质量的认可，或者说虽然工程质量不合格但其自愿承担工程质量的责任。在发包人使用未经竣工验收的已完工工程时，其应当预见到工程质量可能存在问题，应在工程质量验收合格的情况下使用建设工程，但发包人擅自使用的行为则可直接地表明其对工程质量问题的认可。

（二）未完工工程的质量认定

实践中，对未完工工程质量的认定较为复杂。一般而言，在因承包人的原因导致工程未竣工的情况下，发包人为了实现工程建设之目的，会将建设工程再次发包给第三人续建，以发挥工程的最大效益。对于第三人续建的建设工程，如果建设工程经竣工验收，则对承包人施工的未竣工工程的质量的判定并无异议。相反，如果第三人续建建设工程，工程完工后因质量问题未能竣工验收，导致就续建前承包人工程质量的认定产生争议。如何对承包人未完工工程质量进行认定，较为复杂。

对承包人未竣工工程质量的判定，应根据工程是否续建而区别论处。如果工程未由第三人续建，则对未完工工程的认定可结合当事人提供的证据、工程的状态综合认定。如在发包人未提质量抗辩时，人民法院应当进行必要的释明，在发包人明确无质量异议的情况下，可视为发包人对承包人未完工工程质量的认可。如发包人对承包人未完工工程质量提出异议时，根据举证责任的分配规则，应由承包人举证证明未完工工程质量合格。比如承包人提供了已完工工程的分部分项的验收手续，则可认定质量合格，除非发包人有证据推翻该验收手续。在承包人不能举证证明其施工的未完工程质量合格的情况下，针对未完工工程的质量问题，人民法院可以行使释明权，告知当事人就未完工工程的质量事实之问题申请进行鉴定。当事人未申请鉴定的，如人民法院认为承包人未完工工程的质量问题需要鉴定的，应当委托具备资格的鉴定人进行鉴定，以最终对争议的承包人未完工工程的质量争议作出判定。

在承包人未完工工程由第三人进行续建的情况下，对工程质量的判定，则较为棘手。如果工程由第三人完成续建，并最终实现竣工验收，那么，承包人未完工工程的质量可视为合格。而如果工程由第三人续建，但工程并未竣工验收时，如何判断承包人未完工工程的质量，则是实践中的难题。我们认为，发包人在将工程交由第三人续建前，应首先对续建前承包人施工的工程情况进行确认。否则，导致质量责任如无法确定，则可推定续建前承包人施工的工程质量合格。

三、未竣工工程价款优先受偿的范围

未竣工工程价款优先受偿的范畴，主要涉及两个方面的内容：一是承包人对未竣工工程价款主张建设工程价款仅就其承建的建设工程部分优先受偿，而不能涉及第三人承建的工程部分；二是承包人优先受偿权之价款的组成部分，主要的争议在于，对未竣工工程的价款，预期利润应否包含其中。

（一）承包人建设工程范围的确定

承包人主张建设工程价款就其承建的建设工程部分折价或者拍卖的价款优先受偿的问题，首先要确定承包人承建的建设工程范围。对未竣工的工程，如仅由承包人进行单独承包施工，则承包人承建的建设工程范围较为容易确定。而在建设工程由第三人续建的情况下，基于承包人建设工程和第三人续建工程之混同，导致实践中当事人对承包人承建的建设工程部分存在一定的争议。对此争议，如果在工程停工后，第三人进行续建之前，发包人与承包人对承包人已施工的工程量进行了确认，则产生争议时，可以当事人确认的工程量范围作为依据。在发包人与承包人未对承包人已施工的工程量进行确认的情况下，如何认定？对此，则可按照施工过程中形成的签证等书面文件确认。承包人能够证明发包人同意施工，但未能提供签证文件证明工程量发生的，可以按照当事人提供的其他证据确认实际发生的工程量。此外，对承包人承建的工程量的争议问题，如有必要，人民法院可以通过司法鉴定等其他方式确定承包人的建设工程范围。

（二）承包人建设工程价款的确定

工程价款为承包人投入的劳务、建筑材料等物化的结果。而工程价款的范畴，根据原建设部公布的《建设工程施工发包与承包价格管理暂行规定》第五条的规定，建设工程价款包括三部分：成本（直接成本、间接成本）、利润（酬金）、税金。这种价款表现形式有工程估算价、设计概算价、施工图预算价、施工预算（概算）价和竣工决算价等五种。竣工工程价款，应为竣工决算价；未竣工工程则应为以施工预算价为基础进行评估确定工程价款。根据上述规定，工程价款由四个部分组成：一是直接费，包括定额直接费、其他直接费、现场管理费和材料价差。其中定额直接费又包括人工费、材料费和施工机械使用费三部分。二是间接费，即间接成本或称企业管理费，包括管理人员工资、劳动保护费等。三是利润，由发包人按照工程造价的差别利率计付给承包人。四是税金，包括营业税、城市建筑税、教育附加税。上述四部分构成了工程价款的组成内容。

在建设工程未竣工的情况下，包括已完工工程量所包含的利润在内的建设工程价款都可以就建设工程的折价或者拍卖价款优先受偿。对于未竣工工程而言，建设工程价款是以施工预算价为基础进行评估确定的工程价，包含承包人的利润，也包括承包人的垫资款。在实践中存在较大争议的是承包人对未完工程的预期可得利润是否属于建设工程价款的范畴而得以优先受偿。赞同的观点认为，在建设工程合同履行中，因发包人的原因导致合同提前解除的情形下，预期利润属于承包人应得的工程价款范畴。反对的观点认为，未完工程的预期可得利润属于发包人违约而造成的损失，该损失与承包人投入的劳务、建筑材料等物化而产生的工程价款不同，承包人不能就建设工程的折价或者拍卖价款优先受偿。

未完工程的预期可得利润属于违约造成的损失范畴，而不能就建设工程的折价或者拍卖价款优先受偿。首先，《民法典》第八百零七条规定的承包人建设工程价款优先受偿权的立法目的在于解决发包人拖欠工程款的问题，保障农民工工资的实现，体现了生存权高于经营权的价值理念。而未完工程的预期可得利润在性质上属于违约造成的损失范畴，是承包人经营权的内容，并不是承包人为建设工程应当支付的工作人员报酬、材料款等实际支出的费用，不符合法律规定的承包人建设工程价款优先受偿权的立法保护目的范畴。其次，从建设工程价款优先受偿权的行使条件看，建设工程优先权中的建设工程价款应当是确定的、实际发生且已届清偿期的建设工程价款，而尚未实际发生或不确定的建设工程价款，并不符合建设工程价款优先受偿权的实现要件，不应在建设工程价款优先权中主张。预期利润在性质上并不符合已确定、实际发生之属性。

【审判实践中应注意的问题】

因承包人的原因导致工程未竣工时，承包人是否享有工程价款优先受偿权的问题

实践中，因合同解除而工程未竣工的原因较为复杂，既有发包人的原因，如发包人资金的断裂等；又有承包人的原因，如承包人逾期施工、操作规程不当等。在因承包人自身原因导致合同解除时，承包

人是否享有工程价款优先受偿权的问题，实务中存在争议。有意见认为，只要工程未完工或者未竣工验收的工程的发包人欠付工程价款，承包人即可主张建设工程价款优先权，但因承包人的过错导致工程未竣工验收的除外。还有意见认为，享有未竣工建设工程价款优先权的条件为未竣工工程质量合格，并未要求承包人对未竣工验收不存在过错，不能以承包人是否存在过错作为是否享有工程价款优先受偿权的条件。

承包人对工程未竣工存在过错的，并不影响其享有的工程价款优先受偿权。首先，从本条的文义解释的角度看，承包人享有未竣工工程价款优先受偿权的条件为未竣工的建设工程质量合格，并未要求承包人对建设工程未竣工是否存在过错为前提条件，以承包人是否存在过错作为其是否享有工程价款优先受偿权的条件，缺乏相应的依据。其次，从工程价款优先受偿权的立法目的看，其目的在于保障农民工合法权益的实现，是生存权高于经营权的理念诠释。如因承包人的过错否定其享有的工程价款优先受偿权，则与立法目的、精神相悖。再者，如承包人的原因导致工程未竣工并造成损失时，发包人可以依法要求承包人承担相应的民事责任，而不应影响承包人工程价款优先受偿权的享有。在此需明确的是，工程未竣工时，承包人享有的工程价款优先受偿权的实现应符合法定的条件。

第四十条

承包人建设工程价款优先受偿的范围依照国务院有关行政主管部门关于建设工程价款范围的规定确定。

承包人就逾期支付建设工程价款的利息、违约金、损害赔偿金等主张优先受偿的，人民法院不予支持。

【条文主旨】

本条是关于建设工程价款优先受偿范围的规定。

【条文理解】

一、概述

依照《民法典》第八百零七条的规定，建设工程价款优先受偿权属于法定优先权，其效力范围不同于抵押权等担保权，该优先权的效力范围应依法律规定确定，而非由当事人约定。建设工程价款优先受偿权制度的初衷是保护建筑工人的合法权益。但此项保护并非直接指向建筑工人的工资权益，而是以保护承包人的建设工程价款债权为媒介，间接保护建筑工人的合法权益。关于建设工程价款中哪些部分能够就建设工程折价或者拍卖的价款优先受偿的问题，实践和理论上存在争议。主要有以下观点：

第一种观点认为，《民法典》第八百零七条规定建设工程价款优先受偿权制度的本意是保护建筑工人的合法权益。因此，只有建设工程价款中的劳务成本部分，可就建设工程折价或者拍卖的价款优先受偿。

第二种观点认为，《民法典》第八百零七条规定建设工程价款优先受偿权制度的本意是保护物化劳务成果，既然承包人投入到建设工程中的物化劳动成果应当优先保护，承包人投入到建设工程中的原材料成本也应优先保护，可就建设工程折价或者拍卖的价款优先受偿。

第三种观点认为，既然承包人投入到建设工程中的劳务成本和原材料成本都予以保护，基于同样的道理，承包人的垫资也应优先保护，可就建设工程折价或者拍卖的价款优先受偿。

第四种观点认为，除利润外，建设工程价款中的人工费、材料费、施工机具使用费、企业管理费、规费和税金都是承包人在建设工程施工过程中要承担的成本和费用，都应优先保护，可就建设工程折价或者拍卖的价款优先受偿。

第五种观点认为，建筑行业是薄利行业，承包人的利润也应优先保护，否则会实质性阻碍建筑行业的发展。而且，建设工程价款的鉴定本身在司法实践中争议很大，耗时费力、成本高昂。如果再对建设工程价款中的利润单独鉴定，成本收益不成正比，没有必要。

第六种观点认为，利息是建设工程价款的法定孳息，既然建设工程价款可就建设工程折价或者拍卖的价款优先受偿，则建设工程价款的利息也可就建设工程折价或者拍卖的价款优先受偿。

第七种观点认为，建设工程价款优先受偿权类似于法定抵押权，因此，建设工程价款优先受偿的范围可比照抵押权确定。

建设工程价款优先受偿的范围问题，在司法实践中早已提出。2001 年，上海市高级人民法院向最高人民法院提出《关于合同法第二百八十六条理解与适用问题的请示》。次年，最高人民法院作出《工程价款优先受偿批复》。对于建设工程价款优先受偿的范围问题，该批复第三条规定，建筑工程价款包括承包人为建设工程应当支付的工作人员报酬、材料款等实际支出的费用，不包括承包人因发包人违约所造成的损失。有观点认为，限定于“实际支出的费用”，《工程价款优先受偿批复》没有以工程造价管理的基本规范为依据，从而导致在司法实践中难以按照司法解释的规定从建设工程价款中区分出直接支出的费用，进而确认优先受偿的债权范围。实践中不少判决都是直接把全部工程款纳入优先受偿的范围。因此，需要进一步明确建设工程价款优先受偿的范围。① 这一观点具有一定代表性。对于违约造成的损失不属于建设工程价款，实践中并无异议。《工程价款优先受偿批复》第三条将建筑工程价款限定为承包人为建设工程应当支付的工作人员报酬、材料款等实际支出的费用，目的是回归原《合同法》第二百八十六条（《民法典》第八百零七条）设立建设工程价款优先受偿权制度的本意。建筑工程价款优先受偿权不仅优先于普通债权，而且优先于抵押权，具有对抗第三人的效力，对发包人及其债权人、建设工程的抵押权人和交易安全影响巨大。根据原《合同法》第二百八十六条（《民法典》第八百零七条）设立建设工程价款优先受偿权制度的本意，将建筑工程价款优先受偿的范围限定为承包人为建设工程应当支付的工作人员报酬、材料款等实际支出的费用，有利于进一步平衡各方当事人的权益。从价值取向和法理基础而言，《工程价款优先受偿批复》第三条规定是适当的。但该条规定也存在不足，即缺乏可操作性，没有考虑诉讼成本。从建设工程施工实践来看，要从建设工程价款中计算承包人为建设工程应当支付的工作人员报酬、材料款等实际支出的费用，缺乏可操作性，即使可能，成本也太高。因此，该条批复在司法实践中适用得较少。

针对上述问题，为提高司法解释的可操作性和降低诉讼成本，《2018 年解释》第二十一条规定："承包人建设工程价款优先受偿的范围依照国务院有关行政主管部门关于建设工程价款范围的规定确定。""承包人就逾期支付建设工程价款的利息、违约金、损害赔偿金等主张优先受偿的，人民法院不予支持。"明确建设工程价款均可就建设工程折价或者拍卖的价款优先受偿。关于建设工程价款的范围，依照国务院行政主管部门的现行规定确定。本条保留《2018 年解释》第二

---

① 王旭光：《建筑工程优先受偿权制度研究——〈合同法〉第二百八十六条的理论与实务》，人民法院出版社 2010 年版，第 167 页。

十一条的规定。

二、全部建设工程价款均可优先受偿

建设工程价款优先受偿的范围包括全部工程价款，而非限于承包人的劳务成本或者承包人实际投入建设工程的成本。从数额上看，如果发包人与承包人签订的建设工程施工合同有效，承包人依合同约定完成建设工程后，建设工程价款的范围按合同约定确定。如果建设工程施工合同无效，但建设工程经竣工验收合格，根据《民法典》第七百九十三条第一款的规定，承包人请求参照合同关于工程价款的约定折价补偿，人民法院应予支持。如果建设工程有增加、变更的工程，当事人申请对工程价款进行鉴定，经质证后鉴定意见可以作为认定案件事实的依据的，以鉴定意见所确定的建设工程价款为准。

从建设工程价款的组成部分看，本条规定依照国务院有关行政主管部门关于建设工程价款范围的规定确定。根据国务院有关行政主管部门的规定，常用的关于建设工程价款组成部分的规定有两个：一是住建部、财政部印发的《建筑安装工程费用项目组成》第一条第一款规定："建筑安装工程费用项目按费用构成要素组成划分为人工费、材料费、施工机具使用费、企业管理费、利润、规费和税金……"二是原建设部《建设工程施工发包与承包价格管理暂行办法》第五条第一款规定："工程价格由成本（直接成本、间接成本）、利润（酬金）和税金构成。"二者虽然表述不同，但内涵基本一致。因此，目前而言，建设工程价款优先受偿的范围包括人工费、材料费、施工机具使用费、企业管理费、利润、规费和税金。需要注意的是，本条并未直接罗列建设工程价款所包含的各个组成部分，而是直接规定依照国务院有关行政主管部门关于建设工程价款范围的规定确定。因此，如果以后国务院有关行政主管部门关于建设工程价款范围的规定发生了变化，则建设工程价款优先受偿的范围也相应变化。

关于利润是否可就建设工程折价或者拍卖的价款优先受偿的问题，存在争议。有观点认为，利润可就建设工程折价或者拍卖的价款优先受偿。其理由是，应当从《民法典》第八百零七条规定的立法目的来分析利润是否可就建设工程折价或者拍卖的价款优先受偿的问题。《民法典》第八百零七条的立法目的在于保障承包人价款债权的实现，不能仅局限于建筑工人的工资。在建设工程施工合同中，承包人的债权就是建设工程价款债权。根据原建设部等有关行政主管部门的规定，建设工程价款的范围有两种计算方式：一种是人工费、材料费、施工机具使用费、企业管理费、利润、规费和税金；另一种是直接费，即直接成本，包括定额直接费（人工费、材料费、施工机械使用费）、其他直接费及现场管理费；间接费（管理员工资、劳动保护费等）；利润和税金。

无论按哪种计算方式，利润都属于建设工程价款的组成部分，可就建设工程折价、拍卖的价款优先受偿。有观点认为，利润不可就建设工程折价或者拍卖的价款优先受偿。其理由是：（1）从理论上讲，优先受偿权的范围不仅不包括承包人的利润，还不应当包括承包人实际支出的材料费、机械费，仅应限于工人的工资。《民法典》第八百零七条的立法目的在于保护建筑工人的权益，只是通过保障承包人建设工程价款债权的实现来达到保护建筑工人的工资权益的目的。即赋予承包人优先受偿权的依据是保障劳动者的生存权，体现劳动报酬请求权优先于企业的商业利益。只有承包人的劳务成本能就建设工程折价或者拍卖的价款优先受偿。即使建设工程价款优先受偿权要扩张，也不能扩张至承包人的利润。因为承包人的利润与发包人其他债权人的债权相比没有特殊性。承包人实际支出的材料费是其获得商业利润的成本，此材料费与银行的贷款并无不同，承包人与银行一样，要想获得利润，就面临着成本不能收回的风险。故承包人的利润不应当优先于发包人其他债权人的债权优先受偿，更不应当优先于有抵押担保的债权受偿。（2）从价值取向上看，建设工程价款优先受偿权是根据生存和基本生活需要的民事权利重于或优先于其他民事权利的民事权利顺序原则规定的。建设工程承包人的利润，是一种商业利益，而不是用以满足人的生存和基本生活需要的权利，因此不应享有优先受偿权。

本解释第四十条规定建设工程价款均可就建设工程折价或者拍卖的价款优先受偿，并未将利润排除在优先受偿范围之外，主要基于以下考虑：

1. 从实践看，无论是建设工程造价鉴定还是当事人对建设工程价款的约定，都将利润作为建设工程价款的一部分。例如，住建部、财政部印发的《建筑安装工程费用项目组成》第一条第一款规定："建筑安装工程费用项目按费用构成要素组成划分为人工费、材料费、施工机具使用费、企业管理费、利润、规费和税金……"原建设部《建设工程施工发包与承包价格管理暂行规定》规定，建设工程价款包括三部分：成本（直接成本、间接成本）、利润和税金。

2. 由于建设工程项目多、周期长，工程价款计算方式较为特殊，要从建设工程价款中区分出利润未必可行，成本太高，而且根据不同计算方式和依据，结果也不相同。例如，2016 年 2 月 19 日《住房和城乡建设部办公厅关于做好建筑业营改增建设工程计价依据调整准备工作的通知》规定，工程造价可按以下公式计算：工程造价 = 税前工程造价乘以（1 + 11%），税前工程造价为人工费、材料费、施工机具使用费、企业管理费、利润和规费之和。

然而，如果按 2013 版《建设工程工程量清单计价规范》计算工程款，利润就不易确定。该规范涉及工程造价的规定如下：3. 1. 1 建设工程施工发承包造价由分部分项工程费、措施项目费、其他项目费、规费和税金组成。3. 1. 2 分部分项工程和措施项目清单应采用综合单价计价。3. 1. 3 招标工程量清单标明的工程量是投标人投标报价的共同基础，竣工结算的工程量按发承包双方在合同中的约定应予计量且实际完成的工程量确定。在这一计算模式下，合同价款并不包含法定的利润，也没有定额的利润率，承包人的利润来自分部分项工程费、措施项目费、其他项目费等竞争性费用，企业通过有效管理，降低工程承包和管理费开支，以获取利润。在建设工程施工合同纠纷中，仅建设工程造价鉴定一项就引起了大量争议，增加了诉讼的时间成本和经济成本，如果再在建设工程造价鉴定之外增加建设工程成本鉴定，势必进一步引发纠纷、增加诉讼成本和当事人诉累，弊大于利。

3. 建筑行业属于薄利行业，行业整体利润水平不高，建设工程施工企业在建筑市场中相对处于弱势地位，如果对建设工程施工的利润不予较强的保护，会阻碍建筑行业发展。

4.《民法典》第八百零七条通过赋予承包人建设工程价款优先受偿权来达到保护建筑工人合法权益的目的。但《民法典》第八百零七条对建设工人权益的保护具有间接性。因为发包人并不是将承包人的劳务成本单独支付给承包人，承包人再将这一部分建设工程价款全部支付给建筑工人。如果对承包人应得的全部工程价款不予优先保护，就会导致承包人的资产负债状况恶化，会造成承包人发不出工资，从而影响建筑工人的合法权益。因此，对承包人的利润予以优先保护，符合《民法典》第八百零七条的本意。

三、建设工程价款的利息不能优先受偿

有观点认为，建设工程价款的利息可就建设工程折价或者拍卖的价款优先受偿，主要理由是，利息不同于承包人其他损失，是建设工程价款的法定孳息。民法上，若无特别规定或者约定，利息与本金视为一体。既然建设工程价款可就建设工程折价或者拍卖的价款优先受偿，那么建设工程价款的利息应与工程价款视为一体，同样能就建设工程折价或者拍卖的价款优先受偿。本解释未采纳这一观点，规定承包人就逾期支付工程价款的利息主张优先受偿的，人民法院不予支持。主要理由是，建设工程价款优先受偿权不仅对发包人的利益影响巨大，对抵押权人等第三方的利益也有较大影响。在坚持《民法典》第八百零七条规定的立法精神的同时，也应做好各方当事人的利益平衡。既然为了保护建筑工人的利益，从而减少诉讼成本和便于操作，已经将承包人的利润纳入建设工程价款优先受偿权的保护范围，就不宜再将逾期支付工程价款的利息纳入建设工程价款优先受偿权的保护范围。这也体现了本解释坚持保护弱者与利益平衡的原则。

四、违约金、损害赔偿金等不能优先受偿

关于发包人应向承包人支付的违约金、损害赔偿金等能否就建设工程折价或者拍卖的价款优先受偿的问题，理论和司法实践中争议不大。虽然有观点将建设工程价款优先受偿权视为法定抵押权，而《民法典》第三百八十九条规定："担保物权的担保范围包括主债权及其利息、违约金、损害赔偿金、保管担保财产和实现担保物权的费用。当事人另有约定的，按照其约定。"但司法实践中的倾向性意见认为，违约金、损害赔偿金等不能就建设工程折价或者拍卖的价款优先受偿。主要理由是，《民法典》第八百零七条规定的是建设工程的价款可就建设工程折价或者拍卖的价款优先受偿，但违约金、损害赔偿金都不属于建设工程的价款。而且违约金、损害赔偿金与普通债权没有本质区别，对于保护建筑工人的利益也没有特别意义。建设工程价款优先受偿权不同于抵押权，不宜参照适用《民法典》第三百八十九条规定。因此，承包人就违约金、损害赔偿金等主张优先受偿的，人民法院不应予以支持。

【审判实践中应注意的问题】

一、发包人从建设工程价款中预扣的工程质量保证金，可就建设工程折价或者拍卖的价款优先受偿

在建设工程施工合同中，为了确保工程质量，发包人通常会要求承包人支付工程质量保证金。实践中，承包人并不是另行向发包人支付一定费用作为工程质量保证金，而是从发包人的应付工程款中扣除一部分作为工程质量保证金。在合同约定或者法律规定的缺陷责任期届满后，发包人再向承包人返还该笔建设工程质量保证金。对于承包人能否就发包人未支付的充抵质量保证金的部分工程价款行使优先受偿权的问题，实践中存在争议。

有观点认为，根据建筑领域的行业习惯，工程价款一般包括工程预付款，工程进度款，履约过程中因支付各种费用、顺延工期、赔偿损失获得发包人确认的签证款，工程完成后的结算款，期满应返还的履约保证金等担保性质的工程价款。由于期满应返还的履约保证金是工程价款的一部分，因此，应属于优先受偿权的效力范围。

另有观点认为，履约保证金与违约金类似，是发包人与承包人之间就合同履行所约定的担保措施和制裁措施，这两种债权既不涉及建筑工人的工资权益，又与建筑物自身价值没有紧密联系，因此，不应被纳入建筑工程优先受偿权的效力范围中。由于工程质量保证金本应由承包人于工程款之外以自有资金另行支付，在其与发包人约定以工程价款的一部分抵作质量保证金之后，虽然表面上看，该笔钱款是工程价款的一部分，但实际上是由发包人预先支付该部分工程款并转为承包人的工程质量保证金，该种性质的转变，已经使得该笔款项不再是工程价款，而是作为发包人与承包人协商确定用以担保工程施工质量的保证金了。在这种情况下，当然就不能再作为承包人的工程款纳入优先受偿的效力范围。①

我们认为，第一种观点更具有合理性。在建设工程质量合格的情况下，发包人应当向承包人支付全部建设工程价款。从建设工程价款中预扣的工程质量保证金，本质上仍属于建设工程价款的一部分，只是为了让发包人确保建设工程质量，合同约定或者法律规定了缺陷责任期。从某种意义上讲，返还建设工程价款中预扣的工程质量保证金可视为附期限的工程价款支付义务。该期限即为合同约定或者法律规定的缺陷责任期。因此，发包人从建设工程价款中预扣的工程质量保证金，可就建设工程折价或者拍卖的价款优先受偿。

① 王旭光：《建筑工程优先受偿权制度研究——〈合同法〉第二百八十六条的理论与实务》，人民法院出版社2010年版，第174～175页。

二、实现建设工程价款优先受偿权的费用不能就建设工程折价或者拍卖的价款优先受偿

实践中，对实现建设工程价款优先受偿权的费用能否就建设工程折价或者拍卖的价款优先受偿的问题存在争议。

有观点认为，实现建设工程价款优先受偿权的费用不能就建设工程折价或者拍卖的价款优先受偿。理由是，此项费用是在实现优先权的过程中形成的，不是建设工程款的组成部分，不属于建设工程价款，根据《民法典》第八百零七条规定，不能就建设工程折价或者拍卖的价款优先受偿。

另有观点认为，建设工程价款优先受偿权应被视为法定抵押权，《民法典》第三百八十九条规定："担保物权的担保范围包括主债权及其利息、违约金、损害赔偿金、保管担保财产和实现担保物权的费用。当事人另有约定的，按照其约定。"根据该条规定的精神，实现建设工程价款优先受偿权的费用也能就建设工程折价或者拍卖的价款优先受偿。

我们认为，第一种观点具有合理性。首先，根据《民法典》第八百零七条规定，建设工程的价款可就建设工程折价或者拍卖的价款优先受偿，实现建设工程价款优先受偿权的费用显然不属于建设工程价款。其次，本解释第四十条第一款规定："承包人建设工程价款优先受偿的范围依照国务院有关行政主管部门关于建设工程价款范围的规定确定。"目前，国务院有关行政主管部门关于建设工程价款范围的规定均未将实现建设工程价款优先受偿权的费用作为建设工程价款的一部分。再次，如上文所述，本条解释在确定建设工程价款优先受偿权的范围时，将承包人的利润纳入保护范围，利益的天平已经倾向于承包人一方。而建设工程价款优先受偿权对抵押权人等第三人、交易安全、社会关系的稳定性均有较大影响，因此，不宜将其保护范围再扩大。

第四十一条

承包人应当在合理期限内行使建设工程价款优先受偿权，但最长不得超过十八个月，自发包人应当给付建设工程价款之日起算。

【条文主旨】

本条是关于建设工程价款优先受偿权应在合理期限内行使、最长行使期限及起算时间的规定。

【条文理解】

一、起草依据及背景

工程价款给付请求权是建筑工程承包人在建筑合同中所享有的最基本的权利。为保障承包人的工程价款债权实现，《合同法》第二百八十六条创设了建设工程价款优先受偿制度，《民法典》第八百零七条基本延续了《合同法》该条内容。为了督促承包人积极行使优先受偿权，最高人民法院相继出台规定确定优先权的期限及起算时间，如《工程价款优先受偿权批复》第四条规定："建设工程承包人行使优先权的期限为六个月，自建设工程竣工之日或者建设工程合同约定的竣工之日起计算。"但因建设工程结算周期较长，流程复杂，在工程竣工后六个月期限内，承、发包双方很难达成结算。若依《工程价款优先受偿权批复》规定的以建设工程竣工之日或者建设工程合同约定的竣工之日作为优先权行使期间的起算时间，则起算时间早于行使条件具备之日，此时承包人尚不知道发包人是否会拖欠工程款，甚至可能出现优先受偿权行使期限已经届满，而发包方的付款期限尚未届至的情形，显然不利于对承包人权益的保护，加之《合同法》第二百八十六条（《民法典》第八百零七条）还规定承包人在行使优先受偿权之前应予催告，为了保证工程款优先受偿权的不致丧失，承包人只能要求发包人将给付工程款的时间定在竣工之后不久，故有必要对行使优先受偿权的起算时间进行完善。

《2018 年解释》对优先受偿权的起算时间作出新规定，第二十二条规定："承包人行使建设工程价款优先受偿权的期限为六个月，自发包人应当给付建设工程价款之日起算。"此规定系参照担保物权将建设工程价款优先受偿权的行使时间确定为债权未获满足之时，发包人应当给付工程款而未给付之时，解决了优先受偿权起算点不明确、不妥当的问题。

本解释编纂、征求意见过程中，全国人大常委会法工委提出意见认为："民法典并未对建设工程价款优先受偿权的期限进行规定，建议再作研究。"考虑到《工程价款优先受偿权批复》中规定的建设工程价款优先受偿权的行使期限就是根据当时全国人大常委会法工委的意见作出的，且自 2002 年以来，建设工程施工合同当事人均认可了承包人行使优先受偿权应受期限限制，能够促使承包人尽快行使其优先受偿权，维护交易安全，保护银行和其他第三人的合法权益。同时，六个月的行使期限可能存在过短的情况，为充分保证承包人的权益，保持裁判规则和司法政策的连续性，经与全国人大常委会法工委反复沟通，最终保留了《2018 年解释》第二十二条的基本内容，但对权利的行使期限根据立法机关的建议作出了修改。

二、建设工程价款优先受偿权的期限

优先受偿权的行使期限是实现优先权的重要内容，承包人能否将工程通过协议折价、依法拍卖的方式获取工程价款，首先取决于其优先权的行使是否符合法律规定。

首先，对于优先受偿权行使期限，立法并未做明确规定，全国人

大常委会法工委的意见是，建设工程价款优先受偿权系为保障承包人工程价款债权而设立的，类似担保物权。《民法典》第四百一十九条规定:“抵押权人应当在主债权诉讼时效期间行使抵押权；未行使的，人民法院不予保护。”故行使抵押权的期限应为主债权的诉讼时效，建设工程价款优先受偿权也应在工程款债权的诉讼时效期间行使。但考虑到建设工程价款优先受偿权的生效无须登记，不具有公示的形式，其行使对银行等抵押权人及其他债权人的影响巨大，应防止因承包人长期怠于行使优先受偿权而妨碍其他权利人权利实现的情形出现。因此，为了促使承包人积极行使权利，也为了保护其他权利人的合法权益及时得到实现，稳定社会经济秩序，本条规定承包人应当在合理期限内行使优先权。为了避免对合理期限的过度扩大，本解释规定该合理期限最长不得超过十八个月。

实践中，有观点认为六个月的优先受偿权行使期限过短，在工程竣工结算后，承、发包双方经常继续就工程价款问题进行磋商，在不能达成一致意见时承包人起诉主张工程款及优先受偿权时，可能已经超过了六个月的行使期限，承包人将丧失其优先受偿权。因此，本解释将承包人主张优先权的最长期限确定为十八个月，即从发包人应当给付建设工程价款之日起，承包人超过十八个月仍未主张优先受偿权的，其再主张优先权则不能得到支持。主要考虑到建设工程施工具有复杂性，受多种因素影响，保护期限不宜过短，否则不利于保护施工单位的合法权益。但同时保护期间不宜过长，否则将导致大量社会关系处于不确定状态之中。这里的合理期限既不属于诉讼时效，也不属于除斥期间，是从保护施工人和其他权利人权益的角度拟制的期限。因此，当事人可以事先约定承包人行使优先受偿权的合理期限，但应注意对建筑工人的权利保护，如果约定损害了建筑工人利益的，则该约定应为无效。

三、建设工程价款优先受偿权行使期限的计算

（一）建设工程价款优先受偿权的成立时间和行使时间

建设工程优先受偿权的成立，是行使优先权利的前提，建设工程

优先受偿权的行使，是其变价权与优先受偿权的实现程序。优先受偿权的成立时间和行使时间相互独立，不能混为一谈。优先权是由法律直接规定的特种债权的债权人就债务人的一般或特定财产优先受偿的权利，其成立时间并不以登记日期而是以优先权成立或优先权产生的法律事实发生日期为准，这个时间点往往与债权发生的时间点相同。[①]其成立时间应当早于公示时间或者行使时间。建设工程施工合同具有特殊性，承包人履行合同的义务是将劳动和建筑材料物化在建筑产品中，其享有优先受偿权的前提是完成或部分完成合同约定的建设工程成果。即该优先权的实现必须首先能够在债务人的财产上实现特定化。因此，应以其优先权行为即建造行为合法依约结束之时，认定建设工程价款优先受偿权成立，且对因发包人原因停建，承包人施工劳务、供应材料义务被迫终止的情形予以保护。

建筑工程款优先受偿权具有担保物权的特征。从担保物权的附从性而言，其成立虽可与债权同步，但其行使却应当是在债权未获满足之时。通常情况下，在建设工程合同的实际履行过程中，工程通常要经过竣工、验收、结算之后才能付款，工程竣工、验收、结算、付款期限届满是四个不同的时间。建设工程竣工结算的流程为：

1. 建设工程竣工后，承包人按照国家竣工验收有关规定，向监理人报送竣工验收申请报告，提供完整的竣工资料和竣工验收报告，监理人收到后十四天内完成审查并报送发包人（若认为不具备验收条件，通知承包人完成其他工作后再次提交验收申请报告）。

2. 发包人收到后二十八天内审核完毕，组织监理人、承包人、设计人等相关单位根据施工图纸及说明书、国家颁发的施工验收规范和质量检验标准进行验收。

3. 根据2017年《建设工程施工合同（示范文本）》所示，除专用合同条款另有约定外，承包人应在工程竣工验收合格后二十八天内同时向发包人和监理人提交竣工结算申请单，并提交完整结算资料。除

① 参见宋宗宇：《优先权制度在我国的现实与理想》，载《现代法学》2007年第1期。

专用合同条款另有约定外，监理人应在收到申请单后十四天内完成审核并报送发包人。发包人十四天内完成审批，并由监理人向承包人签发经发包人签认的竣工付款证书，发包人自收到承包人提交的竣工结算申请书后二十八天内未完成审批且未提出异议的，视为认可承包人提交的竣工结算申请单。在建设工程施工合同履行过程中，又存在各类索赔变更签证，此类变更索赔所导致的合同价款增减通常在最后结算过程中审核确定。当工程价款数额已经确定且发包人的支付已届履行期时，承包人关于支付工程款的请求才可能得到支持，承包人届时主张优先受偿权才有现实意义。《2018 年解释》将建设工程价款优先受偿权的行使时间确定为自发包人应当给付建设工程价款之日，对维护承包人的合法权益起到了重要作用。在本解释起草期间，起草小组试图将行使优先受偿权的行使时间具体化，但考虑到不能穷尽应当支付工程款的所有情形，最终延续了《2018 年解释》的相关规定。

（二）应当给付建设工程价款之日的确定

在建设工程施工合同正常履行完毕，双方经过竣工、验收、结算，对工程款进行了确定的情况下，发包人在工程款数额确定后支付工程价款，对应付工程款的日期不存在争议。但实践中，建设工程案件情况非常复杂，如施工合同未对付款时间及方式作出约定、承发包方在施工合同外另行就工程款支付问题进行约定等，应当从何时确定应付工程款之日，各级法院认识不统一，掌握的标准也不统一。如何确定发包人应付工程款之日，需要法官根据具体实际案件做客观判断，现仅提出以下观点以供参考：

首先，建设工程施工合同对付款时间及方式有明确约定且合同已正常履行完毕，应当遵从当事人约定。在建设工程施工合同及补充协议系当事人真实意思表示的情况下，应当充分尊重当事人的约定，这也是合同应当全面实际履行原则的体现。通常情况下，发包人与承包人签订的建设工程施工合同会明确发包人收到承包人提交的竣工结算单的审批时间，发包人在相应天数内未完成审批且未提出异议的，视为其认可承包人提交的竣工结算申请单及签发竣工付款证书。因此，在合同有明确约定的情况下，发包人依约支付工程款的时间即为应付工程款之日，也即行使建设工程价款优先受偿权的起算时间。

其次，承、发包方对付款时间没有约定或者约定不明的，双方未进行结算，工程价款尚不确定的情况下，应以何标准作为认定应付工程款之日，社会各界存在诸多观点。

一种观点认为，当事人对付款时间没有约定或约定不明确或者当事人通过签证等形式变更原合同约定的工程价款支付标准或支付方式导致原合同有关工程造价的约定不具备使用条件，双方当事人对工程价款有争议，工程价款最终系通过工程造价鉴定确定的，应当以工程造价鉴定意见作出时作为应付款时间。但是实务中，存在一审、二审对讼争的同一工程项目作出多个工程造价鉴定，且鉴定意见不一致，应以哪个工程造价鉴定意见作为应付款时间的，难以确定，且造价鉴定确定的工程款数额未必是最终法院认定的数额。因此，不宜以工程造价鉴定意见作出时间作为应付款时间。

另一种观点认为，当事人对付款时间没有约定或者约定不明的，各方对应否给付工程款以及工程款数额有争议，诉请法院裁判，在工程价款尚未确定的情况下，承包人主张工程价款优先受偿权缺乏基础，应当以法院裁判文书确定的支付工程价款之日为应付款时间，优先受偿权从该日起算。但建设工程案件审理期间较长，一、二审的裁判结果可能不一致。如果以法院最终生效裁判文书确定的付款日期起算优先受偿权的行使期限，将导致大量社会关系处于不确定状态之中。

还有一种观点认为，当事人对付款时间没有约定或者约定不明的，应当以当事人起诉之日作为应付款之日。当事人因结算纠纷起诉到法院，承包人起诉之日就是以法律手段向发包人要求履行付款义务之时，人民法院对其合法权益应予保护。

我们认为，建设工程施工合同履行周期长，履行事实复杂，审判中通常难以直接、准确认定应当付款的时间。此类合同大多约定按照建设工程施工的形象进度款支付工程款，如合同约定施工到完成地基基础工程或者主体结构的时间点作为支付工程款的时间，由于施工资料不完善、施工中存在工期顺延、设计变更等多种原因造成合同约定的付款时间点很难确定，绝大多数合同在履行中难以按照原合同约定确定实际付款时间。因此，在建设工程施工合同未约定或约定不明的情况下，需要依照本解释第二十七条的规定，划分几种情况分别确定大体公平的时间点作为行使优先受偿权的起算时间：

1. 建设工程实际交付的，以建设工程交付之日为应付款时间。此时，发包人已经实际控制了诉争建设工程，可以行使占有、使用、收益甚至处分的权利。在这种情况下，发包人已经受益，但承包人仍未收到全部或部分工程价款，从此时开始，承包人可以向发包人主张欠付工程款并行使优先受偿权。

2. 建设工程未交付，建设工程价款也未结算时，以起诉之日应付款时间。此种大多数为工程未完工或者完工后未经验收，俗称“半拉子”工程或“烂尾”工程，合同约定的工程价款结算条件尚未成就，无法确定应付工程价款之日，应当规定一个拟制的应付款时间，并以此时间点作为计息时间。以起诉时间作为应付款时间，主要考虑起诉为权利人向司法机关正式主张权利的时间点，由于合同约定的工程价款结算条件未成就，找不到起诉前的应付款时间点。因此，以一审原告起诉时间作为应付款时间是适当的。承包人诉发包人索要工程款时，通常会同时请求法院确认其就案涉工程享有优先受偿权，以起诉之日作为行使优先受偿权的起算时间，有助于提高司法效率。如果以工程造价鉴定意见作出之日或判决确定工程价款之日作为应付款之日，承包人需重新与发包人协商或申请法院将工程拍卖，造成程序烦琐、时间拖延，不利于敦促承包人积极行使优先受偿权以及纠纷的解决。

3. 建设工程施工合同解除或者终止履行，且工程未经竣工结算，应区分情况认定应付工程款之日。有观点认为，对于因发包人原因导致工程未竣工停建，双方未能达成复工协议，可以施工合同解除时或双方达成协议约定合同终止履行时，作为发包人应当给付工程款之日；对于因承包人原因导致工程未竣工停建，且双方未能达成复工协议的，承包人无权主张工程价款及优先受偿权。关于建设工程合同解除是否因为承包人的原因导致或者是否由于发包人的原因导致，这是违约责任应当解决的问题，而与优先受偿权的行使期限无关。《民法典》第八百零七条的规定主要是考虑到承包人的劳动已经物化在建筑物当中，当发包人不能按照约定支付工程款时，承包人就可以申请人民法院依法拍卖工程，而从中优先受偿。既然是法律特别赋予承包人的权利，就应尽可能保护这种权利，合同解除后，承包人仍应享有优先受偿权。那么，合同解除后，优先受偿权行使的期限应如何确定？如果发包人与承包人就合同解除后的工程价款的支付事宜达成合意，应当以该协议约定确定工程款的支付时间作为优先受偿权的起算时间。如发包人与承包人未达成上述合意，可参照前述标准处理。

关于新旧解释行使期限衔接问题，根据《最高人民法院关于适用〈中华人民共和国民法典〉时间效力的若干规定》第一条、第二十条规定精神，一般应从优先受偿权履行的情况确定是否适用本规定。具体而言，对于本解释施行前签订的施工合同，如果根据《2018 年解释》的规定，六个月的优先受偿权行使期限已经届满，则优先受偿权的履行并未持续至本解释施行后，优先权行使期限仍应适用《2018 年解释》的规定，为六个月；如果本解释施行后，优先受偿权未满六个月的行使期限，承包人仍有权主张优先受偿权，权利还在履行期间，则可适用本解释关于行使优先受偿权最长十八个月期限的规定。

【审判实践中应注意的问题】

一、分期施工、阶段付款的建设工程施工合同，承包人主张阶段性工程价款而合同仍在继续履行的，应以工程最终竣工结算后所确定的工程总价款的应付款时间作为优先受偿权行使期限的起算点

就整体而言，承、发包双方订立的施工合同尚处于履行期，双方当事人亦未明确主张解除合同终止履行，承包人主张阶段性工程款的

付款时间作为优先受偿权的起算时间，不应予以支持。建设工程施工合同中，通常对工程价款结算事项予以约定，包括预算工程价款、工程进度款、竣工价款、质量保修金等支付方式、实现及数额等，应以工程最终的竣工总价款的应付款时间作为建设工程优先受偿权的起算时间。因预算工程价款、工程进度款的支付都是在施工过程中，合同尚未履行完毕，承包人主张依据合同约定的预算工程价款、工程进度款的付款时间作为优先受偿权的起算时间，不应予以支持。而质量保修金是指建设单位与施工单位在建设工程承包合同中约定或施工单位在工程保修书中承诺，在建筑工程竣工验收交付使用后，从应付的建设工程款中预留的用于维修建筑工程在保修期间和保修范围内出现的质量缺陷的资金。通常保修期满后，建设单位将质量保修金返还施工单位。质量保修金系为保障工程质量而缴纳的，不属于本条规定应付工程款，因而不应以建设单位返还质量保修金的时间作为应付工程款的认定时间。

二、建设工程价款的应付款时间能否经发包人与承包人协商而延长

实践中，通常会出现发包人与承包人在建设工程施工合同约定的工程结算期限届满后，因对结算价款存在争议仍就此事宜进行协商，最终对工程总造价、欠付工程款数额及付款时间达成新的协议。该种情形是否导致建设工程价款优先受偿权的起算时间做相应顺延，存在争议。一种观点认为，承、发包人任意延长付款时间会对发包人的其他债权人产生不利影响，不应准许以牺牲发包人其他债权人利益的方式，任由承包人作出付款期限上的让步。另一种观点认为，从《民法典》第八百零七条的规定看，承包人就未付工程款对所承建工程享有优先受偿权，系为保护承包人对工程价款的实际受偿，因此，在认定该优先受偿权的行使期限时，应当尊重承、发包人之间关于支付工程价款期限的约定。笔者赞同第二种观点，承、发包人在施工合同之外另行签订的关于付款时间的协议，实际上系对施工合同的工程款数额

及付款时间进行了变更，除了属于《民法典》规定的合同无效的情形外，应当认定为有效，应付款之日即以另行约定的日期为准。但是为了避免发包人与承包人恶意串通，导致损害银行等其他债权人利益，人民法院应主动审查承、发包人的主观意愿及是否存在损害第三人利益的情形，如果确系一方原因，导致付款条件不能成就，双方协商一致另行确定了付款时间，不存在恶意损害第三人利益的情形，应认定对付款时间的约定为有效，优先受偿权行使的起算时间以协议确定的付款时间为准。反之，承、发包人恶意串通，目的是拖延银行抵押权的行使或损害第三人利益，则仍应以原合同约定的付款日期作为应付工程款之日，即行使建设工程价款优先受偿权的起算时间。从实务情况看，需要重点关注抵押权人合法权益的保护问题。如果承包人、发包人提起建设工程优先受偿权诉讼，抵押权人可以有独立请求权之第三人的身份参加诉讼，如双方恶意串通以另行订立协议的方式拖延工程款支付及行使优先受偿权的实现，抵押权人有权撤销该协议，并要求恶意串通的承包人和发包人承担赔偿责任。

第四十二条

发包人与承包人约定放弃或者限制建设工程价款优先受偿权，损害建筑工人利益，发包人根据该约定主张承包人不享有建设工程价款优先受偿权的，人民法院不予支持。

【条文主旨】

本条是关于如何处理发包人与承包人约定放弃或者限制建设工程价款优先受偿权问题的规定。

【条文理解】

依民法法理，如果不违反法律的禁止性规定和社会公序良俗，民事权利主体有权自由处分其财产权利，包括放弃财产权利或者限制该财产权利。如果民事主体放弃或者限制财产权利的行为损害第三人利益的，对第三人不发生效力。但是，建设工程价款优先受偿权属于法定权利，《民法典》第八百零七条赋予承包人此项权利，实质是为保护建筑工人的利益。因此，虽然原则上承包人有权自由处分自身财产权利，但不能违背《民法典》第八百零七条的立法宗旨，不能损害农民工等建筑工人的权益。这里较为特殊的是，农民工等建筑工人对建设工程价款和建设工程并不享有直接利益，既不享有物权，也不享有债权。发包人与承包人约定放弃或者限制建设工程价款优先受偿权，可能不会直接损害建筑工人的利益。但是，建筑工人根据承包人的要求完成建设工程，将自己的劳务投入建设工程之中，虽不对建设工程价款或者建设工程享有权利，但对承包人享有劳动报酬给付请求权。

承包人放弃或者被限制建设工程价款优先受偿权，可能会减少其责任财产，从而导致其不能向建筑工人支付劳动报酬，损害建筑工人的利益。因此，发包人与承包人约定放弃或者限制建设工程价款优先受偿权，损害建筑工人利益的，人民法院不能认可此类约定的效力。

一、建设工程价款优先受偿权保护中的利益平衡

为保护农民工等建筑工人的合法权益，《民法典》第八百零七条赋予了承包人的建设工程价款债权就建设工程折价或者拍卖的价款优先受偿的效力。实践中一般称该权利为建设工程价款优先受偿权。关于建设工程价款优先受偿权的性质有不同的学说，法定优先权说逐渐为司法实践所普遍接受。同时，司法实践一般认为作为法定优先权的建设工程价款优先受偿权的效力优先于抵押权等当事人约定的担保权。《工程价款优先受偿批复》第一条规定："人民法院在审理房地产纠纷案件和办理执行案件中，应当依照《中华人民共和国合同法》第二百八十六条的规定，认定建筑工程的承包人的优先受偿权优于抵押权和其他债权。"因此，建设工程价款优先受偿权不仅对发包人的利益有影响，对发包人的其他债权人，包括抵押债权人的利益也有巨大影响。在处理涉及建设工程价款优先受偿权的纠纷时，要考虑建筑工人、承包人与抵押权人、发包人及其债权人等利益主体的平衡。

另一方面，在建筑市场上，相对于承包人，发包人和发包人的债权人尤其是商业银行处于弱势地位，双方缔约地位不平等，导致了实践中发包人和发包人的债权人通过与承包人签订协议或者让承包人作出单方允诺等方式，让承包人放弃建设工程价款优先受偿权或者限制建设工程价款优先受偿权的行使。具体情况包括，有些银行为了保障自身权利，在向发包人发放贷款时，要求发包人将来在与承包人签订建筑工程承包合同时，必须要求承包人放弃其建设工程价款优先受偿权；发包人在对工程进行招标时，将放弃建设工程价款优先受偿权作为标书的条款，不接受该条款的承包人则无法中标。承包人为了获得工程，往往在合同中同意放弃建设工程价款优先受偿权。现实中甚至

出现了逼迫承包人放弃优先受偿权的“阴阳条约”。其具体做法是，在正式工程合同上看不出任何破绽，但是工程承包方必须与开发商、开发商的贷款银行三方在合同之外再签订补充条款或是补充协议，声明“自愿”放弃优先受偿权。在处理涉及承包人放弃建设工程价款优先受偿权的纠纷时，还要考虑合同自由与合同正义的关系。

二、承包人放弃建设工程价款优先受偿权行为的效力分析

关于承包人放弃建设工程价款优先受偿权行为的效力，存在争议。有观点认为，考查此类行为的效力，应首先区分是预先放弃还是嗣后放弃。所谓预先放弃，是指建筑工程承包人于建设工程价款优先受偿权成立之前，所作出的于将来放弃其优先受偿权的意思表示。所谓嗣后放弃，是指行使建设工程价款优先受偿权的条件成就之后，承包人所作出的放弃其优先受偿权的意思表示。前者放弃的是一种“期待权”，后者放弃的则是一种“既得权”。对于既得的建设工程价款优先受偿权，承包人有权予以抛弃。因为只要不损害第三人利益，民事主体有权放弃其权利。① 这里关键的问题在于，承包人嗣后放弃建设工程价款优先受偿权是否会损害第三人利益。建设工程价款优先受偿权是为保护农民工等建筑工人利益而设立。如果承包人放弃建设工程价款优先受偿权不影响承包人向农民工等建筑工人支付工资报酬，则其放弃行为与立法精神不相违背。但是，如果承包人放弃建设工程价款优先受偿权导致其不能向农民工等建筑工人支付工资报酬，则有违立法精神，因此这种情况下放弃建设工程价款优先受偿权则应无效。

对于承包人预先放弃建设工程价款优先受偿权的效力，理论和实践中争议较大。从国外立法例来看，美国各州对于建筑优先权可否预先放弃的问题，立场不同。威斯康星州等州规定，潜在的优先权人在其为建筑改良完成提供劳务或者材料运送的服务之前或者之后都可以通过签订书面声明放弃其优先权。此种放弃并不需要业主提供对价，

① 王旭光：《建设工程价款优先受偿权制度研究——〈合同法〉第二百八十六条的理论与实务》，人民法院出版社2010年版，第229页。

而且具有强制约束力。[1] 如果该放弃声明未限制所放弃的优先权的范围，则该潜在优先权人全部建筑优先权都一并放弃。对优先权的放弃并不影响其所享有的债权。如果双方在合同或者单方声明中对相关问题的规定模糊不清，则应当作出不利于优先权人的解释。但美国另外一部分州则禁止潜在权利人在为建筑物改良提供完劳务或者材料前放弃其建筑优先权。任何预先放弃声明都是无效的。正是基于这种分歧，《美国统一建筑优先权法》分别制定了两个不同的第二百一十五条供各州选择。《瑞士民法典》于第八百三十七条第二项明确规定，权利人不得预先抛弃法定抵押权。[2] 由于缺乏法律的明确规定，国内理论和实务界对这一问题的认识也不相同。有观点认为，承包人享有的优先权虽然是法律规定的权利，不是当事人约定的权利，但不论是法定的还是约定的，对承包人而言都是一项民事权利。对于权利，当事人既可以行使也可以放弃，只要出于权利人的真实意思表示，法律都不可干预，这是当事人意思自治原则的体现。因此，如没有导致承包人不能正确表示意思的情形，合同中约定承包人在工程价款未按时清偿时，不得对建设工程折价或拍卖的价款优先受偿的，应认定该约定有效。在遇有发包人不能支付工程价款时，承包人不能行使优先权，也不能事后反悔以优先权是法定权利为由主张合同约定无效。[3] 有观点认为，认可建设工程价款优先受偿权的观点从契约自由、意思自治原则来衡量应该是合理的，但法律设立建设工程价款优先受偿权的目的在于保护承包人的利益，以防止发包人利用强势地位，有意拖欠工程款，如果允许通过约定而取消，与立法的初衷相违背。同时在发包人与承包人约定放弃承包人的优先受偿权时，由于双方的地位悬殊，很难保证承包人放弃权利的意思是真实的。承包人往往为了揽到建设工程项目，不得不接受发包人提出的苛刻条件，其中包括放弃对工程价

---

① 王旭光：《建设工程价款优先受偿权制度研究——〈合同法〉第二百八十六条的理论与实务》，人民法院出版社2010年版，第231页。

② 王旭光：《建设工程价款优先受偿权制度研究——〈合同法〉第二百八十六条的理论与实务》，人民法院出版社2010年版，第231页。

③ 张铁锋：《我看建设工程承包人的优先权》，载《中国律师》2001年第10期。

款的优先受偿权。在这种情况下，表面上看似自愿放弃自己的权利，实则不是其真实意思的表示。因此，如果允许发包人与承包人约定放弃承包人的优先受偿权，实际损害的是承包人的利益，也使法律的效力予以抵销。此外，法律赋予的权利，权利人是否放弃可以根据自己的意愿单方面作出决定，不需与他人约定，也不需他人同意，通过约定的方式放弃优先受偿权，与该权利本质属性相违背。① 有观点认为，建筑工程价款优先受偿权是财产权的一种，其立法目的虽然包含了使建筑工人及时获得工资报酬以及保障工程质量等，但主要还是为了保护承包人的个体利益。既然是财产权利，原则上都可以抛弃，也是可以预先放弃的。承包人基于一定的市场情况，选择放弃建设工程价款优先受偿权，以使发包人可以及时获得银行贷款，使发包人和其自身的利益都获得保护，并无不合法之处。但是，在个案中，承包人所作出的放弃建筑工程优先受偿权的承诺是否有效，还应依照法律的规定，尤其是《民法典》的规则进行具体分析，应当考虑其承诺是出于其本意，还是屈从于发包人的格式合同或者其他显失公平的原因。如果承包人是在迫不得已的情况下违背其本意作出的不真实表示，则其放弃优先受偿权的承诺无效。如果承包人是通过放弃优先受偿权换取更优厚的价格等契约条件，则其承诺应当是有效的。此外，无论是预先放弃，还是嗣后放弃，如果承包人抛弃建设工程价款优先受偿权的行为损害了第三人的利益，均应为法律所否定。② 第三种观点考虑较为全面。《民法典》第一百四十三条规定："具备下列条件的民事法律行为有效：（一）行为人具有相应的民事行为能力；（二）意思表示真实；（三）不违反法律、行政法规的强制性规定，不违背公序良俗。"在认定承包人放弃建设工程价款优先受偿权的行为是否有效时，首先要考虑该行为是否为承包人的真实意思表示。只有在双方当事人缔约地位平等的情况下，经过讨价还价签订的合同才是双方当事人真实意思的

① 曹艳芝：《优先权论》，湖南人民出版社2005年版，第223～224页。

② 王旭光：《建设工程价款优先受偿权制度研究——〈合同法〉第二百八十六条的理论与实务》，人民法院出版社2010年版，第232页。

体现，才能最大限度实现双方当事人自身的利益。这种情况下，契约自由才能带来契约公平。这里的难点在于，承包人相对于发包人在缔约中往往处于不平等地位，而放弃建设工程价款优先受偿权显然是对承包人不利的条款。首先，接受该条款是承包人迫不得已的无奈之举，是面对强势的发包人不得不作出的“违心”的意思表示，还是基于在建设工程价款数量、工期等方面更好地对价经过精打细算后的合理让步，实践中很难区分。其次，承包人放弃建设工程价款优先受偿权的行为不违反法律、行政法规的强制性规定，不违背公序良俗。损害第三人利益是否属于违反法律、行政法规的强制性规定，违背公序良俗，需看具体情况。《民法典》第一百五十四条规定：“行为人与相对人恶意串通，损害他人合法权益的民事法律行为无效。”对于损害他人利益的行为，需具备行为人与相对人恶意串通这一要件时才无效。一般而言，承包人放弃建设工程价款优先受偿权的行为，很难说是与发包人恶意串通的行为。因此，无论是预先放弃还是嗣后放弃，在探讨承包人放弃建设工程价款优先受偿权效力问题时，最终需回到《民法典》第八百零七条的立法本意。关键是看这一行为是否违背该条规定的立法本意。

三、承包人原则上有权放弃建设工程价款优先受偿权

承包人可以事先也可以嗣后放弃或者限制建设工程价款优先受偿权。实践中，有观点认为对承包人事先放弃和嗣后放弃建设工程价款优先受偿权应加以区别对待。主要理由是为保护承包人的利益。因为承包人与发包人缔约地位不平等，在签订建设工程施工合同之前或者签订该合同之时，承包人为了争取交易机会，与发包人签订建设工程施工合同，迫于无奈会放弃建设工程价款优先受偿权。承包人事先放弃建设工程价款优先受偿权的意思表示不是其真实意思表示。但是，市场主体之间不可能存在完全的平等，不仅在承包人与发包人之间不平等，在不同建筑施工企业之间由于资质、技术、管理、规模、资金等因素也不平等。不平等的市场地位会产生不同的缔约地位。对于这

种不平等，只要不超出一定的范围和界限，法律和司法应当予以尊重。而且，无论是发包人还是承包人，主要是商主体。在商言商，应当给予各类商主体以充分议价的机会。在商事交易中，应着重维护契约自由、市场秩序、交易效率和交易安全。这与民事交易中的价值取向有所区别。因此，对于承包人事先与发包人约定放弃或者限制建设工程价款优先受偿权的行为，应予尊重。

承包人既可与发包人签订合同约定放弃或者限制建设工程价款优先受偿权，也可以就放弃或者限制建设工程价款优先受偿权作出单方承诺。意思表示的形式可以多种多样。既可以由承包人与发包人签订专门的合同，也可以在建设工程施工合同中对此一并作出约定，还可以由承包人作出单方允诺。因为放弃或限制建设工程价款优先受偿权主要损害承包人的利益，故只需承包人单方作出意思表示即可。该意思表示到达发包人时即可发生法律效力。

承包人与发包人可以约定放弃建设工程价款优先受偿权，也可以约定限制建设工程价款优先受偿权。有人将建设工程价款优先受偿权的放弃分为两种情形：

1. 绝对权利放弃，权利人彻底放弃其优先受偿权而成为普通债权人，对于发包人的其他任何抵押权人和普通债权人均不再享有优先受偿权。既可以是放弃其全部债权额的优先清偿权，也可以是放弃部分债权额的优先清偿权。当其只放弃部分债权额的优先受偿权时，其未放弃的部分仍然享有优先受偿的权利。

2. 相对放弃，指建设工程价款优先受偿权人只放弃其部分优先受偿的权利。具体可以分为：（1）只放弃优先于抵押权人而受清偿的权利，保留与抵押权人同一顺位的可以优先于普通债权人受清偿的权利。包括全部放弃和部分放弃两类情形，其中部分放弃是指建设工程价款优先受偿权人为发包人的某一个抵押权人之利益而放弃优先受偿利益，并由其就建筑工程应能够获得的优先分配金额与被抛弃利益之抵押权人按两者合计之债权额比例受偿。这种部分的相对放弃，实质上是建设工程价款优先受偿权人让利给发包人的某一抵押权人，使后者在让利范围内与其共同分享优先受偿的利益。因为可以优先受偿的金额是限定在建设工程价款优先受偿权人原来的债权额范围内，因此，该种相对放弃行为对发包人的其他抵押权人和普通债权人的利益并无不利影响。（2）放弃优先于抵押权人受清偿的权利，同时仅为发包人的某一特定的无担保债权人之利益而抛弃优先受偿利益，并由其就建筑工程应能获得的优先分配金额与受抛弃利益之债权人按两者合计之债权额比例受偿。此种相对放弃行为，性质上与上述部分放弃优先于抵押权人效力之行为的性质相同，亦无害于其他债权人的利益，自当为法律所允许。① 这一观点对放弃建设工程价款优先受偿权的行为作了细致区分。从中可以看到，放弃建设工程价款优先受偿权不仅涉及承包人与发包人的利益，也涉及发包人的债权人、建设工程的抵押权人的利益；不仅可能是基于承包人的单方意思表示或者承包人与发包人的双方意思表示，还可能基于承包人、发包人、发包人的债权人、建设工程抵押权人等多方的意思表示。

本解释第四十二条规定没有用绝对放弃和相对放弃的概念，而是规定发包人与承包人约定放弃或者限制建设工程价款优先受偿权。建设工程价款优先受偿权的效力是赋予建设工程价款债权就建设工程折价或者拍卖的价款优先受偿的效力。故本条规定的放弃是指承包人放弃其对发包人享有的建设工程价款债权就建设工程折价或者拍卖的价款优先受偿的权利。承包人放弃该权利后，其对发包人享有的建设工程价款债权成为普通债权，清偿顺序排在担保的债权之后，与其他无担保债权处于同一清偿顺序。本条规定的发包人与承包人约定限制建设工程价款优先受偿权，含义较为广泛，既包括承包人只放弃部分建设工程价款优先受偿权，即所谓的相对放弃，也包括为建设工程价款优先受偿权的行使设定时间、条件，或者限定建设工程价款优先受偿权所针对的建设工程的范围等方面。

---

① 王旭光：《建设工程价款优先受偿权制度研究——〈合同法〉第二百八十六条的理论与实务》，人民法院出版社2010年版，第229～230页。

四、承包人放弃建设工程价款优先受偿权不得损害建筑工人利益

建筑工人是工程的建设者和完成者。建设工程是建筑工人劳务的物化。建设工程价款优先受偿权要保护的就是建筑工人的工资权益。建筑工人与建筑施工企业存在劳动或者劳务关系。建筑工人的工资由建筑施工企业发放。如果建筑施工企业的经营和资金出现困难，建筑工人的工资权益就不能得到保障。因此，《民法典》第八百零七条是通过赋予承包人以建设工程价款优先受偿权来达到保护建筑工人权益的目的。承包人放弃建设工程价款优先受偿权，最直接的影响是其建设工程价款债权实现的可能性，从而影响其经营收益状况。由于承包人的营业收入来源基本上全部来自承包建设工程的收入，都体现为建设工程价款。因此，建设工程价款债权的实现情况，会直接决定承包人的责任财产情况。承包人的责任财产不仅是对外承担民事责任的基础，也是对内承担工资等债务的基础。如果承包人与发包人约定放弃或者限制建设工程价款优先受偿权，导致其工程价款债权不能实现，进而造成其资产负债状况恶化，以至于不能支付建筑工人的工资，则该放弃或者限制建设工程价款优先受偿权的行为就违背了《民法典》第八百零七条设立建设工程价款优先受偿权制度的本意。根据本条解释的规定，在这种情况下，承包人与发包人关于放弃或者限制建设工程价款优先受偿权的约定就无效。在判断承包人放弃或者限制建设工程价款优先受偿权是否损害建筑工人的利益时，要看承包人这一行为是否影响其整体的清偿能力，要将承包人整体的资产负债情况以及现金流情况是否因此恶化到影响建筑工人工资支付的程度作为主要的考虑因素。

【审判实践中应注意的问题】

一、要注意区分承包人与发包人是约定放弃还是约定限制建设工程价款优先受偿权

如果承包人与发包人约定放弃建设工程价款优先受偿权，则承包人的建设工程价款债权与普通债权的清偿顺序相同，排在设有抵押的债权之后。如果承包人与发包人约定限制建设工程价款优先受偿权，则需要根据双方当事人的具体约定来确定发包人各债权人之债权的清偿顺序。对于该约定，建设工程的抵押权人、发包人的其他债权人均可据以对抗承包人。如承包人与发包人约定建设工程价款优先受偿权行使的时间和条件，则需要约定的时间届至或者约定的条件成就后，承包人才能行使建设工程价款优先受偿权。通常情况下，承包人与发包人约定限制建设工程价款优先受偿权是为特定第三人的利益，而且该特定第三人一般也是合同当事人。例如，发包人为了向商业银行贷款，商业银行为了确保自己的贷款债权的实现，会要求与发包人和承包人签订合同，约定承包人在商业银行的抵押权实现之后或者商业银行的贷款债权全部实现之后，才能行使建设工程价款债权的优先受偿权。这类约定主要为保护发包人特定债权人的利益，发包人的其他债权人或者建设工程的其他抵押权人不能以此类约定对抗承包人。

二、承包人允诺放弃或限制建设工程价款优先受偿权后对建设工程价款债权的效力

《民法典》第八百零七条赋予建设工程价款债权就建设工程折价或者拍卖的价款优先受偿的效力。这条规定突破了债的相对性原则，不仅对发包人的利益有影响，对发包人的其他债权人和建设工程的抵押权人的利益也有较大影响。就建设工程的处分而言，这一制度赋予了承包人以建设工程价款债权对抗发包人、发包人的债权人以及建设

工程的抵押权人的效力。因此，承包人所享有的建设工程价款债权不再是普通的对人权，而是取得了一定的对世权特性。建设工程价款债权的这一特性不仅使其在清偿顺序中居于有利地位，还使承包人获得了对抗发包人、发包人的债权人以及建设工程抵押权人的权利。如果发包人要处分建设工程，承包人有权提出异议，因为这会损害其建设工程价款优先受偿权。如果发包人的债权人或者建设工程的抵押权人起诉发包人清偿债务胜诉后，申请对建设工程强制执行的，承包人有权根据其享有的建设工程价款优先受偿权提出执行异议或者提起执行异议之诉。如果发包人未经承包人同意，将建设工程转让给第三人，承包人的建设工程价款优先受偿权也不应因此受到损害。

本解释第三十六条规定："承包人根据民法典第八百零七条规定享有的建设工程价款优先受偿权优于抵押权和其他债权。"鉴于承包人的建设工程价款优先受偿权具有优先于抵押权的效力，该优先受偿权也应当具有物上追及力。[①] 司法实践对这一问题也持肯定意见。因此，承包人的建设工程价款优先受偿权能够对抗受让建设工程的第三人。如果承包人允诺放弃建设工程价款优先受偿权，其建设工程价款债权则失去上述效力，不能对抗发包人、发包人的债权人、建设工程的抵押权人和受让人。如果承包人允诺限制建设工程价款优先受偿权，则其建设工程价款债权在其允诺的范围内失去上述效力。

三、对承包人恶意拖欠工资、滥用本条解释的行为，不予支持

如上文所述，发包人与承包人约定放弃或者限制建设工程价款优先受偿权是否损害建筑工人利益，应当从承包人整体的资产负债状况、现金流情况等作出判断，而不能以是否欠某一建筑工人的工资为判断标准。人民法院应当积极维护建筑市场的诚信。建筑市场上，有些不诚信的建筑施工企业，在投标时或者在协商签订建设工程施工合同时，

---

① 司法实践中，这一观点存在争议。另有观点认为，根据法律规定，承包人只能向发包人主张建设工程价款优先受偿权。

尽量降低报价，在签订建设工程施工合同后，或者结算建设工程价款时，又否定建设工程施工合同的有关约定，尽量提高结算工程价款的数额。对于这类不诚信行为，人民法院不应支持。理解和适用本条解释的关键和难点在于判断发包人与承包人约定放弃或者限制建设工程价款优先受偿权是否损害建筑工人利益。如果仅以承包人存在个别的欠薪行为，就认定其与发包人约定放弃或者限制建设工程价款优先受偿权损害了建筑工人利益，进而认定该约定无效，则可能会对承包人产生负面影响，使其恶意拖欠建筑工人工资，以达到继续行使建设工程价款优先受偿权的目的。因此，对承包人恶意拖欠工资、滥用本条解释的行为，人民法院不应予以支持。

第四十三条

实际施工人以转包人、违法分包人为被告起诉的，人民法院应当依法受理。

实际施工人以发包人为被告主张权利的，人民法院应当追加转包人或者违法分包人为本案第三人，在查明发包人欠付转包人或者违法分包人建设工程价款的数额后，判决发包人在欠付建设工程价款范围内对实际施工人承担责任。

【条文主旨】

本条是关于实际施工人可以向发包人主张建设工程价款以及发包人如何承担责任的规定。

【条文理解】

一、本条款的起草背景与实践

建筑业是劳动密集型行业，是吸纳农民工最多的行业之一。2005年建设部、国家发展和改革委员会、财政部等颁布的《关于加快建筑业改革与发展的若干意见》指出，建筑业是国民经济的支柱产业，就业容量大，产业关联度高，全社会50%以上固定资产投资要通过建筑业才能形成新的生产能力或使用价值，建筑业增加值约占国内生产总值的7%。建筑行业迅速发展的同时，由于投资不足、建筑业市场准入门槛低以及长期以来建筑市场供大于求的现状，许多资质等级低、信誉较差的建筑施工企业，或者工头带领的没有资质的零散施工队伍，为应对激烈的市场竞争，为求生存，采取傍大企业发展模式，以挂靠、联营、内部承包等借名形式或者转包、违法分包形式承揽建设工程。同时，建筑施工企业通常不会直接大量雇佣农民工，而是在承包建设工程后将劳务工程分包或者直接将一些工程转包或者违法分包。有的工程几经转手，层层剥皮，实际施工人已经没有利润，只能靠偷工减料、克扣农民工工资维系企业生存，[①] 大量农民工辛苦一年还拿不到工资。由于转包、违法分包人并未参与或组织实施工程施工，只是将工程转包他人渔利（通常以管理费名义收取），即使发包人未付清工程款，因其利益已经满足并不积极主张工程尾款，业主常常也不主动支付工程尾款。其结果是与业主、总承包人没有合同关系的实际施工人按照合同相对性原理，只能向与其有合同关系的上手主张权利。而在其上手主体资格灭失、找不到人时，由农民工组成的实际施工人（包括松散组织、低资质施工企业）投诉无门，且不断发生跳楼讨薪等极端事件。这引起了党中央、国务院的高度重视，解决拖欠农民工工资问题，事关广大农民工切身利益，事关社会公平正义和社会和谐稳定，解决拖欠农民工工资是一项紧迫的政治任务。

为了根治拖欠农民工工资问题，人民法院有必要在特定情况下、一定范围内，并在兼顾其他当事人权益的情况下，突破合同相对性原则，对弱势方当事人尤其是广大的农民工提供司法保护，打通农民工权益保护的通道，以实现实质意义上的公平。《2004 年解释》第二十六条第二款规定："实际施工人以发包人为被告主张权利的，人民法院可以追加转包人或者违法分包人为本案当事人。发包人只在欠付工程价款范围内对实际施工人承担责任。"该款是为了保护农民工的合法权益作出的规定，其目的在于解决农民工组成的实际施工人在与其有合同关系的相对人，因下落不明、破产、资信状况恶化等原因导致缺乏支付能力，实际施工人有投诉无门的情况下，为实际施工人提供的特殊救济途径。

---

① 参见最高人民法院民事审判第一庭编著：《建设工程施工合同司法解释的理解与适用》，人民法院出版社 2004 年版，第 224 页。

从十余年的司法实践看，该解释赋予实际施工人对发包人的诉权也存在着滥用现象。有全国人大代表议案、建议及政协委员提案认为，许多提出诉讼的实际施工人并非农民工，该条款实际上更多保护了一些资质等级低、资信状况差、市场竞争力差的小型建筑企业的不法利益。有的发包人与起诉原告之间没有合同关系，甚至不知起诉人是否参与工程建设，无从答辩。对于审判中出现的新问题，2011 年《最高人民法院办公厅关于印发〈全国民事审判工作会议纪要〉的通知》（法办〔2011〕442 号）规定："对实际施工人向与其没有合同关系的转包人、分包人、总承包人、发包人提起的诉讼，要严格依照法律、司法解释的规定进行审查；不能随意扩大《关于审理建设工程施工合同纠纷案件适用法律问题的解释》第二十六条第二款的适用范围，并且要严格依据相关司法解释规定明确发包人只在欠付工程款范围内对实际施工人承担责任。"2015 年，最高人民法院召开的第八次全国法院民事商事审判工作会议进一步指出："对于《建设工程司法解释》第二十六条规定，目前实践中执行得比较混乱，要根据该条第一款规定严守合同相对性原则，不能随意扩大该条第二款规定的适用范围，只有在欠付劳务分包工程款导致无法支付劳务分包关系中农民工工资时，才可以要求发包人在欠付工程价款范围内对实际施工人承担责任，不能随意扩大发包人责任范围。"①

根据中央部署，各地区、各有关部门先后出台了一系列政策措施，如健全工资支付监控和保障制度，建立了农民工工资保证金制度，要求施工总承包单位在工程项目开工之日起三十日建立农民工工资专用账户，施工总承包企业对所承包工程项目的农民工工资支付负总责；加强劳动监察，严厉查处拖欠工资行为；健全企业失信联合惩戒机制等，农民工的利益保障更加多元化、制度化。目前建筑业市场环境有了根本性的转变，拖欠农民工工资已经成为一条红线，触碰的代价是极大的。此种情形下，一般不必再通过突破合同的相对性、破坏交易

① 杜万华主编：《〈第八次全国法院民事商事审判工作会议（民事部分）纪要〉理解与适用》，人民法院出版社 2017 年版，第 60 页。

秩序的方式来保护农民工权益。

在《2018 年解释》起草过程中，就修改和完善《2004 年解释》第二十六条第二款突破合同相对性存在的问题，曾提出过两种方案：

一种方案是，“实际施工人向与其没有合同关系的发包人主张工程价款的，人民法院不予支持。实际施工人根据《合同法》第七十三条规定，以转包人、违法分包人、出借资质的单位怠于向发包人、承包人行使到期的工程价款债权，对其造成损害为由，提起代位权诉讼的，人民法院应予受理。”从征求意见情况看，最高人民法院相关部门、各级人民法院和社会有关单位多数意见倾向于此方案。主要理由是该方案有《合同法》依据，而且兼顾了实际施工人、发包人的合法权益，维护了交易规则。

另一种方案是，“实际施工人根据《2004 年解释》第二十六条第二款规定提起诉讼的，应当符合下列条件：实际施工人有证据证明与其具有合同关系的缔约人丧失履约能力或者具有下落不明等情形，导致其劳务分包工程价款债权无法实现。”也就是实际施工人可以附条件向发包人提起诉讼。

最高人民法院审判委员会经多方面考虑，目前保护农民工合法权益、根治拖欠农民工工资的任务仍很迫切，本着司法为民、服务大局，保护农民工合法权益和为民营企业营造良好营商环境的原则，不宜对《2004 年解释》第二十六条第二款规定作根本性修改，并最终形成了《2018 年解释》第二十四条之规定。

本次司法解释清理编纂中，有关单位和个人对本条款提出了不同意见，建议废止或修改本条款。2020 年 5 月 1 日施行的国务院《保障农民工工资支付条例》第二十九条第二款规定：“因建设单位未按照合同约定及时拨付工程款导致农民工工资拖欠的，建设单位应当以未结清的工程款为限先行垫付被拖欠的农民工工资。”最终本条款对《2004 年解释》第十六条第一款与《2018 年解释》第二十四条第二款进行了技术性整合，未做实质修改。当然，从长远看，司法机关对建筑业各方主体应坚持平等保护原则。随着建筑业改革进一步深化，建筑市场进一步规范，司法也应尽快回归法律、法理本意，不宜因强调对包工头及农民工的特别保护，而损害有资质的建筑施工企业、发包人、债权银行、其他债权人的合法权益。[①]

二、实际施工人、发包人等主体的界定

（一）实际施工人

我国《民法典》《建筑法》《建设工程质量管理条例》等法律法规在表述承包人概念时使用了以下几个概念：承包人、建筑施工企业、施工人、承包建筑工程的单位等，均没有出现过“实际施工人”的表述。实际施工人作为法律概念首次出现在《2004年解释》中，具体为《2004年解释》第一、四、二十五、二十六条。

“实际施工人”是《2004年解释》创制的概念，旨在描述无效合同中实际承揽工程干活的低于法定资质的施工企业、非法人单位、农民工个人等，包括：（1）转包合同的承包人；（2）违法分包合同的承包人；（3）缺乏相应资质而借用有资质的建筑施工企业名义与他人签订建设工程施工合同的单位或者个人。

从本条款文义表述中可以看出，实际施工人出现的前提条件是建设施工合同存在转包、违法分包及借用有施工资质的企业名义承揽建设工程等无效情形。“实际施工人”一般是“无效合同的承包人，转承包人、违法分包合同的承包人、没有资质借用有资质的建筑施工企业的名义与他人签订建筑工程施工合同的承包人”。通俗地讲，实际施工人就是在上述违法情形中实际完成了施工义务的单位或者个人。建设工程层层多手转包的，实际施工人一般指最终投入资金、人工、材料、机械设备实际进行施工的施工人。一般而言：（1）实际施工人是实际履行承包人义务的人，既可能是对整个建设工程进行施工的人，也可能是对建设工程部分进行施工的人。（2）实际施工人与发包人没

① 参见冯小光：《建设工程施工合同纠纷案件法律适用的有关问题》，载最高人民法院民事审判第一庭编：《民事审判指导与参考》2018年第3辑（总第75辑），人民法院出版社2018年版。

有直接的合同关系或者名义上的合同关系。实际施工人如果直接与发包人签订建设工程施工合同，则属于承包人、施工人，无须强调“实际”二字。（3）实际施工人同与其签订转包合同、违法分包合同的承包人或者出借资质的建筑施工企业之间不存在劳动人事关系或劳务关系。司法实践中，对于在合法专业分包、劳务分包中的承包人不认定为实际施工人。

（二）发包人

发包人通常又称发包单位、建设单位、业主或者项目法人，如何理解《2004 年解释》第二十六条第二款发包人的范围，事关实际施工人可以向哪些发包人主张权利。第一种观点认为，第二款所指的发包人，是静态的绝对的，仅为建设工程的建设单位。第二种观点认为发包人是动态的相对的，在层层多手转包链条中，中间链条的总承包人、转包人、违法分包人也可能是发包人，实际施工人可以依据本解释的规定向其上手以上提起诉讼。我们认为，从本解释的立法本意及司法实践看，第一种观点更为妥当，即本条的发包人应特指建设单位。因为根据《保障农民工工资支付条例》的规定，分包单位拖欠农民工工资的，由施工总承包单位先行清偿，再依法进行追偿。总承包人、转包人、违法分包人拖欠农民工工资的，依法承担清偿责任，而非本解释规定的欠付工程款范围的责任。

（三）转包人、违法分包人

依据国务院《建设工程质量管理条例》和住房和城乡建设部《建筑工程施工发包与承包违法行为认定查处管理办法》的规定，转包，是指承包单位承包工程后，不履行合同约定的责任和义务，将其承包的全部工程或者将其承包的全部工程肢解后以分包的名义分别转给其他单位或个人施工的行为。违法分包，是指承包单位承包工程后违反法律法规规定，把单位工程或分部分项工程分包给其他单位或个人施工的行为。依照上述规定，实施转包或违法分包行为的承包人即属于转包人或违法分包人。在一手转包或违法分包的情形下，总承包人就是转包人或违法分包人。在多手转包或违法分包情形下，可能存在多个转包人或违法分包人。

三、实际施工人起诉的方式

本条第一款规定，实际施工人以转包人、违法分包人为被告起诉的，人民法院应予受理。如前所述，实际施工人主要是指转承包和违法分包的承包人。实际施工人与转包人、违法分包人是建设工程施工合同的承、发包当事人，是建设工程施工合同的两造，是合同的相对人。由于转包、违法分包合同违反法律的强制性规定而无效，作为无效合同的当事人，一方向另外一方起诉主张权利的，人民法院应当受理，对此毋庸置疑，不会产生歧义。本款在此出现主要是倡导性的，告诉各级人民法院实际施工人起诉索要工程款的，首先应当向其发包人主张权利，这是实际施工人主张权利的主渠道、主导方向，实际施工人应当首先向合同相对方主张权利，而不是径行向发包人（业主）主张权利。

在转包和违法分包的情况下，存在三方当事人，两个法律关系。一是承包人与发包人之间的建设工程施工合同关系；二是承包人作为转包人或者违法分包人与转包或者违法分包中的承包人之间的转包和违法分包关系。实际施工人向发包人主张权利一般需具备三个要件：(1) 实际施工人对转包人或者违法分包人享有债权。该债权可能是工程价款请求权，也可能是因转包合同或者违法分包合同无效引起的赔偿损失请求权。(2) 发包人欠付转包人或者违法分包人建设工程价款。转包合同和违法分包合同无效，并不意味着发包人与承包人签订的建设工程施工合同无效。即使发包人与承包人签订的建设工程施工合同无效，如果承包人与实际施工人完成的建设工程经竣工验收合格，承包人也有权依据《民法典》第七百九十三条的规定，请求发包人参照合同约定支付工程价款。但是，如果承包人与实际施工人完成的建设工程质量不合格导致承包人无权请求支付工程价款，或者发包人已经全部支付欠承包人的工程价款，实际施工人就不能向发包人主张权利。(3) 实际施工人对转包人或者违法分包人享有的债权数额不超出发包人欠付转包人或者违法分包人建设工程价款。如果超出，对超出部分实际施工人不能向发包人主张。

同时，在实际施工人起诉发包人承担责任的情况下，由于实际施工人与发包人没有直接的合同关系，如果只有实际施工人和发包人参加诉讼，难以查清双方当事人之间的权利义务关系。实践中，有的法院并未查明发包人欠付工程价款情况，只是笼统地判决发包人在欠付工程款范围内向实际施工承担责任，这导致了两方面的弊端：一方面，由于生效判决对发包人是否欠付转包人或者违法分包人工程价款，欠付工程价款的数额等事实并未查清，实际施工人与发包人之间的权利义务并不明确。实际施工人申请强制执行后，由于没有明确具体的执行内容，往往导致无法执行，实际施工人的权利不能及时实现。另一方面，由于对实际施工人与转包人或者违法分包人之间的权利义务关系以及转包人或者违法分包人与承包人之间的权利义务关系没有查清，加之实际施工人并非法律上的较为严谨的法律概念，在实践中不易把握，容易导致发包人陷入无休止的缠诉之中。针对以上问题，为查清各方当事人之间欠付工程款的情况，准确认定发包人的责任范围，本条要求人民法院追加转包人或者违法分包人为本案第三人，并查明发包人欠付转包人或者违法分包人建设工程价款的数额。如果人民法院根据当事人提及的证据无法查清发包人是否欠付工程款的，由实际施工人承担举证不能的后果。

四、发包人承担责任的范围与性质

1. 本解释规定的“欠付工程款”应当指的是发包人欠付总承包人的工程款，而非欠付实际施工人的工程款，不能要求发包人、总承包人、转包人对实际施工人的所有债权承担责任。原建设部颁布的《建设工程施工发包与承包价格管理暂行办法》第五条第二款规定：“工程价格由成本（直接成本、间接成本）、利润（酬金）和税金构成。”住建部、财政部颁布的《建筑安装工程费用项目组成》第一条第一款规定：“建筑安装工程费用项目按费用构成要素组成划分为人工费、材料费、施工机具使用费、企业管理费、利润、规费和税金……”实际施工人主张工程价款时，往往还会向发包人或转包人、违法分包人主张工程款利息、违约金、工程奖励、损失赔偿等款项。对于这些不同类别的款项，实际施工人可以突破合同相对性原则向发包人主张的款项范围应当限定为工程价款，不包括违约金、损失、赔偿等。至于工程款利息是否可以要求发包人在欠付工程款范围内承担责任，实践中争议较大。工程价款结算中，人工费占比一般在15%～20%之间，从本条款保护农民工工资的本意出发，发包人在欠付工程款范围内承担责任，数额上已足以保障农民工工资的支付，故倾向性意见对工程款利息不予支持。

2. 关于发包人责任性质问题。司法实践中，通常判决与实际施工人有合同关系的转包人承担直接支付工程款的责任，同时判决发包人在欠付工程款范围内承担连带责任或者补充责任，判决承担连带责任的居多。但根据《民法典》第一百七十八条的规定，连带责任，由法律规定或者当事人约定。因此，连带责任似法律依据不足。在此种情形下，发包人的责任是共同责任、补充责任还是连带责任，在法理上争议极大。考虑本条款的立法本意及特殊性，审判中直接判决发包人在欠付工程款范围内承担责任更为妥当。当然，不论发包人承担的是什么性质责任，承担责任的区间应在“欠付工程价款范围内”。

【审判实践中应注意的问题】

一、发包人与承包人在建设工程施工合同中约定仲裁时，人民法院是否有权审理并认定发包人与承包人之间的工程价款？

根据本条第二款的规定，实际施工人突破合同相对性向发包人主张权利的，人民法院应查明发包人欠付转包人或者违法分包人建设工程价款的数额，但如果也就是说，实际施工人此时是否受仲裁条款的约束？此问题司法实践中争议极大，也存在不同的裁判观点。一种观点认为，发包人与承包人明确约定仲裁管辖的情形下，双方之间工程价款的结算及支付应提交仲裁委员会解决，不属于人民法院主管范围，实际施工人无权向发包人提起诉讼。另一种观点认为，本条第二款规定的实际施工人直接向发包人提起诉讼是一定时期及背景下为解决拖欠农民工工资问题的一种特殊制度安排，实际施工人对发包人主张权利，不能简单地理解为对承包人权利的承继。虽然发包人与承包人约定了仲裁条款，但实际施工人并非该建设工程施工合同的当事人，实际施工人无法依据该仲裁条款对发包人提起仲裁，也不应受发包人与承包人之间仲裁条款的约束。实际施工人仍可依据本条第二款的规定向发包人提起诉讼，人民法院根据在案证据依法查明发包人欠付承包人的工程款数额，如发包人与承包人自认工程款欠付数额或范围，或者双方将工程款纠纷提交仲裁等，而不是直接审理发包人与承包人的工程价款纠纷。

二、关于借用资质的实际施工人可否依据本条款向发包人提起诉讼问题

从文义看，本条只规定了转包、违法分包情形下实际施工人可以向发包人提起诉讼，并未规定借用有资质的建筑施工企业名义与他人签订建设工程施工合同（挂靠）的实际施工人。在《2018 年解释》征求意见稿中，曾对转包、违法分包和挂靠两种形式分别作了规定：征求意见稿第二十四条是关于转包和违法分包情形下实际施工人起诉发包人的规定，第二十五条则规定了挂靠情形下实际施工人的权利救济。第二十五条规定：“发包人订立合同时明知实际施工人借用资质，实际施工人向发包人主张工程价款的，应予支持；实际施工人向出借资质的建筑施工企业主张工程价款的，出借资质的建筑施工企业在其收取的工程价款范围内承担责任。没有证据证明发包人订立合同时明知实际施工人借用建筑施工企业名义签订合同，实际施工人向发包人主张工程价款的，不予支持。”最终，因审判实践中争议大，该条款未通过。

我们认为，本条第二款的规定原则上不适用于挂靠情形的实际施工人。挂靠是指单位与个人以其他有资质的施工单位的名义承揽工程的行为。转包和挂靠隐蔽性强，施工行为交叉，在现实中不易区分。一般挂靠发生在项目承揽前，即通过审查挂靠人是否参与工程项目投标、是否对订立合同有决定权、是否实际缴纳投标保证金及费用等方面认定是否属于挂靠。实际施工人借用有资质的建筑施工企业与发包人签订建设工程施工合同，实际包含两个法律行为：一是以虚假的意思表示实施的民事法律行为，即出借资质的建筑施工企业与发包人签订的建设工程施工合同。二是以虚假的意思表示隐藏的民事法律行为，即借用资质的实际施工人与发包人之间就建设工程施工合同之标的产生了实质性的建设工程施工合同关系。根据《民法典》第一百四十六条“行为人与相对人以虚假的意思表示实施的民事法律行为无效。以虚假的意思表示隐藏的民事法律行为的效力，依照有关法律规定处理”及本解释第一条的规定，发包人在订立建设工程施工合同时知道或者应当知道实际施工人借用资质的，上述建设工程施工合同无效。发包人与实际施工人事实上围绕订立、履行建设工程施工合同而形成一系列法律关系，双方当事人之间会基于这些法律关系产生债法上的请求权。也就是说，在建设工程施工合同关系无效，但建设工程经竣工验收合格情形下，实际施工人可直接向发包人请求参照合同关于工程价款的约定支付工程价款。

实践中还有一种情形，即发包人对实际施工人借用建筑施工名义并不知情的。考虑到转包行为和挂靠施工行为存在交叉，二者在现实中不易区分，根据《建筑工程施工发包与承包违法行为认定查处管理办法》第七条规定，有证据证明属于挂靠或者其他违法行为的，不认定为转包。当事人无法证明实际施工人与承包人系挂靠的，一般认定为转包，并依照本条之规定处理。

第四十四条

实际施工人依据民法典第五百三十五条规定，以转包人或者违法分包人怠于向发包人行使到期债权或者与该债权有关的从权利，影响其到期债权实现，提起代位权诉讼的，人民法院应予支持。

【条文主旨】

本条是关于实际施工人依法享有提起代位权诉讼权利的规定。

【条文理解】

债权属于对人权，具有相对性，原则上不能对抗第三人。债权人只能向债务人主张权利。这是债权与物权、知识产权、人格权等对世权最根本的区别，也是民法的基本原则。同时，债权的实现依赖于债务人的责任财产，为了提高债权实现的可能性，防止债务人的不当行为影响债权人的债权的实现，债法上有债的保全制度，在特定情况下赋予债权人向第三人主张权利或者撤销债务人特定行为的权利。我国《民法典》关于债权保全的规定体现为代位权和撤销权制度。从实际施工人、转包人或者违法分包人以及发包人三方的关系看，《民法典》第五百三十五条规定的代位权制度最适于保护实际施工人的权利。本条规定与本解释第四十三条规定有相通之处，二者都是对合同相对性的突破，都涉及实际施工人、转包人或者违法分包人及发包人三方当事人的两个法律关系。本条规定是将实际施工人对发包人的请求权引入到代位权诉讼的法律框架内，而本解释第四十三条是关于实际施工人权利保护的特殊规定。《民法典》颁布后，在对相关司法解释进行清理时，本解释保留了《2018年解释》第二十五条规定，同时依据《民法典》第五百三十五条规定的内容对文字表述作了相应修改。

一、实际施工人提起代位权诉讼的条件

代位权诉讼并非建设工程施工合同纠纷中的特殊制度，而是《民法典》合同编的一项制度。因此，在理解和适用本条规定时，应以《民法典》第五百三十五条及相关司法解释的规定为依据。《民法典》第五百三十五条第一款规定："因债务人怠于行使其债权或者与该债权有关的从权利，影响债权人的到期债权实现的，债权人可以向人民法院请求以自己的名义代位行使债务人对相对人的权利，但是该权利专属于债务人自身的除外。"司法实践中，一般认为，债权人提起代位权诉讼，应当符合下列条件：一是债权人对债务人的债权合法；二是债务人怠于行使其到期债权，影响债权人的到期债权实现；三是债务人的债权已到期；四是债务人的债权不是专属于债务人自身的债权。因此，实际施工人提起代位权诉讼的条件包括：

（一）实际施工人对转包人或者违法分包人享有合法的债权

转包合同或者违法分包合同因违反法律的禁止性规定，属于无效合同。但是，如果实际施工人完成的建设工程质量合格，参照《民法典》第七百九十三条第一款关于"建设工程施工合同无效，但是建设工程经验收合格的，可以参照合同关于工程价款的约定折价补偿承包人"的规定，转包人或者违法分包人仍应参照约定支付工程价款。需要注意的是，虽然《民法典》第七百九十三条规定发包人参照合同约定支付工程价款的前提条件是"建设工程经验收合格"，但从本条规定的精神看，只要建设工程质量合格，转包人或者违法分包人就应当支付相应的工程价款。而且此处所说的质量合格应当以国家标准为依据，而非以合同约定的标准为依据。如果转包合同或者违法分包合同约定的质量标准高于国家标准，实际施工人完成的建设工程达不到合同约定的较高的标准，但达到了国家规定的标准，转包人或者违法分包人仍应当向实际施工人支付工程价款。但是，转包合同或者违法分

包合同所约定的工程价款是以建设工程达到合同约定的较高的标准为对价。如果实际施工所完成的建设工程未达到这一标准，其所能获得的工程价款相对合同约定的工程价款应相应减少。

（二）转包人或者违法分包人怠于向发包人行使其到期债权或者与该债权有关的从权利，影响实际施工人的到期债权实现

司法实践中，所谓债务人怠于行使其到期债权，影响债权人的到期债权实现，是指债务人不履行其对债权人的到期债务，又不以诉讼方式或者仲裁方式向债务人主张其享有的具有金钱给付内容的到期债权，致使债权人的到期债权未能实现。次债务人（即债务人的债务人）不认为债务人有怠于行使其到期债权情况的，应当承担举证责任。这里需要正确理解债务人怠于行使其到期债权的含义。有观点认为，怠于行使其权利，主要表现为根本不主张权利或迟延行使权利。只要债务人已经行使自己的权利，纵使其方法不当或后果不利，债权人也不得再行使代位权，更不得依债权人的主观意愿来认定债务人行使对于第三人权利的方法适当与否，以及后果的好坏。① 这一观点具有合理性。转包人或者违法分包人是否怠于行使其对发包人的到期债权，关键在于债权履行期限届满后其是否不行使债权，其主观动机在所不论。如果由于客观原因导致转包人或者违法分包人无法向发包人行使到期债权，也不能认定转包人或者违法分包人怠于行使其对发包人的到期债权。

转包人或者违法分包人怠于向发包人行使其到期债权，影响实际施工人的到期债权实现这一条件，可细化为以下条件：（1）转包人或者违法分包人对实际施工人的债务已经到期。（2）转包人或者违法分包人不向实际施工人履行该到期债务。（3）转包人或者违法分包人对发包人享有债权。（4）转包人或者违法分包人对发包人享有的债权已经到期。（5）转包人或者违法分包人不以诉讼方式或者仲裁方式向发包人主张已到期的债权。（6）转包人或者违法分包人怠于向发包人主

① 崔建远：《债权人代位权的新解说》，载《法学》2017 年第 2 期。

张已到期的债权，影响实际施工人到期债权的实现。

（三）转包人或者违法分包人对发包人的债权已到期

在实际施工人对发包人提起的代位权诉讼中，发包人有权向实际施工人主张其向转包人或者违法分包人的抗辩。如果转包人或者违法分包人对发包人的债权未到期，发包人可以此为由提出抗辩，对抗实际施工人的代位权。

（四）转包人或者违法分包人的债权不是专属于其自身的债权

基于扶养关系、抚养关系、赡养关系、继承关系产生的给付请求权和劳动报酬、退休金、养老金、抚恤金、安置费、人寿保险、人身伤害赔偿请求权等权利系专属于债务人自身的债权。即代位权诉讼中专属于债务人自身的债权是针对自然人债务人而言的。在转包人或者违法分包人为建筑施工企业的情况下，转包人或者违法分包人对发包人的债权均不属于专属于其自身的债权，实际施工人均可代位行使。

综上，在实际施工人对发包人提起的代位权诉讼中，存在两个债权债务关系。一是实际施工人与转包人或者违法分包人之间的债权债务关系。由于转包合同和违法分包合同是无效合同，该债权债务关系并非合同之债。但这并不妨碍实际施工人向发包人提起代位权之诉。二是转包人或者违法分包人与发包人之间的债权债务关系。承包人转包和违法分包行为无效，并不必然导致其与发包人之间的建设工程施工合同无效。因此，转包人或者违法分包人与发包人之间的债权债务关系可能是合同之债，也可能不是合同之债。同时，转包人或者违法分包人与发包人之间的债权债务关系并不限于建设工程施工合同项下的债权债务关系。实际施工人对发包人行使代位权，须这两个债权债务关系均合法；这两个债权债务关系中的债务均已到期，且均未履行；第二个债权债务关系中的转包人或者违法分包人享有的债权系不属于专属于其自身的债权；违法分包人与发包人未通过公力救济的方式向发包人主张债权。只有这两个债权债务关系同时符合这几个条件时，实际施工人才能向发包人行使代位权。

二、实际施工人无权代位行使优先受偿权

依本条的规定，有观点认为“转包人或者违法分包人怠于向发包人行使到期债权或者与该债权有关的从权利”中的从权利应当包括建设工程价款优先受偿权。我们认为这一观点并不准确。

本解释第三十五条规定：“与发包人订立建设工程施工合同的承包人，依据民法典第八百零七条的规定请求其承建工程的价款就工程折价或者拍卖的价款优先受偿的，人民法院应予支持。”之所以规定只有与发包人订立建设工程施工合同的承包人才享有建设工程价款优先受偿权，主要是基于以下考虑：

1. 建设工程价款优先受偿权是对世权，具有优先于设立在建设工程上的抵押权、普通债权的效力，对交易安全和第三人利益影响较大，为维护交易安全和平衡善意第三人利益，对其权利主体不宜过度放宽。

2. 实际施工人并非严格的法律主体概念，实践中实际施工人身份的认定本身就是争议很大的问题。如果实际施工人均享有建设工程价款优先受偿权，则围绕建设工程建立的一系列法律关系均处于不稳定之中，不仅损害交易安全和其他相关方的利益，也会对建设工程的使用、转让等造成不良影响。

3. 《民法典》第八百零七条规定：“发包人未按照约定支付价款的，承包人可以催告发包人在合理期限内支付价款。发包人逾期不支付的，除根据建设工程的性质不宜折价、拍卖外，承包人可以与发包人协议将该工程折价，也可以请求人民法院将该工程依法拍卖。建设工程的价款就该工程折价或者拍卖的价款优先受偿。”从本条规定的文义理解，只有有权请求发包人支付建设工程价款的人才能行使建设工程价款优先受偿权，若实际施工人与发包人之间不具有建设工程施工合同关系，则不应当享有建设工程价款优先受偿权。

4. 本解释第四十三条和第四十四条突破合同的相对性，对实际施工人的利益予以保护，是以不加重发包人的责任为前提。实际施工人与发包人未建立建设工程施工合同关系，发包人在与承包人签订建设

工程施工合同时，往往并不知道实际施工人的存在。但是建设工程价款优先受偿权对发包人利益有重大影响，如果发包人在与承包人签订建设工程施工合同时并不知道工程会由实际施工人施工，其本意就是由承包人负责施工，结果承包人与实际施工人背地里签订了转包或者违法分包合同，已经损害了发包人权益，如果还允许实际施工人向其主张建设工程价款优先受偿权，对发包人明显不公平。①

《民法典》第五百三十五条规定债权人可代位行使债务人的债权及有关的从权利。这里的从权利主要是指担保权利，包括担保物权和保证。② 这里要注意区分建设工程价款优先受偿权与担保物权的区别。依据物权公示公信原则，担保物权的设立原则上以一定的公示行为为条件，才能产生公信力，具有对世性。

例如，《民法典》第四百零二条规定："以本法第三百九十五条第一款第一项至第三项规定的财产或者第五项规定的正在建造的建筑物抵押的，应当办理抵押登记。抵押权自登记时设立。"第四百零三条规定："以动产抵押的，抵押权自抵押合同生效时设立；未经登记，不得对抗善意第三人。"第四百零四条规定："以动产抵押的，不得对抗正常经营活动中已经支付合理价款并取得抵押财产的买受人。"第四百二十九条规定："质权自出质人交付质押财产时设立。"第四百四十一条规定："以汇票、本票、支票、债券、存款单、仓单、提单出质的，质权自权利凭证交付质权人时设立；没有权利凭证的，质权自办理出质登记时设立。法律另有规定的，依照其规定。"第四百五十七条规定，留置权人对留置财产丧失占的，留置权消灭。因此，在缺乏必要的公示方式的情况下，担保物权或不能成立，或不能对抗善意第三人。但《民法典》及相关司法解释并未规定建设工程价款优先受偿权需以法定公示方式为条件，但确赋予了其对抗善意第三人的效力，不仅优先于一般债权，而且优先于抵押权。

---

① 谢勇：《建设工程施工合同案件裁判规则解析》，法制出版社2020年版，第233～234页。

② 黄薇编：《中华人民共和国民法典释义（中）》，法律出版社2020年版，第1025页。

从比较法的角度看，其他主要国家和地区确定建设工程价款优先受偿的方式主要有三：（1）由法律明确规定；（2）由当事人事先登记；（3）由法院通过诉讼确认。有的国家或者地区采用其中一种方式，有的国家或者地区采用其中两种方式。其中，《日本民法》第三百二十七条规定，日本民法上的不动产工事先取特权及于“该不动产上施工事所生之费用”。建设工程价款优先受偿的范围为“因承揽关系所生之债权”。同时，日本法律要求该不动产工事先取特权因于工事开始前将其费用之预算额登记而保存其效力。但依《日本民法》第三百零八条第一项之规定，“不动产工事先取特权，其实际工事费用超过其登记之预算额时，该超过部分无先取特权。”日本法上建设工程价款优先受偿的范围依登记范围而确定，法律并不对其具体组成部分作出规定。这种保护方式的优势在于建设工程价款优先受偿权的范围通过足以产生公信力的方式公示，对第三人预期和交易秩序予以较好保护。在美国，经过登记的建设工程价款优先受偿权并不当然取得执行效力。优先受偿权人要行使建设工程价款优先受偿权，需要根据法律规定在法定期限内向法院提起优先受偿权行使之诉，由法院确认建设工程价款优先受偿权的效力以及建设工程价款优先受偿的范围。《美国统一建筑优先权法》第四百零三条规定，优先权申请人超出其实际债权数额主张优先权时，法庭可以宣告其优先权无效，并判令其赔偿由此对业主或者其他利害相关人造成的损失，以及更正优先受偿权登记的费用和合理的律师费用。《法国民法典》第二千三百七十四条第四项规定，建筑施工人首先需要该不动产所在地大审法院依职权指定的鉴定专家事先作成的笔录以确认与所有人宣告拟建的工程有关的现场状况，并且工程完工后最迟6个月内由同样依职权指定的鉴定人验收，才能就法律规定范围内的债权对该不动产享有优先权。但是优先权的数额不得超过第二份笔录所确认的价值，并且以转让不动产时已经进行的工程的增加额为限。

我国《民法典》及相关司法解释并不要求承包人享有的建设工程价款优先受偿权以登记为要件，也没有规定法定确认等前置程序，但却赋予其对世性和极强的优先效力。因此，在理解和适用《民法典》第五百三十五条规定时，一定要注意区分建设工程价款优先受偿权与担保物权在成立条件、效力优先性、对交易安全的影响等方面的巨大差异，不可将二者简单画等号。

三、实际施工人行使代位权的法律效果

传统观点认为，债权人代债务人的位向次债务人行使债权，本质上是行使债务人的债权，因此，债权人行使代位权的法律效果应直接地归属于债务人，从而增加债务人的责任财产，提高债务人全体债权人的债权受清偿的可能性。换言之，债权人只能代位行使债权，而不能代位接受清偿。行使代位权的债权人并不因其提起了代位权诉讼就获得优先受偿的权利。这种将行使代位权取得的财产先加入债务人的责任财产的做法名之为“入库规则”。[①]

该规则的道理在于，代位权本身与代位权的客体并不是一回事，代位权的客体是归属于债务人的，故其结果也应归属于债务人。债权人代位权虽是为了让债权人保全自己的债权，却并非自己债权的直接满足，而是一种对全体债权人的共同担保的制度，是一种保全债务人责任财产的制度（即共同担保的保全），债权人代位权是要通过这种“共同担保的保全”来实现债权人“自己债权的保全”。债权人代位权行使的效果直接归属于债务人。如债务人仍怠于受领，债权人可代位受领。[②] 但我国《民法典》并未采用“入库规则”。《民法典》第五百三十七条中规定，人民法院认定代位权成立的，由债务人的相对人向债权人履行义务，债权人接受履行后，债权人与债务人、债务人与相对人之间相应的权利义务终止。据此，如果人民法院支持实际施工人向发包人提起的代位权之诉，应当判决发包人直接向实际施工人履行清偿义务。发包人向实际施工人履行清偿义务后，发包人与转包人或

---

① 崔建远、韩世远：《〈合同法〉中的债权人代位权制度》，载《中国法学》1999年第3期。

② 崔建远：《债权人代位权的新解说》，载《法学》2017年第2期。

者违法分包人之间的债权债务以及实际施工人与转包人或者违法分包人之间债权债务的相应部分均消灭。

如上所述，实际施工人向发包人提起代位权诉讼，涉及两个债权债务关系：(1) 实际施工人与转包人或者违法分包人之间的债权债务关系。(2) 转包人或者违法分包人与发包人之间的债权债务关系。实际施工人向发包人行使代位权，不仅以实际施工人对转包人或者违法分包人的债权和转包人或者违法分包人对发包人之间的债权有效、到期为前提，其行使代位权的范围也受到这两个债权数额的限制。对于债权人行使代位权的范围，实际施工人代转包人或者违法分包人的位向发包人行使债权，既不能超过其对转包人或者违法分包人享有的债权，也不能超过转包人或者违法分包人对发包人享有的债权。

【审判实践中应注意的问题】

一、实际施工人对发包人提起代位权诉讼的管辖法院

债权人提起代位权诉讼的，应由被告住所地人民法院管辖。实际施工人对发包人提起的代位权诉讼，原则上应由发包人住所地人民法院管辖。但是，实际施工人对发包人提起的代位权诉讼通常涉及建设工程价款债权，涉及建设工程施工合同纠纷。《最高人民法院关于适用〈中华人民共和国民事诉讼法〉的解释》第二十八条第二款规定，建设工程施工合同纠纷按照不动产纠纷确定管辖。根据《民事诉讼法》第三十三条关于专属管辖的规定，由不动产所在地人民法院管辖，即由建设工程所在地人民法院管辖。因此，实际施工人对发包人提起的代位权诉讼涉及建设工程价款债权的，应由建设工程所在地人民法院管辖，不涉及建设工程价款债权的，应由发包人住所地人民法院管辖。

二、人民法院可以追加转包人或者违法分包人为第三人

实际施工人对发包人提起的代位权之诉，涉及三方当事人之间的

两个法律关系，实际施工人与发包人之间并无直接的合同关系。是转包人或者违法分包人通过与实际施工人和发包人分别订立的合同在发包人与实际施工人之间建立起联系。因此，如果转包人或者违法分包人不参加诉讼，将很难查清三方当事人之间的法律关系。债权人以次债务人为被告向人民法院提起代位权诉讼，未将债务人列为第三人的，人民法院可以追加债务人为第三人。实际施工人在对发包人提起的代位权诉讼中，未将转包人或者违法分包人列为第三人的，人民法院可以追加转包人或者违法分包人为第三人。

转包人或者违法分包人被追加为第三人后，向发包人提起履行债务的诉讼请求的，人民法院可依据《民事诉讼法》第一百四十条的规定，一并审理。但是，债务人在代位权诉讼中，对超过债权人代位请求数额的债权部分起诉次债务人的，人民法院应当告知其向有管辖权的人民法院另行起诉。因此，转包人或者违法分包人请求发包人履行债务的标的额，不能超过实际施工人对发包人提起的代位权诉讼的标的额。超过部分，人民法院在代位权诉讼中不应支持，并告知其向有管辖权的人民法院另行起诉。

转包人或者违法分包人可以认同实际施工人的诉讼请求，也可以反驳实际施工人的诉讼请求。在代位权诉讼中，次债务人对债务人的抗辩，可以向债权人主张。债务人在代位权诉讼中对债权人的债权提出异议，经审查异议成立的，人民法院应当裁定驳回债权人的起诉。因此，如果转包人或者违法分包人放弃对实际施工人的抗辩，该放弃行为对发包人不发生效力，发包人仍可向实际施工人主张该抗辩。如果转包人或者违法分包人对实际施工人的诉讼请求提出的抗辩成立，人民法院应驳回实际施工人的诉讼请求。

第四十五条

本解释自2021年1月1日起施行。

【条文主旨】

本条是关于本解释生效日期的具体规定。

【条文理解】

为了确保《民法典》的正确适用，充分保障当事人依法行使诉讼权利，考虑到与《民法典》施行时间保持一致以及与诉讼程序进行有效衔接，本解释施行的时间确定在2021年1月1日。

一、关于司法解释的施行时间

司法解释是最高人民法院就审判工作中如何具体应用法律作出的重要司法规范，自生效之日起才具有法律效力。《立法法》第五十七条规定："法律应当明确规定施行日期。"法律的施行日期关系到该法何时产生拘束力的问题，也是适用法律的前提。与此相同，司法解释的施行日期不仅标示其自何时生效，亦对人民法院能否将其作为案件的裁判依据产生影响。我国的司法解释根据不同情况规定了不同的施行时间，通常是由司法解释的具体性质和实际需要决定的，主要分为以下三类：

（一）自公布之日起立即生效

此种方式多适用于急需司法解释尽快出台，且立即施行时机较为成熟的情况，为了使其尽早发挥规范作用，而采取此类一经公布立即生效的做法。例如，此前施行的《最高人民法院关于适用〈中华人民共和国婚姻法〉若干问题的解释（一）》（法释〔2001〕30 号）第三十四条规定："本解释自公布之日起施行。"此外需要注意的是，如司法解释条文未规定施行时间，也未发布相关公告，其生效时间应理解为"自发布之日起施行"。

（二）自公布一段时间之后的某日起施行

采取这种方式主要考虑到司法解释从公布到施行需要有一个学习宣传贯彻的过程，力求使各级人民法院理解和掌握司法解释的原则和精神，以便广大审判人员在实际审判工作中正确适用相关规定。具体而言，每件司法解释公布与施行的时间间隔各不相同。这主要根据司法解释的内容、急缓程度来确定。

本解释即属于此类，采取了明确规定实施日期的做法。主要考量因素有二：（1）我国《民法典》于 2021 年 1 月 1 日起正式施行，本解释与《民法典》的施行时间保持一致，能够更好地适应社会经济发展的需要，妥善地与《民法典》及相关法律规范进行衔接，进一步保障法律适用的正确性。（2）考虑到本解释对建设工程施工合同纠纷领域此前实施的三部司法解释——《工程价款优先受偿权批复》《2004 年解释》《2018 年解释》——进行了清理、整合和修改，并在此基础上进行了补充和编纂，其内容涉及现阶段建设工程施工合同纠纷案件审理中的众多重点、难点问题。因此，为本解释的公布和施行留出相应的准备和衔接工作的时间十分必要，亦能更好地保证本解释在审判实践中全面、正确实施。

（三）在一项司法解释中规定两个施行时间

此种情况极为少见，但也曾经存在。例如，《工程价款优先受偿权批复》第五条规定："本批复第一条至第三条自公布之日起施行，第四条自公布之日起六个月后施行。"该批复现已废止，但其具有典型性，相关实体性规范自批复公布之日起施行，但对承包人行使优先受偿权的时间限制从该批复公布之日起六个月后施行，其目的就是更好保护建设工程施工人工程价款的优先受偿权。

二、关于司法解释的溯及适用问题

与法律、司法解释施行时间密切相关的问题是其溯及适用问题。本解释虽未明文规定其溯及力，但考虑到审判实践的需要，仍有必要予以讨论和明确。法的溯及力，亦即法的溯及既往效力，是指法律生效后，对其生效之前的事件、行为和法律关系是否适用的问题。如果适用，则具有溯及力；如果不适用则不具有溯及力。

（一）法不溯及既往原则及其例外

从法理的角度看，法律是指导人们行为的准则，具有稳定性和可预期性，仅在其公布后才能成为约束人们行为的准则，用尚未制定或生效的法律、法规来调整社会成员的行为，缺乏现实可行性和法律公正性，亦不利于社会秩序的稳定和经济的发展。法不溯及既往的理论基础是信赖利益保护原则，但该原则并不绝对。如果因为社会发展变化，旧法已经不利于保护当事人权益的，应允许通过新法来修正旧法，此时如果仍然坚持法不溯及既往原则，则与保护当事人权利的目的相悖。对此，民法学界提出一些重要观点，譬如“例外追溯”和“有利追溯”。如果先前的某种行为根据新法比根据旧法更有利于保护当事人利益，应允许新法溯及既往，保护当事人的利益。对于程序法，我国法学理论界普遍认为，实体法以法不溯及既往为原则之一，但程序法无此原则。与此相反的是，在新程序法生效时尚未处理的案件，均应采取程序从新原则，依照新程序法处理。

从立法的角度看，法不溯及既往是各国普遍遵循的法治原则。我国《立法法》第九十三条对于“法律不溯及既往”原则作出了专门规定：“法律、行政法规、地方性法规、自治条例和单行条例、规章不溯及既往，但为了更好地保护公民、法人和其他组织的权利和利益而作的特别规定除外。”

从司法解释的角度看，对其实施前人民法院审理的案件能否适用的问题，情况较为复杂。实践中一直存在不同的观点：一种观点认为，司法解释虽然理论上是对既有法律的解释，但其在一定程度上起着填补立法空白的作用。按照法律不溯及既往的原则，司法解释只能适用于公布施行后人民法院新受理的案件。只要案件的一审程序是在司法解释生效施行之前启动的，都不能适用该司法解释。另一种观点认为，司法解释是对现行立法的解释，故应当自公布之日起，对于人民法院尚未审结的一审、二审案件均适用。这种对司法解释施行前人民法院已经受理、司法解释施行后尚未审结的案件加以适用司法解释的主张，实际上是赋予了司法解释一定的溯及力。在审判实践中，对适用法不溯及既往的例外，一定要有明确的规定，没有明确规定的，不得推定法律、司法解释溯及既往。

（二）本解释的溯及力

从司法实践看，新司法解释施行后尚未审结的一审、二审案件一般适用解释，而施行前已经终审、施行后当事人申请再审或者按照审判监督程序决定再审的案件不适用解释。本解释征求意见稿也曾规定："本解释自2021年1月1日起施行。本解释施行后尚未审结的一审、二审案件适用本解释。本解释施行前已经终审、施行后当事人申请再审或者按照审判监督程序决定再审的案件，不适用本解释。最高人民法院以前发布的司法解释与本解释不一致的，以本解释为准。"后经最高人民法院审判委员会研究，将配套《民法典》实施的相关司法解释的施行时间统一表述为"本解释自2021年1月1日起施行"。

关于本解释的溯及力问题。此前关于审理建设工程施工合同纠纷的三部司法解释已被《最高人民法院关于废止部分司法解释及相关规范性文件的决定》（法释〔2020〕16号）宣布废止。人民法院今后在审理建设工程施工合同纠纷案件时如何适用新旧司法解释，应根据《最高人民法院关于适用〈中华人民共和国民法典〉时间效力的若干规定》的原则选择适用。

首先，除法律、司法解释另有规定的，《民法典》施行前的法律事实引起的民事纠纷案件，适用当时的法律、司法解释的规定；《民法典》施行前的法律事实持续至《民法典》施行后，该法律事实引起的民事纠纷案件，适用《民法典》的规定。对于合同纠纷，《最高人民法院关于适用〈中华人民共和国民法典〉时间效力的若干规定》第二十条另有特别规定，即在《民法典》施行前成立的合同，依照法律规定或者当事人约定该合同的履行持续至《民法典》施行后，此类跨合同履行行为分段适用新旧法律：因《民法典》施行前履行合同发生争议的，适用当时的法律、司法解释的规定；因《民法典》施行后履行合同发生争议的，适用《民法典》的相关规定。也就是说，因履行建设工程施工合同发生的争议，明确以法律事实发生时间作为判断是否适用《民法典》及新解释的基准点。如建设工程施工合同成立于2021年1月1日之后，自然适用本解释。如果建设工程施工合同成立于2021年1月1日之前，合同的履行持续至2021年1月1日之后的，则以1月1日作为适用新旧解释的基准点，1月1日前履行合同发生争议的，适用当时的法律、司法解释的规定；1月1日后履行合同发生争议的，适用《民法典》第三编第四章和第五章及本解释的相关规定，这与之前司法解释通常适用于施行后尚未审结的一审、二审案件是不同的。

其次，本解释施行前已经终审、施行后当事人申请再审或者按照审判监督程序决定再审的案件，不适用本解释，对此最高人民法院的观点一直是明确、统一的。通常情况下，案件裁判的既判力应当优于司法解释的溯及力，即不得以个案的裁判理由不同于司法解释的规定为由推翻已经生效的裁判。这是因为，即使允许司法解释在有限情形下溯及既往，也要以不违反法的安定性和信赖利益保护原则为前提，而维护裁判的既判力也是法的安定性的一项基本要求，如果溯及力优于既判力，可能会引起大量的裁决被推翻，从而给司法裁判的权威性带来负面影响。

最后，关于新增规定和细化规定的溯及适用问题。新增规定的溯及适用又被称为“空白溯及”。本解释的编纂过程中，在总结以往审判实践经验的基础上新增了一些规定。对于《民法典》、本解释施行前发生的法律事实引起的民事纠纷案件，在当时法律、司法解释没有规定的情况下，可以适用本解释的新增规定，但是明显减损当事人合法权益、增加当事人法定义务或者背离当事人合理预期的除外。当时的法律、司法解释有规定而本解释规定得更加具体、细化的，人民法院可以依据相关细化规定进行说理，增加裁判的正当性、合理性。

【审判实践中应注意的问题】

为了正确适用法律和本解释，做好新旧解释的适用衔接，就建设工程施工合同纠纷案件审判中如何援引新旧解释问题说明如下：

对于本解释施行后尚未审结和新受理的一审、二审案件，建设工程施工合同成立于2021年1月1日之前，依照《最高人民法院关于适用〈中华人民共和国民法典〉时间效力的若干规定》应当适用《民法典》及本解释的，在援引本解释相关条文的同时还应援引《最高人民法院关于适用〈中华人民共和国民法典〉时间效力的若干规定》相关条文；应当适用当时的法律、司法解释规定的（现在已经废止或者修改），在援引当时的法律、司法解释具体规定的同时还应援引《最高人民法院关于适用〈中华人民共和国民法典〉时间效力的若干规定》关于法不溯及既往的相关条文，原解释已经被废止的，应当注明文号，例如："依照《最高人民法院关于审理建设工程施工合同纠纷案件适用法律问题的解释》（法释〔2004〕14号）第××条规定。"

建设工程施工合同成立于2021年1月1日之后，履行合同发生争议的，直接援引《民法典》、本解释，不再援引《最高人民法院关于适用〈中华人民共和国民法典〉时间效力的若干规定》相关条文。

新旧条文对照表

《最高人民法院关于审理建设工程施工合同纠纷案件适用法律问题的解释》（以下简称《2004年解释》）、《最高人民法院关于审理建设工程施工合同纠纷案件适用法律问题的解释（二）》（以下简称《2018年解释》）、《最高人民法院关于建设工程价款优先受偿权问题的批复》（以下简称《工程价款优先受偿权批复》） （阴影部分为修改或删除的内容）	《最高人民法院关于审理建设工程施工合同纠纷案件适用法律问题的解释（一）》 （黑体部分为修改或增加的内容）
《2004年解释》 根据《中华人民共和国民法通则》、《中华人民共和国合同法》、《中华人民共和国招标投标法》、《中华人民共和国民事诉讼法》等法律规定，结合民事审判实际，就审理建设工程施工合同纠纷案件适用法律的问题，制定本解释。 **《2018年解释》** 为正确审理建设工程施工合同纠纷案件，依法保护当事人合法权益，维护建筑市场秩序，促进建筑市场健康发展，根据《中华人民共和国民法总则》、《中华人民共和国合同法》《中华人民共和国建筑法》《中华人民共和国招标投标法》《中华人民共和国民事诉讼法》等法律规定，结合审判实践，制定本解释。	为正确审理建设工程施工合同纠纷案件，依法保护当事人合法权益，维护建筑市场秩序，促进建筑市场健康发展，根据**《中华人民共和国民法典》**《中华人民共和国建筑法》《中华人民共和国招标投标法》《中华人民共和国民事诉讼法》等**相关法律规定**，结合审判实践，制定本解释。
《2004年解释》第一条 建设工程施工合同具有下列情形之一的，应当根据合同法第五十二条第（五）项的规定，认定无效： （一）承包人未取得建筑施工企业资质或者超越资质等级的； （二）没有资质的实际施工人借用有资质的建筑施工企业名义的； （三）建设工程必须进行招标而未招标或者中标无效的。	**第一条** 建设工程施工合同具有下列情形之一的，应当**依据民法典第一百五十三条第一款**的规定，认定无效： （一）承包人未取得**建筑业企业资质**或者超越资质等级的； （二）没有资质的实际施工人借用有资质的建筑施工企业名义的； （三）建设工程必须进行招标而未招标或者中标无效的。

续表

《2004年解释》**第四条** 承包人非法转包、违法分包建设工程或者没有资质的实际施工人借用有资质的建筑施工企业名义与他人签订建设工程施工合同的行为无效。人民法院可以根据民法通则第一百三十四条规定，收缴当事人已经取得的非法所得。	承包人**因转包、违法分包建设工程与他人签订的建设工程施工合同，应当依据民法典第一百五十三条第一款及第七百九十一条第二款、第三款的规定，认定无效。**
《2004年解释》**第二条** 建设工程施工合同无效，但建设工程经竣工验收合格，承包人请求参照合同约定支付工程价款的，应予支持。	
《2004年解释》**第三条** 建设工程施工合同无效，且建设工程经竣工验收不合格的，按照以下情形分别处理： （一）修复后的建设工程经竣工验收合格，发包人请求承包人承担修复费用的，应予支持； （二）修复后的建设工程经竣工验收不合格，承包人请求支付工程价款的，不予支持。 因建设工程不合格造成的损失，发包人有过错的，也应承担相应的民事责任。	
《2018年解释》**第一条** 招标人和中标人另行签订的建设工程施工合同约定的工程范围、建设工期、工程质量、工程价款等实质性内容，与中标合同不一致，一方当事人请求按照中标合同确定权利义务的，人民法院应予支持。	**第二条** 招标人和中标人另行签订的建设工程施工合同约定的工程范围、建设工期、工程质量、工程价款等实质性内容，与中标合同不一致，一方当事人请求按照中标合同确定权利义务的，人民法院应予支持。

续表

招标人和中标人在中标合同之外就明显高于市场价格购买承建房产、无偿建设住房配套设施、让利、向建设单位捐赠财物等另行签订合同，变相降低工程价款，一方当事人以该合同背离中标合同实质性内容为由请求确认无效的，人民法院应予支持。	招标人和中标人在中标合同之外就明显高于市场价格购买承建房产、无偿建设住房配套设施、让利、向建设单位捐赠财物等另行签订合同，变相降低工程价款，一方当事人以该合同背离中标合同实质性内容为由请求确认无效的，人民法院应予支持。
《2018 年解释》第二条 当事人以发包人未取得建设工程规划许可证等规划审批手续为由，请求确认建设工程施工合同无效的，人民法院应予支持，但发包人在起诉前取得建设工程规划许可证等规划审批手续的除外。 发包人能够办理审批手续而未办理，并以未办理审批手续为由请求确认建设工程施工合同无效的，人民法院不予支持。	**第三条** 当事人以发包人未取得建设工程规划许可证等规划审批手续为由，请求确认建设工程施工合同无效的，人民法院应予支持，但发包人在起诉前取得建设工程规划许可证等规划审批手续的除外。 发包人能够办理审批手续而未办理，并以未办理审批手续为由请求确认建设工程施工合同无效的，人民法院不予支持。
《2004 年解释》第五条 承包人超越资质等级许可的业务范围签订建设工程施工合同，在建设工程竣工前取得相应资质等级，当事人请求按照无效合同处理的，不予支持。	**第四条** 承包人超越资质等级许可的业务范围签订建设工程施工合同，在建设工程竣工前取得相应资质等级，当事人请求按照无效合同处理的，**人民法院不予支持。**
《2004 年解释》第七条 具有劳务作业法定资质的承包人与总承包人、分包人签订的劳务分包合同，当事人以转包建设工程违反法律规定为由请求确认无效的，不予支持。	**第五条** 具有劳务作业法定资质的承包人与总承包人、分包人签订的劳务分包合同，当事人**请求确认无效的，人民法院依法不予支持。**

续表

《2004年解释》第八条　承包人具有下列情形之一，发包人请求解除建设工程施工合同的，应予支持： （一）明确表示或者以行为表明不履行合同主要义务的； （二）合同约定的期限内没有完工，且在发包人催告的合理期限内仍未完工的； （三）已经完成的建设工程质量不合格，并拒绝修复的； （四）将承包的建设工程非法转包、违法分包的。	
《2004年解释》第九条　发包人具有下列情形之一，致使承包人无法施工，且在催告的合理期限内仍未履行相应义务，承包人请求解除建设工程施工合同的，应予支持： （一）未按约定支付工程价款的； （二）提供的主要建筑材料、建筑构配件和设备不符合强制性标准的； （三）不履行合同约定的协助义务的。	
《2004年解释》第十条　建设工程施工合同解除后，已经完成的建设工程质量合格的，发包人应当按照约定支付相应的工程价款；已经完成的建设工程质量不合格的，参照本解释第三条规定处理。 因一方违约导致合同解除的，违约方应当赔偿因此而给对方造成的损失。	

续表

《2018年解释》第三条　建设工程施工合同无效，一方当事人请求对方赔偿损失的，应当就对方过错、损失大小、过错与损失之间的因果关系承担举证责任。 损失大小无法确定，一方当事人请求参照合同约定的质量标准、建设工期、工程价款支付时间等内容确定损失大小的，人民法院可以结合双方过错程度、过错与损失之间的因果关系等因素作出裁判。	**第六条**　建设工程施工合同无效，一方当事人请求对方赔偿损失的，应当就对方过错、损失大小、过错与损失之间的因果关系承担举证责任。 损失大小无法确定，一方当事人请求参照合同约定的质量标准、建设工期、工程价款支付时间等内容确定损失大小的，人民法院可以结合双方过错程度、过错与损失之间的因果关系等因素作出裁判。
《2018年解释》第四条　缺乏资质的单位或者个人借用有资质的建筑施工企业名义签订建设工程施工合同，发包人请求出借方与借用方对建设工程质量不合格等因出借资质造成的损失承担连带赔偿责任的，人民法院应予支持。	**第七条**　缺乏资质的单位或者个人借用有资质的建筑施工企业名义签订建设工程施工合同，发包人请求出借方与借用方对建设工程质量不合格等因出借资质造成的损失承担连带赔偿责任的，人民法院应予支持。
《2018年解释》第五条　当事人对建设工程开工日期有争议的，人民法院应当分别按照以下情形予以认定： （一）开工日期为发包人或者监理人发出的开工通知载明的开工日期；开工通知发出后，尚不具备开工条件的，以开工条件具备的时间为开工日期；因承包人原因导致开工时间推迟的，以开工通知载明的时间为开工日期。	**第八条**　当事人对建设工程开工日期有争议的，人民法院应当分别按照以下情形予以认定： （一）开工日期为发包人或者监理人发出的开工通知载明的开工日期；开工通知发出后，尚不具备开工条件的，以开工条件具备的时间为开工日期；因承包人原因导致开工时间推迟的，以开工通知载明的时间为开工日期。

续表

（二）承包人经发包人同意已经实际进场施工的，以实际进场施工时间为开工日期。 （三）发包人或者监理人未发出开工通知，亦无相关证据证明实际开工日期的，应当综合考虑开工报告、合同、施工许可证、竣工验收报告或者竣工验收备案表等载明的时间，并结合是否具备开工条件的事实，认定开工日期。	（二）承包人经发包人同意已经实际进场施工的，以实际进场施工时间为开工日期。 （三）发包人或者监理人未发出开工通知，亦无相关证据证明实际开工日期的，应当综合考虑开工报告、合同、施工许可证、竣工验收报告或者竣工验收备案表等载明的时间，并结合是否具备开工条件的事实，认定开工日期。
《2004年解释》第十四条 当事人对建设工程实际竣工日期有争议的，按照以下情形分别处理： （一）建设工程经竣工验收合格的，以竣工验收合格之日为竣工日期； （二）承包人已经提交竣工验收报告，发包人拖延验收的，以承包人提交验收报告之日为竣工日期； （三）建设工程未经竣工验收，发包人擅自使用的，以转移占有建设工程之日为竣工日期。	**第九条** 当事人对建设工程实际竣工日期有争议的，**人民法院应当分别按照以下情形予以认定：** （一）建设工程经竣工验收合格的，以竣工验收合格之日为竣工日期； （二）承包人已经提交竣工验收报告，发包人拖延验收的，以承包人提交验收报告之日为竣工日期； （三）建设工程未经竣工验收，发包人擅自使用的，以转移占有建设工程之日为竣工日期。
《2018年解释》第六条 当事人约定顺延工期应当经发包人或者监理人签证等方式确认，承包人虽未取得工期顺延的确认，但能够证明在合同约定的期限内向发包人或者监理人申请过工期顺延且顺延事由符合合同约定，承包人以此为由主张工期顺延的，人民法院应予支持。	**第十条** 当事人约定顺延工期应当经发包人或者监理人签证等方式确认，承包人虽未取得工期顺延的确认，但能够证明在合同约定的期限内向发包人或者监理人申请过工期顺延且顺延事由符合合同约定，承包人以此为由主张工期顺延的，人民法院应予支持。

续表

当事人约定承包人未在约定期限内提出工期顺延申请视为工期不顺延的，按照约定处理，但发包人在约定期限后同意工期顺延或者承包人提出合理抗辩的除外。	当事人约定承包人未在约定期限内提出工期顺延申请视为工期不顺延的，按照约定处理，但发包人在约定期限后同意工期顺延或者承包人提出合理抗辩的除外。
《2004 年解释》第十五条 建设工程竣工前，当事人对工程质量发生争议，工程质量经鉴定合格的，鉴定期间为顺延工期期间。	**第十一条** 建设工程竣工前，当事人对工程质量发生争议，工程质量经鉴定合格的，鉴定期间为顺延工期期间。
《2004 年解释》第十一条 因承包人的过错造成建设工程质量不符合约定，承包人拒绝修理、返工或者改建，发包人请求减少支付工程价款的，应予支持。	**第十二条** 因承包人的**原因**造成建设工程质量不符合约定，承包人拒绝修理、返工或者改建，发包人请求减少支付工程价款的，**人民法院应予支持**。
《2004 年解释》第十二条 发包人具有下列情形之一，造成建设工程质量缺陷，应当承担过错责任： （一）提供的设计有缺陷； （二）提供或者指定购买的建筑材料、建筑构配件、设备不符合强制性标准； （三）直接指定分包人分包专业工程。 承包人有过错的，也应当承担相应的过错责任。	**第十三条** 发包人具有下列情形之一，造成建设工程质量缺陷，应当承担过错责任： （一）提供的设计有缺陷； （二）提供或者指定购买的建筑材料、建筑构配件、设备不符合强制性标准； （三）直接指定分包人分包专业工程。 承包人有过错的，也应当承担相应的过错责任。

续表

《2004 年解释》**第十三条** 建设工程未经竣工验收，发包人擅自使用后，又以使用部分质量不符合约定为由主张权利的，不予支持；但是承包人应当在建设工程的合理使用寿命内对地基基础工程和主体结构质量承担民事责任。	**第十四条** 建设工程未经竣工验收，发包人擅自使用后，又以使用部分质量不符合约定为由主张权利的，**人民法院不予支持**；但是承包人应当在建设工程的合理使用寿命内对地基基础工程和主体结构质量承担民事责任。
《2004 年解释》**第二十五条** 因建设工程质量发生争议的，发包人可以以总承包人、分包人和实际施工人为共同被告提起诉讼。	**第十五条** 因建设工程质量发生争议的，发包人可以以总承包人、分包人和实际施工人为共同被告提起诉讼。
《2018 年解释》**第七条** 发包人在承包人提起的建设工程施工合同纠纷案件中，以建设工程质量不符合合同约定或者法律规定为由，就承包人支付违约金或者赔偿修理、返工、改建的合理费用等损失提出反诉的，人民法院可以合并审理。	**第十六条** 发包人在承包人提起的建设工程施工合同纠纷案件中，以建设工程质量不符合合同约定或者法律规定为由，就承包人支付违约金或者赔偿修理、返工、改建的合理费用等损失提出反诉的，人民法院可以合并审理。
《2018 年解释》**第八条** 有下列情形之一，承包人请求发包人返还工程质量保证金的，人民法院应予支持： （一）当事人约定的工程质量保证金返还期限届满。 （二）当事人未约定工程质量保证金返还期限的，自建设工程通过竣工验收之日起满二年。	**第十七条** 有下列情形之一，承包人请求发包人返还工程质量保证金的，人民法院应予支持： （一）当事人约定的工程质量保证金返还期限届满**；** （二）当事人未约定工程质量保证金返还期限的，自建设工程通过竣工验收之日起满二年**；**

续表

（三）因发包人原因建设工程未按约定期限进行竣工验收的，自承包人提交工程竣工验收报告九十日后起当事人约定的工程质量保证金返还期限届满；当事人未约定工程质量保证金返还期限的，自承包人提交工程竣工验收报告九十日后起满二年。 发包人返还工程质量保证金后，不影响承包人根据合同约定或者法律规定履行工程保修义务。	（三）因发包人原因建设工程未按约定期限进行竣工验收的，自承包人提交工程竣工验收报告九十日后当事人约定的工程质量保证金返还期限届满；当事人未约定工程质量保证金返还期限的，自承包人提交工程竣工验收报告九十日后起满二年。 发包人返还工程质量保证金后，不影响承包人根据合同约定或者法律规定履行工程保修义务。
《2004年解释》第二十七条 因保修人未及时履行保修义务，导致建筑物毁损或者造成人身、财产损害的，保修人应当承担赔偿责任。 保修人与建筑物所有人或者发包人对建筑物毁损均有过错的，各自承担相应的责任。	**第十八条** 因保修人未及时履行保修义务，导致建筑物毁损或者造成**人身损害、财产损失**的，保修人应当承担赔偿责任。 保修人与建筑物所有人或者发包人对建筑物毁损均有过错的，各自承担相应的责任。
《2004年解释》第十六条 当事人对建设工程的计价标准或者计价方法有约定的，按照约定结算工程价款。 因设计变更导致建设工程的工程量或者质量标准发生变化，当事人对该部分工程价款不能协商一致的，可以参照签订建设工程施工合同时当地建设行政主管部门发布的计价方法或者计价标准结算工程价款。 建设工程施工合同有效，但建设工程经竣工验收不合格的，工程价款结算参照本解释第三条规定处理。	**第十九条** 当事人对建设工程的计价标准或者计价方法有约定的，按照约定结算工程价款。 因设计变更导致建设工程的工程量或者质量标准发生变化，当事人对该部分工程价款不能协商一致的，可以参照签订建设工程施工合同时当地建设行政主管部门发布的计价方法或者计价标准结算工程价款。 建设工程施工合同有效，但建设工程经竣工验收不合格的，**依照民法典第五百七十七条**规定处理。

续表

《2004 年解释》**第十九条** 当事人对工程量有争议的，按照施工过程中形成的签证等书面文件确认。承包人能够证明发包人同意其施工，但未能提供签证文件证明工程量发生的，可以按照当事人提供的其他证据确认实际发生的工程量。	**第二十条** 当事人对工程量有争议的，按照施工过程中形成的签证等书面文件确认。承包人能够证明发包人同意其施工，但未能提供签证文件证明工程量发生的，可以按照当事人提供的其他证据确认实际发生的工程量。
《2004 年解释》**第二十条** 当事人约定，发包人收到竣工结算文件后，在约定期限内不予答复，视为认可竣工结算文件的，按照约定处理。承包人请求按照竣工结算文件结算工程价款的，应予支持。	**第二十一条** 当事人约定，发包人收到竣工结算文件后，在约定期限内不予答复，视为认可竣工结算文件的，按照约定处理。承包人请求按照竣工结算文件结算工程价款的，**人民法院应予支持**。
《2004 年解释》**第二十一条** 当事人就同一建设工程另行订立的建设工程施工合同与经过备案的中标合同实质性内容不一致的，应当以备案的中标合同作为结算工程价款的依据。	
《2018 年解释》**第十条** 当事人签订的建设工程施工合同与招标文件、投标文件、中标通知书载明的工程范围、建设工期、工程质量、工程价款不一致，一方当事人请求将招标文件、投标文件、中标通知书作为结算工程价款的依据的，人民法院应予支持。	**第二十二条** 当事人签订的建设工程施工合同与招标文件、投标文件、中标通知书载明的工程范围、建设工期、工程质量、工程价款不一致，一方当事人请求将招标文件、投标文件、中标通知书作为结算工程价款的依据的，人民法院应予支持。

续表

《2018 年解释》**第九条** 发包人将依法不属于必须招标的建设工程进行招标后，与承包人另行订立的建设工程施工合同背离中标合同的实质性内容，当事人请求以中标合同作为结算建设工程价款依据的，人民法院应予支持，但发包人与承包人因客观情况发生了在招标投标时难以预见的变化而另行订立建设工程施工合同的除外。	**第二十三条** 发包人将依法不属于必须招标的建设工程进行招标后，与承包人另行订立的建设工程施工合同背离中标合同的实质性内容，当事人请求以中标合同作为结算建设工程价款依据的，人民法院应予支持，但发包人与承包人因客观情况发生了在招标投标时难以预见的变化而另行订立建设工程施工合同的除外。
《2018 年解释》**第十一条** 当事人就同一建设工程订立的数份建设工程施工合同均无效，但建设工程质量合格，一方当事人请求参照实际履行的合同结算建设工程价款的，人民法院应予支持。 实际履行的合同难以确定，当事人请求参照最后签订的合同结算建设工程价款的，人民法院应予支持。	**第二十四条** 当事人就同一建设工程订立的数份建设工程施工合同均无效，但建设工程质量合格，一方当事人请求参照实际履行的合同**关于工程价款的约定折价补偿承包人的**，人民法院应予支持。 实际履行的合同难以确定，当事人请求参照最后签订的合同**关于工程价款的约定折价补偿承包人的**，人民法院应予支持。
《2004 年解释》**第六条** 当事人对垫资和垫资利息有约定，承包人请求按照约定返还垫资及其利息的，应予支持，但是约定的利息计算标准高于中国人民银行发布的同期同类贷款利率的部分除外。 当事人对垫资没有约定的，按照工程欠款处理。 当事人对垫资利息没有约定，承包人请求支付利息的，不予支持。	**第二十五条** 当事人对垫资和垫资利息有约定，承包人请求按照约定返还垫资及其利息的，**人民法院应予支持**，但是约定的利息计算标准高于**垫资时的同类贷款利率或者同期贷款市场报价**利率的部分除外。 当事人对垫资没有约定的，按照工程欠款处理。 当事人对垫资利息没有约定，承包人请求支付利息的，**人民法院不予支持**。

续表

《2004 年解释》第十七条　当事人对欠付工程价款利息计付标准有约定的，按照约定处理；没有约定的，按照中国人民银行发布的同期同类贷款利率计息。	**第二十六条**　当事人对欠付工程价款利息计付标准有约定的，按照约定处理。没有约定的，按照**同期同类贷款利率或者同期贷款市场报价**利率计息。
《2004 年解释》第十八条　利息从应付工程价款之日计付。当事人对付款时间没有约定或者约定不明的，下列时间视为应付款时间： （一）建设工程已实际交付的，为交付之日； （二）建设工程没有交付的，为提交竣工结算文件之日； （三）建设工程未交付，工程价款也未结算的，为当事人起诉之日。	**第二十七条**　利息从应付工程价款之日**开始计付**。当事人对付款时间没有约定或者约定不明的，下列时间视为应付款时间： （一）建设工程已实际交付的，为交付之日； （二）建设工程没有交付的，为提交竣工结算文件之日； （三）建设工程未交付，工程价款也未结算的，为当事人起诉之日。
《2004 年解释》第二十二条　当事人约定按照固定价结算工程价款，一方当事人请求对建设工程造价进行鉴定的，不予支持。	**第二十八条**　当事人约定按照固定价结算工程价款，一方当事人请求对建设工程造价进行鉴定的，**人民法院不予支持**。
《2018 年解释》第十二条　当事人在诉讼前已经对建设工程价款结算达成协议，诉讼中一方当事人申请对工程造价进行鉴定的，人民法院不予准许。	**第二十九条**　当事人在诉讼前已经对建设工程价款结算达成协议，诉讼中一方当事人申请对工程造价进行鉴定的，人民法院不予准许。
《2018 年解释》第十三条　当事人在诉讼前共同委托有关机构、人员对建设工程造价出具咨询意见，诉讼中一方当事人不认可该咨询意见申请鉴定的，人民法院应予准许，但双方当事人明确表示受该咨询意见约束的除外。	**第三十条**　当事人在诉讼前共同委托有关机构、人员对建设工程造价出具咨询意见，诉讼中一方当事人不认可该咨询意见申请鉴定的，人民法院应予准许，但双方当事人明确表示受该咨询意见约束的除外。

续表

《2004年解释》第二十三条 当事人对部分案件事实有争议的，仅对有争议的事实进行鉴定，但争议事实范围不能确定，或者双方当事人请求对全部事实鉴定的除外。	**第三十一条** 当事人对部分案件事实有争议的，仅对有争议的事实进行鉴定，但争议事实范围不能确定，或者双方当事人请求对全部事实鉴定的除外。
《2004年解释》第二十四条 建设工程施工合同纠纷以施工行为地为合同履行地。	
《2018年解释》第十四条 当事人对工程造价、质量、修复费用等专门性问题有争议，人民法院认为需要鉴定的，应当向负有举证责任的当事人释明。当事人经释明未申请鉴定，虽申请鉴定但未支付鉴定费用或者拒不提供相关材料的，应当承担举证不能的法律后果。 一审诉讼中负有举证责任的当事人未申请鉴定，虽申请鉴定但未支付鉴定费用或者拒不提供相关材料，二审诉讼中申请鉴定，人民法院认为确有必要的，应当依照民事诉讼法第一百七十条第一款第三项的规定处理。	**第三十二条** 当事人对工程造价、质量、修复费用等专门性问题有争议，人民法院认为需要鉴定的，应当向负有举证责任的当事人释明。当事人经释明未申请鉴定，虽申请鉴定但未支付鉴定费用或者拒不提供相关材料的，应当承担举证不能的法律后果。 一审诉讼中负有举证责任的当事人未申请鉴定，虽申请鉴定但未支付鉴定费用或者拒不提供相关材料，二审诉讼中申请鉴定，人民法院认为确有必要的，应当依照民事诉讼法第一百七十条第一款第三项的规定处理。
《2018年解释》第十五条 人民法院准许当事人的鉴定申请后，应当根据当事人申请及查明案件事实的需要，确定委托鉴定的事项、范围、鉴定期限等，并组织双方当事人对争议的鉴定材料进行质证。	**第三十三条** 人民法院准许当事人的鉴定申请后，应当根据当事人申请及查明案件事实的需要，确定委托鉴定的事项、范围、鉴定期限等，并组织当事人对争议的鉴定材料进行质证。

续表

《2018 年解释》**第十六条** 人民法院应当组织当事人对鉴定意见进行质证。鉴定人将当事人有争议且未经质证的材料作为鉴定依据的，人民法院应当组织当事人就该部分材料进行质证。经质证认为不能作为鉴定依据的，根据该材料作出的鉴定意见不得作为认定案件事实的依据。	**第三十四条** 人民法院应当组织当事人对鉴定意见进行质证。鉴定人将当事人有争议且未经质证的材料作为鉴定依据的，人民法院应当组织当事人就该部分材料进行质证。经质证认为不能作为鉴定依据的，根据该材料作出的鉴定意见不得作为认定案件事实的依据。
《2018 年解释》**第十七条** 与发包人订立建设工程施工合同的承包人，根据合同法第二百八十六条规定请求其承建工程的价款就工程折价或者拍卖的价款优先受偿的，人民法院应予支持。	**第三十五条** 与发包人订立建设工程施工合同的承包人，依据**民法典第八百零七条的**规定请求其承建工程的价款就工程折价或者拍卖的价款优先受偿的，人民法院应予支持。
《工程价款优先受偿权批复》第一条 人民法院在审理房地产纠纷案件和办理执行案件中，应当依照《中华人民共和国合同法》第二百八十六条的规定，认定建筑工程的承包人的优先受偿权优于抵押权和其他债权。	**第三十六条 承包人根据民法典第八百零七条规定享有的建设工程价款**优先受偿权优于抵押权和其他债权。
《工程价款优先受偿权批复》第二条 消费者交付购买商品房的全部或者大部分款项后，承包人就该商品房享有的工程价款优先受偿权不得对抗买受人。	

续表

《工程价款优先受偿权批复》第三条　建筑工程价款包括承包人为建设工程应当支付的工作人员报酬、材料款等实际支出的费用，不包括承包人因发包人违约所造成的损失。	
《工程价款优先受偿权批复》第四条　建筑工程承包人行使优先权的期限为六个月，自建设工程竣工之日或者建设工程合同约定的竣工之日起计算。	
《工程价款优先受偿权批复》第五条　本批复第一条至第三条自公布之日起施行，第四条自公布之日起六个月后施行。	
《2018年解释》第十八条　装饰装修工程的承包人，请求装饰装修工程价款就该装饰装修工程折价或者拍卖的价款优先受偿的，人民法院应予支持，但装饰装修工程的发包人不是该建筑物的所有权人的除外。	**第三十七条　装饰装修工程具备折价或者拍卖条件，装饰装修工程的承包人请求**工程价款就该装饰装修工程折价或者拍卖的价款优先受偿的，人民法院应予支持。
《2018年解释》第十九条　建设工程质量合格，承包人请求其承建工程的价款就工程折价或者拍卖的价款优先受偿的，人民法院应予支持。	**第三十八条**　建设工程质量合格，承包人请求其承建工程的价款就工程折价或者拍卖的价款优先受偿的，人民法院应予支持。

续表

《2018 年解释》第二十条 未竣工的建设工程质量合格，承包人请求其承建工程的价款就其承建工程部分折价或者拍卖的价款优先受偿的，人民法院应予支持。	**第三十九条** 未竣工的建设工程质量合格，承包人请求其承建工程的价款就其承建工程部分折价或者拍卖的价款优先受偿的，人民法院应予支持。
《2018 年解释》第二十一条 承包人建设工程价款优先受偿的范围依照国务院有关行政主管部门关于建设工程价款范围的规定确定。 承包人就逾期支付建设工程价款的利息、违约金、损害赔偿金等主张优先受偿的，人民法院不予支持。	**第四十条** 承包人建设工程价款优先受偿的范围依照国务院有关行政主管部门关于建设工程价款范围的规定确定。 承包人就逾期支付建设工程价款的利息、违约金、损害赔偿金等主张优先受偿的，人民法院不予支持。
《2018 年解释》第二十二条 承包人行使建设工程价款优先受偿权的期限为六个月，自发包人应当给付建设工程价款之日起算。	**第四十一条** 承包人**应当在合理期限内行使建设工程价款优先受偿权，但最长不得超过十八个月，**自发包人应当给付建设工程价款之日起算。
《2018 年解释》第二十三条 发包人与承包人约定放弃或者限制建设工程价款优先受偿权，损害建筑工人利益，发包人根据该约定主张承包人不享有建设工程价款优先受偿权的，人民法院不予支持。	**第四十二条** 发包人与承包人约定放弃或者限制建设工程价款优先受偿权，损害建筑工人利益，发包人根据该约定主张承包人不享有建设工程价款优先受偿权的，人民法院不予支持。

续表

<table>
<tr><td>《2004年解释》第二十六条　实际施工人以转包人、违法分包人为被告起诉的，人民法院应当依法受理。
实际施工人以发包人为被告主张权利的，人民法院可以追加转包人或者违法分包人为本案当事人。发包人只在欠付工程价款范围内对实际施工人承担责任。</td><td rowspan="2">第四十三条　实际施工人以转包人、违法分包人为被告起诉的，人民法院应当依法受理。
实际施工人以发包人为被告主张权利的，人民法院应当追加转包人或者违法分包人为本案第三人，在查明发包人欠付转包人或者违法分包人建设工程价款的数额后，判决发包人在欠付建设工程价款范围内对实际施工人承担责任。</td></tr>
<tr><td>《2018年解释》第二十四条　实际施工人以发包人为被告主张权利的，人民法院应当追加转包人或者违法分包人为本案第三人，在查明发包人欠付转包人或者违法分包人建设工程价款的数额后，判决发包人在欠付建设工程价款范围内对实际施工人承担责任。</td></tr>
<tr><td>《2018年解释》第二十五条　实际施工人根据合同法第七十三条规定，以转包人或者违法分包人怠于向发包人行使到期债权，对其造成损害为由，提起代位权诉讼的，人民法院应予支持。</td><td>第四十四条　实际施工人依据民法典第五百三十五条规定，以转包人或者违法分包人怠于向发包人行使到期债权或者与该债权有关的从权利，影响其到期债权实现，提起代位权诉讼的，人民法院应予支持。</td></tr>
<tr><td>《2004年解释》第二十八条　本解释自2005年1月1日起施行。
施行后受理的第一审案件适用本解释。
施行前最高人民法院发布的司法解释与本解释相抵触的，以本解释为准。</td><td>第四十五条　本解释自2021年1月1日起施行。</td></tr>
</table>

续表

《2018 年解释》第二十六条 本解释自 2019 年 2 月 1 日起施行。 本解释施行后尚未审结的一审、二审案件，适用本解释。 本解释施行前已经终审、施行后当事人申请再审或者按照审判监督程序决定再审的案件，不适用本解释。 最高人民法院以前发布的司法解释与本解释不一致的，不再适用。	

后 记

为了准确理解和正确适用《最高人民法院关于审理建设工程施工合同纠纷案件适用法律问题的解释（一）》，帮助读者了解和把握本解释起草背景与过程、意见争鸣与选择、条文主旨与适用，以及审判实践中应注意的问题，特编写本书。本书以司法解释条文为序，对每个条文按【条文主旨】【条文理解】【审判实践中应注意的问题】的体例编写，力求结构严谨、内容精练、用语规范、分析透彻。

本书由最高人民法院民事审判第一庭组织有关法官和法官助理编写，具体写作分工如下（按内容撰写顺序）：

唐倩：第一条、第二十五条；汪治平：第二条、第三十五条、第三十六条、第三十七条；王鹏：第三条、第六条、第四十三条；王慧娴：第四条、第三十四条；王灯：第五条、第七条、第十二条；谢爱梅：第八条、第十条；刘银春：第九条、第十五条；汪军：第十一条、第十四条；赵志：第十三条、第十九条；高榉：第十六条、第二十二条；王永明：第十七条、第二十三条；柳凝：第十八条、第二十八条；韦大：第二十条、第二十九条；马冉：第二十一条、第三十一条；肖峰：第二十四条、第三十条；张一宸：第二十六条、第四十五条；王楠楠：第二十七条、第四十一条；于蒙：第三十二条、第三十三条；赵风暴：第三十八条、第三十九条；谢勇：第四十条、第四十二条、第四十四条。

本书由汪治平、王鹏负责统稿。

在本解释清理过程中，全国人大常委会法制工作委员会、最高人民检察院、国家发展和改革委员会、住房和城乡建设部、自然资源部、中国人民银行等提出重要的意见和建议。全国各高级人民法院及广大法官、部分专家学者亦提供了宝贵的素材和修改意见，在此一并致谢！由于时间仓促，错误、纰漏之处在所难免，敬请广大读者批评指正。

最高人民法院民事审判第一庭

二〇二一年四月十三日